OUR KIDS *The American Dream in Crisis*

われらの子ども

米国における機会格差の拡大

ロバート・D・パットナム［著］
柴内康文［訳］

創元社

ローズマリーへ、私たちの思い出に

［訳注］献辞“Rosemary, for remembrance”は、シェイクスピア『ハムレット』第四幕第五場にてオフィーリアが「これはローズマリー、思い出を意味する花よ」と語る台詞をふまえて、著者パットナムの妻の名ローズマリーとこの忘れな草をかけたものであろう。

目次

第四章　学校教育

第六章　何をすべきか……255

われらの子ども——米国における機会格差の拡大

〔凡例〕

一、原注は該当箇所に（ ）付きの番号をふり、巻末にまとめた。訳注は該当箇所に［訳］付きの番号をふり、章末にまとめた。
一、原文のイタリックは、書籍、映画、テレビ番組等の題名を表わす場合は『 』で表記し、邦訳題が存在する場合はそれを、ない場合は適宜訳すかカタカナで示した。
一、イタリックが見出し、あるいは引用文内や本文中の強調を示す場合は、原則ゴチック組にした。
一、引用符で囲まれた言葉（会話や引用、あるいは強調）および大文字で表記された固有名詞（団体名など）の一部は「 」で示した。
一、原文における会話・引用文中等の補足語は［ ］、および翻訳における単位換算や意味上の単純な補足語は〔 〕で示した。
一、索引は原書にならって見出し語の単語もしくは概念の記述箇所を示し、指示範囲も原則として原書に準じた。ただし、誤りや不足と思われる場合には、適宜追加・訂正を施した。

第一章

アメリカンドリーム――その神話と現実

オハイオに戻ってみたけど、私の街はもうなくなってた。[1]
ダブリンの核心をつかめたのなら、世界中あらゆる都市の核心がつかめたことになる。個別具体の内に、普遍性が含まれるのだ。[2]

私のふるさとは、一九五〇年代にはアメリカンドリームをまずまずには体現していたところで、街のあらゆる子どもにはその出自によらず、一定の機会が提供できていた場所だった。しかし半世紀後には、このオハイオ州ポートクリントンでの暮らしは二画面分割の「アメリカの悪夢《ナイトメア》」となってしまった。街を二つに分けたときの、貧しい方出身の子どもには、裕福な出身の子どもを待ち受ける将来を想像することすらほとんどできないだろう。そして、ポートクリントンをめぐるストーリーは、悲しくもアメリカの典型であることがわかる。この変化はいかにして起こったのか、それがなぜ問題なのか、われわれの社会のこの呪われた行く先を変化させ始めるにはどうしたらよいのか、が本書の主題である。

現在入手可能なもののうち最も厳密な経済・社会史の資料によれば、一九五〇年代のアメリカの（そしてポートクリントンの）社会経済的障壁は、一世紀以上の中で最も低まっていた。経済また教育は拡大し、所得平等性は比較的高く、居住地域や学校における階級分離は低く、結婚や社交における階級障壁は低く、市民参加や社会的連帯の程度は高く、低階層に生まれた子どもが、社会経済的なはしごをよじ登るための機会は豊富だった。

小さく、また人種的にそれほど多様であったわけではなかったが、一九五〇年代のポートクリントンはその他のあらゆる点で、人口統計、経済、教育、社会、そして政治にいたるまで、驚くほどに典型的なアメリカの小宇宙だった（ポートクリントンはオタワ郡の郡庁所在地だが、そこはアメリカの「ベルウェザー」[訳1]州の中の「ベルウェザー」郡であり、その選挙結果は全米の結果に歴史的にも最も近いものだった）[3]。私の高校の同級生のライフストーリーが物語っているのは、貧しい白人の子であったドンとリビー、さらに、貧しい黒人の子であったジェシーとシェリルの前にさえ開かれていた、自身の才能と力を基にして立ち上がっていくための機会は、クラスの中で唯一の特権階級の御曹司だったフランクに開かれていた機会とそれほど異なるものではなかった、ということである。

一つの街や都市でアメリカの全てを代表できるはずはなく、そしてポートクリントンも天国と呼べるようなところでは全くなかった。当時のアメリカ他地域と同様に、ポートクリントンのマイノリティは深刻な差別に苦しんでいたし、女性もしばしば日の当たらない場所へと追いやられていたことは、本章の後段で検討するとおりである。私を含めて、大改革もないままに当時に戻りたい者などほとんどいないだろう。しかし社会階級は、「機会」に対して主たる制約ではなかったのである。

しかし二一世紀のポートクリントンに視線を移せば、裕福な子どもと貧しい子ども――やはり本章の後半で再会する、チェルシーやデヴィッドのような子ども――が目の当たりにしている機会は、全くかけ離れたものとなっている。現在のポートクリントンは階級の違いが露わになった場所であり、（学校役員の言葉では）金持ちの子どもが高校の駐車スペースにＢＭＷコンバーチブルを停める隣にあるのは、ホームレスの同級生が夜毎にどこかに移動して一夜を明かす、ガタの来たポンコツカーである。ポートクリントンにおける変化は、あらゆる人種また性別の子どもの多くに対してアメリカンドリームがもたらしてきた希望を否定しているが、経済環境、家族構造や育児、学校や地域で見られるそのような変化がアメリカの典型を大写しにしているさまには驚くべきものがある。機会の平等について考察する上で、一九五九年のポートクリントンが出発点にふさわしい時代、場所であるのは、それはわれわれがアメリカンドリームからいかに離れたところまで来てしまったかを思い起こさせるからである。

＊＊＊

一九五九年六月一日は早朝から暑く日差しが強かったが、午後になって涼しさを増したところに、街の中心に位置するポートクリントン高校の正面階段から一五〇人の新卒業生が群れになって降りてきた。新しい卒業証書を手にし、卒業式の興奮で上気したわれわれに、エリー湖畔に（大半は白人だが）六五〇〇人が暮らすこの快適で友好的な街で過ごした子ども時代に別れを告げる準備ができているとはとても言えなかったが、それでも自らの未来について疑う余地はなかった。この例年の、地域全体の祝賀行事には一一五〇人の人々が参加した。(4) 本当の家族であろうがそうでなかろうが、街の人々は卒業生みなを「われらの子ども」と考えていたのである。

1 ドン

物腰の柔らかいドンは労働者階級の子どもだったが、われわれの同級生の中にそのように彼を捉える人間がいなかったのは、彼が花形のクオーターバックであるからだった。(5) 彼の父は八年間の教育しか受けていなかった。家計を成り立たせるため、父親は二つの仕事を掛け持ちしていた。一つ目はポートクリントン・マニファクチャリング社の組み立て工場ラインで朝七時から午後三時まで、二つ目はそこから歩いてほど近い、地域の缶詰製造工場で午後三時半から午後一一時までだった。彼の母親は一一年生のときに学校をやめたが、ドンの言葉では「キッチンに住み」全ての食事を一から作っていた。毎晩、彼女はドンと二人の兄弟とともに夕食を囲んだ。家の残りもの全てを刻んでジャガイモと一緒にした炒めものが食卓の定番だった。子どもたちは父親が帰宅する頃にはベッドの中にいた。

彼らが住んでいたのは街の中でも貧しい地域で、ドンが大学に行くまで車もテレビも持っていなかった。その頃までに、アメリカ世帯の八〇％は既に車を、九〇％はテレビを所有していたのである。近所の人が毎週、彼らを教会まで乗せていってくれていた。彼らにはバケーションを過ごす金はなかったが、ドンの両親は自宅を持ち、経済的にもまずまず安定し、父親も決して失業することはなかった。「大学に入って経済学入門《エコノミックス101》を取るまで、うちが貧しいって知らなくてね」とドンは振り返る。「それでやっと、自分が『剝奪されてきた』とわかったんだ」。

質素な環境にもかかわらず、ドンの両親は彼が大学を目指すことにこだわり、そしてクラスにいた他の労働者階級の子どもの多くと同じように彼もポートクリントン高校の大学進学コースを選んだ。母親は彼にピアノを六年間習わせたが、彼が本当に好きなのはスポーツだった。彼はバスケとアメフトをしたが、父親は仕事の時間を割いてその試合の全てを観戦した。ドンは、ポートクリントンにおける階級差を控えめに表現する。「私は街の東側に住んでいて」と彼は言う。「そしてお金は街の西側にあった。でもスポーツを通じて、みなは同じに見えていた」。

高校でのドンの親友たちは誰も大学までは行けずに終わったが、彼は成績もよく、クラスの上位四分の一で卒業した。両親には大学の行き方など「見当もつかなかった」が、彼によれば、幸運なことに教会との強いきずながあった。「街の牧師の一人が私を気にかけてくれていて」と彼は言う。「最終的に行くことになった大学に、私の名前を挙げてくれたんだ」。それだけでなく、牧師はドンに学資援助の受け方や、どのように出願手続きを踏むかの手ほどきをしてやった。

ポートクリントン高校の卒業後、彼は州南部の宗教系大学に入学し（そこでもアメフトをした）、さらに神学校に進んだ。在学中、牧師として「やり遂げる」ことができるのか疑念がふくらんだとのことで、実家に帰って両親にもうやめようと思うと言おうとした。帰宅の途中で、彼は近所のビリヤード場にあいさつをしに立ち寄った。そのオーナーは父親の長い友人だったが、彼を「未来の牧師さん」と呼びかけ、客の一人は自分のために祈ってくれ、と頼んできた――そのことを彼は、この道を進み続けなければいけない徴《しる》し、と解釈したのだった。

大学卒業後すぐに、ドンはジューンと結婚した。彼女は高校教師で、二人の間の一人っ子は、のちに高校の司書になった。ドンは牧師として長きにわたって活躍し、最近引退した。彼は今でも地域の教会を手助けし、また長年にわたって高校のフットボールコーチを務めている。過去を振り返って、自分は大変よい人生に恵まれてきた、と彼は語る。貧しかったが堅く結びついた労働者階級の家庭から、専門職として成功の道を歩んだ彼の経歴は、その生来の知性やアメフトで培った不屈《グリット》の精神のたまものである。しかしこの先で見るように、彼の成し遂げたこのような上方移動は、われわれの同級生において例外的なものではなかった。

2 フランク

フランクはポートクリントンにおいて数少ない裕福な家の出身だった。一九世紀の終わり、彼の母方の曾祖父が漁業経営を始め、フランクが生まれる頃までに家業は不動産やその他の地域産業へと多角化していった。彼の母親は一九三〇年代に大学を卒業し、のちにシカゴ大学で修士号を得た。シカゴにいるときに、彼女はフランクの父親と出会った。彼は牧師の息子で大学教育を受けており、その後二人は結婚した。フランクの成長期には、父親は家業経営――漁業、ショッピングセンター、農場、レストランその他といったもの――に従事し、母親の方は慈善事業に取り組んでいた。(6)ポートクリントンの社会的エリートは、長らくポートクリントン・ヨットクラブをそのハブとしていた。フランクの幼少期以降、その祖父、父、叔父がクラブの「提督《コモドール》」の任期を務め、母親や叔母は「船友長《シップメート・キャプテン》」に選出されたが、それらは地域の社会的地位の頂点にあたるものだった。すなわちフランクの両親は、一九五九年クラスの親の中で最も裕福で、最高の教育を受け、社交上も最も華やかだったのである。

それでもフランクの家族と、社会経済的なはしごで最下層にいる家族との間の社会的距離は、アメリカの（そしてポートクリントンにおいてすらの）現在の標準よりもずっと短いものだった。フランク（ドンの家から四ブロックしか離れていないところに住んでいた）の思い出では、近所には「あらゆる人がうまい具合に混ざっていた」――トラック運転手、商店主、A&P[訳2]のレジ係、地域の大企業の役員、消防署長、ガソリンスタンド店主、猟区管理官《ゲームワーデン》といった人々である。「裏庭で野球をしたり、街角で缶蹴りをしたり」と彼は言う。「ただみんなで仲良かった」。

裕福であったにもかかわらず、フランクは一五歳のときから夏は家族のレストランで働き、塗装はがしや清掃仕事に高校の友達と汗を流した。そして彼の家族も、その社会的地位を控えることに気を配っていた。「ポートクリントンにいて、コーラが買えるくらいの子どもたちと一緒なら、お前が注文すべきものはそれだ」、とフランクの祖父が叔父に語っていたことが記憶に残っている。「もしクリーブランドやニューヨークにいるのなら、何でも欲しいものを注文すればいい。でもポートクリントンの子どもと一緒なら、彼らにできることをお前もするんだ」、と。

高校のときフランクは同級生と、社会的に同等の者としてつきあっていた――それは本当に巧みなもので、われわれの多くは彼の家族が持つ例外的な出自に気づくことはなかった。しかし、その徴候は確かに現れてはいた。彼はクラスで最初に歯の矯正ブリッジをはめていたし、小学校のときには冬はフロリダの家で過ごしていて、その地で学校に通っていた。彼の祖父は教育委員だった。フランクの両親は、教師を夕食に招いたこともあった。あとになってフランクは母親に文句を言った。「どうしてクラスみんなの前で恥かかせるようなことをするのさ」と。彼の両親が、成績を変更するように口添えをしようかと言ったことは、フランクにはバカげたことに思えた。「どうしちゃったんだ、全くもうって。先生はいつだって正しいっていうのが子どもの常識なのにね」。

フランクは並程度の生徒だったが、それは彼の両親が、その教育上の見込みを軽視したということは意味しなかった。「私の人生は生まれたときから、大学に行くところまでは計画ずみだった」と彼は言う。「君は、自分で大学に行こうと思っていて、また卒業もすべきだったけれど」。親の経済的支援によって、彼はオハイオの小さな大学に行き、ジャーナリズムを専攻して卒業した。大学卒業後、彼は海軍に志願して七年の間、輸送機を操縦して世界中を回った。「あれは楽しかったね」と彼は振り返っている。

海軍除隊後、フランクは『コロンバス・ディスパッチ』紙の編集者として二五年間働き、人事上の決定に異を唱えたことで解雇された。そのときから、彼はセミリタイヤしてポートクリントンに戻り、家業――魚の洗浄加工、船舶ドックの賃貸やブティック――で働いた。いくぶん困難な時期には、祖父が彼のために生まれたときに作った信託基金によって経済的に助けられてきた。「それほど多い額ではないけれど」とのことで「ひもじかったことはなかったな」と語る。フランクの家族の持つ資産は、人生の困難な時期にはそれを受け止めるクッションとなってきたが、ドンのような、裕福さで劣る友人の上を飛び越えるほどのトランポリンであったわけではなかった。

3　一九五〇年代のポートクリントンにおける階級格差

一九五〇年代のポートクリントンに階級による差がなかったわけではないが、フランクやドンの人生が表しているように、これらの違いは控えめなものだった。

肉体労働者の子どもも専門職の子どもも似たような家から集まって、意識しない形で学校や地域、ボーイスカウトや教会のグループで混じり合っていた。経済的安定、家族構造、育児、学校教育、居住地域などにおいて、階級上のコントラストは非常に大きな意味を今日では持っているが（すぐあとに見るように、ポートクリントンにおいてさえもである）、この時代のそれは最小限のものだった。ポートクリントン高校一九五九年クラスの同窓生のほぼ全員がその出自にかかわらず、両親の元で自家所有の家に、そして誰もが互いをファーストネームで知っているような地域に暮らしていた。(7)

われわれの両親はほぼ例外なく、主婦の母親と大黒柱の父親という組み合わせだったが、特に教育水準が高いというわけではなかった。それどころか、大卒者はようやく二〇人に一人であったたし、高校すら卒業していない者が優に三分の一に上った（だいたいのところ、高校教育がほぼ普及する以前に学業を終えていたのである）。しかし街のほとんど全ての人が、広く共有された戦後の繁栄から恩恵を受けており、貧困にあえぐ家族はほとんどいなかった。フランクのように裕福な出自のごく少数の子どもは、その事実を隠すことに全力を注いだ。地域の自動車部品工場の組み立てラインで働く父親もいれば、近くの石膏鉱山や陸軍駐屯地、あるいは一家の小さな農場で働く者もいた。他には、私の父のように小規模の事業をしている者もいて、景気の循環でその資産も上昇下降していた。完全雇用で組合も強かったその時代には、失業や深刻な経済不安を経験している家庭はほとんどなかった。同級生の大半は、その社会的ルーツにかかわらず、スポーツや音楽、演劇その他の課外活動に積極的だった。金曜晩のアメフトの試合は、街の住民多くのお気に入りだった〔訳3〕。

半世紀後から見ると、私の同級生（現在では大半がリタイアしている）は、目覚ましいほどの上方移動を経験した。われわれの四分の三近くは親よりも教育水準が高く、また大多数は経済的なはしごをより高く登っている。それどころか、裕福さで劣る出自の子どもの方が、より裕福で、教育水準の高い家出身の子どもの上を行った場合もあった。現在の標準からすれば、われわれのクラスの示した教育水準の上方移動は絶対的な水準として顕著なもので、それは二〇世紀の高校・大学改革の反映である。高校中退者の子女の半数は大学まで行った。家族の中で、初めて高校を卒業した者の多くが、同時に初めての大卒者ともなった——目覚ましい跳躍が単一世代で起こったのである。さらに注目すべきはクラスの黒人生徒二人の例で、（このあとに見るように）人種的偏見と闘い、両親どちらも小学校を終えていないところから、両者とも大学院を修了するところまでいたっている。

一九五〇年代のポートクリントンにおいては、社会経済的階級はあらゆる人種、黒人また白人の子どもにとってそれほど手強い障壁ではなかったが、二一世紀にその様相は変化した。比較のために挙げると、一九五九年クラスのメンバーの子どもの方は平均すると、その親を超える教育水準の向上を経験していない(8)。一九五九年クラスの大半を上方へ運んでいたエスカレーターは、われわれの子どもが足をかけたときには突然停止してしまったのである。

私の一九五九年クラスの移動性が絶対的に高かったとしても、もし全員が足並みを揃えて上方へと動いたのであれば、相対的には移動性が低かったということに同時になるかもしれない。しかし実際には、相対的な移動性の方さえも高かった。事実、社会経済的階層の下位半分の子どもの上方移動性と、最も恵まれた子どものそれの大きさがほぼ変わらなかった。すなわち底部からの大きな上方移動があり、また頂上部での下降移動もそれなりに見られたということである。

確かに、教育水準の低い親は文化的視界が狭く、また高等教育に馴染みがない傾向があるので、自分の子どもに対する教育上の期待が低くなりやすいということはあった。しかしその親が、あるいは教師や（ドンにとっての牧師のような）地域のインフォーマルな助言者《メンター》や友人が、大学に行くように励ましてくれたとき、私たちは**例外なく**そうした――そして、私たちの大学進学に、経済や財源上の、あるいは居住地域上の偏りの痕跡は全く見られないのである。[9] オハイオでは公立、私立学校の費用が安かったことに加えて、地域で設立された幅広い奨学金があった――ロータリークラブ、全米自動車労働組合、ジュニア女性クラブといったものである。

ポートクリントン高校一九五九年同窓生のうち、大卒者の三分の二は家族で初めて大学に進学した者で、また三分の一は初めて高校を卒業した者ですらあった。一九六〇年代の幕開けの頃には、控えめな一改革――貧しい出自だが才能ある子どもへのカウンセリングを改善すること――が機会の平等を真に大きく向上させる鍵となると期待されていたが、むしろ（あとに見るように）社会史はその流れを反転しようとしていた。

下層、中間階級の出身の子どもですぐに大学に進学することのなかった者のうちおよそ三分の一はその後、コミュニティカレッジ[訳4]のような中等後《ポストセカンダリー》教育への進路を見いだしたが、そこでもつましい出身の子どもになるほど不利になるような偏りの痕跡はなかった。こういった遅咲きの成功を総計した影響は、家族的背景と最終的な教育達成との間にあるつながりをさらに弱める結果となっていた。

私の同級生に対する調査結果は、一九五〇年代のポートクリントンが比類なき上方移動を実現していた場所だったということについて、合理的な疑いを超えた証拠となっている。社会経済的地位の伝達要因として、現在非常に影響の大きいもの（経済不安、家族の不安定性、近隣地域の疲弊、財源、組織的障壁）はその当時重要なものではなく、世代から世代への伝達過程はより弱かったので、結果として移動性もより高くなっていた。一九五九年クラスの人間が若かった頃の物質的状況について繰り返し用いる言葉は全く同じものである。「われわれは貧しかったけれど、そのことを知らずにいた」。実際のところ、コミュニティから受けていた支援の広さと深さという点ではわれわれはむしろ豊かであったのだが、そのことを知らなかったのである。

しかし、ジェンダーと人種に関してはどうだったろうか。これらの重大な問題についての議論を始めるために、まずは私の同級生三人のストーリーに耳傾けよう。

4 リビー

リビーの父親は農業で、またスタンダード・プロダクツ社の熟練工として働き、母親は専業主婦だった。両親ともに学校を一〇年目で中退していた。この家族が暮らす大きな農家は、町外れの痩せた土地に立っていた。リビーは一〇人きょうだいの六番目で、着ているものはお下がりが多かった。養う人数も多く、家計は逼迫していた。リビーは自転車の乗り方やスケートの滑り方を学ぶことはなかった。「そういったものは」と彼女は言う。「家族の予算にはなかったから」。その一方で三〇エーカーの土地と勤勉な両親、屈強な若者の腕によって家族で野菜を栽培しニワトリと乳牛を飼育していたので、食い詰めることは決してなかった。

リビーの両親はよきロールモデルであり、非常に堅く結びついた家族をしっかりとしつけていた。一家は夕食を常にともにし、食前のお祈りを欠かさなかった。両親とも子どもたちが、「お願いします《プリーズ》」と「ありがとう《サンキュー》」を言うこと、全員が終わるまで食卓から離れないことに厳しかった。この一体感の精神はずっと長く続いている。リビーは七〇代になったいまも、災難が襲ってきたときは自分やきょうだいは「円陣組むみたいにして、互いをいたわり合っている」と言う。この緊密な家族にとっての社会生活は、学校と教会の周辺にあった。リビーの両親はPTAや子どもの課外活動に関わっており、また一家は毎週揃って教会に出席していた。教会の青年部の生徒が成人礼拝の務めを果たすことが時折あったが、説教をしたリビーは会衆参加者から、素晴らしかったとねぎらう葉書を何枚も受け取った。彼女の最初の仕事は、演壇で彼女を知った街中の商店主がその場で決めたものだった。

　学業面では、リビーの両親は子どもたちに高い期待を寄せ、またリビーもよくそれに応えた。リビーは大学進学コースの優等生だった。同時に大事だったのは、彼女は友達を作るのがうまく、物事を進めるときにそれを頼りにできたことだった。「助けてくれる人を十分見つけることができたら」と、母親が言っていたことを思い出す。「何だってできるものよ」と。生まれついての政治家として、彼女はドイツクラブ、未来《フューチャー》の教師会《ティーチャーズ・オブ・アメリカ》、栄誉学生会《オナー・ソサエティ》、二年生会《ジュニア・クラス》の会長に選ばれていた。リビーは高校時代を、人生の中で最も実りある時期だったと振り返る。「本領発揮、といった感じだった」とのことである。

　大学進学に際しては英語教師の一人が、リビーがトレド大学の奨学金を勝ち取るための助けとなってくれた。リビーは教師になるつもりだったが、ほとんど大学に到着するやいなやで、彼女と高校からの交際相手は、どれほど互いのことを思っているかという感情に押しつぶされんばかりとなった。そのようなことで、彼女の女友達の多くと同様にリビーも大学を中退して家に戻り、結婚して家庭生活を始め、市民精神ある主婦として腰を落ち着けた。

　しかし二〇年ののちに結婚生活が終わりを迎え、リビーは独りとなった。とたんに彼女は、大卒資格と労働経験が欠けていること、そして社会に広がる性差別が自分の足を引っ張っていることを思い知った。人生の中で初めて、自分の将来に恐怖を感じたのだった。

　だが、彼女は逆境にめげないことを自ら立証した。この小さな街で数十年間の社会生活を営む中で、彼女は頼りになる、気心の知れた人間だという評判が広がっていた。製材所の受付を皮切りに、まもなく彼女は地域新聞のライターとなり、その後は非営利団体の長となった。リビーの父親は常に彼女に協力的だったが、選挙に出ることを勧め、一〇年足らずのうちに彼女は郡《カウンティ》選出の公職選挙で当選し三〇年近くたった現在もその地位にあり続けている。ポートクリントン高校におけるリビーの実績が示していたとおり、その感性と市民精神は公務にふさわしいものだった。

七〇代に入り、リビーは公職者として州内でも広く尊敬され、また地域の政党政治において隠然たる力になっている。さらに彼女は招命を感じたことにより聖職者としてのトレーニングも始め、いまでは地域の教会いくつかで非常勤の牧師として仕えている。

お下がりの服を着た、人間力にあふれた農場の少女が一九五〇年代の文化的規範に足を取られたことは疑いなく、とりわけ高校卒業後はそうだった。もし数十年後に生まれていたのなら、おそらくリビーは専門家として訓練を積み、オハイオ州政治のトップにまで上り詰めていたかもしれない。リビーのジェンダーは、上方への移動に対し深刻な障害物となっていた。しかし、その階級上の質素な出自の方はそうではなかった。

リビーの経験は、一九五九年クラス同窓生の女性の典型だった。われわれのコホート[訳5]では、高校には男女等しく進学し、学校内外の活動に同じように参加し、学業、課外活動の点から同じように認められ、大学進学への希望も等しく、そして同じように大学進学していた。ポートクリントン高校を卒業するまでわれわれのクラスは、前進のための機会においてジェンダーによる差を経験しなかった。

しかしジェンダーが強大な影響を与えていたのは、誰が大学を卒業するのかという部分であり、したがってまさしくリビーのように、高校同級生のうち女性が奪われていたのは上方移動において最も重要な資格となるもの――すなわち大卒学位だった。一九五九年クラスでは大学に進んだ人間の数は男女で等しかったが、男性の八八%が学位を得たのに対し、女性の修了者は二二%にすぎなかった！　すなわち大学以前にはジェンダーというふるいは全くなかったのに、その後でジェンダーによる極端な選別が起きていたのである。

まさにリビーのストーリーにあるように、このような並外れた格差は女性が結婚をするために大学を中退していた、ということにほぼ全てが起因している。私のクラスの女性は、男性に比べて大学在学中に結婚する可能性が三倍高く、そして結婚は女性にとり、男性に比べて大学卒業に対して六倍もの障壁となっていた。男性はそもそも結婚する確率が低く、また結婚したとしても在学を続けていた。半世紀が経過して私の女性同級生たちが説明してくれるのは、学業、また職業上のどのような意向があったとしても、彼女たちはその時代の社会規範――すなわち結婚、家庭、家族――に従った、ということである。もちろん彼女たちの世界が、続く数十年の中で劇的に変化したであろうことはリビーも回想するとおりだが、しかしその大半は（リビーも含め）家族を始めるために大学をやめたことを後悔していないと語っている。[10]その一方で、進んでそうしたにせよそうでなかったにせよ、家族と仕事の間で選択を迫られたことの個人的、また社会的コストは非常に大きなものだった。

二一世紀のアメリカにおける教育上の選別と対比すれば、これ以上はっきりするものはないだろう。今日では、女性の方が男性よりも大学を卒業する可能性が高い。しかし一方で、家族的背景は五〇年前には大学を卒業できるかにほとんど関係がなかったが、今日ではそれが決定的な違いをもたらしていることをのちに第四章で見ていく。

ではは人種についてはどうだろうか。当時、また現在では？

5　ジェシーとシェリル

あなたの当時は私の当時とは違ったし、あなたの現在すら私の現在ではないのよ。

人生における顕著な上方移動を全体として経験したグループの中にあってすら、一九五九年クラスの同窓生中の二人は際立っている――唯一の黒人生徒の二人、ジェシーとシェリルである。その経験したものは、多くの点で似通っていた。

・両者とも子どもの頃にポートクリントンにやってきたが、それは南部の暴力から家族が逃れてきたからで、歴史家が「大移動《グレート・マイグレーション》」と呼んでいるものの一部をなしていた。(11) ジェシーの家族は、彼の姉が殺害されたのちにミシシッピから逃れ、一方でシェリルの家族は父親と白人男性との間のいさかいのせいでテネシーから離れることを強いられた。
・どちらの親もジム・クロウ法[訳6]支配下の南部で小学校以上の公教育を受けていなかったが、ジェシー、シェリルどちらも固く結びついた、勤勉で信心深い両親のいる家族に恵まれていた。
・両者とも街の中では貧しい地域に住んでいた。ジェシーの父親は地域の製造業者のところで貨物車の荷詰めをし、また母親は近くのホテルでシーズン中のメイドをしていた。シェリルの父親は石膏鉱山や果物の箱詰場で働き、母親は清掃仕事をしていた。しかし、どちらの家も自分たちを貧しいとは思っていなかった。「オハイオに着いてからは」とジェシーは回想する。「父にはいつでも仕事があったから、食べ物、住むところは常に確保できていたし」。
・どちらも高校では抜きんでていた。ジェシーは学校の運動選手全体の中でもおそらくベストの存在で、アメフトチームのMVPになり、また生徒会長にも選出された。シェリルは最終学年では同窓会委員に選ばれ、また学業面でもほとんどトップに位置していた。
・卒業後すぐに、どちらも奨学金の一部補助もあり近くのよい大学に進学し、大学院も修了して公教育の分野に入り、長期にわたる素晴らしいキャリアを積んで最近引退した。小学校卒の労働者から、大学院教育を受けた専門家へと一世代の中でこのように跳躍したことは、彼らの持つ生来の才能と不屈の精神に並んで、前進に対して階級という障壁がこの時代は比較的弱かったことを示す顕著な証拠となっている。

このように素っ気ない伝記のように語れば、ジェシーとシェリルはポートクリントンにて問題なく幼年期を過ごし、比較的早い段階で人生の成功をつかんだと思われるかもしれない。しかし彼ら二人は一九五〇年代の公民権運動前の時代に、白人が圧倒的多数の小さな街に住んでいた黒人の子どもであって、間違いなく人種は彼らのアイデンティティにおいて最も際立つ部分をなしており、それは社会環境によって押しつけられたものだった。

ジェシーが初めてポートクリントンにやってきたとき、黒人と学校に通ったことなど一度もない同級生たちにじろじろと見られたが、彼の方もやはり白人と学校に行ったことなど一度もなかった。しかしすぐに彼には友達ができ、とりわけ彼がスポーツが得意だとわかったあとにはそうなった。ジェシーの父親の白人上司の息子が、リトルリーグのコーチをしているその父親に、ジェシーをチームに勧誘するようにと説得した。「リトルリーグのチームに入って」と彼は言う。「友達ができるようになった。運動をやってて、いい選手で、そしてチームに貢献すれば、好かれるようになるさ。自分のチームには受け入れられていると感じていたけれど、他のチームは、自分がチーム入りしていることを嫌っていたな」。

ジェシーは四つのスポーツで才能を示していて、高校では運動競技に熱心に取り組んだ。両親を別にすれば、彼の人生で最も影響を与えた人間はアメフトのコーチだった――しかしそれは、彼がジェシーに対して特に共感的だったり近しかったからではなかった。「絵に描いたような人でね」とジェシーは言い、「重きを置いているのは誰でも真似したくなるようなことだった――ハードワークに規律、気力、一丸となって取り組むこと、そして勝利。来歴から考えると、この人は別に私を気にかけてやりとりしようとしていたのではなく、私の才能が好きだったんだね。私に課題を与えることができ、そしてこちらがそれを成し遂げるから」。

ジェシーは冷静で争いごとを避けていた。「ミシシッピで生き残るためにはそうしなきゃいけないからね」と彼は言う。「ミシシッピで白人に口答えなんかしてたら、ここでいま君と話をしていることもたぶんなかったろう」。高校時代を彼は振り返って「そんな感じで性格がよかったから、生徒会長に選ばれたんだよ」と、彼が破った候補者が本書の著者であることを思い出して嬉しそうである。

高校のときジェシーは大学に行こうなどとは思っていなかった。それは家族に金がなかったからだが、高校最後の年に近くの大学のアメフトコーチが家までやってきて、条件のよい奨学金を提示していった。この申し出をジェシーが家族と話し合っているとき父親が言った。「息子よ、教育がなかったら、俺と同じように懸命に働かなくてはならなくなるんだぞ」。父親は奨学金ではまかなえない五〇〇ドルを借金することにして、それでジェシーは大学へと進んだ。

卒業後はロースクールへ進みたかったが、彼にはその金がなかった。カリフォルニアまでヒッチハイクをして出たが、そこで見つかったのは電子メーカーの作業員の仕事だけだった。友達の勧めがあって教職を目指し、教員免許を取ることにした。最終的に修士号を得て、四〇年以上を教師、教務主任、副校長、校長、そしてロサンゼルス教育機構における地区責任者として勤めた。

ポートクリントンでの子ども時代を振り返って彼が述べるのは、入っていくと居心地の悪かった店がわずかにあったものの、街での経験は概して肯定的なものだったということだった。「ポートクリントンにはいい人がたくさんいた」と彼は言う。「これまで会った中で最も楽しく、打ち解け、また心の広い人たちもいた。釣りに行くときには、ボートを貸し出してくれたりとか」。

家族は貧しく、人種の入り交じった地域に住んでいた。「毎日通学するときには、近所の白人の家をたくさん通った」と彼は振り返る。「そしてわれわれは友達だった。問題は何もなかった。みんな生きることに必死で、それは肌が何色か、という話じゃなかったからね」。アメフトチームでの白人チームメートの一人は、ジェシーの家族にお金がないことを知っていて、ジェシーをたびたび家の昼食に呼ぶようになった。

その一方で、ジェシーと近しい仲間たちとの良好な関係の背景には、それを取り巻く広い社会における人種偏見と分裂が存在した。「最もきついのは、人間として受け入れられないことだった。好意を持ってくれる人もいるけれど、何一つしていないのに、排除してくる人もいる」。

ジェシーの言葉では、「二つの世界――黒人世界と白人世界」の中間に彼は暮らしていたのだという。「黒人の子どもたちは、私が白人の子とすごくうまくやっているということが気に入らなかったし、［そして］黒人の子どもといれば、白人の子たちは卒倒しそうになった。私はそのような場で両方の仲立ちをし、みんな同じ人間なんだってわかってもらおうとしていた。白人の友達が、近くの街でやっている白人のパーティーに私を連れていきたがっても、そこにいる別の子や、その親がそれほど寛容でないこともあるだろう。友達の方は歓迎されていたけれど、こちらはそうではなかった。それも全て、私が黒人だったからだ」。

シェリルのストーリーは異なっている。シェリルにとっての強力なロールモデルはその母親だった。彼女は機知に富む有能な女性で、シェリルが「できない《キャント》」という言葉を使わないように強く言っていた。「ママを見ていて」と彼女は言う。「どんなことでもできるんだって実感しながら大きくなったのよ。習うよりも見て学ぶ、ってことがあるでしょう」。

シェリルの家族は、最初は石膏鉱山に近い集落に移住したのだが、そこの社宅には屋内トイレがなかった。その住居が不衛生という理由で閉鎖されたとき、一家はポートクリントンの、大半が黒人の暮らす地域の際《きわ》にある一画を買いその上にあった古家に越してきたが、隣人の抗議によって家を基礎から動かし、隣接した白人地域に面しないようにすることを強いられた。のちになって母親が住宅清掃をしていた先で、近くの白人地域でよい家を買えるよう世話してくれた人があったが、誰かがその庭に十字架を立てることがあってその取引は中止となった。[訳7]

シェリルが言うには成長していく中で、公然とした人種差別に直面したことはほとんどなかったという。人種的な侮蔑を耳にしたことも思い出せない。「どこにだって行けたし、誰にも邪魔されなかった」と彼女は言う。街中を自転車で乗り回し、自分で公立図書館から本を借りることもできた。

彼女を悩ませたのは、人種の線を越えたつきあいが欠如していたことだった。「ポートクリントンには、生徒「私も含まれてるけど、と彼女は付け加えた」に大学進学の準備をさせる素晴らしい教育システムがあったけれど、でも高校生活の五〇％は人づきあいでしょう」と彼女は言う。「それが欠けてしまっていたものだった。白人の同級生と学校にいるときはしゃべっているのだけれど、放課後になったらおしまい。その子たちと一緒には家に帰れなかった。その子たちも私とは帰らなかった。だから、しなきゃいけないことは何でも、独りぼっちでしていた」。小学校のときに白人の友達が、シェリルが通りで彼女とその母親と出会ったときに、知らんぷりをしたことがあった。「会えて嬉しかったのに」と彼女はそのことを思い出す。「誰なのかもさっぱりわからないようにふるまわれて。あれは本当に傷ついたわ」。

シェリルとその姉はバトンガールのグループに入りたかったが、それがかなわないことも知っていた。そのグループはポートクリントンほどには寛容でない場所にも遠征していくからである。「入ろうと試すこともなかった」と彼女は言う。「一員になれないって、ただ単にわかっているものだってあるのだから」。彼女とジェシーが、人気の白人カップルとダブルデートをしたことがあったが、そのときに近くのスケートリンクに行くことができなかったのは、入場を断られることが予想できたからだった――この懸念は妥当なもので、ある白人同級生がずっとあとになってからそれを確認している。「外に誰か立っていて、お前は入れない、って言うようなものじゃないの」と彼女は言う。「試すまでもない、って自分でわかっているだけなのよ」。

熱心で早熟な読書家であったシェリルの成績はよく、最終的にポートクリントン高校の大学進学コースに進んだが、彼女の言葉ではそれは「白人の友達が大学に行こうとしていたから」だった。しかし両親は、高い教育を目指すようにと特段勧めたわけではなかった。「二人のレーダー画面には映ってないものだった。学校について話すことだってなかった」。あるとき、彼女がクリーブランドの商科大学《ビジネススクール》に問い合わせを書いたことがあったが、母親はそれをやめさせて、「お前を大学に行かせる金なんて全然ないのよ」と言った――その反応に彼女は苦しんだ。

転機はシェリルが高校の最終学年のときに訪れた。母子一緒になってしていた住宅清掃先の白人女性が、シェリルの勤労観《ワークエシック》に感銘を受けるようになった。彼女の学業成績が飛び抜けていることがわかり、それにもかかわらず大学に行くようにと声をかける人間が学校に誰一人いないことを知ってショックを受けたのである。この女性――ポートクリントン最大の企業の一つの社長夫人だった――は熱心にシェリルの問題を取り上げた。「この方が私の味方でなかったら、どこにもたどり着けなかったわね」と思い出す。「毛皮のコートを着て、校長室に乗り込んでいったの。二回もよ！」。及び腰だった校長も最後には、シェリルを近くの州立大学訪問に連れて行くことに同意した。

彼女はその大学に入学を許され、費用の一部は得られた奨学金で、残りは四年間、夏期に単純労働をすることでまかなった。大学は高校のときよりもずっと楽しんだ、と彼女は言うが、それは黒人が多くいたので「高校のときには欠けていた社会的な部分が、大学にはあった」からだった。それでも大学時代を振り返って、教職や福祉以外の仕事を目指さなかったことをシェリルは後悔している。「子どもが『弁護士になりたいんだ。パパも弁護士だからね』って言ったりするわね」と彼女は言う。「何かに触れることができていたら、教師にならなかったでしょうね。他にもできたことはたくさんあったのだもの。でも、一九六〇年代にはそれはなかった」。

シェリルの兄弟たちは、ポートクリントンをわたっていく上での困難が彼女よりもずっと多かった。「線を踏み越えないこと。私は絶対にそんなことはしなかったけど」とシェリルは言う。「そうすれば面倒は避けられたでしょう。でも越えてしまったら、何かの問題に一直線よ」。そんなことが彼女の弟にもあったことを思い出す。歴史の授業で奴隷制についてやっていたとき「弟が激怒して、本当に大変なことになった」と語るが、それは教師が、黒人たちには精神《ソウル》がない、と言ったあとのことだった。その教師は同じようなことを、シェリルがクラスにいたときにも言ったのだが、彼女ははらわたが煮えくりかえっても黙っていた。兄の一人は、朝鮮戦争からの帰還時に家を買おうとしただけで、一線を越えることとなった。「お前がどれだけ金を持っているかなんて知るものか」と、街で最も有名な不動産屋で言われた。「お前はここには家を買わないんだ」と。

属していなかった、という彼女の感覚はポートクリントン時代を振り返るとき、いまなおシェリルに付きまとっている。街にいた白人が個別には、彼女を助けてくれたり仲良くなってくれたりしたことを彼女自身が強調しているにもかかわらず。「ラルフ・エリソンの『見えない人間』が、ポートクリントン高校で私が経験したことをよく描いているわ」と言う。「一九五九年卒業クラスのアフリカ系米国人生徒として、私もその生徒集団の一人ではあったけれど、でも一員だと感じたことは決してなかった」。アメリカは、彼女にとって根強い人種差別システムであり、彼女やその家族に対し、経済的、また社会的生活に完全に参加することを許さなかった——そしていまもなおそうなのである。白人の子どもにとって一九五〇年代のポートクリントンは成長するのに素晴らしい場所だったが、彼女が私に告げた言葉は、おだやかではあるが正確なものだった。「あなたの当時は私の当時とは違ったし、あなたの現在すら私の現在ではないのよ」。

一九五〇年代のポートクリントンには多くの人種差別があった。当時のアメリカ他地域と比べたときには暴力性がまだ低く、程度のより軽いものであったかもしれないが、そうであったところでつらくまた深い傷をもたらすものであったことは、ジェシーとシェリルが明らかにしているとおりである。ポートクリントンもアメリカ同様に、人種平等に向けて苦闘の、遅々とした歩みを過去半世紀にわたって続けてきた。一方でジェシーとシェリルがやはり強調しているとおり、一九五〇年代のポートクリントンにおいては、つましい階級の出身であることは、その才能と勤労観《ワークエシック》を活かして高く上方へと移動していくことを妨げるものではなかった。それは質素な家族的背景が、ドンとリビーが人生の成功をつかむことを妨げるものでなかったことと完全に対応している。

リビー、シェリル、ジェシーが成人してからの半世紀の間に、人生の機会をアメリカで形成していく上で人種や階級、ジェンダーの果たす力は大きく再構成されてきた[12]。アメリカにおける不平等は、教育を通じて作用することがますます多くなった――これはわれわれの知識基盤経済における希少な資源であり、またこの尺度は親の社会経済的地位と密接に関連している。ジェンダー上の不平等は、一九五〇年代には非常に大きかったものの急激に低下して、いまでは女性の方が男性よりも大学を卒業する可能性が高くなっており、所得における性差もいまなお存在するものの縮小を続けている。

人種間の違いにおいての進展の方は、それより見通しが明るいものではない。確かに教育水準を統制すると、所得における人種差はそれほど大きなものではなく、また家族構造やテスト得点における人種差は大きくはあるが減少中である。その一方で学校教育や、刑事司法制度への関わり方という点での人種差はいまなお甚大なものである。アメリカにおいて黒人の親は依然として、貧しく教育水準の低い層に偏って集中していて、したがって黒人の子どもは最初からハンディキャップを背負い続けている。親の富裕の程度にかかわらず、黒人の子どもは同じ所得レベルの白人の子どもよりもより貧しい地域に住んでおり、また黒人の子どもは、同じ所得レベルから出発した白人よりも上方移動の経験が少なく、下方移動を経験することがより多い[13]。

このように、ジェンダーと人種における格差は依然として強いものであるものの、今日のリビーやジェシー、シェリルにとっての成功への障壁としては、一九五〇年代当時よりは重荷の程度が軽くなっているだろう。それとは対照的に、現代のアメリカにおいて当時よりもはるかに大きなものとして立ちはだかっている障壁が一つある。生まれついての階級である。全国規模で増大する階級上の不平等――若者の間で階級に基づく機会格差がこの数十年間にいかに拡大したか――が本書の主題である。

6　二一世紀のポートクリントンにおける階級格差

一九五九年の卒業式で、同級生と私が意気揚々と階段を降りていったとき、変化が近づいている、というきざしに気づいている者はいなかった。われわれのおおよそ半分は大学へ進み、街にとどまった者にも（男性であれば）就職し、結婚し、満足いく生活を送ることが自分の親と同じようにできると期待する十分な理由があった。一〇年ほどの間、こういった期待は幸いにも満たされてきたのである。

しかし、地平線のちょうど先で巻き起こった経済的、社会的、そして文化的な旋風を束ねた力が全国規模で作用して、われわれの子どもや孫の人生における可能性を劇的に変容させてしまった。多くの人にとってその影響は胸が張り裂けそうなものであるだろう。過去数十年にアメリカ中に押し寄せた変化を描き出すポスターのシンボルのような存在に、ポートクリントンがなってしまったからである。

一九五〇、一九六〇年代にポートクリントンのささやかな繁栄を築き上げることとなった工業生産の基盤は、一九七〇年代には揺らぎ始めた。街の東端にあったスタンダード・プロダクツ社の大工場は一九五〇年代には一〇〇〇人近くの、安定して給料のよいブルーカラー仕事を提供していたが、一九七〇年代には従業員がその半分以下に切り詰められ、二〇年以上に及ぶ一時解雇と既得権放棄の時期を経て、メイプル通りに面した工場入り口は一九九三年についに閉鎖となった。それから二〇年が経過して唯一残る工場の巨大な廃墟では、環境汚染の危険を告げる環境保護局《EPA》の警告板が鉄条網に取り付けられている。しかしスタンダード・プロダクツ社工場や陸軍基地、石膏鉱山の閉鎖は、この街に広がった経済衰退の最も目立つ象徴であるにすぎない。

ポートクリントンは、オタワ郡の中で突出した最大の都市だが、この郡の製造業雇用は一九六五年時点での全職種の五五%から一九九五年の二五%へと急減し、その後も低下を続けた。(14)失業率は全国的な経済の潮流につれて上昇下降するが、地域の好況が全国レベルの好況と同じくらいよかったことは一度もなく、しかるに地域の氷河期はずっと悪いものだった。一九七〇年代末には、地域の実質賃金は全国平均をわずかながら上回っていたが、その後の四〇年間にますます後れを取るようになってしまい、底を打ったときには全国平均を二五%下回っていた。二〇一二年までオタワ郡の平均的労働者は半世紀近くの間、実質賃金上昇を経験したことがなく、現在の所得もインフレ調整ドルで、その祖父(また祖母)が一九七〇年代初頭に受けていた額よりも一六%少なくなっている。

ポートクリントンの人口は一九七〇年に先立つ三〇年間に五三%急上昇ののち、一九七〇年代から一九八〇年代に突如停滞し、一九九〇年からの二〇年間で一七%落ち込んだ。通勤時間はますます長くなっていったが、それは地域の労働者が必死で雇用を他所に求めたからである。私の少年時代には存在した街中の商店の大半は空き家で打ち棄てられてしまっており、その廃業の要因は一つには郊外にあるファミリーダラーやウォルマート[訳8]によるものだが、ポートクリントンの消費者の給料明細が次第に細っていったことによる部分もある。

これらの経済的打撃による社会的インパクトは、初期は家族やコミュニティのきずなによって和らげられており、それは私の若かった頃には非常に強いものだった。しかしポートクリントン高校を引き続いて卒業していく学年が、悪化の一途をたどる経済へと突入していくと、ポートクリントンのコミュニティを一九五〇~六〇年代に下支えしていた社会的規範は次第に蝕まれていった。少年非行率は一九八〇年代にはちょうど全国平均であったがその後急上昇を始め、二〇一〇年には全国平均の三倍となった。ポートクリントン高校卒業生のうち、脱出可能な者はますますそうしていった。オタワ郡からの三〇歳前後における純流出は一九七〇年代から二〇一〇年代へかけて、一三%から二七%と倍増以上になった。

経済的圧力とその負担を背景として、オタワ郡で片親世帯が一九七〇年から二〇一〇年に一〇%から二〇%

へと倍加し、離婚率は五倍となったことも驚くにあたらない。郡内の未婚出産率は一九九〇年から二〇一〇年の間に急増し二〇％未満から四〇％近くとなったが、これは全国の白人の間で見られる同様の増加を上回るペースで、また今後も片親育児が増加することの前触れとなっている。ポートクリントンに限れば、一九八〇年代における地域経済の崩壊を震源として、一〇年足らずの間に未婚出産率は爆発的に増大した。一九七八年から一九九〇年の間に、九％（人種調整した全国平均のおおよそ半分）から約四〇％（全国平均の二倍近く）へと急増した。そして続く数十年間のうちに子どもの貧困率も一九九九年の一〇％未満から二〇一三年の四〇％近くへと急上昇したのである。[15]
しかし、過去半世紀にわたるポートクリントンのストーリーは――この期間のアメリカの歴史も同様であるが――労働者階級の没落をめぐって、というような単純なものではない。同じ期間に、新しい上流階級の誕生もまた目の当たりにされたからである。
ポートクリントンは、エリー湖畔にある素晴らしい一帯を占めている。私の若かった頃は避暑用の小別荘や質素な行楽地、また魚釣りのキャンプがこの湖畔のあちこち、果樹園の間に点在しており、湖岸はわれわれ全てに開かれているという感覚があった。しかし過去二〇年間にポートクリントンの伝統的経済が崩壊する一方で、クリーブランドやコロンバス、その他の中西部の大都市の裕福な弁護士や医者、実業家たちがこの湖畔や近くにある沖合の島々の魅力を知ることとなり、これらの地域の買収を開始した――それはセカンドハウスとしてや引退時のためだったが、収入の多い仕事のある都市へ長時間通勤する犠牲を払ってもよりよい暮らしがしたいので、という理由もたまにあった。幸運に恵まれた地域の開発業者と組んで、こういった新規参入者は凝った邸宅やゲーテッド・コミュニティを建設した。これらがいまでは湖岸をほぼ途切れなく二〇マイル〔約三〇キロメートル〕にわたり、街の両側を覆いつくすように並んでいる。豪華なコンドミニアムが、ゴルフコースや華麗なヨットで満杯の湖水池を取り囲むように立てられている。高級なカトーバ地区にある湖畔沿いのとある家には、屋内シアターや競技コートも備えられていた。『ポートクリントン・ニュースヘラルド』紙の不動産ページでは今日、一〇〇万ドル近い邸宅と、くたびれた二連《ダブル・ワイド》トレーラーハウスの両方の広告が隣り合っているのを見ることができよう。そして、湖岸にある富裕向け不動産から、貧困にあえぐトレーラーハウス地区まで、徒歩一〇分以内で行くことができるのである。

オタワ郡の所得分布は、一時は国内で最も平等であったものの、この間に歪み始めた。上位と下位に位置する住民の数が増加し、中間が急落したのである。二〇一〇年には、カトーバアイランド地区の世帯所得の中央値は、隣接する国勢調査区の世帯所得中央値の二倍以上となっていた。加えて、このような変容のペースと集中度は、図1・1および図1・2の地図が明らかにするように衝撃的なものである。貧困の子どもが相対的に多い国勢調査区は色が濃くなっているので、地図が示しているのは二〇〇八〜一二年のポートクリントン自体に（とりわけ中心街の直接の外側には）二〇年前と比べて貧困の子どもが多いということだが、しかるに湖岸沿いのカトーバ居住区は、同じ年月を通じて同様の変化を全く経験していなかったのである。大不況《グレートリセッション》［訳9］の余波の残る二〇一一年、ポートクリントンの中心街からイーストハーバー道路を東に運転していくと、左側のカトーバ沿岸の国勢調査区は子どもの貧困率が一％であるのに対し、通りの反対側の国勢調査区では子どもの貧困率が五一％となっていた。

この道を挟んで異なる側に住む白人の子ども二人の暮らしが現在どうなっているのか、探索してみよう。

7　チェルシー

チェルシーとその家族が住んでいる大きな白い家には、湖を見渡す広いポーチがついている。高価なセカンドホームも近郊の街にあり、そこはチェルシーと兄が学校に通っていたところだった。チェルシーの母親のウェンディはミシガンの裕福な家庭の出身で、その父は高名な弁護士だった。彼女は大学院を修了し、パートタイムの特殊教育専門家として個人開業している。スケジュールに自由がきくことを重視しているが、それも二人の子ども（いまでは大学に通っている）の子育てがこれまで最優先事項であったからだった。チェルシーの

図 1.1　オハイオ州ポートクリントンにおける子どもの貧困、1990 年

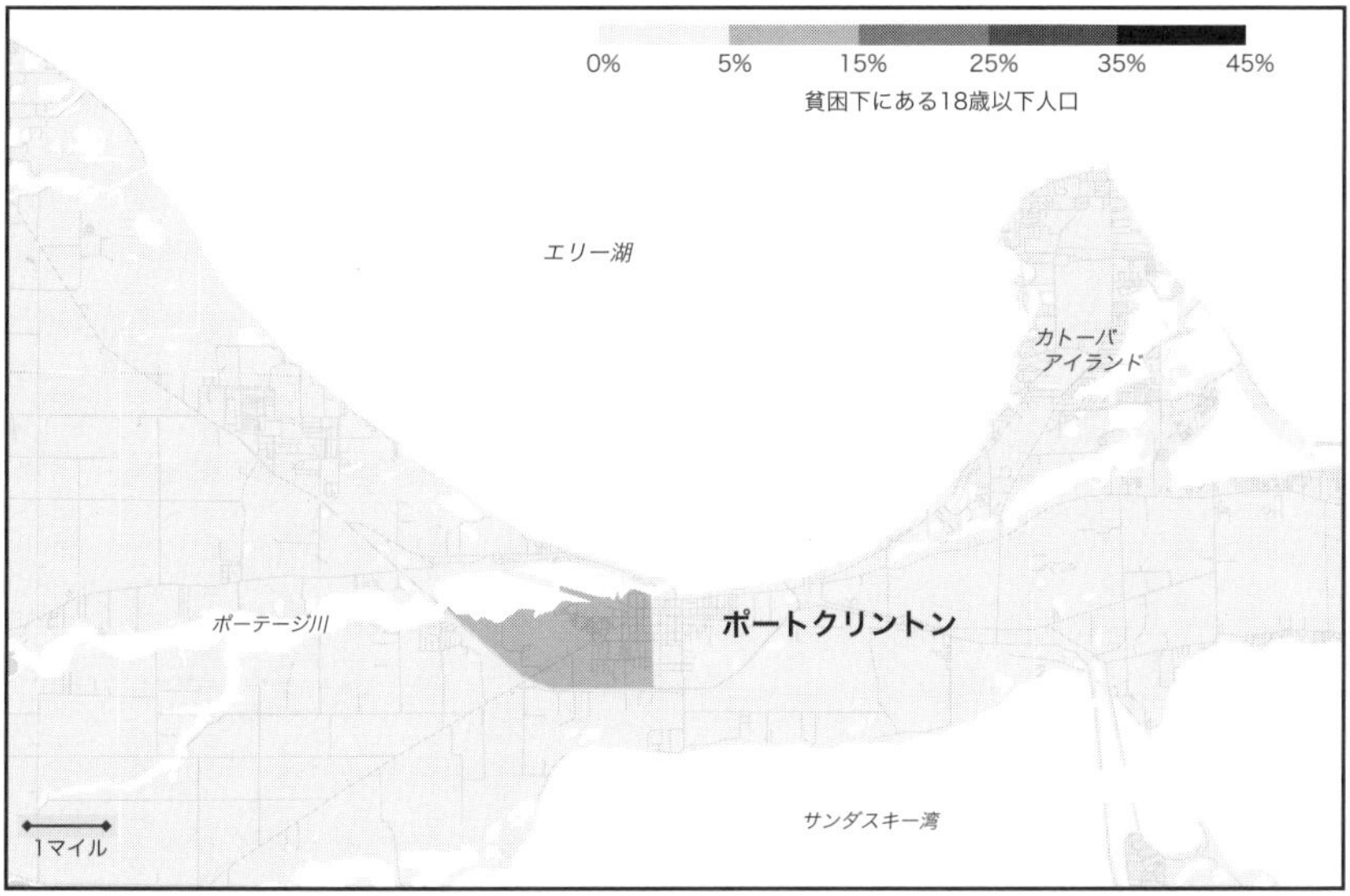

出典：国勢調査 1990 年データ，ハーバード大学図書館よりアクセスした Social Explorer により集計.

図 1.2　オハイオ州ポートクリントンにおける子どもの貧困、2008-2012 年

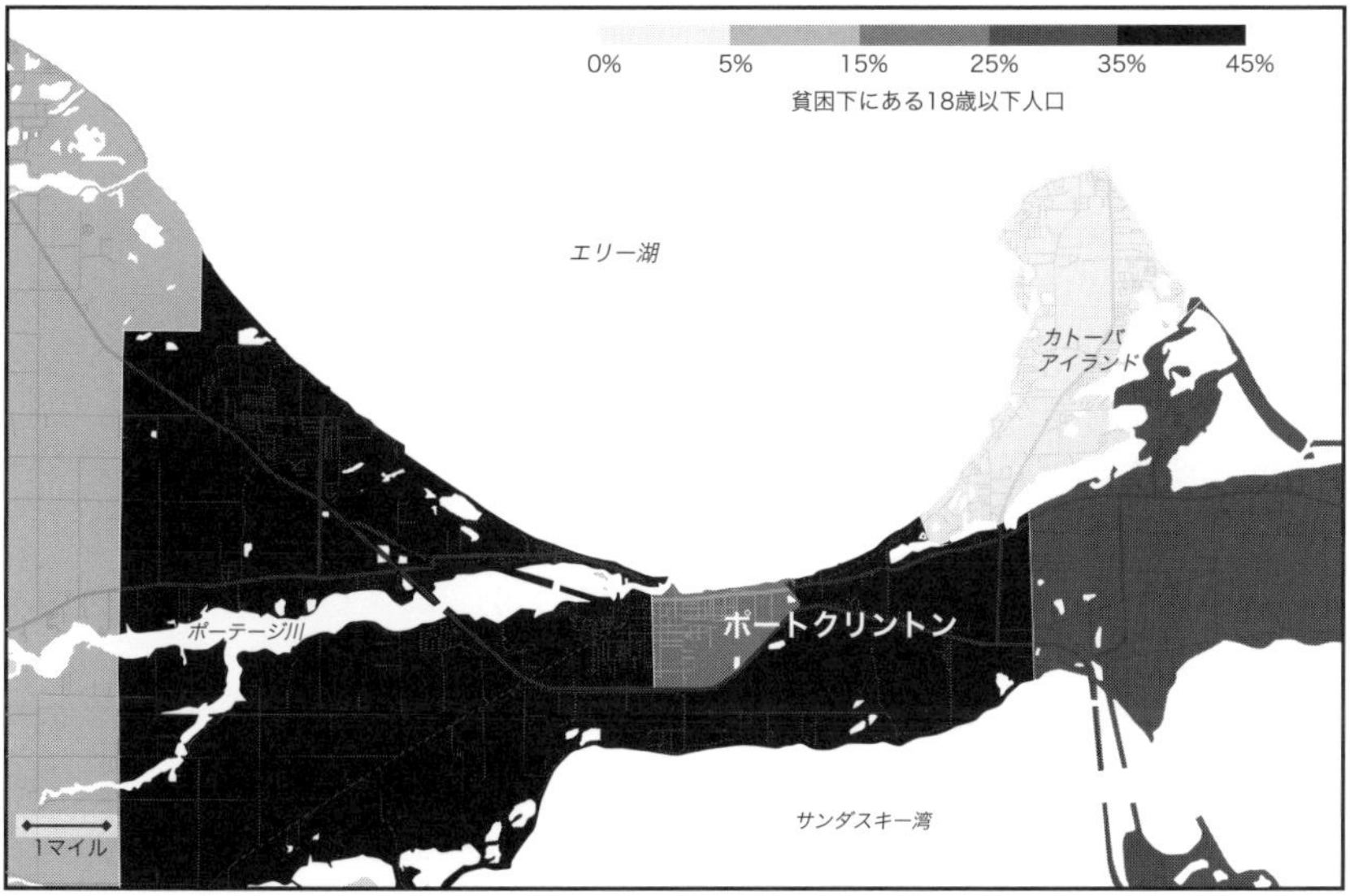

出典：ACS 2008-2012 年（5 年推定）データ，ハーバード大学図書館よりアクセスした Social Explorer により集計.

父親のディックは全国規模の大企業の営業部長で、出張も非常に多い。「二人が小さかったときには、父親としての存在感は全くなかったわね」とウェンディは言う。

それに対してウェンディ自身は、子どもたちが成長していく上で彼らの生活に熱心に関わってきた。「たぶん、自分の親にされてきた以上に、自分の子どもをせっついてきたわね」と彼女は言う。「[子どもに関しては]本当に点取り虫だった。本当に高校まで二人をせき立てて、その後もただひたすら続けたわ。[幼児のときは]読み聞かせをしてあげた。一番大事なことだったのよ――小さかったときにはもう読んで、読んで、読んで、読んで、幼稚園に入る頃には自分たちで読むようになっていた」。彼女は、そこまでは関わらない他の母親に批判的である。「子どもたちが本当にたくさん、道を失っているさまを見るけれど」と彼女は言う。「母親が気にかけていないのね」。

チェルシーが毎日学校から帰ってくると、両親の少なくとも一人はいつも家にいた。彼女とその兄が宿題をしていたのは台所の作業テーブルで、母が夕食を作る傍らだった。兄がアメフトをするとき以外は、家族みんなで毎晩食事をともにした。「家族の夕食は決定的に大事」とウェンディは言う。「子どもたちは、他の人とどうやって対話するかそこで学ぶのだから」。

チェルシーの両親は彼女のために毎年、こだわりテーマの誕生パーティーを催した――五歳のときにはお茶会《ティーパーティー》、六歳ではバービー・プリンセス、一一歳のときはアカデミー賞（招待客のリムジン送迎付き）、一六歳ではラスベガスのカジノナイト、といった具合だった。街の子どもたちが出入りする場所がないことを案じて、チェルシーの両親は地下に精巧な一九五〇年代スタイルのダイナーを据え付けた。「一九五〇年代ダイナーのコックをしているのよ」とウェンディは言い、「いいことをしたわ。友達みんながいろいろと私に話してくれるし、彼らがどこにいるのか私にもわかるしね」。

ウェンディは、子どもたちのために学校で立ち上がるのを誇りにしている。チェルシーの兄が七年生のときに、宿題をやってきていないと教師が指摘すると、彼女は教師に子どもがちゃんとやっていたことを示した――そして、それを反映するように成績を訂正することをその教師が拒むと、彼女はまず校長に、続いて教育委員会に訴えた。教育委員会は成績を変更し、その教師を別の場所に異動させた。もう一つの事例もある。チェルシーは四年間、高校の卒業アルバム《イヤーブック》のために懸命に働き最終学年のときには編集長を務めたので、卒業アルバムを基準に毎年決めている大学奨学金が得られることを期待していた。担当の教師が、その奨学金候補にチェルシーを推薦することに同意しなかったとき、母親は校長のところに行った。彼も即座に、なぜ彼女がここに来たのか理解した。「私をわかっていますよね」と彼女は言った。「教育委員会に行きますよ。その先生に［奨学金の］書類を書くようにとだけ指示してくだされば、それで終わりにしましょう」。その書類は翌日届いた。

チェルシーは自らを、高校で「最も活発だった人間」と語る――生徒会長、卒業アルバム編集委員、全米優等生協会会員、読書クラブの会長や「その他のものもたくさん」していた。彼女の両親は学校のイベントにも、他の親にも増して熱心に参加していた。金網を使った巨大なキングコングの張り子のフロートを作る手伝いをしたのは、子どもたちがやり方をよく知らなかったからだった。チェルシーが卒業パーティー《プロム》の担当係で、舞台制作に他の生徒たちが集まれなかったときにその場にいたのはウェンディで、夜中までかかってグルーガンで接着作業をしていた。

一家は経済的に十分満足していたが、ウェンディは自分や身の回りの裕福な仲間たちが「代々続いてきた」お家柄、であるとは考えていない。「このあたりの親はほとんど『中西部の親』で、自分で仕事をして稼いできた人間」であると言う。「ビバリーヒルズとかハンプトンズ[訳10]みたいなものじゃないのよ」。彼女は子どもたちに、パートや夏期アルバイトをすることを勧めている。「お金持ちになりたいのなら、働かなくてはならないわ」と断言する。彼女は、貧しい子どもの教育のための特別な財政支援にも懐疑的である。「自分の子どもたちが成功しつつあるのだとしたら、あたりにただ座り込んで、自分の成功のために何もしてこなかった他人のためにあの子たちが負担を負うべきとは私には思えない」。

生活の中でストレスを感じるときについて聞かれたチェルシーの答えは、「経済的な問題はこれまで全くなかった」とのことだった。一家の友人が自殺を図ったときは、精神的に非常にストレスが大きかったが、自分がどう感じたかを父母に向かって話すことができ、また彼らのことをよいロールモデルだと語っている。「身の回りにいる人たちは、いつも私を助け、正しい方向に後押ししようとしてくれる」と彼女は言う。「人生でしていることについて満足しているの」。

チェルシーは、自分は大学に行く、ということを常に自覚していた。両親は彼女と兄によい成績を取るようにと励まし、高校のクラスで上位一〇%以内で卒業したら学費を全て負担するからと約束していた。二人ともそれを成し遂げ、どちらも同じ「ビッグテン大学[訳11]」に在学している。チェルシーはロースクールを目指していて、祖父の進んだ道を追いかけようとしている。

8　デヴィッド

二〇一二年にポートクリントンのある公園で初めて出会ったとき、一八歳のデヴィッドはその痩せぎすの身体をジーンズとベースボールキャップに包んでいた。父親は高校を中退していて、自らの父のようにトラック運転手として生計を立てようとしたがうまくいかず、成人してからは臨時雇いの造園作業といった一時的な仕事でしか働いてこなかった。デヴィッドは、父親についてそれ以上語ることができないことを詫びる。「いま刑務所にいるんで」と彼は弁解し、「聞くことができなくて」とのことだった。デヴィッドが非常に幼かったときに両親は離婚し、母親は出て行ってしまったので彼女についても多くを語ることができなかったが、唯一の説明はポートクリントン地域にいま住んでいる、ということだった。「彼氏がみんなバカでさ」と彼は言う。「おふくろにそんなにたくさん会ったことがほんと、全然ないんだ。そこにいたためしがないんだから」。

デヴィッドはこれまで大きく振り回されてきた。ほぼ父親を保護者として育ってきたが、しかしその父は刑務所に出入りを繰り返していた。デヴィッドの子ども時代、父親の人生の中には途切れなく女性が入ってきたが、その多くはドラッグに溺れていた。デヴィッドと父親は、イーストハーバー道路の貧しい側にある父方の祖母の家でしばらくの間暮らすこともあった。そうすると父が何とか自活しようとし、また別の女性がその暮らしに入り込んできた。しかし、いずれは父親が家賃を払えないとか、あるいは「乱痴気騒ぎ《パーティーイング》」がまた始まってしまって、結局のところ祖母の家に逆戻りになった。デヴィッドには九人の異母きょうだいがいるが、定まった住所を持ったことはなかった。

デヴィッドが一〇歳か一一歳のとき、彼の父が数年間とある女性とつきあうことがあり、デヴィッドは彼女のことを自分の継母、と呼んでいた。しかし、彼女が父親と実際に結婚することはなかった。その継母は、彼の言葉では「イカレてたね……酒飲みで、ヤクだのドラッグだの」とのことだが、現在では別の男と暮らしており、彼らの間にはさらに何人かの子どもがいるという。彼女が出て行ったとき、デヴィッドが言うには父親は「やけっぱちになって」ドラッグと女に走った。大人たちが自分の人生の中を行き来しながら、子どもたちに何が起こるかお構いなしといった様子は、自分や異母きょうだいたちのことなどまるで「誰もハナにも引っかけないんだ」という感覚をデヴィッドに残した。

デヴィッドの父親は、一連の強盗事件のために最近刑務所送りとなった。デヴィッドが面会に行けないのは、彼自身も保護観察下にあるからである。彼が父親を身近に感じているのは、自分の人生で周囲にずっといた唯一の大人であるからだが、自分の父親が不安定であることを彼は心配している。「こっちにきつく当たるときもあるし」と彼は言う。「そうでないときもある。いい日につかまえられればいいんだけどさ」。

デヴィッドの家族生活は明らかに混迷の中にあった。彼はそのストレスを、友人と一緒に逃避して家から離れ、マリファナを吸うことで紛らわしていた。「家が恋しかった」と彼は言う。「自分だけの家族が近くにあったら、って。オレにはほど遠いものだったから」。付け加えて言うには「家族でテーブルを囲む晩飯なんてしたこと全然ないんだから、恋しがりようがないんだけどな」ということだった。

父親があちこち転々としたので、デヴィッドの通った小学校も七つに及んだ。学校は、彼の思い出の中では、いつも問題だった。「学期の終わりまで成績も定かでなくてさ」と彼は言う。「でも毎年パスした。留年したことなんて一度もない。中等学校《ミドルスクール》のときには他の子とケンカして、それでヤツらはオレを追い出して、

『品行矯正校《ビヘイヴィア・スクール》』送りにしたんだ」と彼の憎む学校を口にした。最終的に地域の教師の支援もあって、一二年生のときに近くの高校の「就業力育成クラス」に転じてそこで卒業証書を受けたが、ほとんどそれは、学校の単位をビッグボッパーズ・ダイナーで働いたことで得たからだった。卒業するとすぐに、ビッグボッパーは彼を解雇した。

デヴィッド自身もたくさんの問題を引き起こしたが、その原因の一つには、悪い子どもたちとつるみ始めたことがあった。一三歳のときには一連の商店押し入りがもとで五ヶ月間の自宅拘禁を受けた。学校に行くことはできたが、それ以外は一人で家にいなければならず、ずっとテレビゲームをして過ごした。「しなきゃいけないことはそれだけだった」と彼は言う。保護観察期間中に飲酒と薬物検査に引っかかったことでさらなる厄介事に巻き込まれ、少年院送致となった。彼にはサポートのネットワークが根本的に欠けていた。最初の問題に引きずり込んだのは施設送り以前の友人だったが、鉄格子の向こうで出会った人間も負けず劣らずだった。「施設で友達を作ると」と彼は言う。「たいていそいつらと舞い戻ってくることになるんだ」。

学校を出てから、デヴィッドはファストフードレストラン、プラスチック工場、造園作業といった、さまざまな臨時仕事についてきた。非行記録のために彼の職探しは困難であり、記録抹消の手続きにかかる「何百ドルか」の法律費用もまかなえない。造園作業の現場監督になろうと懸命に働いたが、スピード違反で免許に点数がついていたためその機会もフイにしてしまった。

学校でトラブルを抱えていたにもかかわらず、デヴィッドにははっきりとした教育上の熱望がある。「高等教育を受けたいんだ」と彼は言う。「どうしても。それなしでこの先仕事につくことは難しいよ」。しかしどうしたらそこにたどり着けるのか、彼には考えもつかない。学校時代に助けになった生徒指導カウンセラーや教師など記憶にないし、両親が役に立たないのも明らかである。年少の頃、ポートクリントンで自分を喜んで助けようとする人間など一人もいなかった、と苦々しげに彼は語る。彼の言葉では、自分の家族に何が起こっているか街の人は知っていたが、彼に手をさしのべようと気にかける者はいなかった。父親と母親が「街で悪名高い」という事実によって、街の人も自分に共感を持って接する気にならないのだと彼は信じている。最も本質的な意味で、デヴィッドは自分の人生を一人きりで生き延びていくしかなかったのである。

その人生経験からは意外に思えるが、デヴィッドは引く血もさまざまな幼い義理のきょうだいたちに対して大きな責任を感じている。その面倒を見るにたる大人が誰もいないからである。「連中を育てられるのはオレしかいないから」と彼は言う。デヴィッドがその義理のきょうだいたちに抱く責任感は深くまた嘘偽りのないものに見える。「みんなが離さないで、ってこっちを見てるみたいで」と彼は言う。「それがすごいプレッシャーなんだ」。実際、二〇一一年に公園で初めて会ったとき、彼は愛情のこもったまなざしで八歳の義理の弟を見守っていた。数日前に行われたスクール・オリンピックに年若い弟が参加したとき、それを参観に行った唯一の家族は彼だった。二年後のデヴィッドとの会話ではその若い弟がいまでは、薬物中毒の継母の下に生まれたさらに小さな赤ん坊の面倒を見ているとのことである。

二〇一二年に、デヴィッドの彼女が妊娠した。「全く予定になくて」と彼は言う。「できちゃった、ってやつで」。その時点で、子どもが生まれたら一緒の暮らしが待っていると彼は期待していたが、彼女を信じることができるのか確信が持てないということも認めていた。残念なことに、彼の直感は正確なものだった。二年後、彼女は新しいパートナー（彼女と同じようにやはり薬物中毒）と暮らし始め、デヴィッドは娘の親権を共同で持つことになった。彼はその日暮らしの生活を送っているが、娘が生きる意味を与えてくれたと語る。「父親になってよかった」と彼は言う。「自分を全能の神みたいにただ見つめてくるんだ」。

二〇一二年に、もうダメだと感じたことはあるかとデヴィッドに尋ねた。「ああ」と彼は答え、「どうにもならない、って感じるときもあるけれど、そこからはい出してくるんだ。ガックリとくることもあるけれど、でも深刻に考えないようにしてる」。二〇一四年に彼はフェイスブック（Facebook）上で、彼女の裏切りと仕事の行き詰まりに取り乱した近況を投稿している。そこには「いつだって最後は負けて終わる」と記されていた。「元に戻りたいだけなのに。いつだって先に進めたことがない。いままで何でもがんばってやろうとしてきたのに、全然信じてもらえない。詰んだ……クソ詰んだよ！」。

一九五〇年代のポートクリントンの子どもを、いま現在のポートクリントンの子どもと比較すると機会の格差は劇的なまでに広がっている。その理由の一部は現在の裕福な子どもが、当時の裕福な子どもよりも多くの機会を享受しているということもあるが、大半の理由は、現在の貧しい子どもが、当時の同じ境遇の者よりずっと悪い状況に置かれていることにある。フランクの両親は、彼が学校で熱心にやっていないことに無頓着だったが、それは「読んで、読んで、読んで、読んで」という姿勢から、卒業パーティーの道具作りで夜遅くまでグルーガン接着もしているウェンディの徹底的な育児とは対照的である。フランクの家族は、質素な出身の子どもたちとも遊ぶように促していたが、一方でウェンディはこだわりの誕生パーティーのためにリムジンを借りていた。チェルシーの住む地域は閉鎖的なものだったが、対してフランクのそれはそうではなかった。チェルシーは高校での活動を独占していたが、フランクがそうしていなかったのは明らかである。チェルシーとその母親は、ウェンディが子どものために学校に介入することを誇りにしているが、フランクはそんなことを考えるだけでぞっとしている。

一九五九年の労働者階級の子どもと比べ、それに対応するデヴィッドのような今日の子どもは、困難の多い、孤立した、絶望的な生活を送っている。ドン、リビー、シェリル、そしてジェシーにはみな、安定して両親の揃った、愛情ある家族がいた。デヴィッドは家族を持ったことが全くなかった。ドンの父親は二つの仕事を掛け持ちしていたにもかかわらず、ドンの試合は毎回観戦したし、リビーとシェリルの母親はロールモデルとなっていたが、対してデヴィッドの父母、そして継母は、失敗した人生についての具体的な教訓、といったところがせいぜいだろう。リビーは家族とのお決まりの夕食からマナー、価値観、そして誠実さを学んだが、デヴィッドには家族との夕食とはどんなものなのか考えもつかない。一九五〇年代の労働者階級の四人の子ども全てが、家族や学校、あるいはその双方の勧めを得て大学へと進んだが、一方でデヴィッドは「ふらついて」いるばかりで誰からの導きも全くなかった。教師やコーチ、教会の長老、さらには毛皮をまとったご婦人すらもが、リビーやジェシー、シェリルやドンに手をさしのべたが、街の人々はデヴィッドのことを自分で苦闘するままにまかせたのである。私の親世代の誰もが（ビリヤードの達人から牧師にいたるまで）ドンやリビーのことを「われらの子ども」と考えていたことから考えると驚くべきことだが、今日のポートクリントンにはデヴィッドの存在に気づいている大人すらほとんどいないし、彼を「われらの子ども」の一人と考えるような者はさらにいない[16]。
ポートクリントンという小さな街は、多数ある街の中の一つにすぎないのはもちろんであるが、本書の残りでは過去五〇年間にわたるその軌跡、そして子どもたちの運命がかけ離れていくさまが、決してそこ独自のものではなかったことが示される。例えばポートクリントンは、確かにそれに当てはまっているとはいえ、単純な「ラストベルト」[訳12]のストーリーというわけでは**ない**のである。引き続く章で追っていくのは、類似のパターンが全国のコミュニティで見られるさまであり、それはオレゴン州ベンドからアトランタ、そしてカリフォルニア州オレンジ郡からフィラデルフィアまで及んでいる。しかしまずは、ポートクリントンへ当てていた焦点からズームアウトして現代のアメリカ社会を広角で捉えるため、平等の原則、およびそれが現在のアメリカ人にとって実際に意味するものについて検討していこう。

9 アメリカにおける不平等——広範な構図から

アメリカにおける不平等をめぐる最近の議論は、二つの関連した、しかし別個の問題が入り交じっていることが多い。

• **所得と資産における平等**。今日のアメリカ成人における所得と資産の分布——「オキュパイ運動」により一％対九九％としてフレーム化された——は、この数年の間に多くの党派的議論を生み出してきた。しかし歴史的に見ると、アメリカ人の大半はこの種の不平等に対して大きな懸念を示してきたというわけではない。われわれが他者の成功をねたまなかったり、社会経済的なはしごがいかに高かろうとも気にかけない傾向があるのは、能力と活力が等しく与えられていれば、それを登るチャンスは誰にも平等であると考えられているからである。
• **機会と社会移動性における平等。** 次世代にとっての展望――すなわち、出自の異なるどんな若者であっても確かに、ほぼ同じ高さからはしごに足をかけ、そして能力と活力が等しければ、同じようにそれを登っているのか否か――は、全体としてわが国の文化においてより重要な問題を提起している。わが国の独立が「全ての人は平等に造られている」という前提で始まるように、あらゆる党派のアメリカ人は歴史的にも、この問題を非常に気にかけてきた。

これらの二種類の平等が関係しているのが明らかなのは、ある世代における所得の分布が次の世代の機会の分布に影響を与える可能性があるからである――しかし、これらは同じものではない。今日の親が持つ所得と資産の分布が、われわれのストーリーにおいて深刻な背景をなしていることは、チェルシーとデヴィッドの明暗分かれる人生でもそうなっているとおりである。しかし本書においては、今日の子どもの間での機会の分布に第一の焦点を当て、以下の問題への答えを探っていく。**社会的、経済的背景を異にする今日の若者は、おおよそ等しい人生の機会を現実に有しているのか、そしてこの数十年の間にそれは変化したのだろうか？**(17) 例えば、一九五〇年代のフランクとドンの出発点の違いは、二〇一〇年代のチェルシーとデヴィットの間の違いよりも小さいもののように思われるが、これらのケースはどこまで一般化できるのだろうか。アメリカ史の長期にわたる流れの中での、この双方の意味での不平等をめぐる願望と神話、そして現実の概観から始めたい。
アメリカ人は今日、（もしそれが可能な場合には）所得と資産がどの程度、ロビン・フッドのごとくに、今日の富める者から今日の貧しい者へと再分配されるべきかという点で分裂している。三分の二以上の者は（民主党支持者、マイノリティ、および貧困者に集中しているが、しかし全ての政治党派と社会階層においても多数派である）、現在行われている以上の平等な分配に賛成している。結果の不平等を制限するための実際的な措置を支持する人間が大多数である一方で、われわれは思想的に保守的でもあって不平等を是正する政府の能力には懐疑的であり、個人の幸福への責任は主として彼また彼女にあると強く考えている[18]。

それに対し、家族的背景に左右されない上方移動の望ましさについて、われわれの間の分裂はより少ない。おおよそ九五%の人々は、「アメリカにいる全ての者に、成功のための平等な機会がなくてはならない」という原則を支持しており、この広範な合意が、半世紀以上前に世論調査が始まったときより揺らいだことはほとんどない[19]。（われわれの社会が「誰もが成功への平等な機会を持てることを確実にするよう、可能な手段を何でも」とるべきだという質問にすると、この合意は少々揺らぐ。アメリカ人の一〇人中九人は賛成するが、社会経済的地位において上位五分の一の層では、強く賛成するものは四八%にすぎず、下位五分の一の層での七〇%と対照的である[20]）。九〇%近くのアメリカ人はその政治信条にかかわらず、公教育への支出を増やし、全ての人間が人生において公平なスタートを切れることを保証するよう目指すことを支持すると答えている。またどちらかを選ばせると、アメリカ人は全ての所得水準において三対一の割合で、「全ての人間にその経済的地位を改善するための公平な機会を保証すること」の方が「アメリカにおける不平等を是正すること」よりも、この国にとって重要であると答えている[21]。連邦準備制度理事会の前議長ベン・バーナンキの表現によれば「アメリカの基盤をなす原則の一つとなっているのは、自身の努力、技能そして創意を基礎として成功するための機会を、全ての個人が持たなければならない、という思想である[22]」。

機会の平等を何よりもまず重要視することのルーツは、深くまた多様なものである。ベンジャミン・フランクリンの『自伝』は、植民地時代のアメリカにおける「ぼろ着からの立身出世」物語の神髄を表現したものであった。既存の封建的社会構造がなかったこと――南北戦争以前の奴隷所有による特権階級という重大な例外を付しておかなければならないが――は、平等主義的な政治構造を生み出しまた維持することに貢献したが、ポピュリストのジャクソン流民主主義が一八三〇年代に勃興したことはそれを顕著に示すものである。アメリカに広大なフロンティアがあり、事実上土地が無償であったこと――新入植者にとっては少なくとも無償だった、ということだが――とあいまって、上方への移動という理想が実現可能なものであるように思わせた。フロンティアの歴史研究で有名なフレデリック・ジャクソン・ターナーが述べているとおり、「西部とは、機会の別名だった」[23]。アメリカにおいて「大覚醒」という形で（一八三〇年代に奴隷制廃止を唱えた第二次大覚醒や、進歩主義時代《プログレッシブ・エラ》における「社会的福音」のように）福音主義的な宗教熱が繰り返し噴出したことは、神が私たちそれぞれを等しく造られた、という建国の誓いを広げていく上で、道徳上から与えられた支えとなった。[訳13]
そして最後にアメリカの豊かな経済が、誰もが上方への移動が可能であるという希望を抱かせた。ポートクリントンの平等主義的な文化を支えたまさにその一九五〇年代の好景気に導かれる形で、歴史学者デヴィッド・ポッターが一九五四年のベストセラー『アメリカの富と国民性《ピープル・オブ・プレンティ》』の中で主張したのは、アメリカの豊かさによって「これまで目撃されたあらゆる社会、過去の歴史上の時期以上の」機会の平等が可能となった、ということだった[24]。もし機会の平等をめぐる人々の間の信念が誇張されたものであったとしても、自分の力で成し遂げられなければそれは自身の責任なのだ、とアメリカ人は信じるようになった、と彼は付け加えている。アメリカにおける平等とは、ヨーロッパのように結果の平等ではなく、「大きな意味としては、競争における均衡」を意味するようになったとポッターは記している。大西洋の両岸で見方がこのように対照的である状態は、現在も消失していない[25]。ヨーロッパ人と比較すると、アメリカ人は依然として再分配政策により懐疑的で、社会移動性をより強調している。「アメリカンドリーム」は驚くほどに最近の産物であるのだが（それが現在の意味で最初に使われたのは一九三〇年代である）、ホレイショ・アルジャー[訳14]がものした文学表現、そして上方への社会移動へ寄せられる期待は、われわれの心性の非常に深いところに根ざしている。一八四三年に『マガフィー読本《リーダー》』――わが国事実上初の全国的な学校教科書――が児童たちにこう述べていた。「富や名誉のある、有為で幸福な人間になる道は全ての人に開かれています。そして意志ある人間は誰であっても、成功はほぼ確実という期待を抱いて、それへと踏み出していくことができるでしょう[26]」。
第二次世界大戦後の半世紀を通じ、アメリカ人のおおよそ三分の二はその階層にかかわらず、世論調査において、勤勉な人間であれば実際誰でも成功することができる、と回答していた[27]。しかし二一世紀になると、次世代における上方移動の可能性と、勤勉が本当に報われるのかどうかについて、悲観的な見方が徐々に広がっていることが調査で示されている。それでも全体としては、大半のアメリカ人が（少なくとも最近まで）信じてきたのは機会の平等がわれわれの社会を特徴づけていること――言い換えるなら、アメリカンドリームが持続していること、であった(28)。

10　二つのアメリカへ？

ここまで、平等と移動性をめぐるアメリカ人の信念について検討してきた。しかし、事実についてはどうであろう。アメリカにおける階級差について、どのような傾向が現在、また過去において見いだされるのだろうか。

グラフ的には、二〇世紀のアメリカにおける不平等の上昇下降は巨大なU字カーブを描いており、その始点と終点は二つの「金ぴか時代《ギルデッド・エイジ》」[訳15]にあるが、世紀の中頃には比較的平等な時期が長く続いている。経済史学者クローディア・ゴールデンとローレンス・カッツはこのパターンを「二つの半世紀の物語」と表現した(29)[訳16]。世紀の幕開けの頃の経済的不平等は非常に大きかったが、およそ一九一〇年から一九七〇年の間にかけて、所得分布は次第に平等に近づいていった。二つの世界大戦と大恐慌は、経済的ピラミッドをこのように平坦化することに貢献したが、この平等化傾向は戦後三〇年にわたって続いた（同級生と私がポートクリントンで育った平等主義的時代のことである）。「一九四五年から一九七五年まで」と社会学者ダグラス・マッシーは記し、この時代をまとめて「ニューディール期に導入された構造的計画の下で貧困率は着実に低下、所得中央値も一貫して向上しており、経済的潮位の上昇が全てのボートを持ち上げたがごとく、不平等は次第に低下していった」とした(30)。それどころか、この期間は小型ボート《ディンギー》の方が豪華クルーザー《ヨット》[訳17]よりもわずかに上昇が速かったというのが実際のところで、所得上位五分の一の層では年あたりの成長二・五％に対して、下位五分の一ではおおよそ年あたり三％の上昇を示していた。

しかし一九七〇年代の初頭には、数十年の長きにわたる平等化傾向の反転が始まった。それは最初はゆっくりとしたものであったが、その後激しさを増していく。当初は所得階層の下方部分において層の拡大が見られ、中位層と上位層から下位層が次第に脱落していったのだが、一九八〇年代には上位層がその他全てを引き離し始め、そして二一世紀の最初の一〇年で、最上位層が上位層すらも引き離し始めた[31]。主要な人種／民族グループそれぞれの内部においてすら、所得の不平等性は一九六七年から二〇一一年の間に等しく相当の割合で増大しており、裕福な白人、黒人、ラティーノが、貧しい同胞を引き離していったのだった[32]。一九七九年から二〇〇五年の四半世紀の間に、税引き後所得の平均（インフレ調整済み）は、アメリカ世帯の下位五分の一で年あたり九〇〇ドル上昇したが、中位五分の一の層ではそれは年八七〇〇ドル、そして世帯の上位一％では年七四万五〇〇〇ドルに及んだのである[33]。

教育水準の異なる男性の間で、所得格差の拡大傾向がとりわけ進行していた。「一九八〇年と二〇一二年の間に」と経済学者デヴィッド・オーターは報告している。「フルタイムで働く大卒の米国人男性の実質時間賃金は二〇～五六％の範囲で向上し、大学院レベルの学位を持つ者の間で最大の上昇を示している。この期間に、高卒以下の教育水準の男性の実質賃金は大幅に低下しており、高校中退の者で二二％、高卒の者で一一％の下落を示している」[34]。

所得の不平等性は、二〇〇八～〇九年の大不況《グレートリセッション》の直接的な衝撃によってつかの間の減少を示したが、その後の時期の中で、最上位層における富裕度の増大傾向は、それ以外の人々における停滞や悪化と対になって再開し、さらには加速化していった。二〇〇九年から二〇一二年にかけて、アメリカ世帯の上位一％における実質所得は三一％上昇したが、下位九九％の実質所得はほとんど動かなかった（上昇は一ポイント未満だった）[35]。

このように、過去三〇～四〇年間に不平等が息をのむほどに増大していることの原因は、これまで数多く議論されてきた――グローバル化、技術変化とその結果としての「教育の収益率」の上昇、脱労組化、スター経営者への巨額報酬《スーパースター・コンペンセーション》、社会規範の変化、レーガン後の社会政策、といった形で――だがしかし、不平等方向への基本的な移行は、共和党・民主党の両政権下で起こったのである。真剣な観察者の中で、過去四〇年の間にアメリカにおける不平等が前例もないほど高まっているということについて疑問を呈する者はいない[36]。

図 1.3　資産格差の拡大
親の教育水準別、恒常ドル（2013 年基準）、1989-2013 年

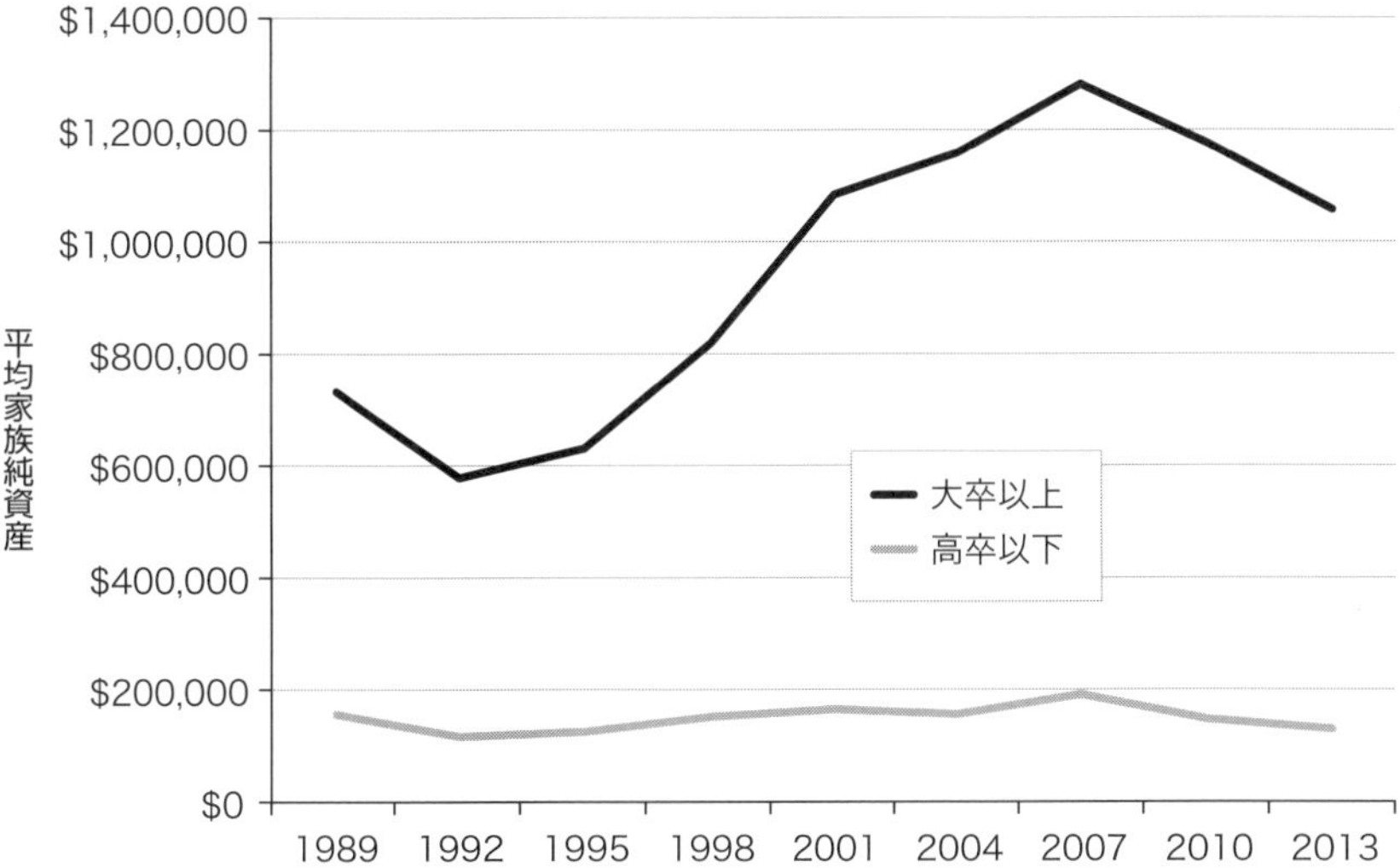

出典：Survey of Consumer Finance, 連邦準備銀行,
http://www.federalreserve.gov/econresdata/scf/scfindex.htm.

ごく普通のアメリカ人も同じように不平等の高まりに次第に気づき始めているが、その変化の幅については過小に評価されている。

所得不平等の増大——特に超リッチとその他全てとの間の格差——は近年、公共の場で広く議論されるようになってきた。富裕者と貧困者の間の格差拡大は他の多くの福祉指標にも反映しており、その中には資産、健康さらには余命すら含まれている。

一九八〇年代以降、大卒の白人女性の間で死亡率が下がっているが、高卒未満の白人女性の間ではそれはむしろ上昇しており、その主たる理由は経済環境における差の拡大による。社会学者マイケル・ハウトの報告では、「富裕層においては二〇一二年における幸福度が一九七〇年代と変わらないが、貧困層ではずっと幸福度が低くなっている。結果として、［幸福度における］総所得格差は、一九七〇年代と比べて二〇一二年には三〇％ほど大きくなっている」[37]。

蓄積資産における不平等の増大は、図1・3に示されるとおり特に著しい。大不況による損失を考慮に入れても、子どものいる大卒アメリカ人世

帯の純資産は一九八九年から二〇一三年の間に四七％上昇したが、同じ四半世紀の間に、高卒世帯の純資産は実に一七％の下落を示したのである。親の持つ資産は社会移動にとって特に重要であるが、なぜならそれがもたらすインフォーマルな保証により、子どもたちはリスクを冒しさらなる見返りを追求することができるからである。例えば、父母から生活費を借りることができる子は、職探しにおいて選択のできる度合いが高まるが、対して親の与える救命具を持たない子は、目の前に現れた最初の職にしがみつくしかない。同様に、家族の持つ資産は大学進学に大きな投資をすることを可能とするが、それがなければ莫大な借金を進学で抱えることになり、ひいては新卒時に開かれている選択肢が縛られてくるのである。
アメリカ人の中の富裕、貧困層の間に広がる格差よりも議論されることは少ないが、しかし等しく危ういこととして、このふくらむ経済格差にともなって階級の線に沿った形でアメリカ人の事実上の分離が進行しているという事実がある。[38]
一九五〇年代のポートクリントンにおいては、裕福な子どもも貧しい子どもも互いに近くに住み、一緒に学校に通い、ともに遊び《プレイ》また祈り《プレイ》、さらには一緒にデートすらしていた。これらの子どもたちが親から受けていた経済的、文化的資質が異なっていたのは当然である。ポートクリントンはコミューンではなかったのだから。しかし、子ども（とその親）は階級の線を超えて知り合いであり、さらには親友ですらあった。今日ではそれと対照的に、ポートクリントンにおいてもどこにおいても、自身の社会経済的環境《ニッチ》の外側の人々と日常生活の中で触れ合う者はますます少なくなっている。過去四〇年間の間に、階級の線に沿ったアメリカ社会の分裂がいかほどに広がってしまったのか、三つの異なる次元の階級分離が示している。

居住地域の分離

居住地域は階級分離拡大の重要な発生現場になっている。所得によって世帯が明確に異なる居住地域に区分される度合いは、一九七〇年に比べ二〇一〇年にははっきりと高くなった。[39] 均質な富裕居住地域、あるいは均質な貧困居住地域のどちらかに住む家族がますます多くなっていったのは図1・4が示すとおりであり、所得の上で入り交じった、あるいは中程度の居住地域に暮らす者はますます少なくなっている。この地理的分極化を可能としたのは郊外の成長と高速道路網の拡張であり、それによって高所得の家族は広い敷地、プライバシー、公園、ショッピングモールを求めて低所得住宅地を出ていくことができたのである。この階級を基盤とした居住の分極化は、所得格差の拡大と（皮肉なことに）住宅法制の改正により、豊かなマイノリティ家族が郊外に移住することがさらに可能となって加速化していった。

図 1.4　高・中・低所得層居住地に住む家族
人口 50 万人以上の都市部、1970-2009 年

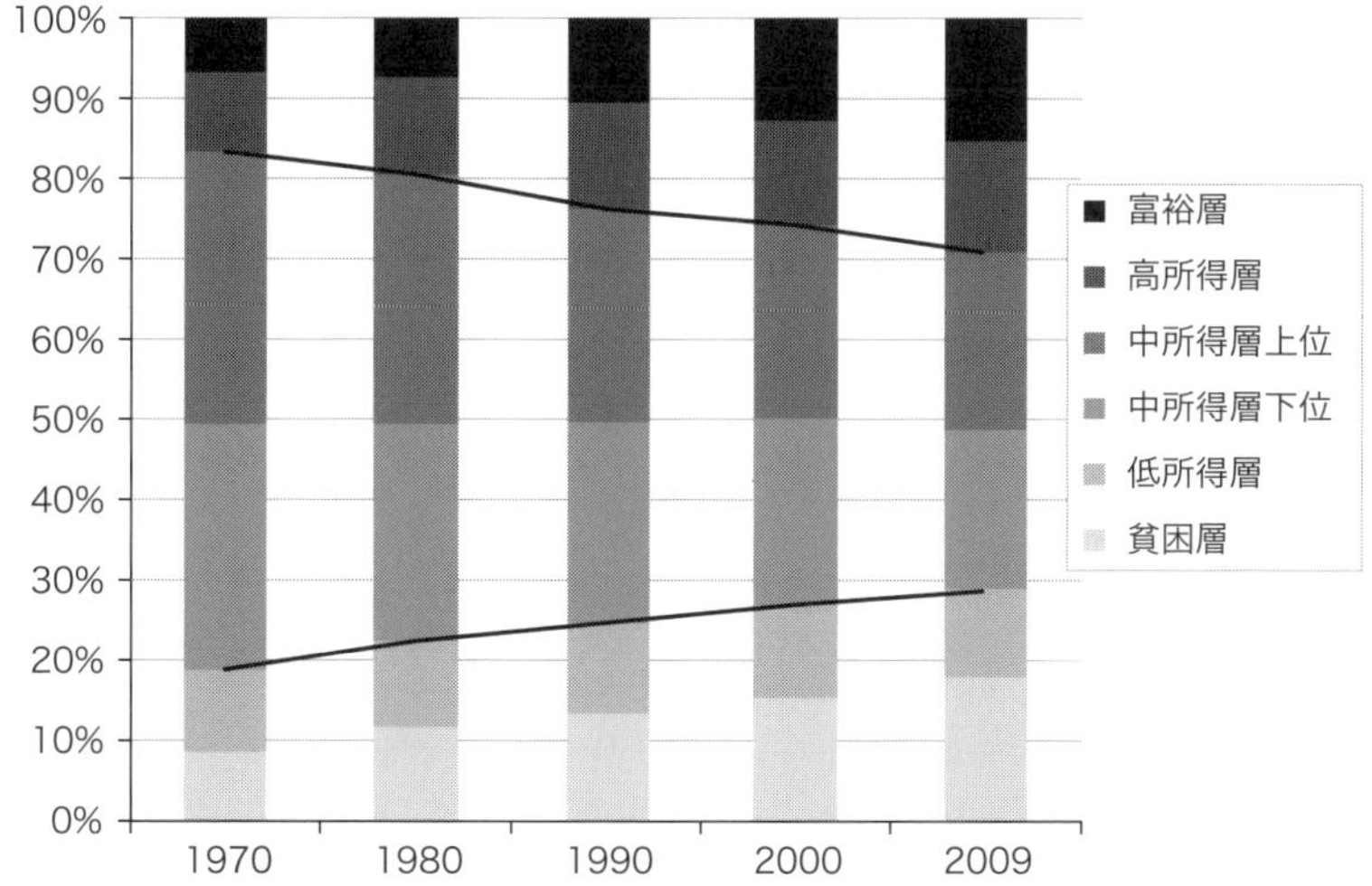

出典：国勢調査データの下記による分析：Kendra Bischoff and Sean F. Reardon, "Residential Segregation by Income, 1970-2009," in *Diversity and Disparities : America Enters a New Century*, ed. John Logan（New York : Russell Sage Foundation, 2014）.

　このように人種に基づく分離はゆっくりと減少してきた一方で、階級に基づく分離は増加しつつある。実際、階級分離の傾向はそれぞれの主要な人種グループそれぞれの**内部でも**成り立っており、裕福な黒人と貧しい黒人（あるいはラティーノ）の家族は、いまでは四〇年前よりも近所になることが少なくなっている。
　本章の前半で、ポートクリントンのイーストハーバー道路の両側に見られる階級分離について地図に示したが、後続の章ではこれと全く同じ過程――初期の階級アパルトヘイトの一種と言える――が、全国の街や都市で同様に実現しつつある様子を見ていく。この過程は、われわれの子どもたちが日常生活の中でどのような

人々に遭遇するか――学校の内外の両方で、また仲間や将来の助言者《メンター》という点で――に対して強大な帰結をもたらすものであるが、そのことを第五章で検討する。裕福であるか貧しいのかを問わず、われらの子どもはますます、自分と同じような親を持っている友達と一緒に成長するようになっているのである。

教育上の分離

一九七〇年代以降、階級に基づく居住地域分離の進行は、事実上の階級に基づく学校分離へと変容していった。所得分布で上半分の学童は、私立学校に通ったりよりよい学区に住むことがますます多くなっている。貧しい学童と裕福な学童が同じ学区に住んでいたとしても、別々の、そして不平等な学校に通うことが多い。そして同じ学校の中であっても、APクラス[訳18]やその他の上級コースによって、特別な子どもがそうでない子どもから分けられる傾向にある。その先では、階級上の出自の異なる子どもが、異なる大学に選り分けられていくことも増えている。例えば二〇〇四年には、教育と所得において上位四分の一の家族の子どもは、下位四分の一の子どもよりも一流大学に進学する割合が一七倍も高かった[40]。

ここでもう一度、このような教育上の分離は教室で起こることをはるかに越えた帰結をもたらすことになる。それは友人のネットワークやその他の社会的資源という点から見てである。既に見てきたように、一九五〇年代のポートクリントンではあらゆる出自の子どもが同じクラスに集まって、同じチームでプレイし、同じパーティーに出席した。しかし今日では、チェルシーとデヴィッドはたった数マイルしか離れていないところに住んでいるにもかかわらず、お互いに出会うことすら期待できない。教育上の分離は非常に重要であるので、それに一章全体を費やすことにする（第四章）。

結婚

人は自分と似たような相手と結婚する傾向が大方であるが、さまざまな社会的境界を乗り越える集団間結婚《インターマリッジ》の程度は時間とともに変化している。二つの理由で集団間結婚率は、社会生活における境界線がどの程度厳格なものかを示す有益な指標となっている。まず第一に、われわれは会ったことのある人と結婚するのが通常である。したがって、（例えば居住地域や学校における）境界の透過性が高いほど、若者は反対側にいる相手と出会う可能性が高くなるだろう。第二に、集団間結婚率の高さは、将来において境界を越えた相互作用がより増加することを意味し、少なくとも拡大家族の内部でそれは起こりやすいであろう。まとめると、今日の集団間結婚率が高ければ、それは昨日の社会的分離が低かったこと、そして明日は社会的分離がさらに低くなることを意味する。例えば過去数十年の間に、宗教そして人種上の集団間結婚が増加したことは、アメリカ社会のいたるところで宗教、人種の障壁が次第に低まっていたことの反映であり、またその低下をさらに強化するものだった。では、階級の境界を越える結婚はどうだろうか。

階級線を越えた結婚に関して二〇世紀を通じた傾向は、所得不平等性におけるあの巨大U字カーブをほぼ正確に鏡写《かがみうつ》ししたものになっていた。[41] この世紀の前半には、自身の社会階級の外部との結婚は着実にありふれたものとなっていった。しかし世紀半ばを過ぎると、その傾向は反転した。世紀の後半では、アメリカ人はますます自分と同じような教育的背景を持つ相手と結婚するようになっており、教育水準が最も高い者はとりわけ自分たち同士の間で結婚している。[42] 言い換えると、富裕者と貧困者の間の格差が二〇世紀の前半で縮まっていくにつれ、ますます多くのロミオとジュリエットが壁を飛び越えていったが、近年の数十年間で経済的、教育的隔たりが拡大していくと、パートナーを反対側に見いだす人間はますます少なくなっていったのである。

階級を越えた結婚の減少には、拡大家族の構成に対して持つ含意がある。二世代前には、親戚の集まりには小企業経営者や肉体労働者、教授や建設作業員が集合しただろうが、同族結婚《エンドガミー》（自身の社会階級の内部で結婚すること）増大の波及効果によって、今日の――さらには明日の――親族ネットワークは自分と同じ階級的背景を持つ者により構成されやすくなり、階級を越えた橋渡しがさらに減少していく。労働者階級の子どもが、金持ちの叔父や教育の高い叔母からはしごを登っていくための助けを得ることはますます少なくなるだろう。

究極的には、居住地域や学校、結婚における（おそらくは市民組織、職場、そして友人の輪においても同様の）[43] 階級分離の増大は、裕福なアメリカ人と貧しいアメリカ人が、ますますかけ離れた、不平等な世界の中で暮らし、学び、子どもを育てるようになっていることを意味している。そこでは上方に移動するための踏み台が奪われてしまう――すなわち大学に行く同級生やいとこ、中間階級の隣人といった人々が、労働者階級の子どもを保護して地域から連れ出したかもしれなかったのである。それに加え階級分離は、上層中間階級の人々が貧しい子どもたちの生活について直に知る可能性を低めてしまい、拡大する機会格差を認識することすらできなくなることを意味する。実のところ、本書に若者のライフストーリーを含めることにした理由の一つは、そのような認識ギャップ低減の助けとするためだった――前回の金ぴか時代の社会改革者ジェイコブ・リースの言葉を使えば「残りの半分の人々がいかに暮らしているか」[訳19]をわれわれみなが知る助けとなることが、その狙いにある(44)。

機会の平等

万人にとっての公正なスタートという「アメリカンドリーム」は、**実際には**どの程度アメリカ史において特徴的なものだったのだろうか？　この質問への答えは、比較の基準をどこに置くかによる部分がある――すなわち完全に開かれた上方移動という神話なのか、われわれの過去の現実なのか、それとも似たような国々の現実なのか、である。それはまた、**絶対的な**上方移動なのか、それとも**相対的な**それなのか、という重要な区別による部分もある。経済が成長を続け教育水準が向上しているときには、あらゆる家族の相対的な立ち位置が変わらなくとも絶対的な意味では原理上、誰もが自分の親よりもうまくやることになる――例えば、大卒者の子どもが大学院を修了し、その一方で無学の親の子どもが小学校を卒業する、といった具合にである。そのような世界では、ボートからクルーザーへと乗り換えた者が一人もいなかった場合でさえも、上げ潮によって全ての船が持ち上げられており、よって相対的な移動性はゼロである。

それとは反対に経済が全体として停滞していたとしても、完全な社会移動の体制下においては、低階級の親を持つが能力や野心のある子どもが上に進んで、上流階級の家族に産まれたごくつぶしの子弟が没落していくのを飛び越えることになるだろう。そのような世界は機会の平等が実現されている。人々が最終的にどうなるかは、人生の出発点によらないからである。したがって、絶対的な移動性が低いが、相対的移動性の高い社会はありえるし、その反対もまた成り立ちうる。

歴史を大きくさらえてみると、世代を通じて個人がこれまで経験してきた移動性全体のうち、相対的移動性で説明できる部分はほんのわずかなものであり、一方で絶対的（あるいは構造的）移動性がその大半を説明している。所得と教育水準が大きく向上し、あるいは肉体労働が次第に細っていく時期には、下層階級の出自の人の多くが、相対的移動性の変化とは関係なく、絶対的な上方移動を経験することになるだろう。

原理的にはもちろん、社会において高い絶対的移動（上げ潮による全ての船の上昇）と、高い相対的移動（ボートがクルーザーよりもうまくやること）が両立することはありえる。幸運な一九五〇年代、一九六〇年代をポートクリントンで過ごした私の同級生は、まさにそのような幸せな状況から恩恵を被ったのであり、同じようなパターンが全国的に見られたことを研究者たちは見いだしてきた。[45] 本書ではこれと対照的に、現在のアメリカの若者は両方の領域で最悪の状態——すなわち低い絶対的移動性と、低い相対的移動性——にいるのではないか、という根底的な問題が提起される。

二〇世紀以前のアメリカにおける社会移動性に関しての実証的研究は、その大半が白人における絶対的な上方移動性に焦点を当てていて、完全な移動性という国家的神話がその比較基準として用いられていた。別の言葉で言えば、それらが問題にしてきたのは上流階級男性のうちどのくらいが厳密な意味で、自力でそれを成し遂げたのかということであって、それへの答えは「比較的少数」というものである。この意味で、こういった初期の研究は国家的神話の虚偽を暴く結果に終わった。移動性は「ぼろ着からの立身出世」話が意味していたほどに大きかったことは決してなかったように見えるからである。

一方で歴史学者による慎重な統計比較からは、経済成長と教育システムにおける一連の拡大が相当規模の絶対的移動を確かに可能としていたこと、それが二〇世紀の前半におそらく特に当てはまることが示唆されている。[46] 第二次世界大戦後の数十年間は私が論じてきたように、絶対的移動性が（また一定の相対的移動性さえ）異例なほどに著しく高かったように見えるが、それは経済成長と教育拡大が例外的なほどの上方移動を可能としていたからである。

しかし現在の証拠が示唆するのは、この絶対的移動性が一九七〇年代以降失速したことであり、その理由は経済また教育の発展が両方とも失速してしまったことにある。[47] より最近の論評では、アメリカにおける相対的な社会移動性も過去四半世紀の間で低下していると主張されているが、このような主張を支持する厳密な根拠の確実性は弱い[48]。言い換えると、所得の不平等性が近年増大してきたとアメリカ人は信じていて、その点では彼らは正しい。機会の平等性（あるいは上方移動性）が大きく変化したかどうかについてはそれほど確信が持てていないが、現在までのところ、どん底から頂点への移動可能性を過大評価しているとしても、その点についてもまた正しいように思われる。しかし――そしてこの「しかし」を本書は極めて深刻に考えている――**社会移動性の測定において従来から用いられる指標は常に三〇～四〇年遅れのものになっている。**

移動性を評価するための従来的な方法は、**息子（もしくは娘）が三〇代や四〇代になったとき**の所得や教育を、**その親が三〇代や四〇代であったとき**の所得や教育と比較するというものである。そのやり方をとる合理的根拠は、対象の世代が中年初期にさしかかるまで、彼らが社会経済的なはしごでどこまでたどり着いたのか確信を持って知ることができないからである。しかしこのようなアプローチでは、移動性に関する従来的な測度が社会変化について「遅行指標」になることを必然的に意味している。最新の従来的指標でも、それは三〇～四〇年前に生まれた世代に関するものだからである。したがって社会移動性の評価においては、従来的方法に依存する政策決定者も市民も、星を研究する天文学者によく似ている。彼らは情報上のタイムラグと闘わなければならない立場で、何年も前の、あるいは永劫の昔に起こったことしか観測することはできず、それはいま現在起こりつつあることではない。デヴィッドもチェルシーも社会移動性に関する統計学的評価の中に、二〇二〇年代まで顔を出すことはない。彼らの幼少期また青年期の経験を私の一九五九年同級生の経験と比べると、過去数十年間で機会の平等からは大きく方向性が変わってしまったことが示唆される――しかしそうであったとしてもこのような上方移動性の減速は、従来的な測定法ではあと数十年たたないと検出できない。われわれから最も近い恒星アルファ・ケンタウリが昨夜爆発したとしても、四年以上たたないとそれを知ることはできないことと同様である。

本書では異なるアプローチを採用し、従来型の「バックミラー」的手法を控えて、過去三〇年間に子どもたちに何が起こってきたのかを直接的に検討することにする——それはすなわち、彼らがどのような家族の下に生まれ、どのような育児また学校教育を受けてきたか、そして彼らの成長してきたコミュニティはどのようなものであったのか、というものである。[49] そういった経験が、人生の中をうまくわたっていけるかどうかに対して必然的に強力な影響を与えることをわれわれは知っている。こういった領域で検出できるどのような変化も、社会移動性における変化のきざしとなるだろう——心痛極まることだが、本書に描写された根拠によれば、この先の年月でそれは急落する態勢にあり、アメリカンドリームは破壊されるように見えるのである。

11　概念上の注記

本書が社会学のテクストであれば、職業、資産、所得、教育、文化、社会的地位、そして自己アイデンティティといった、社会階級に関する異なる概念や指標を明確に区別しなければならず、またこのような測度間にある非一貫性——例えば教育水準は高いが給料の低い図書館司書、あるいはほぼ無学の億万長者——について懸念しなければならなかっただろう。[50] しかしわれわれの目的からすると、また人口を全体として見たときにはこれらのさまざまな指標は密接に内部相関していて、本書の核となるような一般化の中に、特定の指標を選ぶことに全面的に依存しているような例は私の知る限りない。教育、とりわけ高等教育は、よい仕事や高収入を得る上でますます重要になってきている。経済学の言葉を使えば「教育の収益率」が上昇してきたのである。このように教育と所得がより密接に関連するようになってきた中で、私が社会階級の指標として教育の方を一般に好む理由は、一つには大半の調査では所得の指標の方がずっと「ノイズが多い」（誤差が多かったり、完全にデータが欠落する）からであり、また両方が得られている場合は、子どもに関係する帰結に対して教育の方が予測力が強いことが典型だからである。ここで私は社会学者ダグラス・マッシーの例にならうこととする。彼は社会階級を「教育、すなわち今日の知識基盤経済における最も重要な資源」と操作的に定義している。[51] もう一つの実際的な理由としては、われわれが依拠せざるをえなかった長期研究の中に、家族の所得についてよい指標を持つものがほとんどなかったということがある。

記述の一貫性と単純化のため、本書において階級別の分類集計を行うときは（大卒以上の者対高卒以下の者と）教育を単独で用いるか、あるいは（所得、教育、そして職業上の地位に基づいた）社会経済的地位の合成指標により報告することが典型であるが、そのどちらを用いるかは特定のテーマや調査でどの指標が利用可能かによる。大まかに言うと、アメリカ人の教育達成は三分割することができ、上位三分の一は大卒者、下位三分の一は高校教育以下の者で、中間の三分の一は何らかの中等後教育を受けた者である。したがって「上層階級」家庭の子どもと言及するときには、それは両親のうち少なくとも一人（通常は両方）が大学を出ていることを単に意味し、「下層階級」家庭の子どもと言うときには、両親のどちらも高校より先に進んでいないことを単に意味している。分割の方法を変えても、本質的には同じパターンが現れるだろう。表現に変化をつけるために文章の中では「高卒の」という省略形あるいは単純に「貧しい」という言葉をしばしば用いるが、それは高校教育以下の全ての人を指しており、また「大卒の」あるいは単純に「裕福な」という言葉では、学士号を受けた人全てを指している。


［訳1］ベルウェザーとは群れを先導する鈴付きの羊。転じて、全体の傾向や先触れの指標となる代表的な地域を指す。アメリカ中西部に位置するオハイオ州は全米の選挙結果を占う激戦州（スウィングステート、「揺れる州」）の一つとして知られる。

［訳2］A＆P（Great Atlantic & Pacific Tea Company）は、アメリカのスーパーマーケットチェーン。二

［訳3］〇一五年に破綻により事業終了。金曜日に高校アメフトの試合が行われたあと、土曜の大学アメフト、日曜のＮＦＬと続くのが現在シーズン中の通例となっている。

［訳4］コミュニティカレッジとは主に二年制の、地域密着型の公立の教育機関であり職業教育や四年制大学編入、生涯教育のためのコースを提供している。入学門戸は広く開かれており、学費も安いことが多い。いわゆる「短大」には近いが、特徴的な制度のため以降「コミュニティカレッジ」の語を当てる。

［訳5］コホートとは、同時期に出生し加齢していく集団を指す。

［訳6］ジム・クロウ法とは米国南部諸州で見られた、公共施設や制度において黒人を隔離する州法。一九六四年の公民権法制定まで続いた。

［訳7］ＫＫＫの黒人迫害の中に、十字架を立て、燃やすことによる威嚇があった。

［訳8］「ファミリーダラー」は全米大手のダラーショップで、いわゆる「一〇〇円ショップ」的存在の代名詞。「ウォルマート」は世界最大規模のスーパーマーケットチェーンで、日本では西友を傘下に収めている。

［訳9］いわゆる「リーマンショック」に端を発する景気減退を、一九三〇年前後の大恐慌（Great Depression）になぞらえて大不況（Great Recession）と呼ぶ。

［訳10］それぞれカリフォルニア州（西海岸）およびニューヨーク州（東海岸）の高級住宅街の代名詞的存在。

［訳11］アメリカ中西部を中心とした有力大学の総称、またそれで構成されるスポーツリーグ。

［訳12］「ラストベルト」とは米国北東部から中西部にかけて広がる衰退した工業地帯のこと。「ラスト」とは鉄さびの意。

［訳13］アメリカにおける数次の宗教性の高まりと社会運動との関係をめぐっての筆者の議論については、パットナム『孤独なボウリング』（*Bowling alone : The collapse and revival of American community.* 邦訳は柏書房刊）第二三章（訳書四八二頁～）および第二四章（訳書五〇六頁～）を参照。

［訳14］ホレイショ・アルジャーは一九世紀アメリカの大衆小説家。若者が貧困からの脱出のために努力するといった作風で知られた。ベストセラーに『ぼろ着のディック』（*Ragged Dick*）があり、これは先述のベンジャミン・フランクリンの箇所で言及された「ぼろ着からの立身出世」（Rags-To-Riches）物語の代表例である。

［訳15］「金ぴか時代」（Gilded Age）とはもともと一八七〇年代〜一九〇〇年頃の、アメリカ資本主義が急速に発展し、一方で拝金・成金趣味の広まった時代を指す用語で、マーク・トウェインの同名小説にちなんでいる。パットナム『孤独なボウリング』第二三章も参照。「二つの」金ぴか時代とは、二一世紀初頭からの新しい経済発展と格差拡大を、「新しい金ぴか時代」になぞらえたもの。

［訳16］チャールズ・ディケンズの小説『二都物語』（*A Tale of Two Cities*）にちなむ表現。

［訳17］キャビンのない一〜二人乗りの小型ボートをディンギーと呼び、一方でここでの米語「ヨット」は豪華な遊行船を指す。

［訳18］ＡＰ（Advanced Placement）とは優秀な高校生向けの大学単位修得授業、およびその単位認定試験。

［訳19］ジェイコブ・リースによる一八九〇年刊の著書の題名より。パットナム『孤独なボウリング』第二三章を参照（訳書四五九〜四六〇、および四六七頁）。

第二章
家族

デシューツ川が流れの向きを変えていく風光明媚な場所、オレゴン州のカスケード山脈東側の縁、高地砂漠《ハイデザート》の乾いた灌木の茂みがポンデローサ松の樹林へと移り変わっていくところに、ベンドの街はある。点在する牧場の中にある小さな木材伐採の街として、ベンドは二〇世紀の大半を生き延びてきた。その人口がまだ一万一〇〇〇人をかろうじて超えた一九五〇年代にはその材木業も長期低落を始め、一九九四年に街の最後の製材工場の閉鎖とともに終焉を迎えた。[1]
しかし一九七〇年代には北西部に多くある似たような街とは異なり、ベンドはその美しい土地と陽光あふれる気候という自然資産を活かして活動的な行楽客や早期リタイア者、その中でもとりわけカリフォルニアからの人々を魅了するようになった。[2]ベンドを郡庁所在地としているデシューツ郡は、アメリカでも最も急速に成長した場所となった。一九七〇年から二〇一三年の間に、その人口は三万四四二人から六万五九五四人へと急増した。建設業と不動産業はデシューツ郡において、オレゴン州の他地域の倍近くの割合を占めていた。一九九〇年代だけでも、ベンド自体の人口は二万四六九人から五万二〇二九人へと三倍近くになった。[3]
押し寄せる新住民によって、一人あたりの所得と資産額は大きく上昇したが、それは交通渋滞や建設ブーム、

図 2.1　オレゴン州ベンドにおける子どもの貧困、2008-2012 年

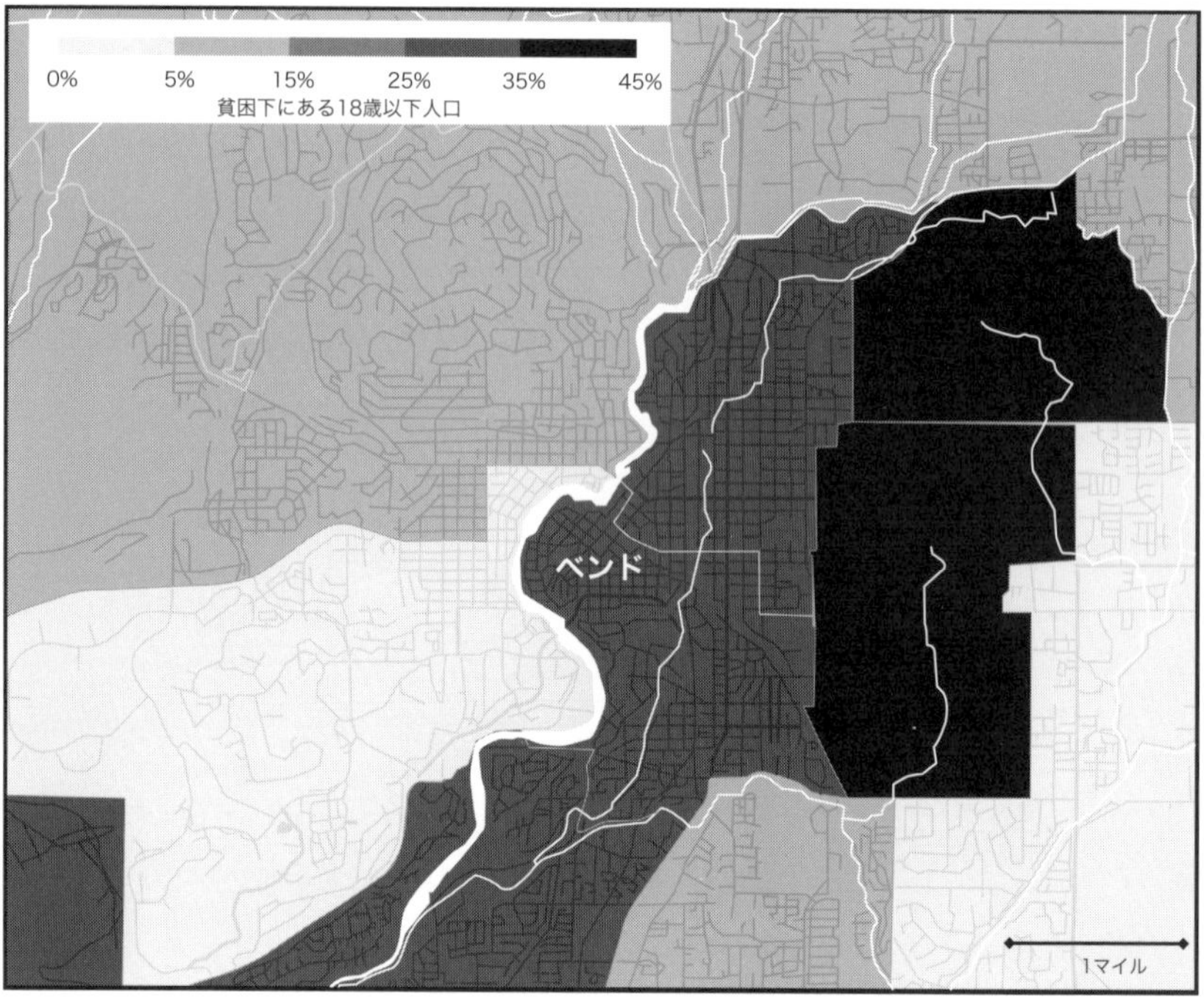

出典：ACS 2008-2012 年（5 年推定）データ，ハーバード大学図書館よりアクセスした Social Explorer により集計．

「成長」の利点と欠点をめぐる論争といった、急速な発展につきもののおなじみの特徴もともなうものだった。しかし急成長した他の街の多くと比べると、新住民と旧住民、そして成長賛成派と成長反対派との間に見られるありがちな分裂は目立ちにくかったが、それは街の住民が伝統的に友好心にあふれていたことと、新たな富の豊かさによってもたらされていた。
しかしそのような表面的繁栄の奥底では、根深い社会的断層が広がっていた。不動産業や建設業に従事する古くからの住民は、裕福な新住民と、彼らのために開業した株式仲買人や金融コンサルタントとともに栄えた。しかし瀕死の林業や周辺の農村地域にいる未熟練労働者は深刻な貧困に直面していた。多くはファストフードレストランや、技術を要しない建設仕事といった低賃金の分野

でしか職を見つけられなかった。その他の大勢は結局失業した[4]。実際のところ、ベンド統計地域の一人あたり所得は一九九〇年代には五四%上昇したにもかかわらず、貧困線以下で暮らす住民は倍となり、低所得者と高所得者の比率は七対一から一二対一近くへと増加した[5]。ベンドにおける繁栄の上げ潮は、全ての船を持ち上げたわけでは全くなかったのである。
アメリカ他都市の多くと異なって、ベンドにおける分離は大半が経済的なものであり、人種的なものではない。この街は圧倒的に白人中心のままであり（九一%）、ヒスパニック系移民の影響をあまり受けていない（ラティーノは八%にすぎない）。ベンドにおける貧困は、街の東側に集中している。二〇〇八～二〇一二年の時期に、ある国勢調査区での子どもの貧困率は四三%であり、ちょうど川向こう、街の西側にある高所得調査区の一〇倍以上の比率だった[6]。（図2・1を参照）
社会福祉に従事する者は、熟練度の低い住民の間での貧困を敏感に認識しているが、しかし好景気のただ中にあるこのように根強い貧困は、ベンドで最も裕福な住民には見えなくなっている。このような不可視化の原因は一つには、街の西側の丘にある高所得者向けのゲーテッド・コミュニティやそこの見た目のよいロータリー交差点、地ビール醸造所《マイクロブリュワリー》やパブリックアート作品と、それに対する殺風景な低所得者向けの東側の荒廃地、そこにあるショッピングセンター《ストリップモール》、質屋やトレーラーパークの間の分離が拡大しつつあることに帰することができる。

年かさの新住民の一人が、この分離の意味合いについて思いをめぐらせている。

私が東部の方で成長していた頃は、金持ちも貧しい人も、あるいは金持ちと中流の人々も、同じ地域で暮らしていた。ここには金持ちだけの地域、中流だけの地域、それから中流未満の地域がある。しまいにはどんなことになるのか、考えにくいね。メキシコに行ったときのことを思い出すよ。高い塀の上にガラスが埋め込まれているような家もあれば、塀は低いけれど門のついている家、そして塀なんか全くない家もあった。

別の住民は、ベンドで経済苦境が見えてこないことについて考察している。

多くの人が、「貧しい」という言葉の意味するもののステレオタイプを持っているね。それは通りの角で見かける「食べるために何でもします《ウィル・ワーク・フォー・フード》」[訳1]というボードを掲げているような人のことかもしれない。でも、毎日生きるために必死になっているような人のことには思いがいたらない。自分のテーブルを担当してくれたり、銀行の窓口にいた人とか、小売店で働いている人が、貧困線ぎりぎりでいるかもしれないのに。


このような経済格差は、ベンド内の若者のいる家族に反映し、そして子どもたちの将来に影響を及ぼす。東側と西側で育った子どもたちが人生において得る機会は劇的なほど異なっている。こうなる重要な理由の一つは、街の両側にいる家族は互いに構成が異なっている傾向があることで、それは過去数十年間で生じた経済格差の結果もたらされたものである。このような家族の差異が裕福な、また貧しい子どもの間に全く異なる出発点を生み出すことを、ベンドの高校を最近卒業した二人との対話から学んだ。彼らは市内また周辺に深いルーツを持つ白人家庭の出身である。アンドリューはおしゃべりで明るい大学二年生で、家族は街の西側の丘にある広大な敷地の家に住んでおり、サミット高校の卒業生である（サミット高校は二〇〇一年に創立し、中退率は一五％ほどである）。ケーラは用心深く暗い顔つきで口にピアスをしている。アンドリューの家から五マイル〔約八キロメートル〕離れた街の東側のトレーラーに住み、マーシャル高校を卒業している（マーシャル高校は一九四八年に創立、中退率は約五〇％である）[7]。

二つのストーリーそれぞれについて、まず親が成長期の頃の暮らしの思い出から始め、親子双方とのインタビューへと進めていく。それを通じてアンドリューとケーラの全く異なる家族的背景が、その現在の展望に影響を与えているさまを見ることができるだろう。

1　アンドリューとその家族

アンドリューの父母、アールとパティ（どちらも五〇代くらい）は、ベンド内また周辺の控えめな中間階級の出身である。アールの無愛想な父は、街で小さな事業を真面目に営んでおり、ベンドの東側の小さな家で家族仲良く暮らしていた。高校のときはBやCばかりの平凡な生徒だったとアールは自らを語るが、四年制の州立単科大《カレッジ》に進めるくらいには努力した。その頃に両親の結婚が破綻し、続いて父親の商売が失敗したが、アールは（彼は父親の気質を受け継いでいる）パートで生命保険販売をし、借金を返して自ら大学を卒業した。アールとパティは彼が四年生、彼女が二年生のときに出会い、それから一ヶ月のうちに婚約した。彼の卒業後、彼女は一緒に暮らすために中退した。

アールは熱心な戦略プランナーで、それは仕事でも家庭生活においてもそうだった。「大学を出たときに」と彼は振り返る。「適当な時期が来たら子どもがほしいことはわかっていたので、だから家庭を始められたんだ」。しかしこの段階に進む前に、彼と、カップルのもう一人のメンバー、社交的で分別あるパティは計画を立て、自分たちの大学ローンと結婚費用を完済し、家を買い、家計を軌道に乗せようとした。ポートランドにて数年間、アールが株式仲買人、パティが花屋の助手として働いたあと、彼らはベンドに戻って建設業を始め、これが目覚ましい成功を収めることになった。アールがビジネスを始めたタイミングは完璧だった。一九九〇年代のベンドの建設ブームはまさに始まろうとしていたところで、数年のうちに、アールの設定した経済上のチェックポイントを彼らは全てパスした。

結婚から一〇年あとには、仕事中毒を自認するアールの稼ぎは初めて一〇〇万ドルに到達し、彼とパティはローンも返済して新しい家を「抵当なし」で所有することになった。最初の子どもをまだ持つ前であるのに、既に大学進学のための貯金も始めていたのである。家族の資産が相当なところまで近づこうとしていたとき、アンドリューがスケジュールどおりにやってきた。娘のルーシーがそれに続いた。アールとパティが最初から計画していたとおり、子どもができ始めたときにパティはいったん仕事を辞め、大学進学の準備が整うまでは専業主婦でいることに決めていた。そしてそのあと、自分も大学に戻って卒業するつもりだった（そして彼女は、実際にそれを成し遂げたのである）。親になったことが自分をよい方向に変えたとアールは感じている。「まさにぼくらを、『自分』だけの世界から、みなが一体となった世界に連れてきてくれた」と彼は言う。「ぼくはこんな仕事をしているから、全てが自分と仕事を中心に回っていた。それで子どもが生まれたら、いきなり、もう自分のことが全てじゃないってわかってね。そして子どもたちにエネルギーを注ぎ始めるんだ。そう、ぼくらの世代というのは、親になる、ということに関する本だったらもう何でも読んできたものだった。あとの世代なんかもっとで、その宿題だってすませているよ」。そのような努力の一環として、アールとパティは自分たちの結婚が長続きするよう気を配ってきた。「知ってのとおり」と彼は言う。「彼女の両親は離婚した。ぼくの両親も離婚した。子どもたちは、ぼくらが離婚するのなんか見たくもないはずだよ」。

アンドリューも、両親にとって自分と妹のルーシーが優先事項だったことを認めている。「パパもママもいつだって、夕食をみんなで一緒にとるようにしてきた」と彼は言う。「学期中でみんなが忙しいときは、四人みんなで話せる唯一の時間だからね」。教育もまた、優先順位の高いものだった。「パティもぼくも、子どもたちの教育についてはうるさいね」とアールは言う。「『宿題はすんだか』って一週間のうちに聞く回数は、自分が高校にいたときの四年間通しで親から言われた回数より多いと思うよ」。アンドリュー（万年成績Bの高校生だった）も、その発言に同意する。いまでは大学に行っているにもかかわらず、彼の両親はいまでも成績をまめに確認しており、そのように気にかけられていることを彼も喜んで受け入れている。

高校では、アンドリューはサッカーとアルティメットフリスビー[訳2]をしていたが、熱心なプレイヤーというわけでは決してなかった。「勝てなくとも心底がっかりする、という気になかなかなれなくて」と彼は言う。「たむろして、楽しくやる方が好きだった」。それよりも彼が熱中したのは音楽で、ギター担当として親しい友達グループと組んだバンドは最終的にうまくいき、大学に入っても活動が続いた。両親はギターを与え、六〜七年のレッスンを受けさせてやった。音楽はいまでも「一番情熱をかけているもの、消防活動の次にね」という。

パティとアールは特段意識せずともその資力によって、ベンドに住む家族の大半には想像もつかないほどのさまざまな支援を自分の子どもたちに与えることができている。アンドリューは就園前《プレ・K》から八年生までずっと私立に通った。「両親は、ぼくに対し最高のものを与えたかったんだ」と彼は述べている。のちにルーシーがサミット高校で、アンドリュー言うところの「ヤバい連中《タフ・クラウド》」とつきあい始めて落ちこぼれてしまったとき、アンドリューと両親はすごく心配し――そして中に割って入った。

「何でも試したよ」とアンドリューは振り返る。「そしてついに、乗馬とか動物が彼女の心を開いたんだ。だからパパはそれに飛びついて、うちの牧場に小屋を作ってルーシーは馬を手に入れ、それがまさに、うまく回り始めたきっかけだったね。彼女はここにあるもう一つの高校、マウンテンビュー高校に移ったけど、そこは農業で有名なところで、[突然に]自分をつかんだんだね。信じられないよ。去年なんか成績オールA超えだった[訳3]」。

パティとアールが子どもたちの勤労観《ワークエシック》を鍛え、またそういう方向で支援をしてきたことを、アンドリューは胸をはって説明する。「一四歳のときに、家から通りをまっすぐ下がったところにあるマーケットで働き始めた。パパはすごく昔風の人間なんだ。一四歳くらいだと、仕事を得るなんて大ごとだよね。でも正直言って、他のやり方でしたかったとは思わないな。働くってどういうことなのか、あれから教わった。両親の一人と一緒に行ったんだ。どっちだったか覚えてないけど。ちゃんとした格好をして、中に入り、申込書をくださいと言って。そこの人たち[商店主]のことは小さいときからずっと知ってたんだけど、そんなふうにするの、本当にクールだなって。家に持って帰って、その晩パパと一緒に申込書に記入し、一揃えにして、推薦状も全部一緒にして、戻って提出して、そこで働けることになった。家からちょうど坂を下って確か四〇〇メートルくらいのところだったけど、歩いて行くのをママは嫌って、それでたいていは車に乗せてくれた。でも近かったから、そうしたければ家から往復することはできたんだけどね」。

アンドリューは、ベンドの河北に立っていた家族の別荘小屋で親が誕生祝いにしてくれたことを懐かしく思いだす。「もっと小さかったとき」と言い、「パパはぼくの誕生日には、小屋に仲良しの二人を毎年連れて行くのを恒例行事にしてくれて。それから一年も欠かしたことないよ」。

アンドリューは現在、近くの州立大学の二年生になった。そこではビジネスの専攻を希望している。卒業後には景気のよい家業に携わってほしいとアールは期待していたが、しかしアンドリューは消防士として働くことの方に魅力を感じている。「この先の人生の青写真なんか見たくなかった」と彼は言う。「これ［消防活動］が好きだってわかってた。だから最初の学期が終わって戻ってきたときに署長に会いに行って、学校を出たらここで働きたいんですが、そのためにこれからの四年間でしておかなければならないことは何ですか、って聞いたんだ」。

アンドリューが自分の跡を継ごうと考えていないことがわかっても、アールは意外なほどに協力的だった。アンドリューが消防署で夏のインターンを希望していると知ったときには、署長の電話番号を教えてやった（アールと署長は子どものときからの友達だった）。それでも、アンドリューが自分で電話をかけることにはこだわった。アンドリューが始めたインターンは無給だったが、アールは家業で働いたら得られるのと同じだけの金額を支払ってやった。似たようなこともある。高校卒業のとき、アンドリューの両親はピックアップトラックを贈ったが、その一部は負担するように求めた。「二人の理屈は、ぼくが働いて、自分で完済すれば」とアンドリューは言う。「それで自分の信用度《クレジット》が作れるし、トラックの支払いも学べるからということ。いいやり方だと思う。自分のお金も管理できるし、収支の合わせ方も学んでる」。

将来に対してアンドリューの抱くリラックスした態度は、おそらく彼自身気づくことすらないような形で、その余裕ある養育が形成してきたものである。「大金なんか全然持たずに、幸せに暮らす方がいいと思う。これ［消防活動］で得られるのは、本物の金でしょう。素晴らしい人生だよね。本物の金だよ」。その一方で、両親のように「不動産業を副業でする」かもしれないということをふと口走ったり、のちには、大学でディベートや公共問題に新たに関心を持ったことをふまえて、いつかは政治をするのもいいと言うこともある。彼が自信を持って前を向く先には、たくさんの選択肢がある。

アンドリューは自分が家族の持つ資産から、物心両面のさまざまな形で恩恵を受けてきたということを意識している。それでも、街の東側で進行中の厳しい暮らしには気づいていないように見える。「ベンドは小さなコミュニティで、貧困がたくさんあるようには見えない」。その一方で彼は言う。「これまでお金のことで心配したことはない。パパはすごくうまくやっている。いつも安心していられたし、自分の置かれたよい環境は本当に幸運なものだよ」。一家はしばしば揃って旅行をするが、向かう先はハワイやサンフランシスコ、東海岸で、たまにはヨーロッパに行くことさえある。

アンドリューはベンドのコミュニティに深く根ざしている。その人生が彼に教えてきたのは、彼の環境が安定していて善意に満ちているということだった。彼は幼いときから同じ家に暮らし、近所には信頼できる人々が、そして親密な友達がずっと同じように住んでいた。「この家以上にいたいようなところなんかどこにもない」と彼は言う。「ベンドのことは知り尽くしてる。みんないい人だし、この地域での暮らしは本当に好きだね。ベンドにいると安心するんだ。大体がベンドは、信頼あふれる人々のコミュニティだよ」。

アンドリューが、自分の両親が送ってきた人生が鏡写しになったような実りある将来を胸に思い描くのも驚くにはあたらない。「まずこうなったらと思うのは」と彼は言う。「家を建てて、家族を持てたらと。願わくは、一番の親友のような人といつか出会う。そして自分がしてもらってきたこととほとんど同じようなことを子どもにしてやる。理想としては、完璧な計画が立てられるのなら、二五で結婚したい。そして三〇になるまでに子どもを持ちたいね。子どもは二人ほしい。自分でよく言うのは、自分と同じような生活を与えられるなら、それが進むべき道だなって」。

アンドリューの人生観で最も際立った特徴はおそらく、自らの家族に対して青年期の終わりでさえも抱いている、異例なまでの親愛の情だろう。「友達はぼくの両親が好きで、信頼してるんだ。自分の親以上に、うちの両親には話せるみたいだ。それがぼくにも嬉しくて。ぼくは親に何でも言えるんだけど。二人ともよく理解してくれるから。『親がもっと話聞いてくれて、何でも話せるか物わかりよかったらな』って言う友達がいると、いつもかわいそうだなって思う。パパがいつも、毎日言ってくれるのは、ママとパパがどれだけ自分を愛しているかって」と彼は言う。「それはいい気持ちでしょう。中には『アンドリューの親、愛してるって子どもにまた言ってるよ』なんて皮肉を言う友達もいる。でも、ああそうだよ、言われたいんだから、って感じだよ」。

2　ケーラとその家族

ケーラの生活はアンドリューのものとは全く異なっていて、その違いの根の奥深くには、彼女の両親、ダーリーンとジョーのこれまでの来歴がある。

ダーリーンの人生は、物質的にも精神的にも多くの点で失望ばかりで、その見た目を四五歳よりずっと老けたものにしていた。彼女が生まれ育ったのは平穏で定住した家族の中で、場所はベンドから数時間の孤立した牧場だった。その年老いた母親とはいまでも親密な関係を保っている。アールと同じように、彼女も自分の高校の成績を平凡なものだったと言う。卒業して、ファストフードレストラン兼ガソリンスタンドの店員として働き、二〇歳のときに結婚して二人の子を生んだ。しかし夫は虐待的になってしまい、最後は彼の元を離れた。子どもの親権を彼が得たのはおそらく、彼には安定した職があったが、彼女にはそれがなかったからであった。ダーリーンは深く傷ついて結婚生活を終えたが、今日それについて語るときに言うのはただ、それが「まずい手」だったということである。

離婚ののち、ダーリーンはピザハットで仕事を見つけ、そこでボスのジョーとの関係が始まった。二ヶ月のうちに彼女は妊娠した。「できちゃった、という意味じゃないの」と現在の彼女は言う。「そうなったの。計画はしてたけど、予期してなかったたぐいの」とのことである。その結果がケーラだった。

ジョーの生い立ちの貧しさと苦しさは相当のものだった。アールより七歳若いが、それより一〇〜一五歳は老けて見えた。彼の父親は人生の大半を（ジョーが生まれる前後も）銀行強盗やその他の犯罪によってテキサス州刑務所で過ごしていた。ジョーは事実上彼と何の接触を持ったことがなかった。

ジョーの母親は成人してからずっと、深刻なアルコール中毒に苦しんでいた。ジョーが生まれてから彼女はたくさんの男性と関係を持ったが、それはいつも行きずりで一時的なもので、したがって小さかった頃から母親の面倒を主に見てきたのはジョーだった。「周りに全然いねえからな」とジョーは相手たちについて語る。「連中はいつも飲んだくれてて、それで基本は、こっちがおふくろの面倒見ることになったんだよ。おふくろがこっちの面倒を見るのじゃなしに」。彼女は再婚せず定職に就くこともなく、病がちなジョーの祖母と一緒に暮らした。金銭の不安は絶えず、一家は西部の田舎中を絶え間なく移り住んだ。

ジョーは八歳のときに里子に出され、そこを皮切りに長い間転々とした。彼の遺棄感は非常に強かったが、しかしそういった養家の最後に、人生の中で唯一の落ち着いた父母的存在となったマディとポップに出会った。彼らと過ごした数年間――お下がりでなく新品の服を着て、誕生日を祝い、近くの小川でポップと魚釣りをした――は、子どもの頃の唯一の満ち足りた時間だった。地域の学校の司書は、昼休みの時間に本の読み方を教えてくれた。ジョーは懐かしくポップのことを思い出す。「誰も教えてくれなかったことを、彼が教えてくれたんだ」と。

しかし一四歳のとき、ジョーはマディとポップの下を離れて、母親の面倒を見に戻った。間違いだった、と彼は言うが、その理由は「おふくろの方にその準備ができてなかったから。こっちはバーで夜九時から午前二時半まで待つ。それで一緒に歩いて帰れるんだ」とのことだった。ある晩警察が、彼女が通りで四つん這いになって這い回っているのを見つけた。酔っ払って、迎えに来いとジョーの名を呼んでいた。「できるだけ大事に思ってた」と彼は言う。「いつもそれを示そうとしてたんだけど、それじゃ足りないんだ。マディとポップのところに居続けてればなあ、って思ったよ」。

ジョーは八年生のときに学校を中退した。母親と同居してその面倒を見ながら街から街へ転々とする暮らしの中、さまざまな一時仕事で働いた――庭仕事に木材伐採に、「人がやらせてくれるものなら何でも」した。一八歳のとき、ある若い女性と関係ができ、妊娠したと間もなく告げられることになった。自分が父親であるということ、そして彼女は未成年なので自分は牢屋送りか結婚かの選択を迫られているということを信じたジョーは、やむなく彼女と結婚した。のちにわかったのだが彼女は重度の薬物中毒で、二番目の子どもが生まれたあとになって、彼女が継父との間で性的虐待関係にあることをジョーは知った。その継父こそが、最初の子どもの本当の父親だったのである。自分が罠にはめられた結婚の犠牲となっているという結論にいたってジョーは彼女の元を去ったが、それでも二人の子どもに対する責任を感じ続けていた。深く落ち込みまた経済的見込みの全くないままに、彼が戻ったのは、今では新しい相手とともにベンドのちょうど北、レッドモンド郊外のトレーラーハウスに住んでいた母親のところだった。ジョーが見つけたのはまたも一時的な仕事だった。ピザハットの調理係で、そこでダーリーンと出会ったのである。

出会ったときのジョーとダーリーンは両方とも、経済的にも精神的にも不安定だった──災厄のような初めての結婚から逃げ出した、低賃金の避難民だったのである。「たぶん、お互いのことはよく知らなかった」とダーリーンは振り返る。ジョーも同意する。「俺たち、全然安定してなくて。ずっと考えていたのは、『オーケー、いま何とか生活できるってところだ。それで今度は子どもが生まれんのか』って。ダーリーンの方だってまた母親になる準備なんて全然できてなかった。だって自分自身の生活もおぼつかなくて、何とか軌道に乗せて自分を取り戻そうとしてたんだからな。そんなふうに、俺たちが本当にもがいているときに生まれたのがケーラだ」。

絶望的なほど貧しい、トレーラーハウスのその日暮らしを一家が生き抜く頼りの綱は、ジョーの短期で、最低賃金の仕事だった。最初は近所の工場で深夜勤務の未熟練労働を、そして工場がその仕事を削減すると、即席調理のコックやガソリンスタンドの店員として。その間ずっと、ジョーが幼い娘とはぐくみ始めた関係が、彼を前向きにさせた。「自分に生きる意味をくれた」と彼は言う。「できることなら何でもする理由ができたから。望みをくれたんだ。それからずっと、この子を大事にしてきた」。

ケーラは義理の兄弟姉妹五人がややこしく絡み合う関係の中で育った──ケーラと、ダーリーンの最初の結婚のときの二人、そしてジョーの最初の結婚のときの二人とである。これが生み出した複雑なきょうだい関係をケーラは振り返る。「みんなママが違うかパパが違うかで。ビルとクララ、この二人はうちのママから生まれた兄と姉。こっちとはママが同じ。それで次は兄のマシュー。こっちとはパパが同じ。そしてルーク。これはある意味、義理の兄みたいなもんね。パパの最初の結婚で生まれたから［ルークは実際には、ジョーの最初の妻と継父との間の子である］。夏にはみんな集まって、ただぶらぶらしていた。家に寝室は二つあったけど、ママとパパが一つ使うから。私はクララと部屋をシェアしなくちゃいけなくて、男の子三人は一階で寝てた。しばらくはそれでうまくいってたんだけど、だんだんとみんなお互いの気に障るようになって、それで大ゲンカの始まり」。この環境で家族の夕食というのは珍しいものだった。「そういうこともしようとしたんだけど」とダーリーンが言う。「いつもそんなふうなんてことはなくて。だって、それには親が二人必要なのよ。テレビを見るのは一緒だったけど」。

ケーラが若かった頃、家計は何度も限界のところまでいった。ケーラが悲しげに思い出すのは一〇歳の誕生日のことである。「ケーキとかそんなものなかった。あんまり苦しかったから。パパが言ったのは『本当にそんな金がない。五月か六月になったらやろう』って。『そう、わかった』みたいな。すごく悲しかったんだけど、『はいはい、もうどうだって』って感じだった」。

精神的、経済的衝突の七年間が過ぎて、ダーリーンが家族を捨て新しい相手チャーリーのところに走った。彼女がピザハットの仕事に戻ったときに出会ったのだった（「私のボスのさらにボスよ」とにこやかに説明する）。チャーリーとダーリーンは何年も各地を転々として暮らし、西部内陸部を回って最後はホームレスとなり、チャーリーの運転するフォード・レンジャーの荷台の他に居場所がなくなった。年少期の大半をケーラはジョーとともに暮らしたが、思春期後の何年かはチャーリー、ダーリーンとともに国中をさすらった。そのときはモーテルに住んでいたが、ミズーリ州にある、ジョーが呼ぶところの「ゴシック」（おそらくコミューンのようなもの）に一時期いたこともあった。

ジョーはのちに、別の女性（三番目の妻）と結婚し、三人の連れ子とともに引っ越してきた。この新しい縁組みはケーラにとってはうまくないもので、継母のことが好きになれなかった。「自分の息子や娘を王様みたいにしててね」と彼女は言う。「こっちはまるで、連中の百姓扱い」。しかしケーラはこの時点ではダーリーンやチャーリーのところに移らなかった。そのトレーラーに彼女を入れる余裕がなかったからだった。最終的にジョーの三回目の結婚も破綻した。ジョー――ケーラの人生でただ一人、ずっと自分を愛してくれる大人だった――がその親権を持ち続けていたが、生計のため絶望的なまでに苦しまなければならなかった。

ダーリーン、ケーラ、そしてジョーが、自分たちの関係について全く異なる見方をしていることは驚くにあたらないが、根本的な事実の一点では全員が同意している。結婚がどんなに困難なものであったとしても、両親の離婚でケーラが深く傷ついた、ということである。確かに、それは彼女の人生に大きな影響を及ぼす出来事だった。この出来事を、三人それぞれの視点から見ておくのは有益である。

ダーリーンの人生の非常に傷ついていた時期に、ケーラが生まれてきたのが完全に意図されてきたものではなかったということがおそらく理由なのだろうが、インタビューを通じて披露される自分の娘の人生に対する見方は、奇妙なまでに突き放された、そしてどうにもならない運命といったもので、ケーラについての話を語る様子は、母親としてというよりむしろ傍観者に近いものだった。「子どものことなんか心配したって仕方ないよ」と彼女は言う。「子どもは、したいことを何でもするものだから」。しかし自分が家族を捨てると決めたことが、ケーラを傷つけたことは彼女も認めている。「あのとき別れたのはケーラには大きかった」と彼女は言う。「あの子がやっていく上で、一番きつかったろうね」。学校のソーシャルワーカーが促して、ケーラは専門のカウンセラーにかかり始めたが、じきに行くのをやめた。ケーラが言うには、役に立たないとわかったからだという。ダーリーンもそれを認める。「さらに落ち込ませるだけだったんでしょ」と彼女は言う。「それで父親と私で、あの子のそばにいることにした。そばにいることに」。

ジョーの記憶では、その時期にケーラの人生に対してダーリーンの果たした役割はそれと異なっている。「そりゃ大変だった」と彼は言う。「そのときは、母親はあの子に時間を使う気が全然なかったんだから。それで結局こっちが面倒を見たんだ。一番大変だったのは学校に通わせることだったな。七年生のときから、ずっと学校を辞めたがっていたから言ったんだ。『ダメだ、辞めちゃいけない。俺と同じ間違いをするんじゃない』って」。

ケーラ自身の方でも、母親が離婚後「自分のそばにいた」ことを否定する。母親が出ていったことは彼女の人生にとって最も困難な経験であり、遺棄されたという感覚は長く尾を引くもので、彼女の人生観に深く染みついている。「すごくつらかった。本当に悩んだし、頭にきたし」と彼女は言う。「『あの二人はもう一緒に暮らせないってことはわかったけど、私は二人がいるところで育ちたかった』って。母親は街を出て、別の州に行って何やらで、長い間に一度きりしか会えなかった」。

のちにケーラに対して、自分の子どもに対してよい母親になるというのはどんな意味かたずねてみた。「私の親がしてたのより、子どもにずっと気を配ることだと思う」との答えだった。「いい親ってのは、安定して、子どものためにちゃんとそこにいてやることができて、よいことと悪いことを区別できるだけの大人にちゃんとなっているような人。……［うちの親は、子どもを持つ前に］もう少し待たなきゃいけなかったのよ」。

ケーラは学校を嫌って、両親の離婚後は課外活動に参加することはなかった。「他の子どもたちとの付き合いがありません」と学校のソーシャルワーカーにジョーは言われた。「ひとりぼっちでいて、座っているだけです」。放課後ケーラは寝室に引きこもり、ファンタジーを読んだりアニメを見たりしていた。彼女の思い出では朝は「全然起きたくなかった」。彼女はマーシャル高校の問題少年のためのプログラムに、続いてジョブコープ［訳4］の訓練プログラムに送られた。しかし彼女にとってジョブコープのプログラムは堅苦しく孤立的なもので、彼女はマーシャルに戻った。学校の役職者たちが彼女の立場に同情して、公式の指針では認められていない再入学を許したのだった。

その役職者たちは、ずっと多くの支援をケーラに提供した。ジョーも驚いたのだが、あるカウンセラーはケーラに、厄介なくらい曲がった歯を治すためのブリッジの助成が受けられるように取りはからった。予約した矯正治療を一度も欠かさないようにという約束を付けてきたが。「もし一度でも行かなかったら、ブリッジはなくなるからね」と言って。のちには学校の司書が一緒になって、期待できそうなチャンスが地域のコミュニティカレッジにあるのを見つけ、さらには経済的支援を受けるための手助けまでしてくれた。

ジョブコープにいた時期にケーラにはボーイフレンドができて、二人は現在ジョーと一緒に暮らしている。

ダーリーンとジョーどちらも、このボーイフレンドについてよい顔はしない。ダーリーンは彼を「役立たずのクズ」と呼び、ケーラでさえ、彼とどうなるかわからないように見える。ジョーやケーラと同じく、彼もまた無職である。職探しをしていると言ってはいるが。現在、この三人はジョーの受け取っている障害者給付金と、「セクション8」住宅補助[訳5]によって生き延びている。ケーラの問題をさらに悪くしていることに、ジョーが手術不能の脳腫瘍にかかってしまい、ケーラが主に看病をしているということがある。「腫瘍のせいでたまに変なことをすることがあって、わけもなく興奮したりとか、ただ座って独り言を言っていたりとか」と彼女も悩んでいる。「すごく心配なの」。

ケーラの将来の希望はアンドリューのものとは異なり、この場所で、また現時点での現実的な実行プランからは切り離されたものである。「一番大きな夢の一つは」と彼女は言う。「世界中を回って、ただ別のことを学ぶの。料理関係とか。最後に落ち着きたいのはたぶんロンドンね。すごくステキだって聞いた。いまは仕事を探しているけど、かなり大変よ。何の経験も全然ないとね。ちゃんと訓練とかそういう時間を取ってくれる人なんていないから」。

ケーラは精神的な悩みを抱え続けていて、典型的な抑うつ症状を呈している。そもそも根本的なレベルとして、その容貌は疑い深く不信感にあふれている。その人生経験から、世の中を予測不可能で、厄介で、悪意に満ちたものと考えているのは理由のないことではない。

ケーラが不安を感じることは多い——父親の病気、経済状態、不確実なカレッジ進学の見通し、ボーイフレンド、そして自分の将来。彼女の人生には、安定して信頼できる大人が本質的にいなかった。成人へと歩みを進める中で自分の状況がおかれた現実に直面し、彼女の感じる大きな恐怖が一つある——「人生が転がり落ちていくみたい」と彼女は言う。「全てが崩れていくような」と。

インタビュアー：そんなことが起こるかもって感じる？

ケーラ：うん、感じる。

インタビュアー：何が起こりそうって考えてるの？
ケーラ：カレッジに行けなくなるとか、奨学金が取れなくなるとか……あとはパパの具合がもっと悪くなって、もういなくなっちゃうとか。
インタビュアー：本当に押しつぶされそうになったときは、何をしているの？
ケーラ：一人でぶらつくだけ。
インタビュアー：いままで、もうダメだ、って感じたときはある？
ケーラ：そんなのたくさんよ。ほんとにね。

3　米国における家族構造の変化

「幸福な家族は全て似ている。不幸な家族のあり方はそれぞれ異なっている」[訳6]とレフ・トルストイは主張した。しかし、この研究で探ってきた多くの家族の暮らしには――幸運な方はもちろん絶望的な方にも――、明確な特徴があるように見える。アンドリューのように、思慮深く愛情の多い家族の中で、比類なき豊かさを享受しているようなアメリカの子どもは比較的少ない。一方で、ケーラのように、多重に壊れた家族の悲壮な廃墟のただ中で、貧困の縁にてもがいている者はそれよりいくぶんか多いだろう。どちらも「アメリカの典型的な家族」ではない。しかし、多くの重要な点においてこれら二つの家族は、米国の家族生活が過去半世紀にわたって階級線に沿って再構成されてきたありようの典型となっている。(8)

五〇年前には、アメリカの家族の大半は稼ぎ手の父親と、家事を見る母親、そして子どもによって成り立っていた。それは安定した「オジーとハリエット」[訳7]スタイルの連合体だった。離婚は少なく、婚外子は全ての社会階層においてまれだった――経済的に不利な者の間ではわずかに高かったとはいえ、一九五〇年には全体で四％だった。(9)今日、この家族構造は「伝統的」なものであるとしばしば考えられているが、家族の歴史についての研究者によれば、アメリカ史の初期においてこれは実際には支配的なものではなかったことが示されている。[10]
二つの社会規範が「オジーとハリエット」型家族の実現を助けていた。それは（一）強度に家父長的な分業規範で、男性一人の収入で家族大半の生活を可能とするほどの景気が広く共有されそれと組み合わさったこと、そして（二）未婚出産を認めない強い規範があり、未婚で妊娠すると、普通は「ショットガン」婚が続いたことだった。[11][訳8]ベビーブーマーの大半は、その結果として、生みの親の二人によって育てられた。
しかし一九七〇年代になると、ブーマー自身が年頃となって、そのような家族構造は突然崩壊することになった。これが米国史において家族構造に起こった最も劇的な変化であることに人口学者は同意している。婚前交渉は、ほぼ一夜にして恥辱《スティグマ》ではなくなった。ショットガン婚は急激に減少し、その後はほぼ消滅した。[12]離婚は疫病のように広がった。そして片親家庭で暮らす子どもの数は、長期にわたる、着実な上昇を開始した。
この家族構造における変化を研究する者たちは、何がそれを引き起こしたのかについて正確な一致を見ていないが、下記の要因が貢献した、という点では大半が同意している。

- ピルの出現によって性行為と結婚が切り離されたこと。[13]
- フェミニスト革命によってジェンダーと結婚の規範が変容したこと。
- 何百万もの女性が、家父長的規範から解放され、あるいは経済的必要に迫られ、または新たな機会に反応して、働き始めるようになったこと。
- 長期にわたった戦後の景気が終わり、若年の労働者階級男性の経済的安定が失われ始めたこと。
- 文化的振り子が個人主義的方向に振れ、「自己実現」の重視の強まりを生み出したこと。[14]

伝統的家族の崩壊がもたらす打撃は、黒人コミュニティにおいて最も早くまた強く現れたが、その理由の一つは、そのコミュニティが既に経済的階層の底部に固まっていたからだった。それにより、この現象の観察者たちの初期の議論は人種という視点からフレーム付けされていた。ダニエル・パトリック・モイニハンが論争を巻き起こした一九六五年の報告書『黒人家族――国家的アクションの必要性』[訳9]の中で行ったように、である。(15)しかし白人家族もこのような変化に免疫がないことが露わになり、あとから振り返ってみたときに明らかになったのは、おおよそ一九六五年から一九八〇年の間にアメリカの家族生活が巨大な変容を経験していたということだった。

一見するところ無秩序な変化の進むこの期間には、結婚と家族は絶滅への道を歩んでいると想像することも可能だった。しかし一九七〇年代の家族構造の大変動は、それと異なる、予期せぬ結果を生み出した――明確に区別できる二つの家族パターンの分岐である。一九五〇年代には全ての社会階級が、おおよそ「オジーとハリエット」モデルにしたがっていたが、一九七〇年代以降に出現した二つの家族タイプは、階級と密接に相関していた。結果もたらされたのは新種の、二層パターンの家族構造で、それが引き続き今日われわれの前にあるものである。(16)

大卒の、アメリカ社会の上位三分の一の間では、「新伝統主義《ネオトラディショナル》」的な結婚パターンが現れた。それは多くの点で一九五〇年代の家族に類似しているが、異なっているのはパートナー双方とも家庭外で働くのが典型で、自分たちのキャリアが軌道に乗るまでは結婚と出産を遅らせ、そして家庭上の義務分担がより平等であるということである。その結果生まれたものは「オジーとハリエット」に似たようなものとなった――違うのは、ハリエットがいまでは弁護士もしくはソーシャルワーカーとして働き、オジーが子どもたちと過ごす時間が長くなって、また二人分の収入の上にいま少しの贅沢が彼らに許されていることにある。これらの新伝統主義的な結婚は、ジェンダー分業の点ではより平等的であり、また耐久性は一九五〇年代モデルに近いものになった。この上位三分の一の層においては離婚率が一九七〇年代のピークより後退したからである。(17)これらの家族の子どもにとって、これがよい知らせなのはこれから見ていく。彼らの育てられ方は、多くのプラスの結果をもたらしている。(18)

高卒の、人口の下位三分の一にとってはそれとは対照的に、新しい、万華鏡的なパターンが現れ始めた。出産はますます結婚と切り離されたものになり、そして性的パートナーシップもより耐久性がなくなった。このモデルにおいては、社会学者サラ・マクラナハンと共同研究者によって「脆弱な家族《フラジャイル・ファミリー》」とも名づけられているが、子どもの親が一度も結婚しなかったり、互いに安定したつながりを持たない場合すらある。[19]子どもの誕生時点で親が結婚したとしても、この社会階層における離婚率は上昇を続けていたので、その結婚は壊れやすいものだった。両親どちらも他のパートナーへと移る可能性が高く、そこにも子どもがいるので、成人二人の家族単位の中に義理の親や義理のきょうだいを含むことも多かった。もっとありふれているのはもちろん、親の一人が結婚というメリーゴーラウンド《マリッジ・ゴー・ラウンド》から飛び出したり突き落とされたりしたときに発生する片親家族だった。[20]
アンドリューの家族もケーラの家族も、これらの二パターンをほぼ完璧に代表するものである。実際には、アンドリューにとっての専業主婦の母親パティの役割は新伝統主義モデルの変異体であり、一方でケーラの人生において中心的な大人だったジョーの役割が非典型的なものであるのも、シングルマザーよりシングルファーザーの方がずっと珍しいからである。しかし、アメリカにおける新たな二層の家族構造をこれらベンドの二家族が代表していると考えても、誤解を招きやすいということはない。ここからは階級と結びついたこの変化の諸次元を、全国レベルで評価していく——もちろん、社会階級と家族構造の間の相関が強くまたさらに強まっているとしても、完全なものではないということには注意する必要がある。貧しい家族において、その構造と安定性が伝統主義的あるいは新伝統主義的であったり、裕福な家族が万華鏡的なこともあるからである。

母親の出産年齢

大卒の母親は、現在では二〇代後半から三〇代前半まで出産と結婚を遅らすのが典型であり、これは半世紀前に同じ立場だった比較対象の平均から六年ほど遅れている。高卒の母親はこれとは対照的に、一〇代後半から二〇代前半に最初の子どもを持つことが多いが、これは一九六〇年代の比較対象よりわずかに早く、また大卒の母親より一〇年も先んじている（図2・2を参照。[21]これは、本書に登場していく一連の「はさみ状グラフ《シザーズチャート》」の最

図 2.2　母親の初産年齢中央値の長期傾向、1960-2010 年

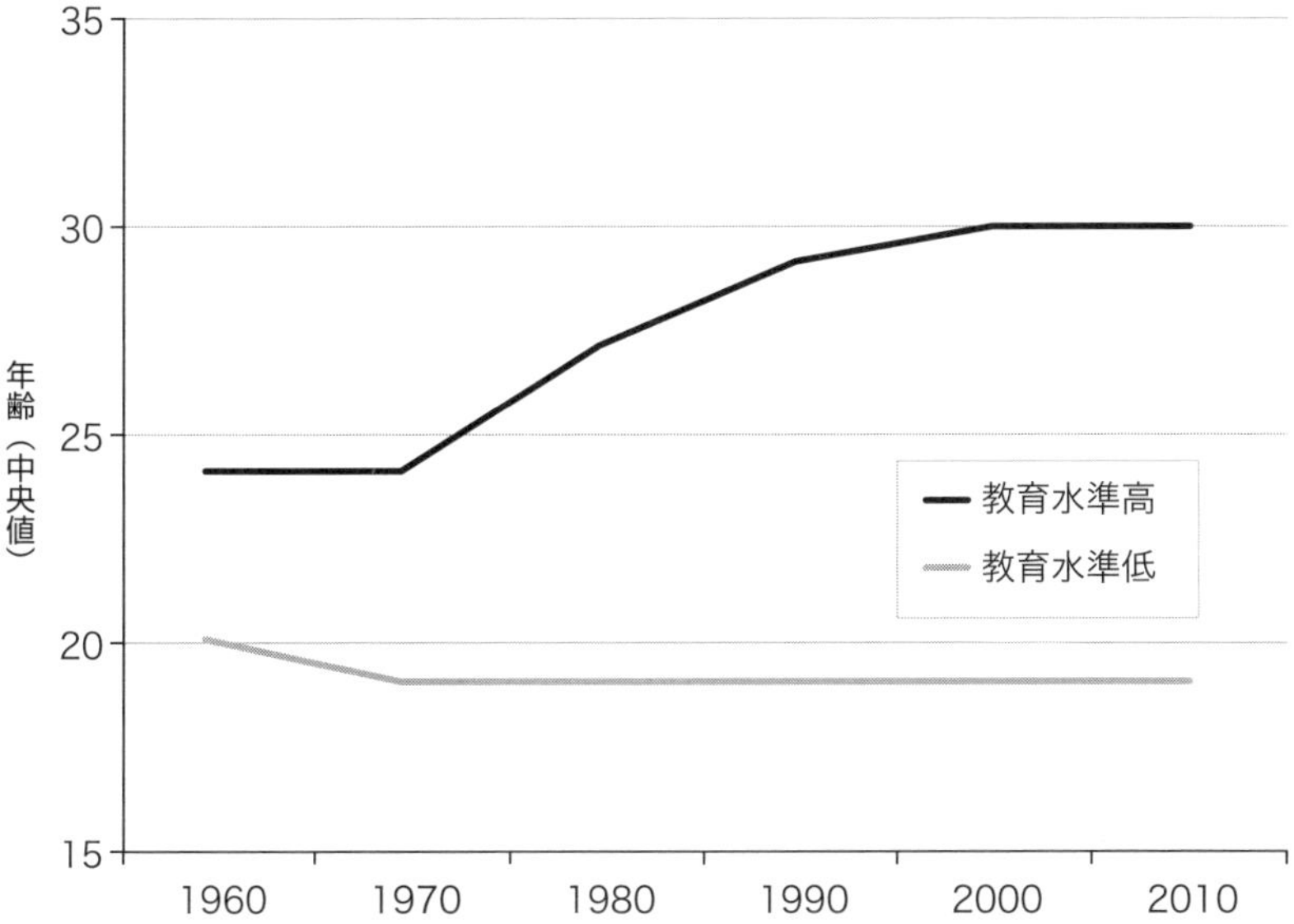

出典：McLanahan and Jacobsen, “Diverging Destinies Revisited” に報告された IPUMS/ACS データ.

初の一枚で、どの図も上層と下層の階級の親および子どもの間で、長期傾向が統計学的に有意に乖《かい》離《り》していく様子を表している)。育児が遅くなることは子どもの助けになるが、それは親の年齢が高い方が、一般的に子どもを支援する態勢が物質的にも精神的にもよりよく備わるからである。アンドリューの両親はこのことを認識して、それにしたがって計画を立てた。ケーラの親がそうしなかったのは、ジョー、ダーリーン、そしてケーラが現時点で全員同意するところである。

意図せざる出産

高卒の女性は、大卒の女性と比べてより多くの子どもを持ちたいと願っているわけではないが、しかし研究の示すところでは、前者は性行為を始めるのが早く、避妊や中絶をすることが少なく、意図せざる、あるいは意図半ばの（「計画はしてたけど、予期してなかったたぐいの」とダーリーンが表現していたもの）妊娠をすることが多い。[22] 階級にリンクしたこれらの差異は拡大している。社会学者ケリー・ミュージックと共

図 2.3　教育水準別に見た未婚母出産、1977-2007 年

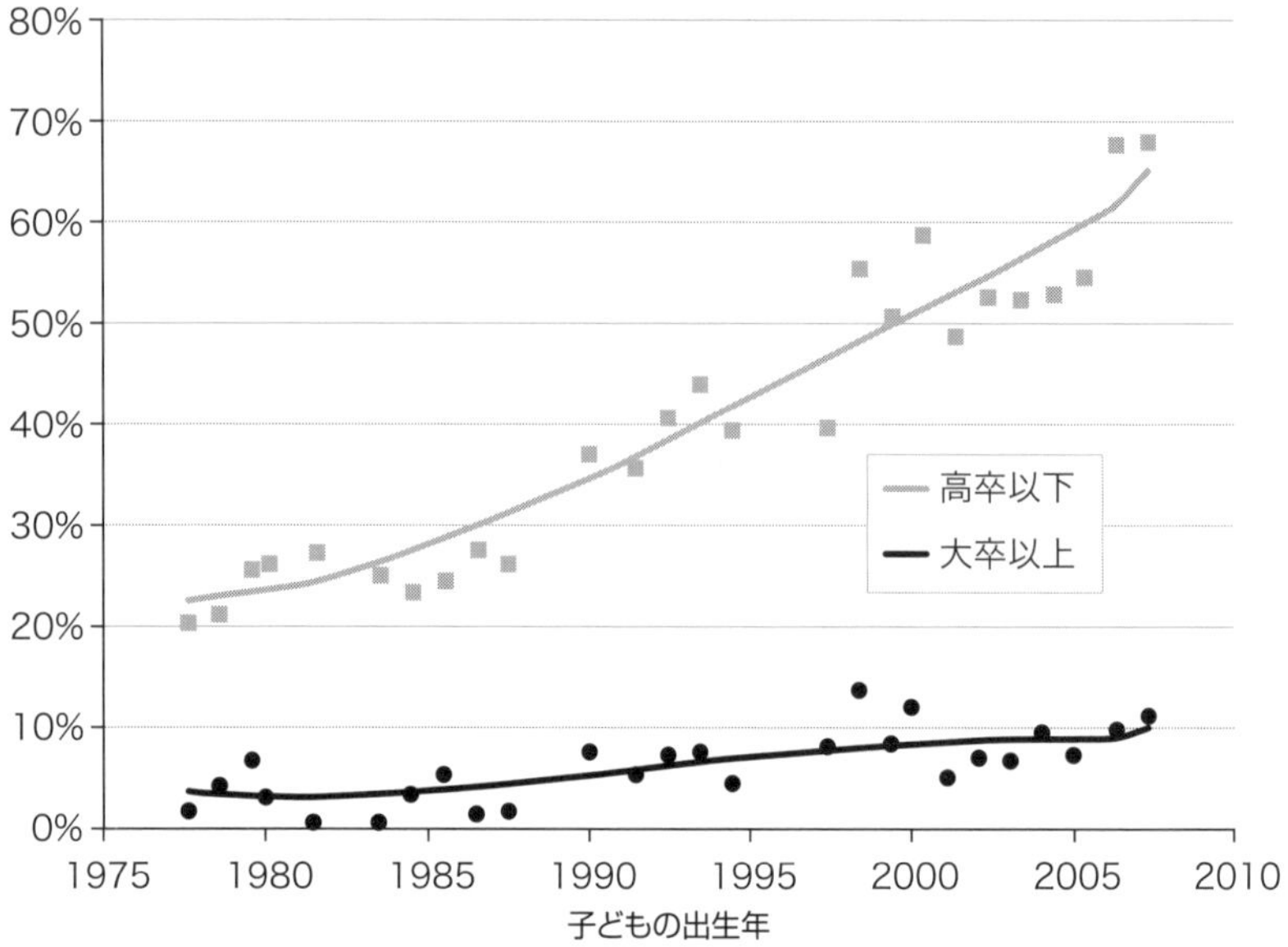

出典：National Surveys of Family Growth, 米国疾病管理センター.

同研究者によれば、この階級間の乖離を最もよく説明する可能性のある要因に、妊娠に対しての母としての葛藤、教育水準の低さと経済的な困窮がもたらす個人的な効力感の低下、そしておそらくは中絶へのアクセスやそれに対する態度の違いが含まれる。避妊に対するアクセスは、このパターンを説明するようには見えない(23)。
理由は何であれ、低学歴の親の下に生まれた子どもは（完全にそうなのかあるいはそうではないのか、また喜ばれてかあるいはそうではないのか、は別として）意図せざる驚きとしてこの世界に生を受けることがますます多くなり、その一方で高学歴の親の子どもは、長期計画の目標としてこの世に生まれることが増えている。そのような差は、これらの子どもを養育するのに利用可能な資源に対して影響を与える可能性が非常に大きい。アンドリューとケーラの事例を対比して見たとおりである。

婚外出産

大卒女性の婚外出産は低値を続けていて（一〇％未満）、一九七〇年代からの上昇もわずか

でしかない。しかし高卒の女性においては、過去三〇年間で急激な上昇を見せ、現在では全出産の半数以上（二〇〇七年において約六五％）を構成している（図2・3を参照）。高卒の黒人における値はさらに高いが（約八〇％）、これは二〇年以上の間上昇を見てはおらず、それに対して同じ期間に、高卒の白人において四倍近くの増加を見せている（現在では約五〇％）。黒人の大卒者における婚外出産の割合（約二五％）は過去二〇年間で実に約三分の一に落ち込んだが、その同時期に、白人の大卒者における値は三％から二％へと下がった。言い換えると、階級内での人種格差は縮小したが、各人種内での階級格差は拡大したということである。

離婚

アメリカの離婚率は、一九六〇年代と一九七〇年代に倍増以上となったが、一九八〇年周辺でピークを迎え、その後は次第に収まり始めた。しかし、このように広く見た全国的パターンでは、もう一つの重要な階級間乖離が覆い隠されてしまった。大卒の米国人における離婚率は一九八〇年以降大きく低下したのに対し、対する高卒においては、この社会階層において結婚自体が少なくなりつつあったにもかかわらず、上昇を続けていたからである。[24] 離婚者の既婚者に対する比率は、高卒の米国人（一〇〇あたりおよそ二四）の間では、大卒者（一〇〇あたり一四）に対して二倍近く大きく、二〇〇八〜二〇一〇年までにこの差はさらに広がっている（一〇〇あたりおよそ二八対一〇〇あたり一四）。[25] ここでもう一度、アンドリューとケーラの家族はこの際立つ対比を完全に例証している。

同棲

現代のアメリカ社会ではどの水準においても、同棲（未婚のカップルが同居すること）はありふれたものになってきている。しかし、若いアメリカ人の間では、それが「届け出しない結婚」を結局意味しているようなことはまれである。最近の結婚の三分の二は、同棲期間のあとに続いて起こるものになっているが、しかし、アメリカにおける平均一四ヶ月の同棲期間が一般に結婚で終わることはない。[26] 同棲パターンもまた階級にしたがってますます異なるものになってきている。同棲をしたことのある高卒女性の割合は一九八七年以降の二〇年間で約三五%から約七〇%へと倍増したが、同じ期間の大卒女性の割合は三一%から四七%へと増えただけだった[27]。大卒女性の間では、同棲しているカップルが子どもを持つことはめったにないが、妊娠した場合には、それは安定した関係をもたらしやすく、結果として安定的な結婚が起こりやすい[28]。それとは対照的に、高卒のアメリカ人では一般的に、同棲は永続的な関係の通過駅とはならない。同棲中のカップルにしばしば子どもは生まれるが、そのような同棲が結婚へとつながることは典型ではなく、またその関係が続くことも一般的でない。低収入の男女は長期的パートナー探しの途中で子どもを持つが、それを見つけたあとではないのである。まとめると、今日では高卒女性の大半が同棲をしている。大卒女性の大半はそうしないし、そうしたとしても、子どもを持つことはまれである。

もちろん下位三分の一の層における婚外出産が、一夜限りの関係の結果であることはほとんどない。その多くは同棲中のカップルのもので、ジョーとダーリーンのように、子どもが生まれた時点では何とかうまくやっていくことを強く願っている。しかしそのような関係の大半が、数年以上は続いていない。子どもを持ちたいという思いを分かち合っていても、不安定な仕事や脆弱な家族、そして危険な近隣地域といったもののただ中で育児をするという試練を乗り越えて続くきずなを生み出すのにたいていは失敗してしまう。マクラナハンとその共同研究者の知見では、出産時で未婚の女性の三分の二以上(そして出産時で同棲中の者のおよそ半数)は子どもの誕生から五年後の時点で、その父親との間の恋愛関係すら続いていなかった[29]。期待されていた結婚の方については、結果的に「死産《スティルボーン》」となってしまっていると、人口学者フランク・ファーステンバーグは表現している[30]。その後にしばしば起こるのが、次の同棲と妊娠、関係解消の繰り返しで、これをキャサリン・エディンとティモシー・J・ネルソンは「救済と絶望のサイクル」と記している[31]。実際に、未婚の親の大半は他のパートナーともまた最終的に子どもをもうけている。ケーラの両親、ジョーとダーリーンの語った物語とまさしく同じである。

図 2.4　低学歴男性が非同居の子どもの父親となる可能性の高さ

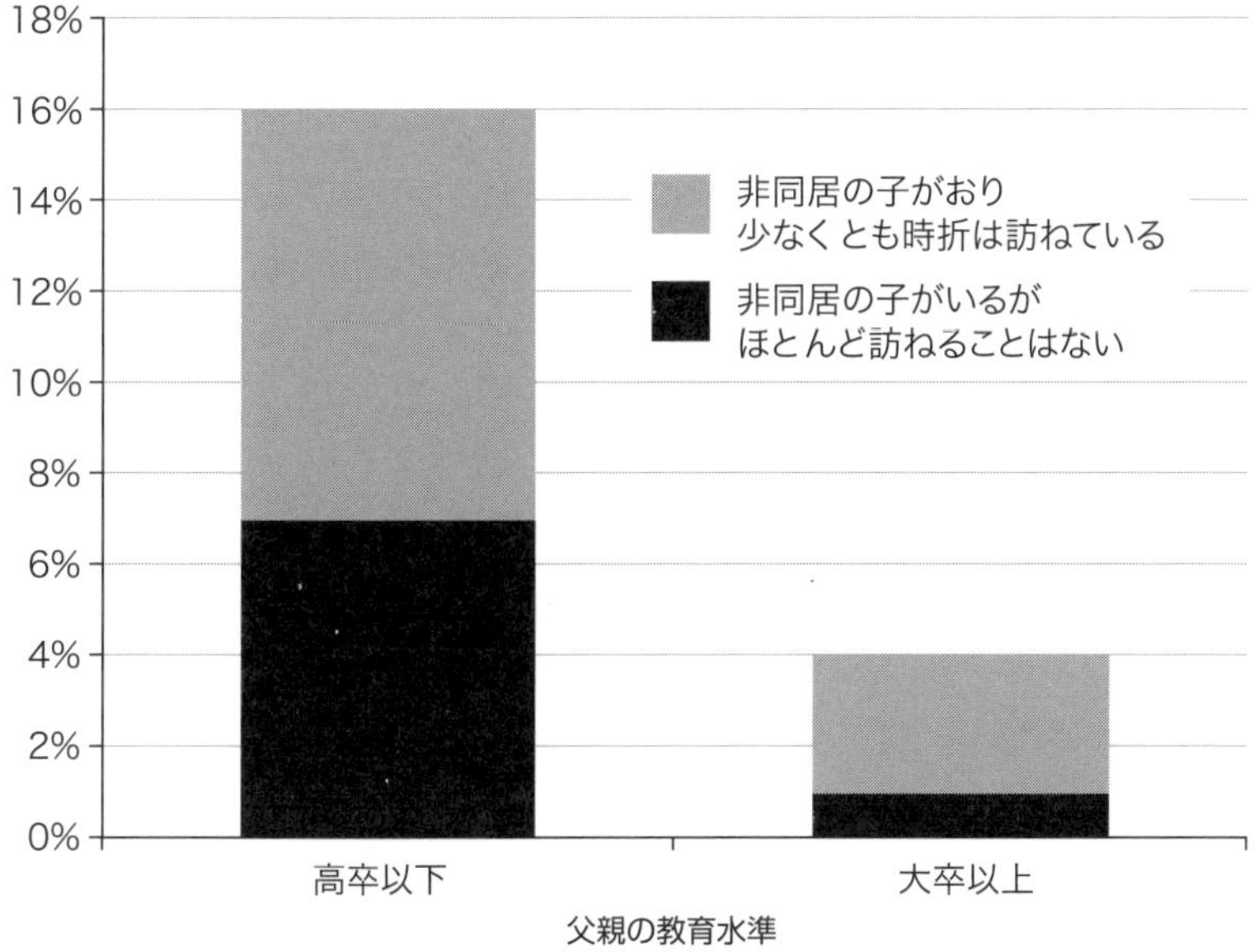

出典：National Survey of Family Growth, 2006-2010年, 15〜44歳男性（NCFMR FP12-02 および NCFMR FP12-08）.

複数パートナー生殖

人口学者は**複数パートナー生殖**という用語を用いて、今日のアメリカの低学歴家族に特徴的である、複雑で持続性の低い構造を表現している——これは家族カウンセラーが「混合家族」と呼んでいるものである[32]。ケーラの育った「家族」には一時的な成人関係が五つと、八人の義理のきょうだいが含まれており、また（ポートクリントンで会った）デヴィッドが育った「家族」には無数の成人カップルと九人の義理のきょうだいがいたが、これらは多くの点で、このような新しいパターンの代表例である。
多くの子ども、とりわけ富裕さに劣り低い教育的背景から生まれたものは、父親なしで暮らしている。図2・4はこの側面における二層システムを描いたもので、父親となる世代（一五〜四四歳）の中で、同居しない実子を持つ者の数と、そのような非同居の父親の中で、子どもと基本的に接触のない者の数を示している（複雑な家族の中では父親が、ある母親との間に生まれた子どもと集中的に関わり、

図 2.5　親の教育水準別に見た片親家庭で暮らす子ども（0 ～ 7 歳）の割合

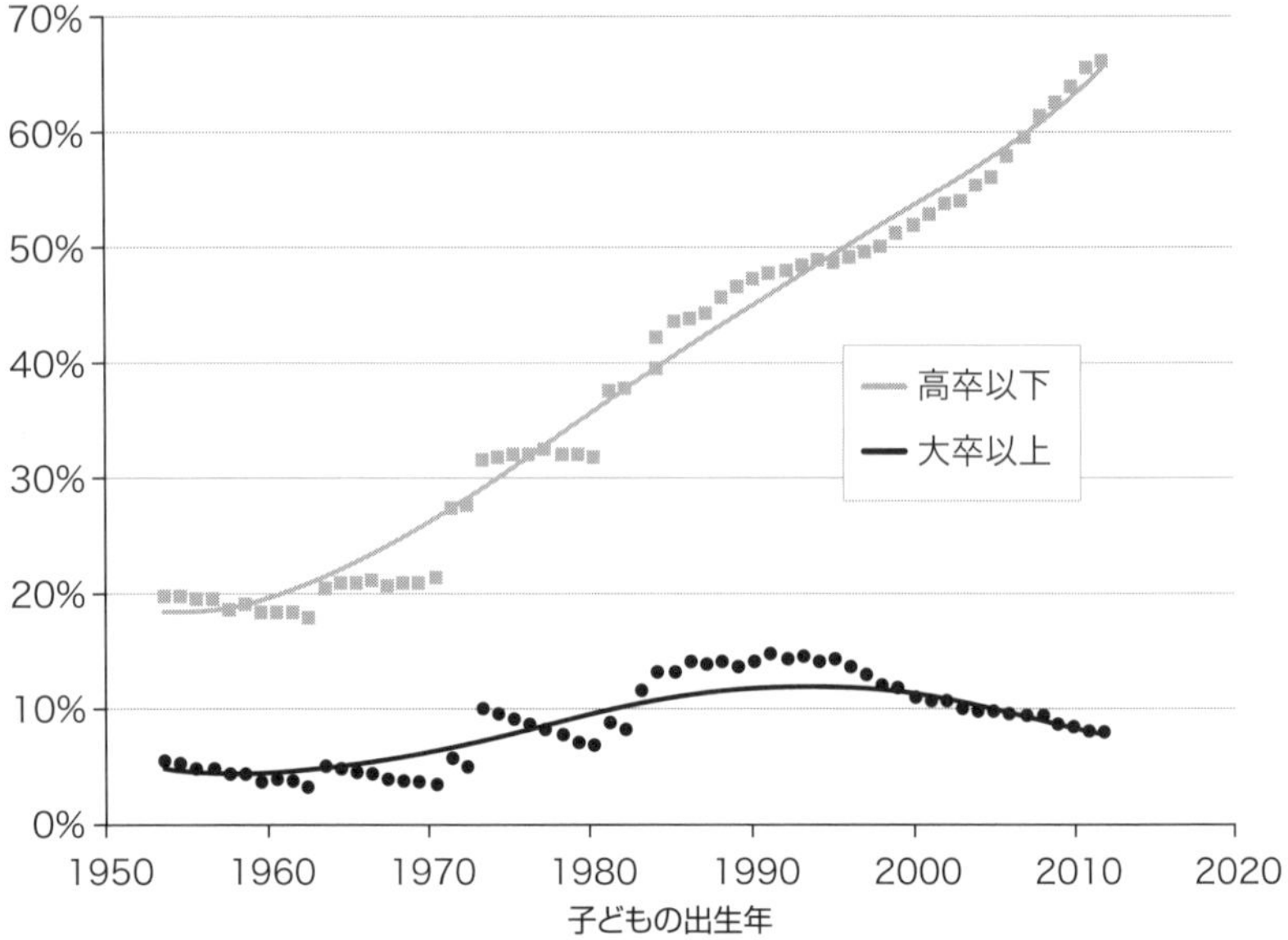

出典：IPUMS（1970, 1980, 1990, 2000 年国勢調査）および ACS 2001-2012.

他の母親との子どもを犠牲にすることがある）。大卒者に比べると、高卒男性においては同居しない子どもを持つ割合が四倍多く、またそのような子どもを訪ねる割合は半分しかない(33)。

家族構造におけるこれらの変化は一体となって、両親の揃った家族で育つ子どもの数を大きく、そして階級間に偏りの見られる形で減少させる結果を過去半世紀ほどの間にもたらした。サラ・マクラナハンとクリスティン・パーチェスキは以下のようにまとめている。「一九六〇年には、米国において片親と暮らす子どもは六％にすぎなかった。今日では、一八歳に到達する以前のどこかで片親家庭で暮らす可能性がある子どもの数は半数以上にのぼる……教育水準が下位四分の一の層の母親と暮らす子どもは、上位四分の一の母親に生まれた子どもと比べて、年少期のいずれかの時点でシングルマザー状態で過ごす可能性が二倍近い(34)」。図2・5はこの顕著な格差拡大をまとめたものである(35)。

世の中で言われがちな論評とは反対に、近年のこのような傾向は、一〇代での妊娠の増加とはほとんど、あるいは全く関係がない。それは

図 2.6　母親就労率の長期傾向、1960-2010 年

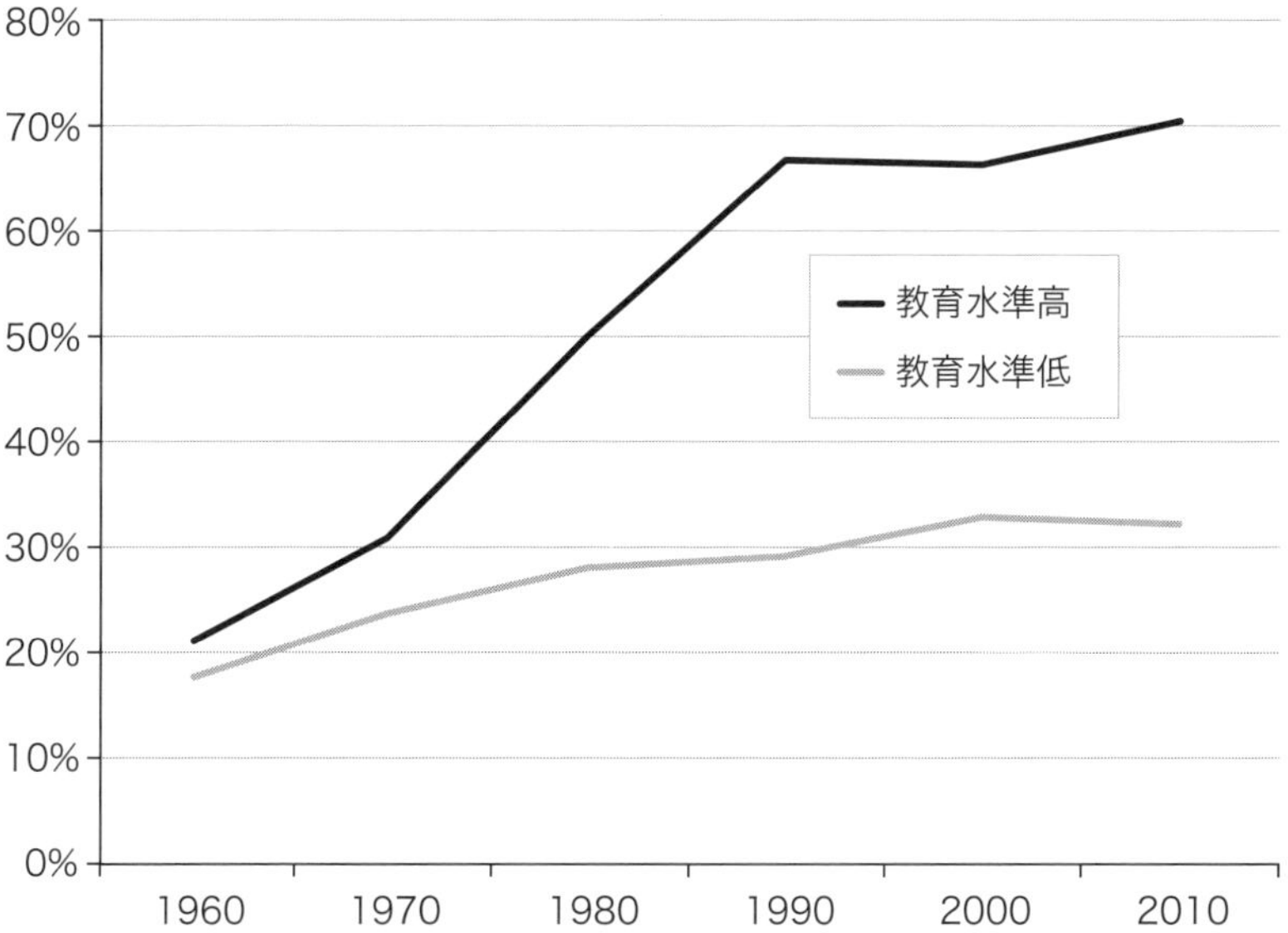

出典：McLanahan and Jacobsen, “Diverging Destinies Revisited” に報告された IPUMS/ACS データ.

実際には過去二〇年以上にわたって、全人種において着実にまた急激に**低下して**おり、婚外出産や子どもの貧困、社会移動に対する影響はほとんどない。ここまで描いてきた計画外妊娠および婚外出産の増大は、二五〜三四歳の女性に集中している。[36]アメリカにおける未婚出産全体のうち、四分の三以上は一〇代を過ぎた成人によるもので、その割合は増加を続けている。[37]「子どもに子どもができる」ことは重大な問題だが、それはアメリカの労働者階級の家族が直面している中心的な課題**ではない**。

女性の就労

一九六〇年以降、女性全体の就労率は上昇しているが、その増加は大卒女性において最も急速かつ大きなもので、二層化した家族の時代には、家庭外で働く大卒の母親（七〇％）は、高卒の母親（三二％）の二倍以上となっている。[38]（図2・6を参照）。大卒の母親には同時に、家庭内に男性の稼ぎ手がいる可能性が高い。結果として生じるのは、育児に使える経済的資源の大きな階級格差である。他の要因を一定とすると、

現代の就労中の母親は、専業主婦の母親と比べて子どもと過ごす時間が短いが、しかし一九七〇年代の専業主婦と同じくらいの時間を子どもと過ごしている。それは就労している母親が、今日ではその他の時間利用を切り詰めていることによる。[39]

人種と階級

一九七〇年代には、家族構造の二層化は人種と強く相関していたが、それ以降は人種よりも、親の社会階級と結びつく程度が増大してきた。この二層化した、階級に基づいたパターンの全く同じものが、黒人と白人の両方の中でいまでは見られるようになっている。大卒の黒人は、大卒の白人と似て見えるようになり、また低学歴の白人は、低学歴の黒人にますます似るようになっている。労働者階級家族の崩壊は一九六〇年代に黒人の間で起こり始めたものだが、一九八〇年代と一九九〇年代には白人においても起こり始めるようになった。[40]
ラティーノやアジア系のアメリカ人が、アメリカのカップルや子どもに占める割合は増加している。一般的には、近年の移民コミュニティにおける家族はずっと強いものであることが、結婚率や婚外出産、離婚や双親家族といった伝統的な指標からは言える。大半の移民グループにおいては教育的、経済的地位が低いにもかかわらず、これは真実である。その意味において近年の移民は、「伝統的」なアメリカの結婚の最後の事例である。その一方で、移民の第二世代はおなじみの二層パターンに落ち込んでいるということを示す証拠も存在する。すなわち、アメリカ家族の階級分離において見られるこの重要な例外は、一時的なものにすぎないかもしれない。[41]

4　なぜいま二層化が起こったのか

結婚がその魅力を失ったわけではない。あらゆる階級において、アメリカ人の圧倒的大多数は結婚を望んでいて、大半も結婚するつもりでいるのだが、しかしここでもまた、階級格差が現れ始めている。一九七〇年代の後半には、高卒家庭出身の子ども（七六％）は長いうちにはいつかは結婚する予定だと、大卒家庭出身の子ども（七八％）とほぼ同程度に考えていたのだが、二〇一二年になると、上層の子どもでのこの数値は八六％に上がった一方で、下層の子どものそれには変化がないままだった[42]。その一方で、あらゆる教育水準の人間でも、結婚している方が比較対象の独身者と比べて生活に満足していることを示す研究は多い。だとすると、現実の行動における二層の階級分化——二〇世紀の大半を通じて、このように明確な形では存在していなかった——は、なぜ過去三〇年ほどでこのようにはっきりとするようになったのだろうか。

経済は、このストーリーにおいて重要な部分を占めることは確実である。「大卒学位のない男性の賃金は、一九七〇年代前半から急落した」と人口学者のアンドリュー・J・チェーリンは報告している。「そして、大卒学位のない女性の賃金は、上昇することがなかった[43]」。貧しく、教育水準の低いアメリカ人が過去四〇年間に経験した経済見通しの大幅な落ち込み（雇用の不安定さの増大と、相対所得の低下）は、彼らが伝統的な結婚パターンを獲得、維持することをずっと難しいものにした。失業、不完全雇用、そして貧弱な経済見通しは、安定した関係を阻害し、蝕んだ——これは質的、量的研究のどちらからも多く得られるほぼ共通の知見である[44]。経済階層の低い位置にいる女性は、経済的安定をほとんど、あるいは全く与えてくれないような男性と結婚することをますます躊躇するようになった。ジョーとダーリーンのケースのように、深く慢性的な経済的ストレスは、貧困カップルの非持続性をもたらす重要な要因になっており、もし結婚したときでさえも、彼らが頼りないパートナー、またそのような親になることをもたらしている。

第一章で見たように経済的困難は、労働者階級家族の衰退の重要な前触れとなっている。ポートクリントンでは、地域経済の崩壊に引き続く期間に離婚率と婚外出産率の両方が急上昇した。そして、この崩壊の引き金を引いたのは第一に一九八〇年代の工場閉鎖であって、一九六〇年代の文化的動揺ではない。これは全国的な現象であって、ラストベルトに限定されるものではなかった。

しかしながら、文化もこのストーリーにおいてもう一つの重要な役割をつとめている。ジェンダーおよび性的規範は変化し、とりわけ、教育水準の低い男性とそれの高い女性の役割が変わった[45]。貧しい男性にとっては、婚前交渉と婚外出産を恥辱と考えることが消滅し、ショットガン婚という規範が蒸発したことが、生殖と結婚の間にあったリンクを破壊した。教育水準の高い女性にとっては、受胎調節と職業機会の大幅な拡大が、出産を遅らせる可能性を上げ、またより望ましいものとした。

民族誌学者のキャサリン・エディンとマリア・ケファラスは、貧しい女性も裕福な女性と同じくらい結婚に価値を置いている一方で、（経済階層で上の方にいる姉妹たちが考えているのと同様に）うまくやっていくためにはカップルの経済的満足度が高まるまで結婚は延期すべきとも信じていることを見いだした[46]。ここで貧しい女性にとって問題なのは、経済的満足は常に手の届かないところにあるように見えるということである。母親になることはそれと対照的に、結婚しているかどうかを問わず全ての女性に開かれている。それは即時的には豊かな資源を必要とせず、その人生に意味を与えてくれる。ダーリーンのように、母親になるということには、基本的に「そこにいる」ことが含まれると信じるものも多い。都会、地方双方の貧しいシングルマザーたちから得た長期間の民族誌的根拠に基づいて、リンダ・バートンの下した結論は「この状況下にいる母親は、日々の貧困と不確実さからのつかの間の休息として、結婚以上にロマンスを追い求めている」というものだった[47]。

二層化システムの出現について「構造的」（あるいは経済的）また「文化的」説明のどちらがより重要かについては、研究者たちの論争が行われている。最も妥当な見方は、双方とも重要だというものである。加えて、原因と結果がここではもつれている——貧困は家族の不安定性を生み出し、家族の不安定性はめぐって貧困を生み出す。これと似た相互強化は、豊かさと安定性の間でも起こっている。これらの複雑な因果的ダイナミックスとフィードバックのループが、アンドリューとケーラの家族の暮らしの中に全て明瞭な形で目に見えるようになっている。

この因果上の謎を理解する方法の一つに、大恐慌——米国史における最も巨大な経済的混乱——が、家族形成と家族の暮らしに与えた衝撃を考察するというやり方がある。大恐慌からの証拠は経済的、文化的説明のどちらが妥当かという問題に対しては、諸刃の剣となっている。大恐慌は男性の失業と経済的混乱を大規模にもたらした。結果として結婚率は低下しており、結婚について勘定する上では経済的安定性はどんなときにも重要であることが示されている（「若い男たちって仕事がないの」とあるシカゴの女性が述べている。「仕事をしている男性がいいわ」とは別の人が語った）[48]。さらには一九四〇年に行われたある調査では、一五〇万人の既婚女性が夫に捨てられ、結果として二〇万人以上の浮浪児が国内をさまよっていたという[49]。大恐慌期に成長した白人の子ども一六七人の生活に関する記念碑的研究の中でグレン・エルダーが見いだしたのは、父親が失業し収入を失うと、家族とのつながりが蝕まれ、親による統制の有効性が大きく低下することにつながるということだった。八〇年（そしていくつかの文化的革命）を経ても、困難な時期には結婚が抑制され、そして破壊されるということはいまだに真実である[50]。

その一方で、一九三〇年代には出生率もまた急速に低下し、また一九二〇年と一九四〇年の間には、婚外出産も一貫して少ないままだった[51]。その時代には男性も女性も、結婚と同様に出産も延期していた。「結婚許可証なくして、子どもなし」が文化的規範だった。今日とは異なって、一九三〇年代には絶望的に貧しい、無職の男性が結婚外で子どもを持つことはなく、そのような可能性は当時おおかた無視されていた。現在では、父親という役割はより自発的なものになった。すなわち、マルシア・カールソンとポーラ・イングランドが述べたように、「最も献身的で、経済的に安定した男性だけが、それに取り組むことを選択している」[52]。この重要な文化的シフトは、今日の貧しい子どもが育っていくような家庭に対して大きな影響を与えている[53]。

社会政策や政治的イデオロギーの変化が、従来型の双親家族を蝕むような厄介な影響をもたらしたようなことはあるだろうか。最もよく議論される可能性は間違いなく、生活保護が貧しい独身女性に子どもを持つインセンティブとなったというものである。いくつかの慎重な研究においては、それほど大きくはないが統計的に有意なこの種の影響が確認されている。しかし過去半世紀を通じた片親家族の着実でまた加速的な増大は、生活保護を受けている母親数の盛衰と対応するものではない。生活保護受給者数は、一九六〇年代の後半から一九七〇年代前半に増大し、一九七二年から一九九二年に次第に減少し、その後一九九〇年代を通じてさらに急激に減少した。加えて、伝統的家族の崩壊を経験してきた多くの母親は保護を受けていないので、福祉制度は主たる要因とはなりえない。そして一九九六年に受給資格が厳格化されて以降においても、この崩壊は急速に進行しているのである。(54)

「家族の価値」を奉じる保守派は、リベラリズムと世俗主義が家族解体の原因となったと主張することがある。しかし、婚外出産と片親家族はこの国全体に広く分布しており、より進歩的な政策が実現されてきたと考えられるような、世俗的地域や「青い《リベラルな》」[訳10]州に集中しているわけではない。それどころか、真実はその反対にあるように見える。離婚と片親家族は、南東部の、共和党支持が根強い、社会的に保守的な「バイブルベルト」[訳11]でとりわけよく見られる。(55)このような単純な相関から、因果関係に何らかの推論をすることはできないが、これらのパターンは、(白人、非白人を問わず)労働者階級家族の崩壊の原因を、組織宗教や何らかの政治的イデオロギーの弱体化に帰属することができるという考え方に対して警告を発するものである。このストーリーにおいて、個人的価値観の変化は重要な役割を演じるが、それは経済的傾向の逆行と組み合わさってのみであり、またイデオロギーがそれと関連するようにはほとんど思われない。

一九八〇年代に行われた一組の政治的選択に、おそらく家族の解体に貢献したであろうものがある。「ドラッグとの闘い《ウォー・オン・ドラッグス》」、「三振《スリーストライク》」[訳12]判決、そして受刑者数の急速な上昇である。図2・7は一九八〇年以降の受刑率の爆発的増大を示しているが、同期間に粗暴犯はむしろ減少していた。そのような爆発は、教育水準の低い若い男性に、とりわけ(それに限らないが)若い黒人男性に集中していた——このうち不均衡なほどの数の人間が、驚くべきことに、年若くして父親だった。(56)

黒人と白人の子どものどちらにおいても、一四歳時点で受刑中の親を持つ確率は、一九七八年の出生コホート(一九七八年に生まれた子ども)と一九九〇年の出生コホートの間で大きく上昇し、そしてその確率は教育水準の低い親を持つ子どもの間で特に高かった。一九九〇年に高校中退の親の下に生まれた子どもは、同期間に大卒の親を持つ子どもと比べて、親が刑務所に送られる確率が四倍以上となっていた。一九九〇年に教育水準の低い親に生まれた黒人の子ども全体の半数以上は、親の投獄を経験している。(57)

受刑率の爆発したこの時期はまさしく、人口分布の中で教育水準が低く、低所得階層の中で片親家族がます

図 2.7　アメリカの受刑率、1925-2010 年

出典：*Sourcebook of Criminal Justice Statistics*（Maguire, n.d., Table 6.28.2010），http://www.albany.edu/sourcebook/pdf/t6282010. pdf.

ますありふれたものになっていった時期にあたる。相関は因果を証明しないことは当然ではあるが、受刑数の膨大化は貧しい近隣地域から多数の若い父親を取り除くことになり、そして父親不在は白人、黒人の子どもに等しく衝撃的な影響をもたらし、長く続く傷跡を残すことはよく知られたところである。オハイオでのデヴィッドの生活、そしてオレゴンでのジョーの生活に起こったことはまさにこれだった。

親の受刑は（親の教育水準や収入、人種といった子どもの出自に関わるその他の事実とは独立して）低成績や中退といった、教育上の悪影響を強く説明する要因になっている。それどころか受刑のもたらす悪影響は、父親が投獄中の子どもの同級生にまで「あふれだし《スピルオーバー》」、同級生の方の父親は刑務所の中には**いない**にもかかわらずそれがもたらされている。投獄とその影響は、人種的マイノリティの間でより多いが、投獄の効果そのものは白人の子どもにとっても全く同様に有害である。[58] 刑務所にいる父親を持つことは、この先の章で見るように、貧しい子どもたちの生活において最も共通する課題の一つである。

5　二層化のもたらすもの

何がそれをもたらしたかにかかわらず、この二層化した家族パターンは、子どもの生活に明白な影響を与えてきた。上層にいる、大学教育を受けたアメリカ社会三分の一においては、子どもの大半は双親の元で暮らし、またそのような家族はいまでは二つの所得があることが典型的である。だが下層にいる高校教育水準の三分の一の方では、生みの親のせいぜい一人と暮らす子どもが多く、実際には多くが万華鏡的な、複数パートナーもしくは混合家族の中にいて、そこに稼ぎ手が一人以上いることはめったにない。多くの研究がこれまで示してきたのは、子どもに関する悪い結果の多くが現時点で下層に特徴的なパターンと関連しており、一方でよい結果の多くが、上層に典型となったパターンに関連していることだった[59]。アンドリューとチェルシーを包んできた親からの安定したサポートと、ケーラとデヴィッドの成長してきた恐ろしいまでの混沌を対比するとよい。

早期の出産と複数パートナー生殖のコストを、人生における成功の見込みの消失という形で子どもたちが支払っている。実の父親なしで成長した子どもは、標準テストの得点が低く、悪い成績を取り、また学校に通う年数が短くなりやすく、これは人種や階級にかかわらず成り立っている[60]。彼らはシャイネスや攻撃性のような行動上の問題、そして不安や抑うつの増大といった精神的な問題も示しやすい[61]。シングルマザー家庭で幼少期を過ごしたことのある子どもはまた、早期の性交渉を行って若くして片親になりやすく、それによりサイクルが再生産される[62]。

離婚、もしくは再婚した家族の子どもは明確な試練に直面するが、その理由には家族の限られた資源が一つ以上の世帯にまたがって分配されなければならないことがあり、また親たちの引きずっている不満や、相互の物理的、心理的距離が効果的なコミュニケーションと調整を阻害していることがある。複数パートナー生殖と父親の関与や拡大親族の関わりの低さ、そして摩擦や嫉妬、競争の多さは関連しているが、同一の世帯に異なるパートナーからの子どもが同居している場合にとりわけそうなるのは、ケーラの生活の中で繰り返し見てきたところである。これら全ての問題は、複雑な複数パートナー家族の中にいるさまざまなカップルが、最初から一度も結婚していなかったようなときには悪化することとなる[63]。

家族の解消が、関係する大人にとってよいことがしばしばあるのは当然だが、子どもにとってもさえも、特に父親が虐待的であるとか、中毒にさいなまれているとか、受刑によってしばしば不在であるといった場合はよいことでありえる。さらに、家族構造と子どもの幸福に関する多くの研究は単に相関的なものであるため、家族の脆弱さがよくない結果を実際に引き起こす原因なのか確実なことはわからない。片親養育とよくない帰結の間にある相関はある程度までは擬似的なもので、低所得や家族上の、もしくは個人的な混乱がもたらした一般的な病理の反映であるかもしれない（例えば、あのように多くのことがケーラの家族ではうまくいかなかったため、ジョーとダーリーンの離婚がカギとなる要因であったのかどうかは確実にはわからない。たとえ三人全員がそう思っているとしても）。しかし最近の研究では、因果関係が確かに存在するということが強く示唆されている[64]。家族問題の専門家イザベル・ソーヒルはこう述べる。「一般化は危険である。多くの片親は、困難な環境下にてとてつもない仕事をこなしている。しかし平均してみると、片親家族の子どもは学校、および人生における達成が低くなってしまっている[65]」。

これらのハンディキャップを考えれば、米国内で片親家族が最も多い場所が、同時に上方移動が不活発な場所であることを最近の研究が示唆しているのも驚くにはあたらない[66]。もちろん、家族構造は「全てに先立つ第一の原因」ではない。それには人種や居住分離、コミュニティの強さ、そして学校教育といったものを含むさまざまな要因が絡み合っている。家族の断片化はこれまで見てきたように経済的困難によって強く促進されるので、ある重要な意味では、家族構造とはある世代での貧困と次の貧困の間に挟まっている単なる媒介変数にすぎないと見なすこともできる。しかしそれでも、それはこの構図の中で傑出した一部をなしている。不完全なものであっても、相関関係は強い。片親の増加は、上方移動の減少を意味している。

次章では、育児実践における階級差に目を向け、早期の実践が子どもの発達に与える影響についての最新の証拠に特に焦点を当てる。異なる階級に属する親は、非常に異なったことを子どもたちに対し、また子どもたちのためにますます行うようになっており、それがもたらす結果も非常に大きい。

[訳1] ホームレスなどが段ボールに書いて掲げて見せる典型的な文面。
[訳2] 七人制のチーム対戦で得点を競う競技フリスビー。
[訳3] 原文では「a 4.2 student」。評価Aを四点として計算する平均成績（GPA）で、上級クラス履修やA＋の取得でオールA以上の平均成績だったということ。
[訳4] ジョンソン大統領期に開始された、貧困層の一六～二四歳の青少年のための職業訓練プログラム。
[訳5] 連邦法に基づく低所得者への住宅バウチャー制度。
[訳6] トルストイ『アンナ・カレーニナ』の冒頭部分。
[訳7] 米国ホームコメディの夫婦名（オジー＆ハリエット・ネルソン）であり、また典型的な中流家庭の代名詞。この表現に関連してアメリカの家族構造の変化については、パットナム『孤独なボウリング』第一五章（訳書三三八頁）参照。
[訳8] 米俗語で、娘の父親が散弾銃片手に迫るような「できちゃった婚」を指す。
[訳9] この報告書は「モイニハン・レポート」としても知られる。ダニエル・モイニハンは社会学者・民主党の政治家（ニューヨーク州選出上院議員として、ヒラリー・クリントンの前任者）であり、ケネディ・ジョンソン大統領期に労働次官補として、「貧困との戦い」に関わった。
[訳10] 民主党支持が優勢な州のこと。共和党支持が優勢な州は、対してレッドステートと呼ぶ。それぞれのシンボルカラーとなっており、大統領選挙の結果などもこの色で塗り分けて表現される。
[訳11] 米国南部の、キリスト教根本主義《ファンダメンタリズム》の強い地域を指す。
[訳12] 「三振《スリーストライク》」は、三度目の有罪判決を厳罰によって処することを定めた州法・連邦法のこと。

第三章
育児

アトランタは遠くから見ると、ニューサウス勃興の光り輝く実例、まるでサンベルトの宝石のようである。[訳1]以前は（架空の人物だが）レット・バトラーとスカーレット・オハラの故郷[訳2]だったアトランタは、豊かで洗練されたグローバル都市に変貌し、米国九番目の大都会になっている。一九七〇年以来、米国の主要都市でこれ以上急速に発展したものはない。アトランタには強力で多様な、二一世紀型の経済があり、コカ・コーラやUPS、ホームデポ、CNN、デルタ航空、そして米国疾病管理センターがここを本拠地としている。[訳3]
富めるアトランタの縮図として挙げられるのは、都市北部にある大富裕層の住宅・商業地区のバックヘッドである。そこでは地区の中心にある高層住宅やショッピング街、レストランが木陰の住宅街やゴルフコース、そして何百万ドルの住宅に取り囲まれている。この地区の九五％は白人で構成されており、世帯所得の中央値はおよそ一五万ドル、子どもの貧困率はほぼゼロに近い。邸宅の白い柱とレモネードが、贅沢なオフィス空間とジミー・チュウに混ぜ合わされた様子は、現代版の南部の上流階級風情を思い起こさせる。
南にピーチツリー道路をちょうど一五分行ったところ、アトランタ中心街の高層ビル群のまさに陰となっている場所に、米国において最もドラッグ、そして犯罪ののさばる貧民街の一つがある——板で打ち付けられた家、格子のはめられた窓、コンクリートで覆われた公園といったエリアで、街角にはぶらつく男たちが群れをなしている。ここの人口の九五％は黒人であり、世帯所得の中央値は一万五〇〇〇ドル、子どもの貧困率はおよそ七五％にのぼる。

アトランタはその歴史を通じて、人種の分裂に悩まされてきた。[1] 一九七〇年には法律上の人種差別はなくなったが、郊外への白人脱出《ホワイト・フライト》はかなり進行していた。一九六〇年から一九八〇年の間に、都市中心の人口に占める白人の割合は六二％から三三％へと急落し、それと同時に一九六〇年から二〇〇〇年の間にアトランタ住民の都心居住比率自体が三七％から九％へと落ち込んだ——米国内の大都市エリア全ての中でも最大の遠心的分散である。一九七〇年までにこの都市は、白いドーナツの中心の黒い穴となっていて、学校、住宅そして多くの社会生活において事実上の分離が効果的に維持されていたのだった。

二一世紀初頭にはアトランタの貧富格差は、アメリカの主要都市の中でも最も大規模で、また急速に拡大していた。[2] この格差に強い人種上の偏りがあったことはもちろんだが、黒人コミュニティ内部の中においても、階級と所得の差がやはり広がっていた。アトランタは長期間にわたって、強力で教育水準の高い黒人の上層、中間階級と、豊かな黒人文化の遺産を保持してきた。黒人差別制度《ジム・クロウ》下においても、教会や大学、そして黒人所有のビジネスの中から黒人エリートが出現した。公民権運動を通じてアトランタの黒人政治家はアメリカで最も目立つ存在となり、そして過去四〇年間の市長もその全てが黒人だった。現在、この都市は米国最大規模の黒人所有企業数社の本拠地であり、国内の黒人研究者が最も集中している場所であり、そして（伝えられるところでは）最大数の黒人百万長者《ミリオネア》を擁している。[3] 黒人の評論家はしばしばこの都市を指して、「ブラック・メッカ」と呼ぶ。

アトランタ都市圏の黒人人口は、近年劇的に成長している。二〇〇〇年から二〇一〇年の間に、このエリアには五〇万人近くの黒人新居住者の流入があったが、これは国内のどこよりも圧倒的に大きい。二〇〇八年には、アトランタ都市圏は黒人人口でシカゴ都市圏を抜き、現在ニューヨーク市に次ぐ単独二位である。[4] 広域アトランタ圏の全黒人のうち、二六％が大卒学位を持っているが、（アトランタ都市圏の他人種との相対値では）他の一〇大都市圏の中で最も高い値である。新規の、教育水準の高い黒人アトランタ住民の多くは実際には北部からの移住民であり、彼らのうちのますます多くが、人種的に混合した郊外に現在住んでいる。アトランタ都市圏の黒人のうち、アトランタ市内に居住するものの割合は一九七〇年の七九％から二〇一〇年の一五％まで急落したが、これは都心部の危険と荒廃の増大から、中間階級および労働者階級の黒人が逃げ出したことによる(5)。これらの新たな郊外居住黒人のうち豊かなものは静かで快適な人種混合の住宅地に住み、富裕さで劣るものは、保釈金立替業の看板や質屋が必要以上に目立つような郊外に住んだ。

アトランタそのものに残った黒人は悲惨なまでに貧しい。貧困の人種集中度は、国内の他の一〇大都市圏の都心部の中で最も大きい(6)。アトランタ市の南部および西部に広がる広大な領域は九五％以上が黒人に占められており、子どもの貧困率は五〇％から八〇％の範囲にある。暴力犯罪（これらのエリアに集中している）は激しく、米国の一〇大都市圏の都心部におけるランキングで一貫してトップ周辺に位置している（二〇〇五年に一位、二〇〇八年に三位、二〇〇九年に二位、二〇一二年に二位）。

広域アトランタ圏内の事実上の人種分離は、経済的分離より広がりを見せまた強いものであり、肌の色はそれ単独でも住民の人生上の機会に影響を与え続けている(7)。にもかかわらず、黒人コミュニティ自体の中も、ますます経済的ラインに沿って分極化しつつある。人種分離が持続していることと、経済的分離が拡大していることが一体となることとは、アトランタの黒人上層階級と中間階級が、同等の階級の白人、そして貧しい黒人の両方からますます切り離されつつあることを意味してきた。相対的に見てアトランタには米国一〇大都市圏のどこよりも、黒人の大卒者と黒人貧困の凝集の両方が存在している。その意味で、アトランタ都市圏は三つの都市を内包しつつあるように見える。うち二つは繁栄したもので、また二つは黒人のものである。

広域アトランタ圏はそれと同時にアメリカの全主要都市の中で世代間社会移動の比率が二番目に低く、ノースカロライナ州シャーロットに次ぐ値となっている(8)。人種上の格差がこのストーリーにおいて重要な部分を占めることは確かだが、それぞれの人種内における階級格差もまた重要である。子どもの発達と育児において全米に広がる階級差の実態を垣間見るために、アトランタ黒人の三家族に会うことにしよう。それぞれは社会経済上のピラミッドにおいて異なった層を代表しており、また子どもに対してできる親の関与とサポートの種類という点で、明確に異なるタイプの事例となっている。これら三つのストーリーの全体像を一体として見ると、経済と家族構造そして育児のあり方が作用し合って、異なる階級的出自を持つ子どもたちの将来見通しに影響を与えるさまが表されている。それは、どのような人種的背景にもかかわらず起こっていることなのである。

　最初に対面するのは、デズモンドと二人のきょうだいである。上層中間階級の黒人家族に生まれた自信あふれるこの子どもたちは、一〇年ほど前に北西部からアトランタ南東の住みやすい、人種の混じり合った郊外に移ってきた。[9]南部にある最高の私立大の一つを最近卒業したデズモンドは、専門職としての成功の道を現在歩みつつある途中だが、両親のカールとシモーヌから受けてきた強く、愛情深い、そして細心のサポートによってこれまで彼は支えられてきた。

　続いてミシェルとローレンの話に移る。彼女らは（二人の兄とともに）大半は貧しく、また大半は黒人の住む郊外を移り住みながら、厳しき愛情《タフ・ラブ》[訳4]のある、勤勉なシングルマザーのステファニーによって育てられてきた。中間、労働者階級の黒人がゲットーから逃避した二〇〇〇年代の大移動の一員として、ステファニーもよりよい学校と安全な居住地域を探し求め、都心から遠ざかるように一家で転居することを繰り返した。[10]彼女の子育てのやり方は、シモーヌとカールのそれと大きく異なっており、それは彼女の方がずっと恵まれない環境にいることのリアリティを反映したものになっている。

　そして最後に出会うのはイライジャである。彼は愛想がよく、物腰が柔らかく思慮深い若者で、ニューオリンズとアトランタの貧しい黒人ゲットーの中で、異常なほどの暴力のさなかほぼ監督されることなく育った。[11]一〇代最初の頃《プレティーン》、イライジャは実の両親からほとんど遺棄されており（そのどちらとも、われわれは対話できなかった）、彼の話からは「ストリート」によってほぼ社会化されるということが、どれほど容赦なく機会を制約するものであるかを考察することができる。

1　シモーヌ、カールとデズモンド

シモーヌ、カールそして息子のデズモンドは、われわれを広大な邸宅の玄関口で出迎えてくれた。それはよく手入れされた芝生と大きな煉瓦造りの家が建ち並ぶ素敵な郊外の住宅地にあり、洒落た車が三台、バスケットコートに隣り合う車寄せに停められていた。教師のシモーヌはちょうど仕事から帰ってきたばかりで、ツイードのビジネススーツを着ており、一方でカールとデズモンドはテニスシャツとショートパンツといった格好でソファでくつろいでいた。三人はみな際だって健康そうで、言葉遣いも友好的なものであり、またそのしぐさも落ち着いたものだった（デズモンドのきょうだい二人は、訪問中は不在だった）。

シモーヌは、上方に移動しつつある中間階級の家族の元でニューヨーク地区に育った。一家はハーレムを手始めに、市内でも居心地のよい場所を次第に移り住み、最後には川を渡ってニュージャージー郊外へと移った。[訳5]彼女の父はNYU《ニューヨーク大》を出て採用され、メリルリンチのマネージャーとなった。彼女の母は医療事務をしていた。「何かがどうしても足らなくて心底困ったようなことはなかったわね」とシモーヌは振り返る。彼女の両親は五〇年以上の幸せな夫婦生活を送り、彼女の言葉では「ビックリするようなおじいちゃんおばあちゃん」として、強固な拡大家族の一部をなしている（二〇代になっているにもかかわらずデズモンドは祖父と毎週話をし、弟にいたっては、ほとんど毎日そうしている）。シモーヌは私立のカトリック系学校に行き、その後はニューヨーク市立大学に進んで産業心理学の学士号を得た。

カールは黒人の父とオランダ人の母の間にスリナム[訳6]で生まれ、子どもの頃にニューヨークへと移住した。彼の父はアルコア社[訳7]で働いていたが、ほとんどの移民がそうであるように、カールの表現では両親は「ゼロから始めなくてはいけなかった」。ニューヨークで彼の母親は国連の仕事に就き、一方で父親は最終的に、自身で倉庫業を興した。両親は三三年間夫婦生活を続けたのち、穏便に離婚した。この家族で成長したことを「素晴らしかった」とカールは振り返る。「［自分がいま持っている］ほとんど全ては、母と父のおかげだよ」と彼は言う。一家はいつも夕食をともにしながら学校や世の中の出来事について「かなり本格的な議論」をし、また生活において宗教を重要な一部としていた。「家にはたくさんの友達が来たのだけれど、みんなには完璧な家族に見えたようだね。ママとパパが揃っているのなんて他にいなかった」とのことである。カールの言葉では、通ったのは「ブルックリンで最悪の高校だった」が、両親は大学に進学するようにとずっと望んでいた。「実際、そんなに選択肢なんてなかった」と彼は言う。「『お前は大学に行くんだ』というのが染みついていたから」。

シモーヌとカールはＣＵＮＹ《ニューヨーク市立大》で知り合った。彼女は二〇歳、彼は二一歳のときで、二年後に彼らは結ばれた。彼女が望んでいたのは信頼できまた確実な収入のある者で、彼は両方を兼ね備えていた。結婚前に二人は教会で、子どもを持つ前に五年待った方がいいと勧める助言を受け、それは深く心に刻まれた。シモーヌはニューヨークの弁護士事務所で九年間働く間、受付から法務補助職《パラリーガル》へと速やかにはしごを登っていったが、デズモンドが生まれてまもなく、彼女は専業主婦になった。[12]「こんなかわいい男の子が持てるなんて本当に恵まれてて」と彼女は言う。「人生に方向性ができるのね。自分のことなんかあまり考えなくなる」。

ほとんど同じ時期に、カールはウォール街の大企業でＩＴマネージャーとして働き始めた。自分のキャリアについては、彼は控えめに「まあ悪くはないね。ずっと仕事をがんばってきたことは間違いない」と語る。自分の仕事にはずっと誇りを持っており、職場にはつとめて子どもたちを連れて行くようにしていた。「二、三ヶ月に一度、パパはぼくらの誰かを仕事場に連れて行ってくれた。いつもコンピュータの前で、1や0が並んでる様子を見せてくれて。目を奪われちゃって。何にもわからなかったけれど、何が起こっているのかいつも教えてくれた」とデズモンドは思い出を語る。こういった見学は、カールが子どもを優先していることの現れだった。「自ら学び自分の能力を最大限引き出すように助けてきた」と彼は言う。「そして生産的な人々の中に身を置き、破壊的な人とは交わらないようにね」。

デズモンドの回想では、母親にとっても教育が優先事項だった。「『よみかただいすき《フックト・オン・フォニックス》』のような学習帳をよく渡してきてね」と彼は言う。「夕食前にテーブルに、場合によっては夕食後に座って、勉強するんだ」。両親が教育に重点を置いていたおかげで、高校を出ても勉強を続け専門的な仕事に就くことをデズモンドも当然と考えていた。「医者とか、科学者とか、そういうものになるんだってずっと思っていた」とのことで、「大学はそこにたどり着くための道だって知ってたから、だから自分は行くんだっていつも思ってた」。

シモーヌはデズモンドを、明確な目標を持って育てていた。「子どもたちには、常に一歩先に進んでいてほしいと思っていました」と彼女は言う。「他の誰にも子育てを任せたくなかった。図書館の『ママとぼく』クラスに行ったりとか。できるだけ多くのものに触れさせたくて。住んでいたところの近くに素晴らしい体験型博物館があって、よく行ったわね。お遊びの集まりもいつも調整して。大きくなってくると、スポーツを毎シーズンやっていました。高校ではずっとサッカーを。バスケットボールもね。ピアノ教室も行って。タップダンスもやってほしかったのだけれど、夫はダメだって。みなが食べるものにはすごく気をつけていました。マクドナルドで肉を食べることは許さなかった。炭酸水《ソーダ》を飲むのも。彼らのシステムに入っていこうとするものにはすごく厳しくしていました」。

シモーヌとカールは子どもたちがよい学校に通うことに気をつけていて、幼稚園の比較検討すらしていた。デズモンドが小さかった頃には、一家はニュージャージーの北部、マンハッタンからちょうどハドソン川を渡ったところに住んでいたが、デズモンドが九歳になったときにさらに南部方面へ転居したのは、よりよい学校機構のある地域にデズモンドを入れるためだった。それは二時間の通勤にカールが耐えなければいけないことを意味してさえいたのだったが。「自分たちの学校機構が悪かったというわけじゃないけれど」とシモーヌは言う。「[住んでいたところにある]公立校には通わせたくなくて」。

長時間通勤が子どもと過ごす時間を短くしていることにカールは次第にいらだつようになり、五年後にはアトランタに引っ越すことを決めた。新居の場所をどのように定めたかについてシモーヌは詳しく語った。「デズモンドには、この地域の高校に通ってほしかった。本当にいい学校で、多様性も高くて。全員が白人、のような学校には行ってほしくなかった。この家は見ないで買ったのだけれど、それも気にしていたのはとにかく学校だったから。高校がよいのだったら、そこへ送り出す学校《フィーダースクール》もよいだろうと思って」。

シモーヌの説明では、子どもたちがいったん学校に入学したら、今度は自分の親にされてきたよりもずっと、彼女自身が子どもたちの学業に関わっていくようにしたということだった。「デズモンドの学校の集まりにはよく行きました」と彼女は思い出す。「みんなにも言えたわ、『いいですか、ここは子どもが一生懸命やっている場所で、そしてこれは私たちが取り組まなければいけないことです』って。いま何をやっているのか、当の子どもたちと同じように私も知ってました。夏には学習ワークを一緒に広げ、ある日は数学、次の日は国語。毎回学びながら教えたもの」。

「大統領の名前が書いてあるカードか何か持っていたわね」と彼女は思い出した。「フロリダに行くことが何回かあったのだけれど、車の中ではそういう暗記《フラッシュ》カードをさせてました。暗記カードは好きなのよ。どこかに行ったりするときには［尋ねたのは］『どうしてここに行くのだと思う?』って。『アンネ・フランクの家』にも行きました。行く前には本を読んだから、アンネ・フランクがどういう人なのかわかっていたと思います。公営住宅で育って、バスケットボールをしている男の子の本を読んでやりました。自分たちの育ち方とは全然違っているものだったでしょうね。夜には本を読んであげていたんです、三人ともに」。

デズモンドが思い出す同じ経験は、迷惑さと感謝が入り交じったものだった。「ママは夏休みには、補習教材と読むべき本を渡してきて」と彼は言う。「フロリダにいて、外にはユニバーサルスタジオがあって、太陽が出てるんだよ。でも部屋の中で読書。人生の中でも最悪の時期だったね。数学の問題集があって、後ろの答えを見て少しやったようなふりをしたことが何回かあったんだ。ママはそうしているのをただ見ているだけだった。それであとになって言うんだ。『そんなに早く終わったんだから、次のページをやりなさい』って。こっちは『全部合ってるんだったら、何でまだしなきゃいけないのさ』。そうすると『後ろをめくってずるしたのを見てたからよ』って感じで。『ハーディ・ボーイズ』[訳8]を教えてくれたのはママで、本当に大好きだったな。パパの方はもっと実践的だった。新聞を読むようにとか、折に触れてニュースを見なさい、と言って。すると聞くんだ。『何がわかった』『ええと、わかんない、思い出せない』。［でも］それは、学校で困ったときに何度も助けてくれたことの一つだった。まあ、なかなかの時期だったなあ」。

いまのデズモンドは読書好きである。「奇妙だよね」と彼は言う。「大きくなっていった頃は、読書なんて全然好きじゃなかった。どういうわけか、本を読んでも何にも面白いことなんか見つけるのは無理って思ってたからね。でもいまではわかる。本を読んでいると、賢くなった感じがするよ」。

シモーヌは自ら、子どもたちの学校生活に関わっていった。デズモンドの小学校には決まりがあって、一度外に出たら、何か忘れ物があってももう戻れないことになっていた。デズモンドには宿題を忘れるというよくない癖があったので、いつも午後になるとシモーヌは学校に現れ、カバンの中を調べて必要なものを全部持ってきているか確認させるようにした。何週間かたつと、彼は自分でチェックできるようになった。シモーヌはまた、子どもたちの学校で積極的にボランティアをした。デズモンドの幼稚園ではＰＴＡを創始し、またその小学校ではＰＴＯ[訳9]の会長を務めた。

小学校にいた頃、家での夕食では会話がたくさんあったことをデズモンドは覚えている。

「一日の中で気づいたことは、全部すごく大事なことだと思ってて」と彼は言う。「夕食のテーブルでしたそういう会話から、本当にすごく多くのことを学んだんだ」。全体として、シモーヌとカールは会話および話を聞いてやることが、子どもを教育するための道具だと考えている。「そういう時間を子どもと過ごすこと」とシモーヌは言い、自分たちの哲学を説明した。「何もしたくないと思っても、彼らと過ごすこと――小さなことだけど、スーパーに連れて行くとか。子どもは覚えているものよ。いまでも、娘が自分の生活で起こった些細なことについて話しかけてきて、そんなの全部なんかとても聞いていられないと思っても、でも聞くように努めているの」。

カールもそのような考えを繰り返し、また彼とシモーヌがいかに子どもたちに関わっているかについて誇りを持って言及した。「この時代では」と彼は言う。「もっと自分の子どもと関わっていないといけない。音楽のレッスンで苦労しているのだったら、どうしてなのか考えてやるとか。デズモンド［現在二二歳］はいまでも毎日電話をかけてくるけれど、彼だっていろいろ［他にもしなければいけないことが］あるのにしているのだから、少しはそうさせてやらないと。でも、本当に強いきずなだよ。他の人や、その子どもとのあり方を見るにつけ、本当にありがたいと思うね」。

しつけと自律性の問題については、シモーヌとカールは一致協力している。「いつもチームとして」とシモーヌは言う。「デズモンドにこうしてほしい、あるいはこうしないでほしい、と思ったときには、いつも私たちで一緒に決めるようにしてきた――彼の前で言い争って、食い違うことのないように」。問題が起こったときには、彼らは直ちに敏感に、また断固たろうとしている。「親としては」とカールは言う。「たぶん一番嫌なものだろうね。厳しき愛情《タフ・ラブ》でやり合わないといけないから。この子にたたき込まなきゃいけないこともしばしばある。『これはそうする必要があるもの、これはしなければいけないこと』とね。ときには親というカードを引っ張り出して、『これだぞ』と言わなければいけない。もちろん、大きくなってくると、そういうことは少なくなる。だからいまでは何かに気づいたら、こう言うんだ。『お前はそうしたのか。なぜそうしたのか説明しなさい。これについて考えたか』って」。

シモーヌは、しつけに対して微妙に異なる、バランスの取れたアプローチをしている。「やむをえずデズモンドを罰した、ということはこれまでしてこなかったと思います」と彼女は言う。「認めてきたことを禁じるとか、懲らしめるとかというのは一度も。というのも家というのは、みんなが帰ってきたい、と感じるようなところであってほしいとずっと思ってきたから。安らぎの場所《サンクチュアリ》ね。もし、何か悪いことをしたら、それについて話を聞くことになる。でも、罰を与えるとか、何かを禁止するようなことはしてこなかったはず。『一週間テレビ禁止』なんて言ったことはないわ」。

カールはまた、子どもたちの中に自律性の感覚を養おうと努めている。特定の方向を薦めたいと思ったときにも、彼はそのように関わるのを制限するようにしている。「自分自身で、何をやって「みたいか」を何かしら決めさせるため」と自分のアプローチを説明する。「できるだけ多くのものに触れさせるというのが、こちらがしていることの全てだよ」。デズモンドが医療系の道に進もうか決めかねているときに、何をすべきかと述べるのではなく、医療系の仕事に就いている人々と話をしたり、六週間のセミナーに出席できるよう取りはからったのがカールのしたことだった。

シモーヌは心温かいが、同時にまた厳しく干渉的にもなれる人である。デズモンドのジョージアでの高校時代にあったとあるエピソードは、彼女の育児におけるこういった側面をよく表していると同時に、また人種に関わる厄介な問題をさばくその能力も示している。経済学の試験を受けているとき、デズモンドは床の上に置いてあったまとめカードをちらりと見た。それは次の授業のためのノートだったのだが、教師はカンニングをしたと認定した。デズモンドは学校から携帯電話で母親を呼び出し、彼女は教室に直行して、何が起こったのか尋ねた。デズモンド、シモーヌとともに事態を話し合った末に、その教師は自分が誤解したということを認めた。「［カンニングをしたと］先生がなぜ考えたのかはわかります」とシモーヌは彼に言った。「私だって同じように考えますよ。もし、彼がもっと賢明でなければならなかった、という理由で試験に零点をつけたいと思われているのなら、私は一〇〇％それを支持します」。教師はその申し出を断り、デズモンドのことを「よい生徒」と呼んだ。デズモンドはあとでシモーヌに、あの教師には偏見があるんだという不平を口にした。「いえ、彼はそうではありません」と彼女は答えた。「常識を使いなさい。どうしてそんなところにカードを置いて、下を見るようなことをしたの。机の中のバインダーに挟んでおきなさい。あなたは賢くならなければいけない」。

宗教は、カールにとって染み込むほどの影響を与えてきた。彼は人生の優先事を並べて、精神生活、仕事、家庭、そして運動の順としている。そしてデズモンドの方は、宗教コミュニティと宗教信仰が自分の人生にいかに満ちているかについて語る。「ぼくらはすごく宗教的な家族なんだ」と彼は言う。「食事の前にはお祈りをするし。日曜日もお祈りにならないと、それが来た気がしなかった。日曜の教会のあとにみんなで会ったら、パパは『デズモンド、今日は教会で何を学んだ？』って聞くかもしれない。それで『神様について』と言えば、『他には？』『イエス様について』。それでその会話は終わり。でも家に帰ってくると、少し違った形でそれは現れてくる。自分に問いかけるんだ、『何でそのことを祈ったんだろう。もう少し説明してみよう』って。自分には本当に強い信仰の背景があるけれど、それは何を信じるかについて自分自身で築いてきたもので、両親が自分に教え込んできたもの全てに同意できるかどうか［を自分に問いかけてきた］」。

「友達のほとんどは、教会に深く関わっている。一二歳のとき、「喜びの聖歌隊《ジョイ・シンガーズ》」という小さなグループのオーディションを受けて、そこで一番きずなの強い友達が何人かできた。水曜の晩と土曜の晩に毎週歌ってたんだ。青少年キャンプとかそういうのにも歌いに行ったたね。自分が信じていたものについて自信が持てるようになったし、もしそれについて話したい人がいたら話せるくらいオープンに、もし話したいという人がいなかったら黙っていられるくらい自分に自信が持てるようになった」。

シモーヌもまた、子育てにおいて宗教に強い重点を置いている。「デズモンドは熱心なキリスト者の若者です」と彼女は言う。「彼には、信心深い人間でいてほしいと思っています。いかなる意味においても。子どもたちには、デートするとか、『深い仲』になろうとするような女の子と、長くつきあいたくはないと思うかもしれないけれど、そういう子は［いずれ］誰かの妻となるのですよ、と言ってきました。だから、すごく敬意を払わなくてはいけません、と。もし好きでないのだったら、適当につきあったりしてはいけませんとね。[訳10]あの子たち、中等学校《ミドルスクール》に入るまで、結婚しなくとも子どもができることがある、って多分知らなかったと思うわ」。

家族の親密さをよく物語っている話が一つ、デズモンドとの会話の終わりの方に出てきた。両親が触れてこなかった出来事を彼が唐突に挙げてきたときだった。七年生のときに、彼は糖尿病を発症した。「もう大変だったよ」と彼は言う。「食べ方も、ライフスタイル全体も変わったんだ。家族みんなで、ぼくに合わせてくれたんだけど、本当に支えだった。かなり苦しかったからね。毎日が闘いだった。みんなでもっと魚を食べるようになったし。糖分や脂肪分が多い伝統料理は、特別なときのためにとっておいたりとか。うちの家族はあのことで、本当に互いが近づいたんだ」。

多くの点で、カールとシモーヌはどこにでもいるような、等しく誠実で、教育を受けた親である。しかし人種は、彼らの生活に日々影響を及ぼすもので、それは育児にも及んでいた。「黒人の子を育てていたのよ」と彼女は言う。「それで、黒人の子はつらい思いをすることが多いっていつも感じてきたから、子どもたちには一歩先に進むようにしてほしいといつも願ってきました。だからデズモンドには言ってきたの。『あなたね、もしAが取りたいんだったら、九〇点取ったらAがもらえる、なんて期待しちゃだめよ。九五点取らないと』って。」

「差別的な出来事は確かに起こる――多くはないけれど、確実に。デズモンドは平均成績が四・〇で、クラスでも八番か九番くらいだけど、ある大学カウンセラーは、専門学校や二年制の短大を薦めてきたの。別のときには、デズモンドが新しい化学クラスへの行き方を先生にたずねたら、その先生は何か否定的なことを言って。学校のカウンセラーにそれを言ったら、『ああ、そうそう、そんなことを言うのが見えました。たぶんデズモンドを見て、この子は賢いことがわからなかったんですね』って言われて」。

「社会が黒人の子を見る目は……」彼女はいったん置き、そして続けた。「真ん中の息子が大学から家に帰ってきていて、それで雨が降っていたのね。外出しようとして、フードを頭に被ったの。私は言ったわ。『フードを被ってどこに行くの？　ベースボールキャップを被りなさい』って。私はすごく現実的なの。『あなたは賢くて、何でもうまくやっている。もう少しだけしっかりしないとね、そうでしょ』って」。

大学進学で家を出たことは、デズモンドに家族の重要性の大きさを思い知らせた。「一年生のときは大変だった」と彼は言う。「家族がどれだけ［自分を気にかけていたか］本当の意味ではわかってなかったから。初講日から帰ってきたとき、学校の一日目がどうだったかって、うちの親に話したかったよ。『ああ、いますぐうちに帰りたいなあ』って感じで。うちの親の会話の仕方は、自分でも真似しようとしているものだね。特に、議論しているときとか、テレビで起こったことか何かについて話し合っているときとか。自問するときはいつも、二人はどうするだろうとか、どうしてほしいと思っているだろうかとか考えている。たまにしくじることもあるけれど、そのおかげで少し成長もするし、学んでいると思う」。

一連の会話の終わりにあたって、シモーヌは親としての自分の人生を振り返っている。「感謝しなければいけないことは本当にたくさんある」と彼女は言う。「でも、言わなければいけないのは、子育てに終わりはないってこと」。ちょうどそのとき、いまフロリダの疾病管理センターでインターンをしているデズモンドから、車のカギか何かをなくした相談の電話がかかってきた。しばらくして、電話を指して彼女は言う。「ほら、言ったとおりでしょ。いつもそこにいて、支えに、アドバイスに、理性の声になってあげないといけない。親である限り、終わることはないのよ」。

シモーヌとカールは、ベンドのアールとパティ、そしてポートクリントンにいるチェルシーの両親のウェンディとディックからほとんど大陸を隔てたところにいて、人種もかけ離れている。しかしこの三夫婦はみなアメリカの上層中間階級に属しており、またその育児スタイルは著しく似通っている。子育てに対し時間と金、そして思慮深い保護を惜しみなく注ぎ込むことにおいてこの三家族は互いに非常によく似ていて、同じ人種の、それぞれのコミュニティから数マイル離れたところに住む労働者・下層階級の家族とは似つかなくなってしまっている。次はアトランタ都市圏に住むそのような労働者階級の一家族に目を向ける。

2　ステファニー、ローレンとミシェル

われわれがステファニーとその娘たちと出会ったのは、大きい規格化住宅のダイニングルームで、それはアトランタ外れの新しく造成された場所に位置していた。その部屋はありきたりな、「モデルハウス」のような感じで、プラスチックの造花で飾られていたが、ステファニーの満面の笑顔と、社交的で母親らしく、気さくな性格で満ちあふれているようだった。マネージャーを務めている接客業の制服を身にまとい、そのポケットの上には名前が刷り込まれていた。長女のローレン（二一歳）は背が高く上品な雰囲気で、自信に満ちた優雅なオーラを放っており、次女のミシェル（一九歳）は姉よりも丸みを帯び、ピンク色のベロアのスウェットスーツを着てそわそわと携帯電話をチェックしていた（ステファニーの息子二人は、既に家を出ていた）。ステファニーは自分の受けた教育を意識して、語彙に乏しいことを詫びる。「いろんな言い方をするけれど、［娘たちが］直してくれると思うわ。カッとなっても、好きでしていることだから」。すぐに明らかになったのは、そのような弁解にもかかわらず、彼女が強く、そして思慮深い母親だということである。

ステファニーはデトロイトで育ったが、そこは虐待的でアル中だったステファニーの父親をジョージアに残して、母親が逃げ出した先だった。ステファニーの母親は看護師として働いていて、クライスラーのライン工をしていたステファニーの継父のところに「しけこんだ」、とはステファニーの弁である。彼らはまっとうな居住地域に暮らしていたのだが、母親も継父もアルコール中毒で、ステファニーは公営住宅《プロジェクト》のガラの悪い連中とつるむようになった。中学のときには非行集団《ギャング》のメンバーになって、ケンカに明けくれた。「ずいぶん昔には何人か切りつけたこともあったね」と振り返る。「非行やケンカが原因で少年院に何回か送られて。何か欲しいものがあって、向こうがそれをよこさなければ、行ってひったくるか、髪の毛を切り刻んでやった。何でそんなに悪かったのかわからない。認めるのは悲しいけど、ただの暴れ者だった」。

そのふるまいの結果として、ステファニーは何度も学校を停学となり、家でその報いに耐えなければならなかった。「親にはむちゃくちゃ殴られて、本を読まされるの。七年生か八年生のときDを取ったら、徹底的にやられたし。Eを二つ、D一つとCを二つ取って帰ったときには、一夏中しごかれた。テレビもなし、何もなしよ」。

ステファニーが一〇段変速の自転車がほしくなったときがあったが、母親が拒んだのは彼女がまだ謹慎下にあったからだった。それでステファニーは友達と、自分たちの手で何とかすることにした。「行って盗んできて、戻ってきて好きな色にスプレーで染めて、通りに停めておいたわ」と彼女は言う。「盗まなくてもよかったんだけど、やったのよ。楽しかった。子どもがそうならなくて、本当によかった。年を取ってみると、子どもたちはまっとうに暮らしてるって実感する」。

ステファニーが一五歳のとき、母親が亡くなった。彼女はデトロイトにいる叔母の家に移り住んだ。「叔母は誰よりも私の後押しをしてくれて」とステファニーは振り返る。「だから、あの人のことはずっと尊敬してた」。しかし彼女の非行は続き、一一年生のときには「生意気で、やかましくて、無免許運転で、マリファナ吸い」という理由で叔母から追い出された、と彼女は語る。アトランタに移り、成人教育プログラムでGED《高卒認定証書》を取得したステファニーは、まもなく息子を妊娠した。「ギャンブルしてたのよ」と彼女は笑って言う。「その父親と彼女は結婚し、最終的にさらに三人の子どもが間にできた。息子がもう一人、そのあとローレンとミシェルである。

振り返ると、最初の子どもを持ったことが、ステファニーの人生における転換点だった。「赤ちゃんができると」と彼女は言う。「責任が大きくなる。子どもの世話も、自分の世話もしなければいけないから。どんな仕事の道を進むかなんて考えてなかった。考えていたのは、どうやって金を稼ぐかってこと。意識し始めたのは二五歳のとき。『人生で、本当にしたいことは何？』って。目標は、息子のことから始めた。まだ託児所に連れて行ってたから、どんな人が教えているのか知りたかったし、その次はただもう住む場所をちゃんと確保しておかないとって」。

夫の経済的な見通しも誠意もはっきりとはしないことをふまえて、ステファニーの人生計画は、彼女一人で子どもたちの経済的安定に責任を持つという前提の元で立てられた。したがって優先事項の第一は、仕事を見つけることだった。まずポパイズ・フライドチキンで、続いてハーディーズ・スーパーマーケットで働き始めたが、稼ぎはガス代と電気代をまかなうのにも足りなかったので、ゼールズ・デパート店に新たな仕事を見つけた。そこで上司の一人が、顧客に親切でよく働くその資質に目をつけ、レジから部門マネージャー、そして店舗マネージャーへと昇進させた。ステファニーに子ども四人全員がいた頃には、彼女は週に四〇時間働き、自分の考える「いい稼ぎ」を得ていた。およそ年収三万五〇〇〇ドルほどで、それは家族規模から考えたときの、貧困ラインの二倍の額に上っている。

この時期に彼女の夫は他の女性と浮気を始め、その後出ていった——ステファニーが、自分一人で子どもの面倒を見なければならないと仮定して人生計画を立てたのは正しかったことが証明されたのだった。彼女があとになって再婚した相手はフォークリフト運転手で、彼と「よい結婚」をしたといまでは語っている。彼には、最初の結婚でできた自身の子どもがいるのだが、ステファニーと彼の間では、彼女の子どもについて彼は責任を持たないということで同意している。

一五年前にステファニーは現在の雇用主の下で職を得て、その大規模支店で業務マネージャーとして働いている。「お客さんのことが好きだから」と彼女は言う。その明るくて社交的な性格が、強い勤労観と合わさることで、家族に十分な経済的安定を築くことができている。「何か欲しいものがあったら、いつだって手に入れてくれるの」とローレンは言う。「ノートパソコンからｉＰａｄ、洋服でも何でも」（「デザイナーものはダメだけどね！」とステファニーは強調したが）。

母親が与えてくれてきたものについては、ミシェルにも似たような思い出がある。「ママについて、心配してきたことはなかった。全然ね。でも、パパにはたくさんの子どもがいるから、余裕があるときはいいけど、そうでなければ『今はダメだ』って。ママは、私たちのために誰かに頼んだことなんてなかったって言ってる。全部自分でするからって。自分の力でやってきたし、それが私たちに望んでいることでもあるの」。例えば、彼女の素敵な思い出に一三歳の誕生日がある。「自転車をもらったの」と彼女は言う。「ステキな一日で、家の前の袋小路《クルドサック》をぐるぐる乗り回して。プールでミニパーティーして、トランポリンやって。楽しかった」。ミシェルは自分が比較的豊かだ、ということによく気がついている。ゲットーにいる知り合いのような、バラバラになった、貧しい家族と比べると「金持ち、というわけじゃないけど、そういう家族と比べると、金持ちなのよ」と語る。

家族によい暮らしを保証するために、ステファニーがどれだけ懸命に働いているか、ということも、まさに彼女が認識しているところである。「ママは、私のヒーロー、拠り所なの」と言う。「他の人はみんな、ただそこにいるだけ。ママは毎日働いている。自分の力で上に上がった。いまでも自力でしているの、誰か側にいるときでもよ。彼がいなくなっても、自分のローンはちゃんと払えるっていつも言ってる。ママの旦那さんの息子には子どもが三人いるんだけど、全員置いて逃げたのよ。男って、自分は男だって言うけど、責任を取らないで逃げ出すよね」。

ローレンも似たような教訓を心にとめている。「人を信じてはいけない」と彼女は言う。「いつだって、ガードは一〇〇％上げておかないと。周りにいる人がどんな人で、何ができるのかなんてわからないんだから。家族でも、誰でも」。驚くことではないが、ステファニーも同じように感じている。「一〇〇％同意見よ」と彼女は言う。「人生で学んだことは、唯一信じられる人間は自分自身だってこと」。

ステファニーの母親としての優先事項の第一が、成長する家族のために物質的な生計を提供することであったとすれば、それに近くあった第二のものが、その物理的安全だった。「私らが大きくなっていった頃には」と、自身の子ども時代を指して彼女は言う。「夜に通りを歩けたものね。でも、いま通りを夜に歩くなら、ピストルを持たないと。ウージー[訳11]とか何かを」。いま住んでいるところのすぐ近所はそれほど悪くないものの、何ブロックか離れると、「荒れてきている」という。それでステファニーは子どもに言い渡していた。「あたりを夜に歩いちゃダメ」と。ローレンも振り返る。「自分たちの通り《ストリート》にとどまっていなきゃいけなかった」。「それはルールなのよ」とステファニーは説明する。「自分の家の通りにいるのなら、見守ることができる。うちの区画は行き止まりにあったから、誰かそこに入ってきたら、近所の人にはここの人じゃないってわかる。フルトン郡「そこに住んでいたとき、娘たちは未就学で、息子たちは中等学校《ミドルスクール》にいた」では、子どもたちをしっかりとかくまってた。荒れた連中を周りにいさせたくなかったから、隠しまもってたのね。でも息子の一人は」――二人いるうちの若い方は――「出ていって、すさんでしまった」。ステファニーはこの子のことを、「困った子――一番大変な子」と呼び、家でカッとなると「警察を呼ばないと」いけないと語る。どれほど容易に彼がステファニーの腕の中から「すさんだ生活」（一五年たっても、彼はそこから浮かび上がれない）の中へと滑り落ちていくかは、ステファニーを取り巻く状況の中で、親にとっての安全の余地がいかに薄いかを思い起こさせる。

デトロイト育ちでそこでは身体的暴力の危険がほとんど常にあったこともあって、ステファニーは母親業に対し、厳しき愛情《タフ・ラブ》のアプローチで臨むようになった。「ご両親は、あたたかい親だった？」とわれわれは尋ねた。「いっぱいハグしてくれたりとか、あるいは……」と。われわれの無邪気な物言いにぎょっとして、ステファニーが割って入った。「いえ、キスとハグとか、そんなことは絶対しない」と彼女は言う。「それは他の人種のもの。私は子どもにキスしたりハグしたりなんてしない。子どもたちのことは死ぬほど愛してるけど、私はそんなベタベタするような人間じゃない。ビーバー一家[訳12]じゃないんだから。リアルな生活では、そんなことは起こらない。デトロイトではめそめそなんてしてられないの。優しいなんてとんでもない。厳しく、本当に厳しくないと。だって優しかったらいじめにあうよ。デトロイトに行くなら、優しくなんかじゃダメ。厳しくないと。悪党になんのよ！」。荒っぽい忠告が終わると、彼女は落ち着き、笑い、そして付け加えた。「こんな感じよ。仕事で一日中微笑んでるけれど、家に帰ってくると、厳しいのよ」。

ステファニーのしつけに対するアプローチは、カールやシモーヌのものとは大きく異なっている。彼女の子どもはみな「引っぱたき」を受けてきた。そのアプローチを具体的に表す心落ち着かないような事例に、ミシェルの保育園第一週目のことがある。ミシェルが園に残されたときのことを、ステファニーが振り返る。「一日中毎日、声の限りに泣き叫んで、確か三〇日だか六〇日だかぶっ通しで」。ステファニーが言うには、ついには園が、家での虐待を懸念して児童相談所に連絡したが、その調査では何も見つかることはなかった。五歳だったミシェルは、その頃ちょうど家を出た父親のところで過ごしたくて、ステファニーもそれに同意した。しかし、父親に打ちすえられる二週間が過ぎてステファニーが引き継ぐと、ミシェルはまだ「声を限りに騒ぐままだった。だから私は言ったの。『これはやめさせないと』って。それで園に行って、ミシェルを呼び出した。出てきたところで、トイレに連れ込んで、思い知らせてやった。クラスに戻って、それからは問題なかったね」[13]。

「それで大きくなったらいじめっ子にね」とローレンが穏やかに付け加える。

忙しく働くシングルマザーとして、時間と精力が求められるステファニーはその対処に悪戦苦闘しており、そしてこのことは彼女の育児スタイルに多くの点で影響を与えてきた。例えば、親子が夕食時に会話することはまれだった。「椅子に座っていただきます、って家族じゃないの」とステファニーは言う。「そういうことはしないの。テーブルについたら、食べる」。「食事の時間が来たというのは」とローレンが付け加える。「誰かが食べたくなったということ。テーブルにみんなでついて、というのじゃないの。パーティーとか何かみたいに」。「みんなで、一日にあった出来事を話す、とかいう時間はないね」とはステファニーの説明である。

扱いにくい顧客を長時間にわたって笑顔で応対することに疲れ果ててしまうので、ステファニーが寝てしまう時間は早い。ローレンの告白では、そのおかげできょうだいとウォッカをたしなむようになったということである。その一方で、ローレンが高校でバスケットボールのスター選手だったときには、ステファニーは仕事から飛んで帰ってきて非公式の「チームママ」役を果たしていた。

ステファニーが子どもの教育に対して抱く関心は、シモーヌのそれにも重なるよく似たところがあるが、しかし異なる制約条件の影響を受けている。ステファニーはよい学校と安全な地域を求め、拡大するゲットーから二回転居した。ローレンは自分が育った地域について、「次第によくなっていった」と言う。もちろんこのような転居が可能となったのには、ステファニーが経済的なはしごをよじ登ろうと苦闘したことがあった。

ステファニーは子どもたちが小さかったときに読み聞かせをしたかどうかあやふやだったが、彼女はそうしていたとローレンは断言する。ステファニーが覚えているのは少なくとも図書館カードを作ってやったことで、「だって」とそのことについて触れて、「子どもは毎日、本を持ってないといけないでしょう」と言った。全般的には、彼女は娘たちの教育を誇りにしているが、成功の尺度として彼女が使うものは、カールとシモーヌ、あるいはウェンディとディックのそれとは異なるものである（「みんなサボったりなんかしてなかったよ」と彼女は言う）。経済状況が改善すると、彼女は娘たちに、近所のコミュニティカレッジの一つで教育を受けさせてやれると思うようになった。ローレンはその提案を受け入れた。ミシェルは一年はがんばったが、のちに中退した。「私はぜんぜん学校向きの人間じゃないから」と彼女は言う。

ステファニーが作り上げてきた強固な育児哲学は、自身の経験に基づくものである。「自分の母はアル中だった」と彼女は言い、こう続けた。「でも私は同じ道は選ばなかった。毎日ちゃんと仕事に行ってる。子どもに対してもしっかり働きかけてる。大学に行くよう背中を押してる。そしてもし悩みがあるんだったら、そのために私がここにいるんだって。私が支えのシステムなんだから」。

「子どもたちには、建設的な批判を必要なときにするようにしてきた。自分しかコーチする人間がいないんだから。みんなをフィールドに送り出すのはコーチ。そして、ベースがどこにあるのかはコーチしか教えられない。どこに行ったらいいのか、一塁、二塁、三塁、ホーム、というのをわからせてやれるかは自分次第。これまで、子どもたちにはどんなに世間は大変かって見せるようにしてきた。私がお前たちのために楽にしてやってるのであって、本当は楽じゃないんだって。世間は大変なの、だから子どもを持っても面倒が見られないんだったら、赤ちゃんを作っちゃダメ。そしてもし赤ちゃんを作ったのなら、世話をしなきゃいけない」。

「私は子どもの友達なんかじゃない。子どもにとって最高の親だけど。親は、子どもの友達である必要はない。親は親でいなくちゃいけない、だってみんなを正しい方向に導くことができるんだから。電話をかけてきて『ねえ彼女、昨日の晩何してた？』、そんなことはここではしないの。そちらは親として敬意を払う。私は子どもとして敬意を払う。そちらは導きが必要。それが私がここにいる理由よ」。

「育児というのは大変。四人も子どもがいるとすることが多すぎて。ずっと動いていないといけない。ちゃんと風呂には入ったかとか、ごはんは食べたかとか、スクールバスに乗ったかとか。でもみんなよくやった。誇りに思ってる」。

自分の子どもに二一世紀を迎えさせる準備という点から見ると、ステファニーが懸命に働き犠牲を払ってきたことが生み出した見返りは、いままでのところ善し悪しの入り交じったものである。長男（娘たちが「みんなの期待の星」と呼んでいる）は、まずまずの暮らしへの道を歩んでいるように見える。オンラインの成人教育学校のコースを修得し、ステファニーによれば彼は「本当によくやっていて、しっかり稼ごうとしてる」。弟の方（彼女の「問題児」）はそれと対照的に高校を一年間にわたって停学したが、それでも最終的には卒業して現在は父親とともにリサイクルセンターで働いている。

ステファニーの長女ローレンは、大方順調に進んできた。「まっすぐに行くのはわかってた」とローレンは言う。「きょうだいとは違って。私はゲットーの人間じゃない」。カンザス大でバスケットボール選手をするスポーツ奨学金があって、コーチと母親には強く勧められたが、彼女はそれを辞退した。「私には厳しすぎる感じだったので」と彼女は言う。「少年少女に関わる何かがしたかったから」。もうすぐ近所のコミュニティカレッジを修了するが、不運なことに少年保護観察官の予算が削減されてしまった。その結果として、彼女の言ではは「お金のあるところ、大人と関わるような、自分のしたくなかったところに行く」ことを余儀なくされている。彼女は近くに住んでいる若者とつきあっており、ステファニーも彼を「いい子」と呼んでいる。

ステファニーはミシェルをもう一人の「問題児」と言う。自分が育てやすい子でなかったことはミシェル自身も認めるところである。「最悪の子どもじゃなかった」と彼女は言う。「でも、自分がいい子だったと言う気もない。学校では問題あったし。会話障害とか、読解力の問題もある中で大きくなった。クラスから出てけ、みたいなものだと思ってたけど――『別クラスに行きなさい』というのは――、でもいまでは、それで本当に助かったってわかる。算数と、社会では本当に苦労した。中等学校《ミドルスクール》でもトラブルになったけど、それは他のみんなが態度に出してくるから」。

子どもに強く関わってはいたものの、深刻なハードルについてはステファニーが単純に彼らを助けられないということも起こる。「［宿題で］手伝って、って頼んでも」とミシェルは言う。「精一杯のことをしてくれるんだけど、でもできないの」。ミシェルは高校を卒業するとき、社会科の試験で合格するのに苦労した。「六～七回受けないといけなくて」と彼女は言う。「すごいストレスだったけど、最後の試験で通った。ママは助けになってくれたわ」。「どんなふうに」とわれわれは尋ねた。「うまくいくようお祈りをね」とミシェルは言う。「そして神様にお願いしてくれたの」。

ミシェルがコミュニティカレッジを中退したのは、ステファニーには不満だった。「私が行くのをやめたとき、彼女には大事件だった」。ミシェルは短期バイトを始めたがすぐにやめてしまった。彼女の説明では、それは「一カ所に一〇時間も立っていないといけなくて、足が痛くなる」からだった。母親に対しては別の説明をしている。「私必要とされてなかった、とだけ言った」とのことである。

ミシェルの現在の希望は地域の職業学校に通うことで、保育士として働くことを夢見ている。しかしいまのところは、都市中心部《インナーシティ》に住む高校中退の人間とぶらぶらしながら過ごす毎日である。ステファニーは彼を好ましく思っていない。「なまけ者のごくつぶしよ」と彼女は言う。「あいつは荒れた環境で育った。そういう暮らしから、子どもたちを守ってきたのよ。わかるでしょ。そしたらそんなびっくりするような人間と関係するようになるなんて。そんな人生をあの子に選んできたつもりないのに」。

限られた資源と困難な環境の中では、親としての強力な関与と、厳しき愛情では十分でないこともある。

ステファニーも娘たちも、人種差別が自分たちの機会を制約してきたとは考えていないが、おそらくそれは、彼女らが日々遭遇する障壁が、人種的なものよりも経済的なものであることがずっと多いからだろう。ミシェルは一度、駐車違反の未払いがあるという理由で停車を命じられ、四五分間にわたって留置房に入れられたことがあった。しかし警官の行為の背後に人種差別があったという考えには抵抗を示した。「たぶん、ノルマを果たそうとしていただけよ」と彼女は言う。「でも、彼がレイシストだったとは思わない。人々がレイシストだとは私は思ってない。黒人はある種の白人のことが嫌いだということだと思うし、白人もある種の黒人が嫌いということだと思う」。

ローレンは、成長にあたって人種差別は問題にならなかったと明言する。「ジョージアで暮らしていたと言えば、そういうふうに思うでしょうね」と彼女は言う。「でも人種差別を経験したことはなかった。黒人自身が、お互いについて言い合っていることを除けばね」。彼女は付け加えて、「ここらでは［いま住んでいるような、ほとんど郊外で白人中心の地域では］全くそんな経験はない。誰もがみんなとうまくやっているから。人種差別は見たことない。クレイトン郡でさえも」。

ステファニーも娘たちに同意する。「私にしてみると」と彼女は言う。「それは黒人―白人の問題じゃない。黒人が黒人に対してのこと。誰かが何かをした、ということが起こったとき、私は肌の色なんか気にならないのだけれど、連中はそれだけで『人種差別』という言葉を使う。それは他所で人が使っているただの言葉よ」。

ステファニーは、子どもたちが大きくなるにあたって、人種差別に気をつけなさいと教えたことすらないと明言する。「そんな時間はなかったのよ」と彼女は言う。「違う人種を嫌うのには、必要なエネルギーが多すぎるだけ。何かされてきたのでもなし」。

ステファニー自身が経済的はしごを上ってきた頃から時は移り変わった。自分の暮らしている環境に適応しているさまは賞賛に値するほどであるが、彼女の厳しき愛情《タフ・ラブ》の育児――機転よりも服従が、理性よりも「引っぱたき」が、そして言語的能力よりも物理的安全が優越するような――は、シモーヌとカールが採用している計画的育成《コンサーテッド・カルチベーション》」ほどには、新しい経済に十分うまく適応できてはいない。(14)それでも、ステファニーは自分の子どもたちのためにやってきたことに、苦労の末の満足感を覚えている。「思うのは、自分がみんなをいまいるところに連れてきたということ――まずまずのところにね。浮き沈みはあるけれど、でも立派なものよ。そしてわかっているのは、学校でも仕事でも、何かつかみたいものがあるなら出ていかなきゃいけないということ。人生にはただのものなんてない。いままでの人生、何かをくれた人なんて誰もいなかった。元にいたところにいま戻されても、後戻りはしないって一度言ったことがある。神様が一番大事、他のものは全部後回しにできる。でも神様、うちの旦那に、子どもたち。それが私の道。この点では本当によくやってきたって信じてる」。

3　イライジャ

イライジャと出会ったのはアトランタ北部のすすけたショッピングモールの中で、彼のしている食品雑貨の袋詰めの昼休みどきのことだった。周囲にいる客も店員も、例外なく黒人かラティーノである。イライジャは痩せて身長は低め、おそらくは五フィート七インチ〔約一・七メートル〕ほどで、だぶだぶの服を着ており体型がかさ増しで見える。ジーンズは腿上にベルトを巻き、足に履いているのはジョーダン〔ナイキの靴〕である。イライジャは座席の背にもたれかかって、ひじは隣の椅子に突いていた。最初はいくぶん気乗りしなかったものの、彼は穏やかに話し、ふるまいもゆったりと落ち着いたものだった。身振りをよく使い、視線をよく合わせ、また話し上手の才がある。深く傷つく、信じられないような経験まで語っているにもかかわらず、彼の語り口はさりげなく客観的なトーンで、共感を求めるよりむしろ事実を言挙《ことあ》げする様子だった。インタビューの終わりに彼が言ったのは、「自分の人生について話せて何だか楽しかった」ということだった。

イライジャは一九九一年に、親が米陸軍で駐留していたドイツのニュルンベルクに生まれた。母はジョージアの、父はニューオリンズの育ちだった。彼らとの時間についてイライジャが思い出すのは、「口汚い言い争いでいっぱい」が全てだった。彼がまだ幼いのに、両親双方とも他のパートナーとつきあうようになった。「やつらが一緒に暮らすなんてそもそも無理だった」と彼は言う。イライジャが三つか四つの頃、母親は新しい相手とジョージアに戻り、イライジャは貧困の深刻な、命に関わる危険もあるようなニューオリンズの公営住宅にいる父方の祖父母のところに残された。まずニューオリンズ、その後アトランタにおける幼少期の回想は、シュールなものだった。

「じいちゃんには子どもが三六人いるんだって話だったな」と彼は言う。「小さかった頃、寝室から変な音が聞こえたんだけど、ケンカじゃないことはわかって。下着姿で出てくるから、『じっちゃん、何の音?』って言ったんだ。そしたら『ああ、おれとばあちゃんだよ。レスリングしてたんだ』みたいな感じで。一一歳になるまで、じいちゃんが女とやってるなんてわからなくてな」。

「酔っ払って、おばあちゃんを叩きのめすのを見たな。子どもがあんなもの見ちゃいけないよ。じいちゃんにもぶん殴られたけど、まあオレも間抜けだったからな。いとこが公営住宅でマリファナ吸ったり、売ったりするのを見ながら大きくなって。あるときなんかじいちゃん真っ裸で飲んだくれてるの見て。うんざりして一週間家に帰らなかった」。

「ジェームズって名前のいとこがいてさ。いかれてんだ。人のこと撃ってるのは見たけど、誰か殺したのは見たことないな。盗みを教えてくれたのはそいつ。[アトランタに]最初に来た頃は、泥棒してたんだ。自分のアパートのあわれなインド人、次にあわれなムスリム。バルコニーに忍び込んで、ハンガーでちょっと鍵をいじってドアを開けるやり方を知ってたから。教えてもらったんだよ、いとこのジェームズに。くたばったのかまだ生きてんのかは知らない。ニューオリンズを出てきたときには、第一級殺人で二五年以上のおつとめくらってたから」。

「誰よりも彼を近く感じてた。自分のオヤジよりも。誰かから盗んで金取ってこいと言われて、それを渡したら、五〇ドルくらいくれる。何か靴を盗んでこいと言われたら、盗んでた、それで誰かが自分を追いかけようとしたときには、そいつらを撃ってくれて、それでこっちは捕まったり年少送りにはならなかった。ちょうど六歳とか七歳の頃だな。他にできることなんかない。『こいつはしなきゃいけないことだ』って感じか。オレはフッド《地元》[訳13]の人間だからな。こういうのは得意なんだ。ニューオリンズに住んでるんだったら、勇敢で強くないと。自分の二本足で立つんだ。誰かにびびらされたりしちゃダメだ」。

イライジャがニューオリンズで住んでいた場所は、「マジで危ない」と彼は言う。「誰かが撃たれた音を聞いたら、殺《や》ったヤツは自分の隣に住んでるような。死体を見るのは年がら年中。人間は誘拐されたりレイプされたり、ぶち殺されたり。そんなところに誰がいたい？ 目に入るのはぶらつくクラック漬けに、ホームレス、貧乏人。大嫌いだった。自分の出どころが好きじゃなかった」。

「自分が恥ずかしかった。学校に行ったら白い連中がいじめるからな。人種差別もたっぷりだ。ケンカする相手は白人だけだった。黒人とはしない。黒人とやり合ってたとしても、それはいとこのせいだ。いとこがそうしろと言ったら、そうするんだ。でもやり返すのは好きだったな。アドレナリンが出て、フッドの流儀《メンタリティ》ってやつだ。こんな荒れた暮らしだったよ。大嫌いだ」。

イライジャは、「フッドの流儀」という言葉の意味を説明する。「例えば、いじめっ子が学校に来て、誰かに昼飯代をせびる。『お前の昼飯代よこせ』だ。オレだったらニューオリンズではこんな感じだな、『有り金全部よこせ。お前の新しいシューズいいな。お前の服がほしい。何でもよこせ』。いとこのジェームズはもっとうまくやれる。こぶしなんか使わないんだ。頭に銃突きつけてこんな感じだ、『おい、金よこさなかったら、頭にぶっ放すぜ』。こっちもそうしてほしかったよ。家族が誰かを殺すのをこの目で見たことないんだ。でも、やってほしくなかったな[15]」。

就学前から、イライジャは次第に殺人に慣れていった。「四歳のとき」と彼は言う。「かわいい女の子が、キックスクーターを乗り回すのを見てたら、通りすがりの車から撃たれて死んだんだ。いきなりだぜ。次に覚えてるのは、血まみれで飛び跳ねたのを見たこと、額、鼻から打ち抜かれてここら中にさ［身振りで示して］、口から血流して。ショックだったし、怖かった。そんなのいままで見たことなかったから。泣いちまった」。

そのあとで、イライジャは通りにいた男が撃たれた音を聞いた。「バカみたいに怖かったな」と彼は言う。「いつもじいちゃんがホラー映画に連れてってくれたけど、ぜんぜん怖くなくて、もっとひでえもんを見てたから。『外に出ろよ。マジで怖いもん見せてやるぜ』って」。

ついに、死は自身の戸口のところまでやってきた。「ある朝起きてさ、じいちゃんを探しに行こうとして、玄関のカギを開けたら、ちょうど階段の下にある死体のところに立って見下ろしてるのが見えたんだ。何て言ったらいいのかわからなかった。自分の部屋に駆け込んで、寝直したよ」[16]。

イライジャは、ニューオリンズで過ごしていた頃に両親がどこにいたのか覚えていない。その時期の父親について知っていることは、彼が陸軍を辞めて国に帰ってきたということだけである。「オヤジは流れもん《ローリング・ストーン》だったんだ」と彼は言う。「救いを得る前はな」。イライジャは一〇歳になるまで父親と会った記憶がない。「何てこった」とその出会いについて語る。「はじめまして、って感じだよ」。この失われた期間に関しては、イライジャが父親について語ることのできるのは折々のおぼろげな知識にすぎない――刑務所で服役していたこと、テキサスとルイジアナで父親をしていたこと、そしてついには、アトランタ南部で路上説教師になったことである。

それに対し母親の方は最終的に、新しい相手とともにサウスカロライナ州チャールストンにいた。一〇歳のとき、イライジャは彼らのところにやられて一年間過ごした。彼にはチャールストンは、ニューオリンズと比べて退屈なところに見えた。「動きがなさすぎだ」と彼は言う。「暴力、ドラッグ、銃撃に慣れてたから。だからただ外に出て、何かが起こるのを待ってた。すぐに動けるようにさ」。

サウスカロライナで過ごした一年後、彼はニューオリンズの父方の祖父母のところに戻り、もう何年かそこにいることになった。この時期に彼は父親と再会している。「このときは牢屋にいた」と彼は言う。「それで、なんで牢屋にいるのか話してくれた。泣きたかったよ。こらえるの大変だったけど、でも絶対こらえなきゃいけなかった。だってまっすぐにこっちの目を見つめて言うんだ、『心配しなくて大丈夫だ』って。父親と子どもってそういうもんだろ――オヤジのことを信じてる。オヤジの周りにいたら、不安なんか感じない。心配しなくて本当に大丈夫なんだ」。

イライジャが一三歳になったとき、ニューオリンズからアトランタに移ってくるようにと母親が迫ってきた。生後一年の双子の世話を手伝ってほしいとのことで、それは最近の相手との間に――「ほんの行きずりのセックス」の結果できたものだった。イライジャが言うには「聞いた限りでは」その相手は面倒を見るのを拒んだと言うことだった。「こういうヤツは好きじゃなかった」とイライジャは言う。「だって『お前はそこでうちのママとやって、妊娠させて、したら自分のガキの面倒は見られなくて、そんでオレがここで子守りすんのか』だぜ。こいつらは手に負えないし、そもそもガキの扱いなんて知らねえんだ。それで、ストリートで起こる面倒事から、一時的に遠ざかることになったんだ」。

しかし、それは一時的なものにすぎなかった。イライジャはアトランタでの一年目に面倒事を起こした――放火だった。「年少に閉じ込められても黙ってたけどな」と彼は言う。「でも、やったんだ。ウソじゃないぜ。あの女の家を燃やすのは愉快だったな（笑）。あいつの家を焼いたのは、オレを『ニグロ』って呼んだからさ。『そうかわかったぜ、お前な……』って感じだった。若かったし、荒れてて、イカレてた。テンパってたし、普通じゃない、そのときは本当にヤバいやつだった」。

一週間の内に、イライジャの父親がイライジャの身元を引き受けたが、そのときに彼独自の制裁を下した。「オヤジがやってきて大金を積んだんだけど」と彼は言う。「それで外に出されて、気を失うくらいぶちのめされた。たぶんそれまでなかったくらいの最悪のぶちのめされ方で（笑）。あんなにやられたんで、一週間くらいは椅子に座れなかった。『ああ、もう誰の家も二度と燃やしませんから』って感じだったよ（笑）」。

イライジャの母も父も、放火のあと彼を厳しく叱りつけた。「おふくろとオヤジ二人ががりでね」と彼は言う。「そんで、ぜんぜん気分よくなかった。おふくろはガミガミうるさいし、オヤジの方は『お前のふるまいはまるで悪魔だ。悪事は全部やめないといけない』って感じで。オレの方は『ああ、わかったよ、あきらめるよ』って。学校に通いだし、サボらなくなった」。

放課後は、イライジャは家に帰ってテレビを見ていた。「ルールだらけ、なんてことは一度もなかった」と彼は言う。「それは――しつけがなかったということだな、オヤジが物理的にいなかったから。電話で話すときには、励ましてくれて、福音を授けてくれるんだけど、おふくろの方はただマジで厳しいってだけで、言葉でののしってくるし、まったくワケわかんねえよ」。

「いつも同じ、決まり切ったことでさ。『おだまり。そんなたわごと聞きたくない』。ったく、オレにわめき散らして、バカだの間抜けだの言うんだ。『お前もオヤジみたいになるよ。働きもしないで、母親と暮らすような』。誤解しないでほしい。おふくろもひどい人間じゃないんだ。そういうふうに育ってきたというだけで、そういうのに慣れてんのさ。おふくろが何であのようになったかは、その父親に原因がある」。

イライジャは、母親の行う懲罰的なふるまいについてもう一つの解釈も提供している。「いちどきに二つの仕事をしてて、たぶんそれが、家にいる自分のところに帰ってきたときに、イライラしてた理由だと思う。家に帰ってきて母親になると、目に入るのはテーブルの請求書、洗ってない皿、汚い子ども部屋、全てがとっちらかっていて、あんなに怒っていたのはそれでだと思う。しょっちゅう怒られてたけど、責めることなんてできないよ。しかしそれでも、自分の子どもに言うことにも限界はある。ずっと子どもをののしって、ぶちのめしてたら、本当に壊れるよ……子どもは本当にダメになる」。

イライジャは二〇〇六年（一五歳のとき、放火事件の二年後）について「人生で最悪の年」として、何度もそういう言い方をした。なぜその年が最悪なのかについてははっきりとしなかったが、自分と母親の間の「地獄のタイミング」と呼んでいた。「オヤジはこっちをアメリカの最重要指名手配みたいに見るし」と彼は言う。「おふくろはこっちを、腹の中から出てきたバカか何かのように見るだけだし、それでオレのオヤジの家に行って、始終ぶったたかれてた」。

あとになって、自分自身の子どもをどう扱いたいかについて考察している。「やつらには正しいことを教える」と彼は言う。「息子がやんちゃになって、ワルみたいにふるまうようになってさ、オレがそうだったみたいに、それで人から盗むようになったら、いい言葉をただ毎日かけてやるようにする。どういうことかって、誤解すんなよ、そういうやつは引っぱたく。よいことと悪いことの違いを教えてやらないと。でも、子どもにはいい言葉をかけるようにする。自分の子どもに、お前は下劣な、汚《けが》らわしいろくでなしにしかなれないって言っていれば、その子は本当に下劣な、汚らわしいろくでなしになっちまう。こいつはいつかはすごい人間になる、って信じないとな」。

イライジャは学校でも多くのトラブルを抱えていた。サボりが理由で少なくとも一度は放校されていた。成績も「ゾッとする」ものだった。ただ卒業することだけですら、手の届かないように思えることもあった。「本当にバカみたいに感じた」と彼は言う。「卒業ってのもしゃれにならなくて。だから教科書に集中したよ。高校出られるように。でも受かんなくて。それでサマースクールも行ったんだけど、まだ受からない。全部で卒業テストを四回受けた。それでうまくいったんだ」。

イライジャは一九歳で卒業して、すぐにドラッグと飲酒の生活に戻ってしまい、ついには母親から家を追い出された。「毎晩ハイになって酔っ払ってさ」と彼は言う。「夜中から朝の八時までダチとたむろって。おふくろは何も言えなかった。でもちょっとドラッグで問題になって、おふくろの家をたたき出されたとき、目が覚めた。『一九歳だぜ。こんなこともうやめないと。こんな暮らしを送ってちゃダメだ』」。

二年たっても、イライジャはまだ進むべき道がはっきりしていない。卒業してから、彼は母親とともに暮らすこともあれば、時折は父親とジョージア州南部に、また友人のところに泊まっていることもある。「去年なんだけど」と彼は言う。「おふくろの家を追い出されたんで、友達のうちに行ったんだ。そいつはドラッグをやってて、マリファナ吸ったりクスリくらったりして、クラブ行ってセックスして。全く、イカレてるよ。そうやってただ正気を失ってるんだな。何をしたらいいのかわからないんだ。『オレは聖人なのか罪人なのか、負け犬なのか勝者なのか』って感じで。それで、そのときに自分の人生を取り戻そうとしたんだ。だから、仕事を辞めてオヤジと一緒に暮らそうとして。教会関係のことをやって、神様を信じようとした。でもうまくいかなくて、オヤジと五週間いたあとは、結局同じことに戻っちまったから。悪態ついて、ごろつきやって、昔の自分になっちまった。おふくろとオヤジは、軍隊に行けってプレッシャーかけてくるけど、こっちは『軍隊なんてまっぴらだ。オレらしくない。あんただって軍隊ではうまくいかなかっただろ』って感じで。オヤジは手抜いて、軍隊をやめた。何でそんなことするよ」。

イライジャは、ナイフの訪問販売で生計を立てようとしたことが何ヶ月間かあった——しかしその仕事で成功するには、訪問リストと車が必要で、彼にはそのどちらもなかった。(17)「ぜんぜん馴染みのないことだった」と彼はその仕事を語って言う。「クソっ、オレはフッドから来たんだぜ。こんなこと何にも知らねえよ。そんな仕事するには毎日ちゃんとした格好して、お上品《ハイクラス》でないといけねえ。うまくやれたかもしれねえけど、しなかった」。結局、彼はクローガー[訳14]で袋詰めする仕事に戻った。

イライジャの将来の夢には、異質なものが入り交じっている。その一つは福音派の説教師になって、父親と組んで働くというものである。「たっぷり金が入るだろ」と彼はこの夢を説明して言う。「自分だけの教会を持ってさ。だってオヤジは説教師で、福音を教えるのが好きだからな。福音についてはたくさん話し合った。まさしく、本物のよき父子のきずなってやつさ」。

彼が心に描くもう一つの未来は、もっと世俗的で、突き詰めればより切実なものである。「ヒップホップのファンなんだよ」と彼は言う。「だから音楽を作りたい。それが自分の夢だ。DJになりたいんだ。そのすぐ先の夢は、自分のレコードレーベルを持つこと。もう気にしなくていいところまで来てる。まさに先に進もうとしてて、もう少し金貯めて、自分の部屋を借りて、学校に行く。最近では、ちょうど新しい仕事を見つけようとしてるところで、史上最高のラッパーの一人になる夢をかなえようとがんばってる。こいつは誰にも話したことねえんだけど、毎日音楽を書いて、聴いてばかりいるんだ。ということで、これが自分が考えていること。ラッパーになって、贅沢に暮らす」。

二一年間の激しく荒れた人生のはて、イライジャは自立して生き残っているが、何とかかろうじてといった状態にとどまっている。彼はいまだに、ニューオリンズで六歳のときに最初に経験したような、暴力のもたらすアドレナリンの中毒であるように見える。「誰かを叩きのめすのが単に好きなのさ」と彼は言う。「鼻を血まみれにして、傷つけ、ぶち倒すのがな」。その一方で、暴力への衝動をとどめる必要があることも彼は認識しているように見える。「コントロールしようと努力はしてる」と彼は言う。「おかしい、イカレてるってみんなは思うからな。あんな道はもうたどりたくない、いまじゃもう少し大人になったからな。くどいが言うと、あんな暮らしはもうしたくない。仕事に行って、教会に行って、家に帰る。だから神様もオレが誰かをこれ以上ぶちのめすことなんて望んでない。ちゃんとわかってんだ」。

イライジャの個人生活に存在した困難は、ニューオリンズ時代に親不在で過ごした幼年期にその根があることは明らかである。しかしそのような激動を加速させたのは、「くぐり抜けないといけなかったさまざまな変転、慣れ親しんでなかった多くのさまざまな経験」だった。その一方で、彼は自分の置かれた状況を改善すべく、正真正銘取り組んでいるように見える。彼はこのように言う。「結局目指すのは――自分の問題全部に対する勝者になることだな。問題解決がうまくなって、何でもできるって信じてな」。

いまだに、親との間の「個人的な問題をたくさん切り抜けてる途中」だと彼も認めている。しかしそれでも彼は希望を持っているようである。「いつも教会に行ってるんだ」と彼は言う。「楽しいし、友達と過ごして、どこから見てもよきアメリカ市民になろうとしてるよ」。

＊＊＊

ここまで暮らしぶりを垣間見てきたこの三家族は、明らかに代表的なものではない（悲しいことだが、経済状態や刑事収容には人種上の不均衡があるため、イライジャの話の方が、デズモンドの話よりも黒人青年においてはより典型的である）。しかしこれら三家族の間の違いが、アメリカにおいてこの数十年間に登場しまた成長してきた、育児における厄介な、階級に基づく格差を理解する助けになるのもまた確かである。これらの三家族はたまたま黒人として生を受けたが、彼らの例証してきた階級格差は、白人の間でも少なくとも同様に現れ、そして急速に発展さえしているものになっている。

このように育児のパターンが変わりつつあることは、子どもの将来見通しにとって大きな重要性を持っている。まず手始めに、幼少児の脳発達に関する最新の科学的研究に焦点を当てる。これらは子どもの認知的、社会情緒的発達という観点から、育児のどのような側面が最も有益で、また有害なのかを正確に明らかにするものである。その後に視点を広角にズームアウトして、育児実践において全国規模で最近数十年間を通じて生じた階級差を眺め、こういった階級差が、貧しい子どもたちに相対的に不利な方向にいかに、そしてどうして拡大してきたのかを探る。

4　子どもの発達──判明しつつあること

近年の研究を通じて、年少の子どもの早期経験および社会経済的な環境が、いかにその神経生物学的発達に影響を与えるか、そして早期の神経生物学的発達が今度は、いかにその後の人生に影響を与えるかについての理解が大きく広がってきた。こういった影響は非常に強力で、長期間にわたることが判明している。「早期の人間発達の事実上あらゆる側面が」と、全米科学アカデミーによる画期的研究の著者らは記している。「すなわち脳回路の発達から児童の共感能力にいたるまで、胎児期に始まり幼年期まで続く期間に遭遇した環境および経験による累積的な影響を受けている」[18]。要点はこうなる──早期の人生経験は、非常に強力に皮膚下に浸透する。

児童期中期や思春期に現れる認知的、行動的差異の多くの根は、その多くが生後一八ヶ月の段階で既に生じており、その起源はわれわれが知っているように、その子の人生のもっと早い段階で既に存在している。神経科学の知見によれば、子どもの脳は経験から学ぶように生物学的に前もって作られており、したがって早期の環境は発達中の脳の構造《アーキテクチャ》に強力に影響する。そのような経験の中でも最も本質的なものは、応答的な大人──典型的には親だが、それとは限らない──との相互作用である。

幼児の健全な脳発達には、面倒見のよい、一貫した大人とのつながりを必要とする。このギブ-アンド-テイク式学習のカギとなるメカニズムを、児童発達の専門家は「随伴的互酬性」（あるいはもっと単純に「サーブとリターン」の相互作用）と名づけている。[19] テニスの試合のサーブのように、子どもが何らかの信号を（例えば赤ちゃん言葉で）送信し、そして大人が（例えば発声し返すことで）反応したとき、子どもの脳の発達中の回路に検出可能な痕跡が残される。このような学習の多くは、もちろん言語以前のものである。しかし研究によれば数学的、言語的能力双方の基礎が、人生の最初期における大人とのインフォーマルな相互作用を通じて、フォーマルな訓練よりも効率的に獲得されることが示されている。[20] このような相互作用の昔からの典型例は、親がよちよち歩きの子どもに読み聞かせをしている最中に絵を指さしてその名前を呼び、子どもがそれを返すように促されるようなときのものである。

親による認知的刺激は、最適学習にとって核心的なものである。頻繁に自分に耳を傾け、話してくれる（シモーヌとカールが日常的に実践していた）ような親の元で育った子どもは、まれにしか会話しようとしない（これはステファニーのところで起こっていたことで、「みんなで、一日にあった出来事を話す、とかいう時間はないね」という説明だった）親の子どもより進んだ言語能力を発達させている。すなわち、脳は社会的器官として発達するのであって、孤立したコンピュータではないのである。

神経科学者や発達心理学者が確認した、脳を基盤とした能力の中でもとりわけ重要な集合のことを、彼らは「実行機能《エクゼクティブ・ファンクション》」と呼んでいる。それは航空交通管制のような活動であって、集中や、衝動の制御、精神の柔軟性、そして作業記憶に現れている。こういった機能は脳の中でも前頭前皮質と呼ばれる部分に集中しており、携帯電話が鳴ったときにこの本を置き、サッカーが終わったら子どもを迎えに行くことを記憶にとめ、そして続きを読むことに戻るのを可能にしている。実行機能に生じた不全は、学習障害やＡＤＨＤ〔注意欠陥・多動性障害〕といった状態として現れる。

支援的な養護者のいる通常の環境下では、実行機能はとりわけ三歳から五歳の間に急速に発達する。しかし、その時期に深刻で慢性的なストレスを経験した子どもは――まさしく、イライジャが無関心な祖父母の元で、ニューオリンズの公営住宅の恐ろしい暴力の中で暮らしていたときや、ステファニーが、ミシェルのわめき声を止めさせるために頭に浮かんだ唯一の道具（引っぱたき）を用いていたとき――、実行機能が傷つく可能性がより高くなる。このことがめぐって、彼らが問題を解決したり、逆境に対処したり、自分の生活を組み立てたりする力が弱まってしまう。

この研究による重要な含意の一つは、幼少期に身に付けられた能力は根本的なものであって、のちの学習を効率的なものとするということである。したがって、このような時期の経験はとりわけ重要である。反対に、子どもの年齢が上がっていくと脳は変化しにくくなってくる。そしてこの事実からの帰結の一つは、早期の介入の方が思春期段階での介入よりも、強力で費用対効果が高いということである。

知的発達と社会情緒的発達は、年少のうちから分かちがたく結びついている。いわゆる非認知的能力（達成心《グリット》や、社会的感受性、楽観性、自制、誠実性、情緒的安定性）は人生における成功に対して非常に重要な意味を持つ。それは身体的健康や学業成果、大学入学、就職、そして生涯所得の向上を導き、また人を厄介事、そして収監から守る可能性がある。こういった能力は、これらの成果指標を予測する上で少なくとも認知的能力と同程度の重要性があり、前工業化また工業化時代という過去よりも、脱工業化時代という未来においてはさらなる重要性を持つかもしれない[21]。

したがって、収支会計のプラス側では、面倒見のよく応答性の高い大人と子どもによる相互作用が、発達がうまくいく上で主要な要素となっている。会計の反対側ではネグレクトやストレスが、現在「毒性ストレス」と呼ばれているものを含め、健全な発達を阻害している。それどころか慢性的なネグレクトは、公然たる身体的虐待よりも広く発達的帰結と関連していることも多い[22]。子どもを打ち据えるのは悪いことだが、全く無視するのはさらに悪いということもありうるのである。

ネグレクトが児童にとってよくないことは直感的に理解できるが、神経科学からくる豊富な根拠がその理由の説明に役立っている。幼年早期のネグレクトはサーブとリターンの相互作用の頻度を減らし、脳の発達に修復の難しい障害をもたらす。早期に施設に収容されたルーマニアの孤児を対象とした重要な無作為化研究によれば、極端なネグレクトがＩＱや精神的健康、社会適応、さらには脳構造にまで深刻な障害を与えていた。こういった損傷は二歳までに子どもが家庭状況に置かれることによって回復可能だったが、それがもっと後年になるとますます難しくなっていくことが判明している[23]。

毒性ストレスが脳の発達に与える影響も、同様にぞっとするようなものとなる。ストレス反応それ自体（すなわちアドレナリン、血圧、心拍数、血糖値およびストレスホルモン）は非常に効果的な防衛機構であって進化によって形成されており、あらゆる動物種において差し迫った危険に立ち向かう助けとなってきた。支援的な大人が緩衝となってくれるような適度なストレスは必ずしも害悪ということはなく、対処スキルの発達を促進しうるという点では有益なものでさえありえる。それに対して深刻で慢性的なストレスは、とりわけそれが支援的な大人によって緩衝されなかった場合には、脳のさまざまな部位を協調させて課題に取り組ませ問題解決を果たそうと制御している基本的実行機能を妨害しうる。結果的に、毒性ストレスを経験する子どもは集中することや衝動的行動の統制、そして指示に従うことが困難になってしまう。

極端なストレスは生化学上また生体構造上の連鎖的《カスケード》増幅変化を引き起こし、脳の発達を阻害して基礎的レベルでの脳構造の変化をもたらす[24]。保護が不安定で一貫した応答性に欠けること、身体的また精神的虐待、親の物質中毒、愛情の欠落からもたらされるストレスは子どもに重大な生理的変化を生み、そのことによって学習面や行動面、そして抑うつやアルコール中毒、肥満、心臓病といった身体的、精神的健康面において生涯にわたる問題につながる可能性がある。

研究者によって「逆境的児童期体験尺度」[訳15]が開発されていて、毒性ストレスを生み出すような出来事から選ばれたリストにより、それが起こった程度を測定できるようになっている[25]。（表3・1を参照）。このような出来事が児童期に一〜二個起こっていたとしても、成人期の悪い結果につながっているということは一般にはない。しかし、ネガティブな経験の数が増えていくと、生涯にわたるような不利な結果の発生率が急増する。多くの研究結果を総括して、ノーベル賞受賞の経済学者であるジェームズ・ヘックマンはこう記している。「早期に逆境的な経験をすることは、成人期の健康不良、医療費上昇、抑うつや自殺率の増大、アルコール中毒、薬物使用、職務業績や社会的機能の不良、障害、そしてその後に続く世代での成果が損なわれることにつながっている[26]」。

表3・1　逆境的児童期体験尺度

1. 家にいた大人に、身体的に恥をかかされたり脅かされたりした
2. 家にいた大人に殴られたり、たたかれたり、傷つけられたりした
3. 大人から性的虐待を受けた
4. 愛してくれたり支えてくれる人間が家族にはいないと感じた
5. 親が別居、離婚した
6. 親の飲み過ぎや中毒で面倒を見てもらえず、食事や衣服に事欠いた
7. 母親／継母に身体的虐待を受けた
8. アルコール中毒者や薬物使用者と住んでいた
9. 家族の中にうつ病になったり自殺の恐れのあるものがいた
10. 家族の中に服役したものがいた

子どものとき、イライジャはこれら一〇のストレス的出来事の少なくとも八つを経験しており、したがって彼がまさしく生き残ったのは、異例のことである。確かに、子どもの中には（イライジャのように）深刻な、慢性的ストレスに直面してさえも回復力を示す者もいる。しかしこのような回復力への評価が過大になりやすいのは、慢性的なストレスからくる摩耗は、逆境に打ち勝ったように見える子どもにさえも有害な生理的影響を持ちうるからである。[27]このことは「ジョン・ヘンリー効果」と呼ばれることがある。激しくハンマーを振り下ろして蒸気エンジンに打ち勝った杭打ち工の話から名付けられたもので、「あんまりがんばったので、心臓が壊れちまった。ジョン・ヘンリーはハンマーを下ろし、そして死んでしまった」のだった。[28]統計学的に言えば、イライジャは命拾い後の借り物の時間で生きている。

どのような社会経済的水準にいる子どもも、そのような逆境的な経験に遭遇する可能性があるのはもちろんだが、低所得で教育水準の低い家族で成長したものの方がリスクが相当に大きい。貧困線の二倍の生活水準

（すなわち、ステファニーが「結構な金」と表現していたレベル）で暮らす子どもでさえ、それより貧しくない者と比べたときには親の死や服役、身体的虐待、近隣の暴力、家庭内での薬物やアルコール中毒といったトラウマを経験する可能性が二～五倍大きい。これらの経験全てはネガティブな結果をもたらすことが示されており、それは抑うつや心臓疾患から、発達遅延や自殺にさえも及んでいる。これらの経験は累積する傾向があるため、総体としてのインパクトは非常に大きくなりえる[29]。

子どもの発達を蝕む毒性ストレスはそれ自体、親の生活の中での大きなストレス――（臨床的な抑うつのような深刻なものと、日常の厄介事の積み重ねの双方）――の反映であることが典型である。子どもの生後一年目の母親のストレスはとりわけ、乳児―母親間の愛着《アタッチメント》や保育に対して破壊的な影響を与える。そして、そこには悪循環がある。児童期のストレスの結果（例えば、問題行動やＡＤＨＤ）はしばしば親のストレスを増加させ、さらに彼らの養育行動の悪化をもたらすのである[30]。

ハーバード大医学部の生物学的精神医学者らが示したのは、母親の頻繁な子ども虐待は、たとえ言葉上のものであっても、子どもの脳回路に障害を与えうるということだった。「親からの言葉の虐待に接触していたヤングアダルトは、抑うつや不安、解離といった症状が増大する」と研究は報告する[31]。「イライジャ仮説」とも呼ぶべきものがこの研究では確証されている。「自分の子どもをずっとののしって、ぶちのめしていたら、本当に壊れるよ……子どもは本当にダメになる」。

それに対して、敏感で反応のよい大人の養護者であれば、子どもが受けたストレスが大きなものであっても影響を最小化することができる[32]。実験室研究ではこのことを動物で確認している。例えば、マギル大学の神経生物学者マイケル・ミーニーが証明したのは新生児ラットがひんぱんになめられ毛づくろいされていると（母親ラットが新生児の養育で行う典型的な方法である）、あまりなめられ毛づくろいされなかった新生児ラットよりもストレスホルモンが低値で、知能と好奇心が強く健康になり、ストレス状況下でうまく対処できるようになったことだった。ミーニーと共同研究者は続いて巧妙なやり方で、母親の行動と子ラットの行動の間のつながりが、単なる遺伝的なものではないということを示した。慎重に計画された研究において、遺伝的によく子どもをなめ毛づくろいする個体が遺伝的に弱い子ラット（すなわち、あまりなめたり毛づくろいをしない母親から出生した個体）を育てるようにすると、そのような子ラットは長じて、生みの母よりも育ての母のようにふるまった。ストレスに弱いということが少なくなり、成体へと成熟したのである。[33]
物理的、精神的な安全と快適さを提供すること――例えば、ハグすること――は、人間においては母ラットがなめたり毛づくろいする行動に相当するもので、子どもの生活に大きな違いを生み出す可能性がある。ポートクリントンで、近しい家族の友人の自殺に際してチェルシーを両親が慰めていたとき、そこでは実質的に「なめたり毛づくろいする」ことが行われていた。子どもとの間に温かい養育関係を結んでいる親は、子どもが回復力を培うのを助け、また破壊的なストレスからの緩衝となることができる。[34]例えば、心理学者バイロン・エグランドの知見によれば、ミネアポリスの低所得の母子を対象とした場合、一歳の時点で温かい環境で育てられていた子どもの方が、そうでなかった子どもよりも学校での成績がよく、また後年にいたっても不安が少なく社会的能力が高かった。[35]
これら、早期の認知的また社会情緒的能力（とりわけ自制心と決断力）は、めぐって子どもの学校における達成度をよく予測することになる。モントリオールで行われた長期間にわたる無作為実験研究が示しているのは、子どもの社会的能力（例えば順番を守り、相手の話を聞くこと）や社会的信頼を七歳の時点までに伸ばしてやることで、機会を大きく広げることができるということだった。[36]言い換えれば、子どもとその親が社会性の「投与」を受ければ、子どもは学校にとどまりまた投獄されることはなく、長期的にもずっとよい経済状態でいられることになる。その反対に、イライジャやケーラがされたように社会的孤立や不信を「投与」された子どもは、その将来が大きく傷つけられることになってしまう。
ここまでちょうどまとめてきた神経生物学上の発見をめぐっての根本的な社会的意義は、アメリカの子どもたちの健全な脳発達はその親の教育、所得、そして社会階級と密接に結びついているということがわかる、ということにある。[37]近年の知見について検討しよう。

・貧困下で成長した子どもは、ストレスホルモンとして頻繁に研究されているコルチゾールのレベルが上昇するリスクがある、ということを示す証拠が増加している。貧困は無秩序という文脈を生み出すのに貢献し、それが子どもの生理機構に影響を及ぼしているように見える[38]。
・幼少期に貧困ストレスにさらされていた成人では、脳内で感情調節を司る部分が障害を受けていたことが最近の研究で見いだされている[39]。
・カナダの研究者の知見では、下層また上層階級出身の子どもの脳波の差異からは、前者が単純な課題に集中するのに困難が多いことが示唆されており、新たな脅威に備えて環境監視を持続的に維持するよう脳が訓練されてきた結果であることが明らかだとしている[40]。
・もう一つの最近の研究の報告では、貧困下に生活している幼児の小規模サンプルで、裕福な出自の子どもと比較したときに脳の成長が遅く灰白質が小さいことがＭＲＩで確かめられているが、この知見の一般化のためにはさらなる研究が必要である[41]。
・所得が多く、教育水準の高い家庭の子どもは、親の語彙が多くまた複雑な構文を使っているために、豊かな言語的相互作用からの恩恵を受けている[42]。ある画期的な研究では、児童発達の専門家がカンザスの四二家族を追跡し、それら家族の日常の言語的相互作用を毎月一時間、三年間にわたって慎重に観察した。彼らの推定によれば子どもが幼稚園に入る時点で、専門職についている家族の子どもが耳にした単語は、労働者階級の親を持つ子どもに比べて一九〇〇万語、そして生活保護を受けている親の子どもに比べて三二〇〇万語多かった[43]。
・全国調査の一つによれば、中間階級の子どもの七二％は学校が始まる時点でアルファベットを知っているが、対して貧しい子どもでは一九％にすぎなかった[44]。
まとめると、大卒の親は高卒の親より、子どものサーブに対してボレーで返す可能性が高く、また裕福な家庭の子どもは、貧困の中で育つ子どもよりも毒性ストレスにさらされることが少ない。加えて、認知的、情緒的そして社会的資質においての階級に基づいた不均衡はごく幼少期に発現し、その人生にわたって安定して続く。このことが意味するのは、因果要因が何であれ、そのような要因は就学前の時期に最も強力に作用するということである。[45]もちろん、後年の介入には意味がないということをこのことは意味しないし、階級に基づいた不均衡は天与のものである、あるいは事前に決まっていたものだ、などということはさらに意味しないが、しかし早期の子どもの発達に焦点を当てることの重要性がここからは示唆される。

皮肉なことだが、こういった研究上の新しい知見は、少なくとも短期的には、階級差を増幅させる傾向がある。それは教育水準の高い親ほど直接的、間接的にこれらを学び知る可能性が高く、自身の育児にそれを利用しようとするからである。[46]これから見るように、育児スタイルにおける階級に基づいた格差はこの数十年を通じて大きく広がってきた。シモーヌ、ステファニーのどちらも自分の子どもを愛していることは明らかだが、しかし彼女らのストーリーと科学的研究が明らかにしているのは、育児に関する限り、愛だけではプラスの結果を保証するのに十分ではないということである。

5　育児における長期傾向

過去六〇年間に、育児における最良の実践をめぐる考え方は、発達心理学者の視野が発展したことに対応する形で二度の大きな変化の波を経験してきた。[47]第二次世界大戦後、有名な小児科医ベンジャミン・スポック博士の手になる天井知らずのベストセラー『スポック博士の育児書』がベビーブーム期の親に対して教えたのは、子どもは自身のペースによって育つことが認められるべきであり、大人の生活のスケジュールやルールに合うように強いられてはならない、ということだった。親はリラックスし、自分の子どもを楽しむことが推奨された。しかし一九八〇年代に始まって一九九〇年代以降に加速したこととして、よい育児についての支配的な考えかつ社会的規範が、スポックの「寛大な育児」から「集中型の育児」という新しいモデルへと移行したということがあり、その理由の一つにはこれまで説明してきたような脳発達に関しての新たな洞察がある。この新しい理想像は子育て教本、ファミリー雑誌、そしてテレビの専門家を通じて社会のあらゆる部分に到達した。しかし、育児哲学における以前の変化と同様に、それは教育水準の高い親の間で最も急速、また徹底的に拡大した。アール（ベンドにいた上流階級の父親）がこう述べていたとおりである。「われわれの世代というのは、親になる、ということに関する本だったらもう何でも読んできたものだった。あとの世代なんかもっとで、その宿題だってすませているよ」。

　現代の米国においては、親は子どもの認知的、社会的能力を早期のうちから刺激しようとしており、その結果として「よい育児」は時間のかかる高価なものになってきた。とりわけ大卒の親の間では、「よき母親」とは自分の子どもに莫大な投資を行うものだと考えられており、また「よき父親」の方が直面しているのも、家庭生活と日々の育児に関与するようにとますます強まる期待である[48]。社会の中の全ての水準で、親はいま徹底した育児への強い希望を抱いているが、しかしこの先で見るように、このうち教育水準が低くまた裕福さに欠けるものでは、これらの理想を実践に移すことがより困難になっている[49]。

　有力な家族民俗誌学者であるアネット・ラルーの認識では、階級に基づいた二つの育児モデルが現在のアメリカ社会に存在している。それらを彼女は「計画的育成《コンサーテッド・カルチベーション》」と「自然成長《ナチュラル・グロウス》」と呼んでいる[50]。「計画的育成」という言葉が指しているのは、中間階級の親が子どもの認知的、社会的能力を伸ばし、めぐっては将来における、とりわけ学校においてのわが子の成功へつなげていこうと意識して行う育児への投資のことである。シモーヌが子どもたちにアンネ・フランクについて説明し、暗記《フラッシュ》カードを作り、デズモンドに『よみかただいすき《フックト・オン・フォニックス》』を与え、お遊びグループの調整をしていたとき、そしてカールがデズモンドを職場に連れて行き、ニュースについて話し合い、日曜学校で学んだことについて尋ねていたとき、彼らが行っていたのは計画的育成だった。

「自然成長」とは子どもの成長をより子ども自身のやり方に任せ、計画を立てたり学校に関わったりはあまりしないやり方である。このモデルでは、親はルールとしつけに頼る傾向が強く、親としてのきめ細かい見守り

図 3.1　親の教育水準と育児目標

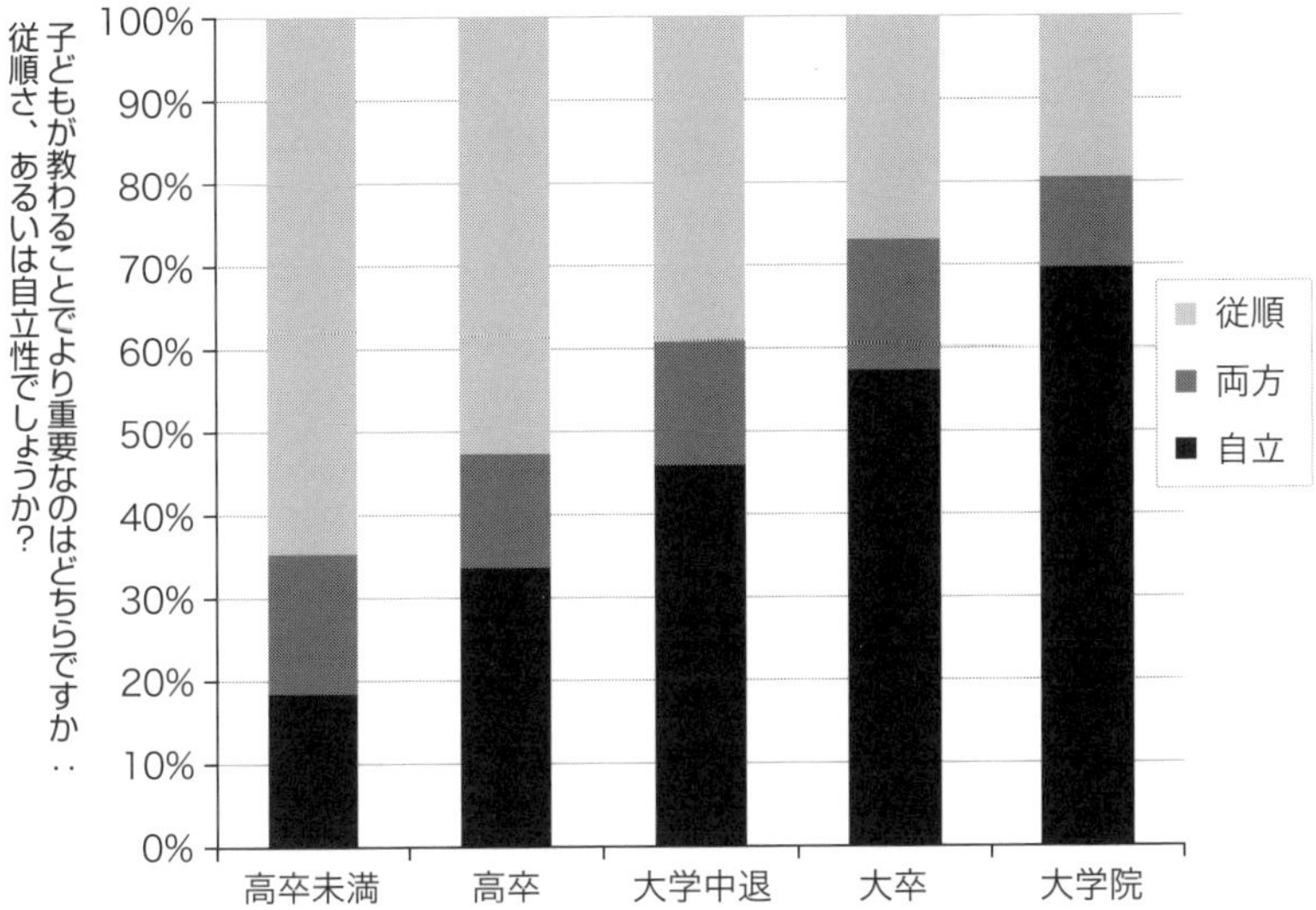

出典：Faith Matters national survey, 2006 年.

や励まし、説明、話し合いに頼ることがより少ない。ケーラがうつに追い込まれたとき、ジョーは親としてもっと関わりたかったが、直面していた制約の下では、自身の貧しかった子ども時代と同じく自然成長戦略が実行できる最良の選択だった。それは今日の貧しい家族にとっては依然としてより特徴的な子育てモデルである。彼らの間でもそれは衰えつつあるかもしれないが。

育児規範において広範な階級差があることが、ほとんど全ての研究において現れている。すなわち教育水準の高い親の方は、自律的で独立した、自発的な子どもを育て、その子が高い自尊心とよい選択のできる能力を備えることを目指しているのに対し、教育水準の低い親はしつけおよび、あらかじめ決まっているルールに服し従うことを重視している。この明確な差異を図3・1が表している。高卒未満の学歴の親は従順さを支持する割合が自立性よりも多く六五%対一八%である一方で、大学院教育を受けた親になるとそれとちょうど反対の選択が七〇%対一九%でなされている。上層階級の親は子どもと平等主義的な関係を持ち、またしつけにおいては理由付けと罪悪感を用いることが多いが、下層階級の親は叩くなどの体罰を用いることが多い[51]。

このような階級差は、親が表明する優先順位にとどまらず、実際の行動の中に現れている。シモーヌはデズモンドに罰を与えたことを一度も思い出すことができない（「一週間テレビ禁止」さえもである）。カールは親というものを、サッカーの審判にたとえることがあるが（「親というカードを引っ張り出して、『これだぞ』って言うときはね」）、しかし子どもが大きくなると、むしろソクラテス式問答を好んでいた（「なぜそれをしているのか説明してみなさい。そのことを自分で考えてはみたか？」）。

対照的に、自分の親から「叩きのめされていた」ステファニーが信じていたのは、非常に厳しき愛情である（「優しいなんてとんでもない。厳しく、本当に厳しくないと」）。彼女が「子どものことは死ぬほど愛している」事実に疑いはないが、反抗に対して彼女が最初に取る反応は、打ちすえることである。イライジャでさえ――放火のエピソードのあとで父親から意識を失うほど殴られた彼は、虐待的な育児のツケについて顕著な洞察を示し、また子どもに「ほめ言葉をかけること」の重要性について語っていたのだが――、わがままな息子をいかに扱うかについて、何らの疑念を示すこともなかった（「誤解すんなよ、そういうやつは引っぱたく。よいことと悪いことの違いを教えてやらないと」）。

このように階級に基づいたポジティブ、ネガティブな育児法は、言語上の相互作用にも現れている。親子間で交わされる日常の言語的なやりとりに関する慎重な研究が見いだしたことが図3・2に示されているが、専門職学位を持つ親は年間に一六万六〇〇〇回の励ましと二万六〇〇〇回の抑止を表出するのに対して、労働者階級の親はそれぞれ六万二〇〇〇回と三万六〇〇〇回であり、また生活保護下にある親の表出は二万六〇〇〇回と五万七〇〇〇回であった[52]。

育児のアプローチにおける階級に基づいたこのような差――「ハグ／ピシャリ比」とでも名付けられるもの――は、なぜこれほど明確で広がりを見せるものなのだろうか。以前の世代の専門家らは、定義の不明確な「労働者階級文化」にこのような差異の原因を帰する傾向があったが、脳科学が現在示していることの中に、貧しくて教育水準の低く、孤立傾向の高い親が拘束、懲罰的で厳格なしつけ主義者になりやすい理由の一つと

図 3.2　育児でかける言葉の階級差

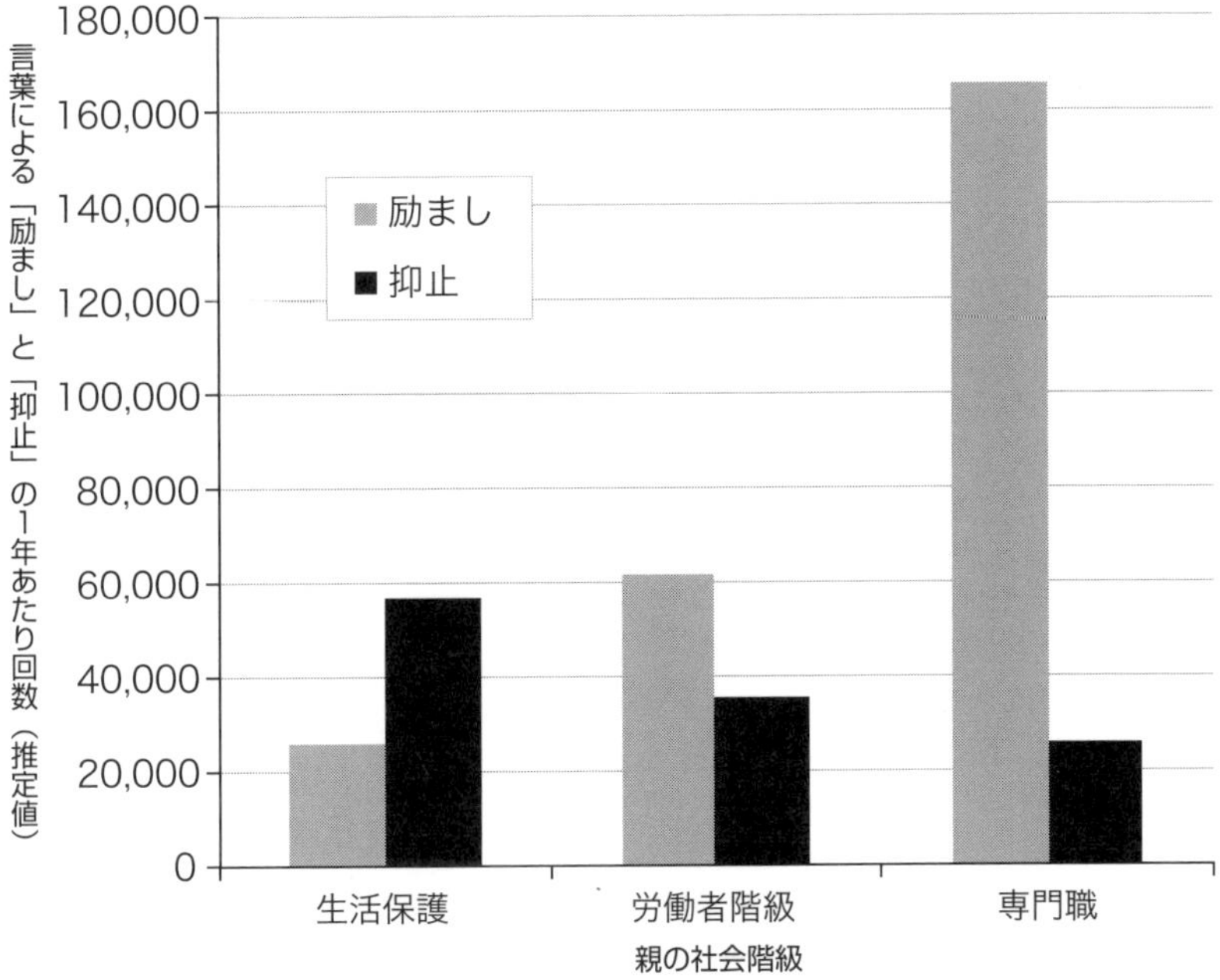

出典：Betty Hart and Todd R. Risley, *Meaningful Differences in the Everyday Experience of Young American Children* (Baltimore : Paul H. Brookes, 1995).

して、彼ら自身が高レベルの慢性的ストレスを経験しているということがある。[53]イライジャは自分の虐待的な母親についてこのことを認めている。「家に帰ってきて母親になると、目に入るのはテーブルの請求書、洗ってない皿、汚い子ども部屋、全てがとっちらかっていて、あんなに怒っていたのはそれでだと思う……責めることなんてできないよ」。

厳しいしつけは、単に「労働者階級文化」がもたらしたものではなく、また親の抱えるストレスの結果というだけでもない。それは、上層、下層階級の家族がそれぞれ暮らしているような異なる環境への敏感な反応であることも多い。裕福な親の方は、社会学者フランク・ファーステンバーグと共同研究者が名付けた「促進的」戦略を用いることが可能で、それは（デズモンドの家族が暮らしている場所のような）多くの機会が提供され危険がほとんどない快適な状況下で、自分の子どもの才能を育てようとするものである。

貧しい親はそれとは対照的に「予防的」戦略を用いる。それは（ステファニーが子育てをしている場所のような）危険の方が機会をはるかに上回るような荒れた近隣地域で、子どもの安全を確保することを目指している。[54] ステファニーがわれわれに述べたとおりである。「キスとハグとか、そんなことは絶対しない。それは他の人種のもの。デトロイト［やアトランタ］ではめそめそなんてしてられないの。悪党になんのよ！」。
根拠によって強力に示唆されているのは、裕福で教育水準の高い親に典型的な育児スタイル、すなわち慈しみや愛情、あたたかさ、積極的な関わり、そして理屈の通ったしつけによって特徴付けられるもの――要は、ハグが多く引っぱたきの少ないもの――は、子どもに高い社会情緒的能力をもたらすということである。イライジャはこのことを直感的につかんでいた。「自分の子どもに、お前は下劣な、汚らわしいろくでなしにしかなれないって言っていれば、その子は本当に下劣な、汚らわしいろくでなしになっちまう」。
育児スタイルの階級に基づいた差ははっきりと確立しているもので、また強力な帰結ももたらす。貧困と、（認知的な、また社会情緒的なもの双方の）子どもの発達の間の随所で観察される相関関係は、実際には多くは育児スタイルの違いによって説明できるもので、そこには（読み聞かせの頻度のような）認知的な刺激や、（シモーヌが子どもたちに参加を促していたような、課外活動への参加といった）社会的関与が含まれている。[55] とりわけ、親による読み聞かせは（母親の教育や、言語能力、温かさといったものを含む他の多くの要因を統制しても）子どもの発達を促進する。[56] 児童発達の専門家ジェーン・ウォルドフォーゲルとエリザベス・ウォッシュブルックが見いだしたのは、育児における違い――とりわけ、母親の細やかさや思いやりだが、同時に本を与えることや図書館通い、といったたぐいのこと――が、四歳時点での読み書き能力や、計算・言語テスト得点で測定した学校への準備状況において、裕福な子どもと貧しい子どもの間に見られる差異を唯一最もよく説明する要因であったということだった。[57]
育児において見られる階級に基づいた差異は、近年拡大しているのだろうか。信頼できる指標を見つけるのは困難であるが、それは測定結果が説得力を持つためには、長年にわたって繰り返された同一の調査を要するからである。しかし、ここに一つだけ例外的なものがある。それは家族による夕食である。そして家族での食事に見られる長期傾向は、真相を明らかにするような物語を語ってくる。

ウォルドフォーゲルが示してきたのは、（他の多くの要因を統制したあとでも）家族でとる食事が、子どもが成長する中でいかにうまくやっているかに対する強力な予測変数になっているということだった。「親との夕食が少なくとも週に五回ある青少年は」と彼女は記す。「広範にわたってよい結果を示している。喫煙や飲酒、マリファナ使用経験、深刻な喧嘩に巻き込まれること、性体験……あるいは停学が少なく、一方で成績平均点《GPA》が高く、また大学進学を計画していると述べることが多い[58]」。

ベンドやアトランタで会った人々の中でも裕福な家族では、親子の間での定期的な夕食時の会話に重きを置いていた。「パパもママも、夕食が一緒に食べられるように、といつもするようにしていた」とアンドリューは報告し、付け加えて「四人みんながちゃんと話せる唯一の時間だったから」と言っていた。デズモンドの言葉では「夕食のテーブルでしていた会話から、本当にたくさんのことを学んだ」とのことだった。それと対照的に、貧しい家族では一緒に食事をとることに優先順位は置かれていなかったか、あるいは置くことができなかった。「努めてはいたけれど」とダーリーンは振り返る。「でもいつもそういうわけにはいかなかった……一緒にテレビは見たのだけれど」。ステファニーと娘のローレンは非常に簡潔にまとめている。「椅子に座って、いただきます、って家族じゃないの」とステファニーは言い、「食事の時間が来たというのは誰かが食べたくなったということ。テーブルにみんなでついてというのじゃないの。パーティーとか何かみたいに」とローレンは付け加えていた。

一九七〇年代中盤から一九九〇年初頭にかけて、図3・3が示すように家族での夕食は全ての社会階層で少なくなっていったが、それは親二人とも共働きとなり、新たに起こった複雑な時間調整のやり繰りに家族が苦労するようになったからだった。一九九〇年代の中盤になると、家族での会話機会に見られたこの着実な衰退が、大学教育を受けた親の間では突然に中断したが、しかし高校教育の家族の間では途切れることなく続いた[59]。片親家族では家族で夕食をとることが少ない傾向があるが、しかしこれでは階級格差の拡大の多くを説明することはできない。格差の拡大は、実際には双親家族の間に集中しているからである。本書全体に現れているは

図 3.3　親の教育別に見た家族による夕食の長期傾向、1978-2005 年

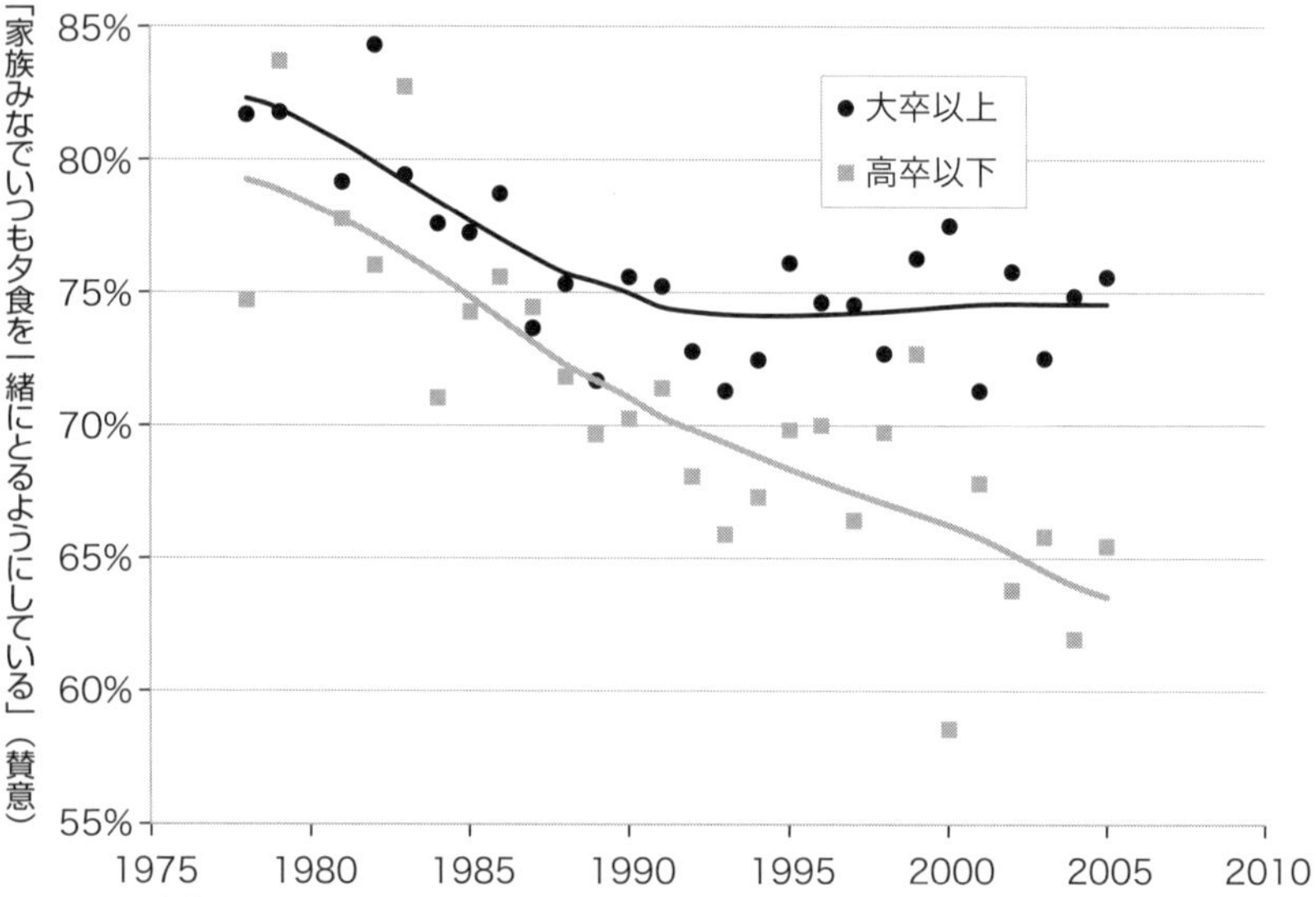

出典：DDB Needham Life Style surveys.

さみ状グラフが、この結果にもう一つ現れている——教育水準の高い裕福な出自の子どもと、教育水準の低い貧しい出自の子どもの間では、幼少期の経験に格差が拡大しているのである。

家族での食事は子どもの発達に対する万能薬ではないが、親が子どもに行う（あるいは行うことのできない）捉えにくいが強力な投資の指標の一つとなっている。一九九〇年代にいったい何が起こったのだろうか。これらのデータから語るのは困難だが、しかしもっともらしい解釈としては、よい教育を受けた親は、子どもの発達における「サーブとリターン」の相互作用の重要性の認識拡大から間接的に影響を受けた——そして、それが可能となるように多くの時間を投資したが、一方で教育水準の低い親はそういった言説を取り込むのが遅く、あるいは家族での夕食が現実的な選択肢にならないような困難な生活を送っていた、ということだろう。

どのような社会的背景にいても今日の親は、一世代前よりも子育てに金と時間を費やすようになっている。親の行う投資で増大した部分は、認知的、社会情緒的発達を促すための体験（とりわけ未就学児童に対する充実したケア）に焦点が当たっている。

しかし、大学教育を受けた親が金銭、時間の両面で行った投資は、豊かさに欠ける親よりもずっと急速に増加してきた——そしてこれが夕食のテーブルだけのことでなかったのは、すぐあとに見ることになる。子どもの発達に対するこれらの投資増大は、家庭生活の他の側面（成人に対する世話や、家事、また消費財といったもの）を犠牲にするところからその大半が来ている。どの階級の親も、資源を子どもに集中するためにどこか他のところを切り詰めているのだが、裕福で教育を受けた家族には金銭だけでなく、持っている時間もより多いので（二人の親の間で子どもの世話を分かち合うことが普通だからである）、投資の拡大を貧しい親（通常はシングルマザーである）よりもずっと早く行うことができた。その結果として、子どもへの投資に見られる階級格差がますます拡大していったのである。

何が起こっているのかについての理解を深めるため、異なる階級の親が自分の子どもに金銭と時間をいかにしてつぎ込んでいるか、以下に詳細に見ていこう。

金銭

平均すると、親は全ての社会経済的階層で、子どもの養育と教育への支出を過去五〇年間にわたって増大させている。その支出は常にいくらかは不平等なものであったが、しかしこの数十年間でさらに不平等なものへと着実になっていった（図3・4を参照）。実際には一九八〇年代中盤以降、所得の最も低い家族では絶対値として支出が減り始めていて、その理由はほぼ（しかし完全に、ではない）、彼らの使える金が少なくなっていたからだが、一方で高収入の家族の支出は増えていて、その理由は部分的には（しかし部分的なものにすぎない）使える金が多くなっていたからである。一九八三年と二〇〇七年の間に子ども一人あたりの支出は、所得分布で上位十分の一の家族においては実質ドルで七五％増加していたが、対して下位十分の一の家族では二二％の下落を示していた。二〇〇七年には、経済階層で上位十分の一の親の子どもは平均して一年あたり六六〇〇ドルの教育上の支出を受けていた。これは、所得階層で下位十分の一の親の子どもが一年間に使われている額（約七五〇ドル）の九倍にあたる。

図 3.4　世帯所得別に見た子ども 1 人あたり支出の長期傾向
2008 年恒常ドル、1972-2007 年

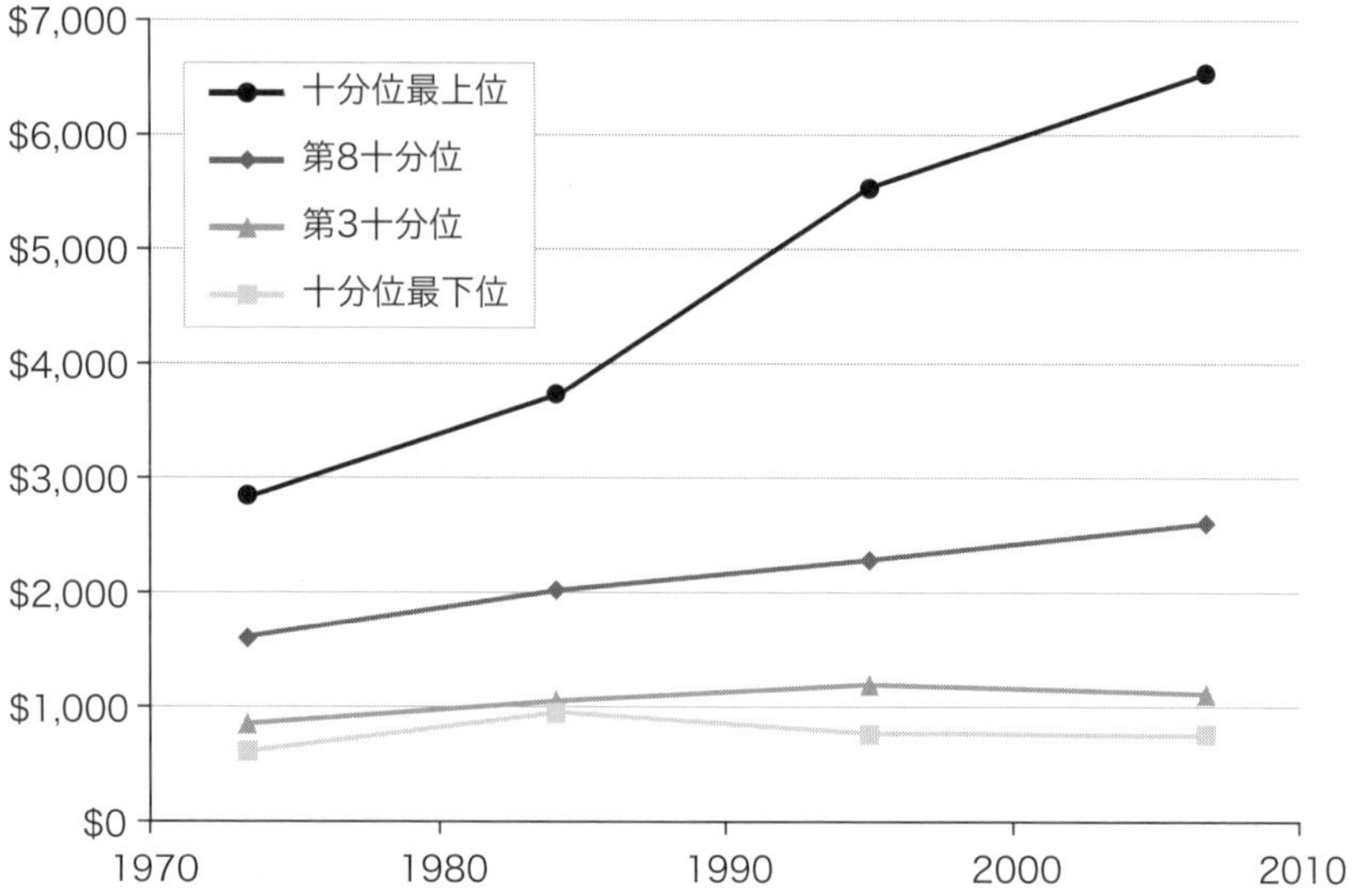

出典：Sabino Kornrich and Frank Furstenberg, "Investing in Children : Changes in Parental Spending on Children, 1972-2007," *Demography* 50（2013）: 1-23.

増加が集中しているのは、私的な教育および保育への支出であるが、しかし支出の階級差はまた音楽レッスンや夏季キャンプ、旅行、学用品、書籍、コンピュータ、課外活動、娯楽そしてレジャーでも見て取ることができる。加えて、所得を一定に保ったときにも、親の教育水準による不均衡が同様に高くまた増加しているように見える。このことが意味するのは、（デズモンドやアンドリューのような）裕福であり**かつ同時に**教育水準の高い親の子どもは二重の取り分を得つつあるが、それに対して（ミシェルやケーラのような）貧しく**かつ同時に**教育水準の低い親の子どもはダブルパンチを受けつつあるということである[60]。

親による投資におけるこのような差異は、めぐって子どもの認知発達に対する強力な予測要因となっている[61]。実際には、親の支出の最大の増加は、就学前と大学期に集中している。これら二つの時期の発達が、上方移動を決定づけるにあたってとりわけ重要なものであることは、われわれの現在知るところである。それをまかなえる親は、これらの段階で私的に投資を行い、

自分の子どもに対して人生における大きな優位性を与えている――しかし、社会としては、われわれはこれらの時期に適切な投資をいまだ行えておらず、その代わりに公的資源の大半をK－12[訳16]の年月につぎ込んでしまっている（学校教育における階級差については次章で検討する）。

時間

全ての教育、所得水準において、親が子どもに費やす時間は今日、半世紀前の同じ立場の者よりも長くなっている。しかし金銭面について見てきたのと同様に、この増加は大卒の親の方が高卒の親よりもずっと大きい。さらに、拡大する階級格差は「『おやすみなさい おつきさま』[訳17]時間」に集中している。これはすなわち、発達活動に使われる時間である（親がどのように時間を割り当てているかを調べている研究者はしばしば、『おやすみなさい おつきさま』時間と、子どもの物理的な世話に使われている時間――「おむつ時間」を区別している）。結局のところ時間投資における階級差は、幼年期早期に集中している。これはまさしく本章の前節で学んだ、親との時間が最も重要な意味を持つ時期である。図3・5は教育的背景の異なる親が、〇～四歳幼児の発達上の世話に費やしてきた時間の長期傾向を示している(62)。

一九七〇年代には、子どもがママやパパと過ごす時間において階級による違いは実質上存在しなかった。しかし二〇一三年には、親が大卒の幼少児は平均して、親が高卒の幼少児よりも一・五倍の『おやすみなさい おつきさま』時間を毎日得ていた。彼らはサーブとリターンの相互作用を、毎日四分の三時間近く多く得ていたということをこれは意味している。

大学教育を受けた母親は、それより教育水準の低い母親よりも家の外で働く可能性が高い。このことは子どもに使える時間を減らしてしまう――しかし、彼女らは同じように子どもに時間を使うパートナーを持つ可能性が高い、という事実によってこれは緩和される。さらに夫婦の中でも、大卒の親は集中的育児をより積極的に行う傾向があり、そこでは子どもに時間を費やすことと、父親も子どもの世話の責任を分かち合うことが強調されている。婚姻中の大卒の親は、子どもとの時間を犠牲とせずとも高い収入が得られるが、家の外で仕事

図3.5　幼児（0-4歳児）の発達上の世話に両親の費やした時間、1965-2013年

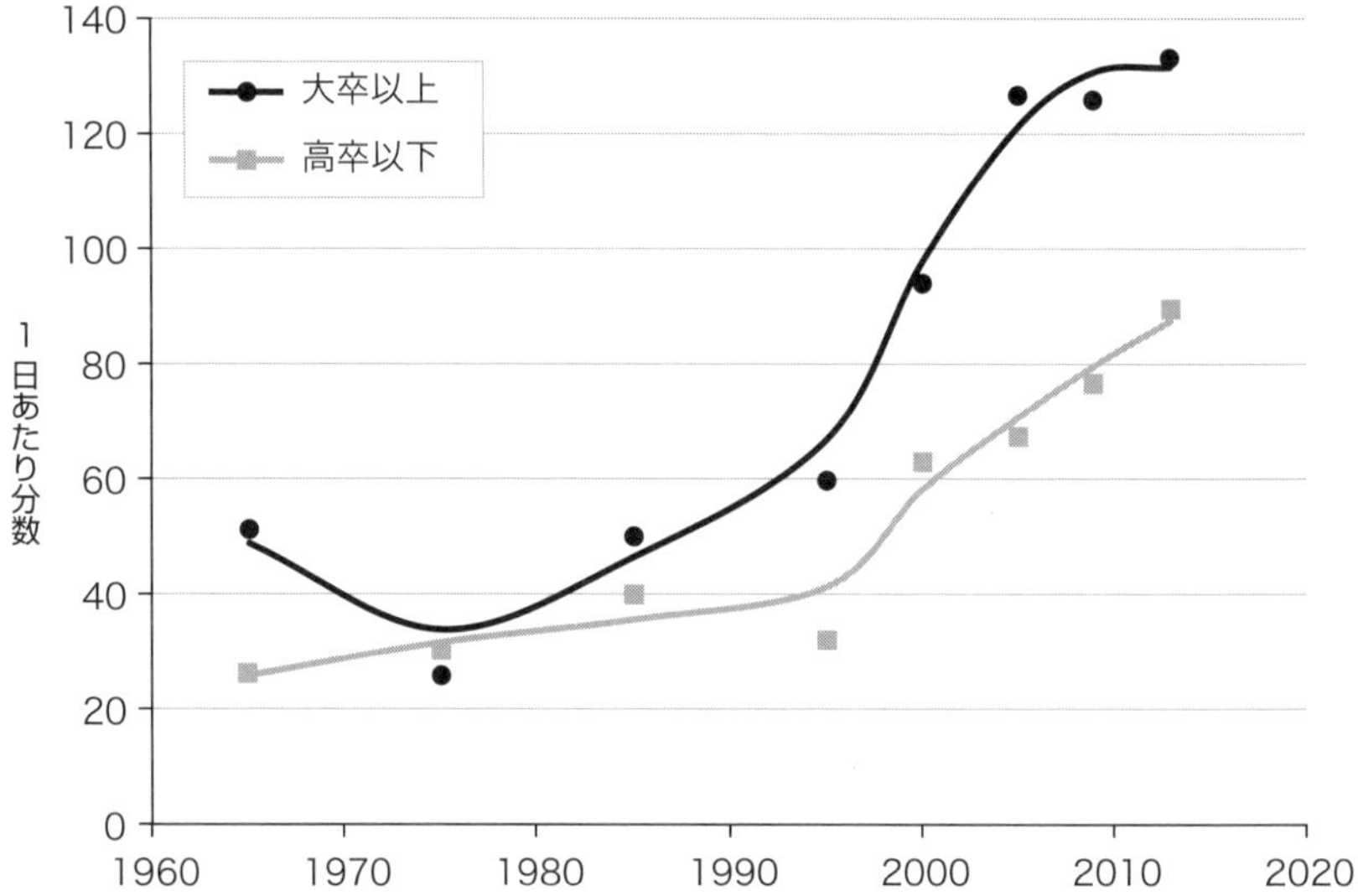

出典：Evrim Altintas, "Widening Education-Gap in Developmental Childcare Activities in the U.S.," *Journal of Marriage and Family* (forthcoming 2015).

をしている教育水準の低いシングルマザーは、ステファニーのようにひたすら生計のため懸命に働いており、これにより子どもに費やせる時間が切り詰められてしまう。したがって裕福で教育水準の高い家の子どもは、両方の世界から最大のものを得ている――金銭的な投資が多く（親にその余裕があるので）、そして時間的投資も多い（親が二人ともそれに優先順位を置くことができるので）――それに対し、下層階級の家の子どもが両方の世界から得られるものは最小になってしまっているのである。

教育水準の低い家の子どもは、親からの個人的な注意が行き届かないときに何をしているのだろうか。子どもが毎日を実際どのように過ごしているのかについての研究が示唆するのは、それに対する答えの最重要部分がテレビになっているということであり、家族での夕食について尋ねたときにちょうどダーリーンが言っていたとおりである。（デズモンドやアンドリューのように）よい教育を受けた親の子どもは、（ケーラやミシェル、イライジャのような）教育水準の低い親の子どもと比べてテレビを見て過ごす時間が少なく、読書や学習

に時間を使っている。[63] インターネットの拡大とともに、テレビは次第にウェブ上のエンターテイメントへと置き換わっているが、基本的な事実は変わらない。金持ちの子どもは対面時間が多いが、貧しい子どもはスクリーン時間が多いのである。

親以外による子どもの保育

大卒の母親の三分の一は今日、ベンドのパティやアトランタのシモーヌのように専業主婦だが、残りの三分の二は（高卒の母親の多くと同じように）何らかの日中保育を見つけなければならない。多くの研究に示されているのは、よい教育を受けたワーキングマザーの方が自分の子どもに与えている日中保育の質がより高い、ということで、その理由の少なくとも一部は、彼女らにそれを負担する余裕があるからである。結果としては、質の高い保育は一般に子どもの認知的、非認知的発達という点でよりよい結果を生み出すが、しかしその関係がどれほど強いものなのか、そして学齢が進んで行くにつれてそれが薄れていく傾向があるのかどうかについてはいくぶんの疑念の余地がある。よい保育は、よい育児ほどは子どもの発達に違いを生み出さないというのは驚くべきことではない――しかし平均すると、教育水準の高い親の子どもは両方からより多くを得ている。[64]
この階級格差もまた、専門の幼年向け認可保育所へのアクセスに関しては少なくとも拡大を続けている。過去一五年間にわたって〇～四歳児のいる母親は、教育水準の高い場合には子どもの世話においてインフォーマルなものからより専門的な保育を手当てする方向へと移行していったが、教育水準の低いワーキングマザーは親族（とりわけ祖父母）がまかなうものに強く頼るか、定期的な手当てが全く行えないようになっている。確かに、保育所の中には決して最高の質とは言えない保育を提供するものがあり、祖父母の多くもまた素晴らしい保育を与えているが、しかし一般的に言うと、施設ベースの保育の方が質が高い。まとめると、教育水準の高い母親は幼児保育のアップグレードをしてきたが、教育水準の低い母親はそうなっていないのが典型となっている。[65]
もう少し年長の子ども（四～六歳）の保育における階級差はさらに大きなものになっていて、大卒母親の約七〇％が施設ベースの、専門の保育を利用しているのに対し、高卒母親でのそれは約四〇％である。この階級差の方は、より年少の子どもの保育においての階級差が拡大しているにもかかわらず、近年安定的なものになっている。教育のある親は、四～六歳児の質の高い保育に対し、長期にわたって教育水準の低い親よりも多くの資源を費やしてきたのだが、近年では上層階級の親はその投資の際を、人生においてさらに早期の段階（〇～四歳）にまで拡大している――そしてまさしくこの段階が、最新の脳科学が発達において非常に決定的だと示唆しているものなのである。

　これら階級格差は、公的に行われる就園前《プレーK》教育を見たときにも広がっている。全米早期教育研究所によれば「四歳の段階の（公立および私立の）就園前教育への参加は所得水準の下位四〇％の家族では六五％だが、十分位最上位のものでは九〇％だった。三歳の時点では、州による就園前教育が提供されることはほとんどないが、低所得および中程度所得の家族での参加は約四〇％にすぎないのに対し、所得十分位最上位では八〇％である」[66]。すなわち子どもの発達に対する親の投資につき、どのような指標を利用しても教育水準の高く裕福な家庭の子どもは大きくリードしており、それはさらに広がってさえいる。

親のストレス

育児における日々の面倒事のストレスは高い。子どもの後片づけをし、何人ものスケジュールを調整しなければならず、プライバシーはなく、自分やパートナーのための時間も欠く。さらに、親は残りの生活からの通常のストレスにも対処しなければならず、それはとりわけ仕事からやってくるものである。毎日のストレスレベルが家族ごとにさまざまなのはもちろんだが、しかし莫大な数の研究が、親のストレスが敏感さや応答性に欠ける育児につながっていて、結果として子どもによくない結果をもたらすとしている。ストレスの高い親は、厳しいと同時に注意に欠けた親になっている[67]。経済的ストレスはとりわけ、家族関係を崩壊させ育児からの離脱やその一貫性のなさをもたらし、そして子どもの間での慢性的なストレスを直接的に高めてしまう。

　本書中のライフストーリー全てが例示してきたのは、経済的苦境が高ストレス下の育児へ、そして子どもの

図3.6　親の抱く経済不安においての階級格差拡大、1975-2005年

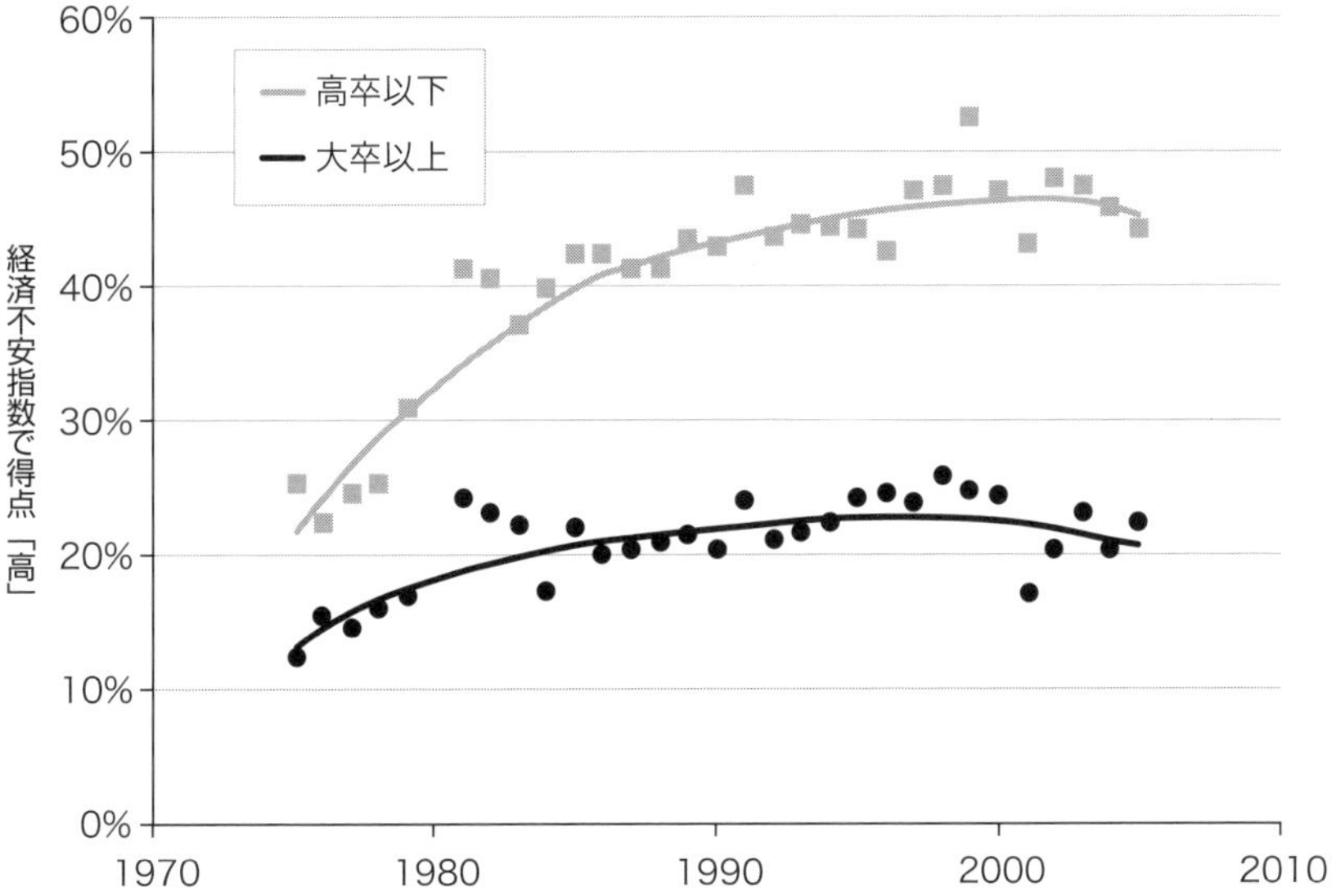

出典：DDB Needham Life Style surveys.

悪影響へと連鎖していく様子である。大不況《グレートリセッション》が作り出したストレスは例外的なまでに大きかったが、しかし図3・6が示すように、親の経済的ストレスに見られる階級格差は三〇年前から着実に増大していて、育児にも深刻な結果をもたらしている（ここでの経済不安とは、家族の所得や負債についての一連の質問から作られた指標で測定されている）[68]。ローラ・ブッシュ[訳18]が二〇〇七年にホワイトハウスで行われたアメリカの子どもの間で広がる階級格差をめぐる討論で述べていたように、「もし、いまの仕事をいつまで続けられるかわからなかったり、いまの家をいつまで持ち続けられるかわからなかったりしたら、子どもに投資するエネルギーは少なくなってしまうでしょう[69]」。

このファーストレディのコメントは、行動経済学者のセンディル・ムッライナタンとエルダー・シャフィールが二〇一三年の著書『欠乏』[訳19]で行った議論を先取りするものだった。欠乏の状況下にあると問題をつかみ、制御し、解決する脳の能力が鈍るようになる、と彼らは記す。それはたくさんのアプリを開きすぎたコンピュータが遅くなるようなもので、豊富な状況下にあるときよりもわ

れわれの効率性、有効性が低下してしまうという。貧しい親はスキルや忍耐、注意、そして献身に欠けているとしばしば理解されているが、それは実際にはそのような親の精神が高負荷状態の下で機能しているという事実に帰することが可能である。「よい育児には」と彼らは記す。「余裕の幅が必要となる。それは複雑な意思決定と犠牲を要するものだからである。子どもは自らの望まぬことをするように動機づけられなければならず、また面会予定を守り、活動を計画し、教師に会ってその所見を処理し、個別の指導や補足の支援を行うか手配して、その後は監督していかなければならない。これは誰にとっても、どんな資源を持っていたとしても困難なことである。余裕の幅が狭まっているときには、この困難さは倍増する」[70]。

先に論じた投資の格差（金銭、時間）は認知的発達に最も著しい影響を与える傾向がある。ストレスにおける格差はこれに対して、とりわけ子どもの社会情緒的な発達に重要であるように思われ、それには精神的健康が含まれる[71]。さらによくないことに、単身の親は、教育水準と所得を一定として見たときここで説明してきたような種類のストレスを経験する可能性が高く、結果として子どもに対し養育的、支援的な育児を行いにくい傾向がある[72]。アメリカで経済的な亀裂が広がっていることは、育児格差を直接的、また間接的に悪化させてしまうのである（家族構造への影響を介したものは第二章で論じた）。

祖父母による育児

祖父母は今日では、孫の人生にとって半世紀前に果たしていた役割よりも重要であることが多い。それは、祖父母が以前よりも健康で裕福になったからである[73]。しかし、この傾向の広がり方は上位層と下位層の家族では大きく異なっている。一般的に言うと、下位層の祖父母が提供するのは時間で、親の資源を置き換えるというのが大半であるが、対して上位層の祖父母は金銭を提供するのがほとんどで、これは親の資源を補完するものになっている。

全国的に言うと、祖父母が主たる養護者となっているのは子ども全体のうち四％で、イライジャのケースで起こっていたことがそれにあたる。このパターンは若くて未婚の、貧しく、教育水準が低く、失業中の親の間に集中しており、その祖父母の方もまた貧しく教育水準の低い傾向がある。主たる養護者を務めている祖父母の割合は一九七〇年と一九九七年の間におよそ倍増しており、その増加のほぼ全ては貧しい、また人種的マイノリティの家族に集中していた。

下層階級家族の崩壊が原因となって、こういったフルタイムの祖父母がますます親代わりを強いられるようになっている。これが提供してきたものは、貴重な人間セーフティネットとなっている――単身の親を持つ子どもが祖父母と暮らしている場合にはそうでないときと比べて、例えば抑うつに陥ることが少ない。次章で出会うことになるオレンジ郡の姉妹ローラとソフィアは、ドラッグ中毒の母親が亡くなったとき、幸運にも母方の祖父母に引き取られたのだった。しかし祖父母による肩代わりは、若く、貧しく、教育水準の低い（そして現時点でしばしば行方不明の）養護者を、年老いた、貧しく、教育水準の低い養護者に置き換えるにすぎないことが典型的である――これでは子どもにとっては得るものがそれほど大きいというわけにはならない（子どもにとっては祖父母からの養護を受けた方が、それが全くないよりも一層よい暮らしが送れるのは明白だが、しかし、自身の親が養護することができる場合よりもよい暮らしができるわけではない）。イライジャの苦境は、このような状況の実例となっている。祖父母による育児の肩代わりは、非白人の方でよく見られるが、しかし貧しい白人《プアホワイト》の間でより急速に増加している。上位層の家族ではそれと対照的に、祖父母による育児肩代わりはめったに起こらずまた増加してもいないが、その階層では壊れた家族の数が相対的に低く、また減少していることが理由である。

今日の上位層の祖父母は、一世紀前にその立場だったものより裕福となっている。このことは孫が既に親からも得ている経済的資源を、彼らが（単に肩代わりするのでなく）補充することがますます可能となった、ということを意味する。したがって上位層の子どもは下位層の子どもたちよりも、祖父母からの経済的支援を得られる可能性が大きく、しかも彼らにその必要はないことが多いにもかかわらずそうなっているのである。すなわち、祖父母による育児を計算に入れることで、若年層の階級格差増大が強化されてしまっている。

本章を閉じるにあたり、三つの注意点を示しておきたい。

まず、最近多く耳にするようになったものとして、「ヘリコプターペアレンツ」や「過保護《オーバーペアレンティング》」というラベルがつけられた、過度の育児がある。[74] 子どもも、はたで見ている人間のどちらもいらいらするようなこういった現象の実例が折に触れ見つかることは確かだろう。しかし過度の育児と、不適切な育児を不正確に等価のものと見なすことは誤解を招くものである。不適切な育児に結び付けられるたくさんの害悪へ近づいていくような何かが、過度の育児によって生み出されているということを示す確実な証拠はない。さらに、過度の育児に問題があったとしても、その解決策は親自身の手に握られているが、不適切な育児の問題についてそれは真実からはほど遠いと言える。

第二の点として、ここでまとめた研究では親の社会階級（とりわけ教育）と育児実践の間、そして育児実践と子どもの帰結との間に頑健な相関関係があることが確立しているが、それらの相関関係が疑問の余地なく因果関係である、ということを証明したような研究は比較的少ないということがある。引用した研究では全て、注意深い統計学的統制が行われ疑似相関を排除することを目指しているが、無作為配置された実験デザインを用いることは典型的ではなかった。すなわち、これらの証拠は全般に「先端水準《ステートオブジアート》」のものではあるが、この領域の最先端は完璧なものではない。このような欠点は、科学的な注意深さを欠いている、ということを意味はしない。科学者がラットの赤ちゃんに行うように、子どもをランダムに親に振り分けるような研究実施の許諾が容易に得られるようなことはないのである。

第三に、育児で見られる階級に基づいた差異は、貧しく教育水準の低い親に生まれた子どもにハンディキャップをつける唯一の要因ではない。物質的な欠乏――例えば貧しい栄養状態、不適切な健康管理、含鉛塗料のような環境リスクへの曝露――は、子どもの知的、情緒的な発達に対して強い長期的な影響を与えうる。[75] 逆に言えば、貧しい家族に単に金銭を与えることで、子どもの学業また社会的パフォーマンスが向上しうることを、いくつかの質の高い実験研究が示している――すなわち、金銭には意味がある。[76] 理想的な育児によって、親の貧困が子どもにもたらす全ての悪影響を埋め合わせることはできないし、さらには拙劣な育児によって、親の裕福さや教育がもたらす有利さの全てが無効化されることもない。

そうはいっても、最良の科学的証拠によって確認されているのは、アトランタの三家族が例示する育児パターンが、アメリカ中で広く見られる傾向を代表しているということである。貧しい子どもが直面する不利な立場は早期に始まる根深いもので、子どもが学校に行くようになる以前に堅固に確立してしまう――そしてこの学校が、次章の主題となる。


[訳1]「ニューサウス」とは、農業を中心とした経済から脱却し発展した南部の諸都市を指す。「サンベルト」とは、米国南部の日照時間が長く温暖な帯状地帯のこと。

[訳2]両者ともマーガレット・ミッチェル『風と共に去りぬ』の主要登場人物。

[訳3]UPSは大手の貨物運送会社。ホームデポは住宅資材等、いわゆるホームセンターの大手。疾病管理センター（CDC）は感染症対策を主導する機関として一般の知名度も高い。

[訳4]米語で黒人等マイノリティの居住地域を、ユダヤ人居住区を指してきた言葉から転じて「ゲットー」と呼ぶ。しばしば貧困下にあり、「スラム」に近い意味を持つ。

[訳5]ニューヨークのマンハッタン島を出て、ハドソン川対岸のニュージャージーに移ったということ。

[訳6]南米にある共和国で、元オランダ領ギアナ。

[訳7]アルコア社はアメリカの大手アルミ企業。

[訳8]フランクとジョーのハーディ兄弟が活躍する、アメリカの児童向け推理小説シリーズ。

[訳9]ＰＴＯ（Parent Teacher Organization）とは、（全国）ＰＴＡの傘下にあるわけではない、学校単位のボランティア組織を指す。ＰＴＡがＰＴＯに置き換わっていった可能性について、パットナム『孤独なボウリング』第三章（訳書六三頁）に議論がある。

[訳10]「モーゼの十戒」（『出エジプト記』第二〇章）にある「汝姦淫するなかれ」、およびそれに基づくキ

リストの説教（山上の垂訓）をふまえている（『マタイによる福音書』第五章参照）。

［訳11］ウージーはイスラエルＩＭＩ社製の短機関銃。

［訳12］一九五〇～六〇年代に放映された、当時の白人中流家庭を描くホームコメディ *Leave It to Beaver*（邦題『ビーバーちゃん』）にちなむ。ビーバーは一家の次男の愛称。

［訳13］フッド（'hood）はneighborhoodに由来するスラングで地元やストリート、あるいはゲットー（本章［訳4］）を指す。この言葉に関連して、ストリートギャングの社会関係資本的考察については『孤独なボウリング』第一八章（訳書三八六頁）を参照。

［訳14］クローガーはアメリカの大手スーパーマーケットチェーンの一つ。

［訳15］この尺度の日本語版を用いた研究としては下記などがある。松浦直己・橋本俊顕「発達特性と、不適切養育の相互作用に関する検討：女子少年院在院者と一般高校生との比較調査より」『鳴門教育大学情報教育ジャーナル』第四号、二〇〇七年、二九～四〇頁。

［訳16］K-12はアメリカの学制において幼稚園（Kindergarden）から小中高一二年間の、公的な初等・中等教育期間を指す。

［訳17］『おやすみなさい おつきさま』（*Goodnight Moon*）は、マーガレット・ワイズ・ブラウン作、クレメント・ハード挿絵の一九四七年刊の絵本で、ベッドで子どもに読み聞かせる古典的代表作品と見なされている。

［訳18］米国第四三代大統領ジョージ・W・ブッシュ（在任二〇〇一～二〇〇九年）夫人。

［訳19］邦訳は『いつも「時間がない」あなたに――欠乏の行動経済学』（大田直子訳、早川書房、二〇一五年）。

第四章
学校教育

リチャード・ニクソン、ディズニーランド、ボトックス、そしてテレビ番組『リアル・ハウスワイブス』のご当地[訳1]であるカリフォルニア州オレンジ郡が数十年にわたって意味してきたのは、裕福で白人中心の保守的な郊外地域、といったところだった。海岸に並んだ絵に描いたような都市と数百万ドルの豪邸は、かの有名な、年間を通じての陽光を浴び輝いていた。北側をロサンゼルス郡、南側をサンディエゴ郡に挟まれたそこは、現実離れした豪奢さと、ローフード生活にはげむ自慢の妻《トロフィーワイフ》の発祥地だった。

しかしそのようなイメージは、過去四〇年間を通じた大規模な人口変化によって次第に変容してきた。一九七〇年よりオレンジ郡の人口は二倍以上の増加を見せ、三〇〇〇万人を超えた。この郡は国内でも六番目に大きな人口を持ち、また絶対数においても成長の速度も六位となっている。この成長の多くは移民によるものであり、ある評者はオレンジ郡を「二一世紀のエリス島」[訳2]と名付けている。[1] 二〇一三年には、家庭において英語以外を話す郡内人口の割合は四六%となった。[2] ラティーノ系移民は現在人口の三分の一以上を構成しており（一九八〇年には一五%足らずだったところから上昇した）、郡内の幼稚園から高校までの児童生徒の半数近くを占めている。

オレンジ郡には三四の自治体があるが、その多くは全くかけ離れたものである。ある地域人口学者によれば「貧困地域と大富裕地域があり、中間は少ない」[3]。例えばラグーナビーチは九一％が非ヒスパニック系の白人で占められ一人あたり所得は八万四〇〇〇ドルだが、郡庁所在地でちょうど二〇マイル〔約三二キロメートル〕の距離にあるサンタアナは、九五％がヒスパニック系（五〇％は国外出身）で一人あたり所得は一万七〇〇〇ドルである。

オレンジ郡のラティーノの大半は、郡北部の内陸の谷地にある貧しい都市に居住しており、サンタアナもそれに含まれる。ネルソン・A・ロックフェラー行政研究所の二〇〇四年の報告書はサンタアナをアメリカで「最も困難を抱えた都市」としたが、その理由は失業率の高さ、貧困率の高さ、低教育の人口、そして過密な居住環境による。オレンジ郡のラティーノ系住民は他地域と比べて貧困下で暮らしているのみならず、路上の暴力やギャング活動のただ中にもある。サンタアナだけで、二九のストリートギャングの本拠地なのである[4]。

しかし、上方移動するラティーノ系中間階級の多く（移民の第二、第三世代が大半である）は、ロサンゼルスやオレンジ郡の貧困ラティーノ系地域から、オレンジ郡でも以前は白人コミュニティであった場所に急速に移り住んでいる。一九九〇年から二〇一〇年の間に、郡内にある白人を中心とした豊かな各都市におけるラティーノ系住民の割合は増加した。フラトン北部にはカリフォルニア州立大学フラトン校が置かれており、世帯所得の中央値は二〇一二年におおよそ一〇万ドルだったが、ラティーノの割合は一〇％から二五％へと二倍以上になった。フラトンはオレンジ郡において最も裕福な場所であるというわけでは決してないが、これらラティーノ系住民を呼び込んだものは明らかである。それは質の高い学校、経済の好況、そして文化的多元性の豊かさがますます増大していることによる。このような人口変容がもたらした総体としての結果は、オレンジ郡のラティーノ系コミュニティ**内部**での経済的不平等の増大が過去四〇年で進んだことであり、それは、アトランタの黒人コミュニティ**内部**で起こったことと全く同じである。年収二万五〇〇〇ドル（インフレ調整ドル）以下で暮らすラティーノ系家族の割合は一九七〇年と二〇一〇年の間で倍増近くの、一三％から二五％になり、これと同じ期間に一〇万ドル以上で暮らす割合も一二％から一七％になった。すなわち、現在のオレンジ郡は、より貧しいラティーノ系と、より裕福なラティーノ系の**両方**の存在する地になっているのである[5]。

表 4.1　トロイ高校とサンタアナ高校の特徴、2012 年

	都市	トロイ高校（フラトン市）	サンタアナ高校（サンタアナ市）
	生徒数	2565	3229
学校資源	生徒 1 人あたり支出	10,326 ドル	9,928 ドル
	教員の平均勤続年数	14.9	15.0
	修士号を持つ教員	69%	59%
	生徒―教員比	26：1	27：1
	進路カウンセラー	5	7
	スポーツ・芸術・外国語の課外活動数	34	16
生徒コミュニティ	給食費無料・減額対象生徒（家族の貧困度に基づく）	14%	84%
	ラティーノ系比率	23%	98%
	英語能力不足	4%	47%
	統一体力テスト全 6 種目合格	70%	32%
結果	卒業率	93%	73%
	カリフォルニア州学業達成指数（API）（1000 点満点）	927	650
	カリフォルニア州全高校と比較したときの API	上位 10%	下位 20%
	SAT 受験率	65%	20%
	SAT 平均点	1917	1285
	不登校率	2%	33%
	生徒 100 人あたりの停学者数	3	22
	オレンジ郡全 67 高校総合ランキング[6]	3	64

この不平等は、オレンジ郡内の学校にもまた現れている。「入力《インプット》」指標（表4・1を参照）が示すものでは驚くほど似ている二つの高校を取り上げよう。フラトンのトロイ高校と、サンタアナ高校である。これら二高校で、生徒一人あたりに費やされているものは同等で、例えば生徒―教員比率や、進路カウンセラーの数、また教員の質を示す二つの標準指標――受けた教育と経験、にそれが現れている。トロイ高校はサンタアナ高校よりも課外活動のメニューが豊富だが、あとで見るようにこの差は私募の募金によって説明でき、校区によって予算投下が異なるわけではない。学校システムによって統制できることが明白な指標――予算、教員の量と質、そしてカウンセリング――にお

いて、この二つの学校はほぼ似ているように見える。

しかし、この二校についてどう見ても似ていないのは生徒の人口特性で、それは貧困率、人種的背景、英語能力、さらには身体的健康に及んでいる。サンタアナの生徒は圧倒的に貧しく、ラティーノ系に偏っていてスペイン語話者が多く、それに対しトロイ高校の生徒は人種的に多様で、経済的にも上の出身である。さらに顕著なのは、二つの学校の「出力《アウトプット》」指標を対比したもので、卒業率、州全体から見た学業達成およびSAT[訳3]スコア、不登校や停学率にそれが示されている。サンタアナの生徒は、トロイの生徒と比べて中退が四倍多く、不登校や停学はおよそ一〇倍多く、一方でSAT受験は三分の一にすぎない。SATを受験した場合もそのスコアの平均は全国で下位四分の一に位置し、対してトロイでのSAT受験者の平均は上位一〇〜一五％に位置している。

本章では、二つのメキシコ系アメリカ人家族の子どもたちに会い、これらの二学校での直接の体験を語ってもらう。イザベラとその両親のクララとリカルドはフラトン北部に住み、トロイ高校からちょうど数ブロックのところにいる。そしてローラとソフィアの二姉妹は、サンタアナ中央で祖父母に育てられ、これもまたサンタアナ高校から数ブロックのところだった。(7) 彼らのストーリーは、家族、経済、人種そして学校をめぐる全く異なった傾向が、いかに子どもの機会に影響するのかに関して多くのことを明らかにする。

1　クララ、リカルドとイザベラ

クララ、リカルドはどちらも五〇代で、成長期の一九七〇年代はロサンゼルス・サウスセントラル[訳4]地区のヒスパニック系ゲットーで過ごした。一九九〇年代までに職業人として成功した彼らは、安全な居住地域とすぐれた学校を求め、成長中の家族とともにフラトンに転居した（マイケルは現在二七歳、イザベラは現在二〇歳。そしてガブリエルは現在一五歳）。現在、彼らは平穏な袋小路《クルドサック》に面した大きな牧場《ランチ》スタイルの住宅に住み、オレンジ郡の中間階級にうまく溶け込んでいる。家にたどり着くには、車で丘に分け入り、ヤシの木林、高級なショッピングプラザ、そしてスペイン風コロニアルスタイルの邸宅を通過していく。おおよそ上層中間階級、アングロサクソン系の居住地域であるが、ここに住むラティーノは、白人住民よりもさらに裕福な傾向さえある。[8]「ここの人はみな親切で、信頼できるの」とイザベラは後に語ってくれた。「安全な地区だからね」。

面会をしたのは快適なリビングで、目の前のガラス扉の向こうには中庭《パティオ》、澄んだ青いプール、そして色彩豊かな庭園が広がっていた。ダンス衣装に身を包んだイザベラの写真が、グランドピアノの上で目を引いた。隣接するダイニングは会話や宿題のできる落ち着いた空間を提供しており、トロイ高校からの避難所のような環境になっていた。三人の子どもは全てそこに通っているが、クララの言うところでは不安でおののくようなところで、生徒たちはSATで最高点を出すことを競い、ハーバードやスタンフォード、NYU《ニューヨーク大》に照準を定めているのだった。子どもたちがここで経験しているものは、一世代前のロサンゼルス・サウスセントラル地区でクララとリカルドが成長したときのものとは全く異なっている。

クララとその双子のきょうだいのフランシスコは、小さなメキシコの村に生まれ育った。父親は第二次世界大戦中、単身で季節労働者《ブラセロ》としてカリフォルニアに来て鉄道建設に従事していたが、クララとフランシンスコが八歳のとき、家族全員（この双子と母親、そして兄二人）を連れて合法移民としてロサンゼルスに移り住んだ。家族の持つ資産は乏しかったので、最初に落ち着いたのはワッツという、貧困にあえぎギャングののさばる、大半が黒人の居住地域だった。色白のヒスパニックとして目立っていたので、クララの鮮明な思い出の中には、学校から家まで黒人の子どもたちに、高速道路の暗い高架下を家まで追いかけられたというものがある。もっともそうは言っても彼女の思い出の中には、自分ときょうだいが、親切な黒人教師に時折家まで連れて帰ってもらったというものもあった。より安全を求め、家族はサウスセントラルやロサンゼルス南東部を移り住んだが、それは常に貧しい、大半がラティーノ系の地域だった。「低収入で、ドラッグであふれるようなコミュニティで育ちました」とクララは言い、中学や高校の同級生の多くは、シンナーを常習して「ふらふら《フライド》」になっていたと付け加えた。

ラティーノ系ギャング――クララの呼び方では「ゴキブリ」――が、彼女ときょうだいが通っていた学校を支配していた。

ギャングメンバー［志望］の参加儀式《イニシエーション》を目にしました。ギャングのメンバーから、ひどいめった打ちにあうんです。「お誘い《コーテッド》」という言葉でした。お誘いを受けると、二分とか三分とか測られて、やり返してはいけないの。もし倒れたらもっと痛めつけられることになるし、立ち続けて血まみれアザだらけになっていれば、タフだって示せることになる。男の子でも女の子でもね。当時は単なる素手の殴り合いでたまにはバット、ということもあったかしら。最近ではそういうギャングに参加したかったら、街中で人を撃つんです。たまたま居合わせた何の罪もない人を、ということもあります。私たちの文化の中にそういうものがあることが、本当に恥ずかしい。

現在では児童ソーシャルワーカーであるクララは、そのようなギャング文化が自分の通っていた学校になぜ根付いていたのかについて、しっかりと構成された概念で捉えている。「家族の凝集性の欠如から来ているのだと思います」と彼女は言う。「コミュニティにいる多くの家族が機能不全に陥っていました」。
クララの両親は、どちらもメキシコでは三年生や四年生から先に進まなかったが、子どもたちに惜しみない支援を与え、また強い勤労観の手本となった。学校でしっかりとやることの大切さを力説し、大学がどんなところなのかについて全く知らなかったにもかかわらず、クララとフランシスコが専門的な職業に就くように励ました。子どもたちは、経済的なストレスからも守られていた。クララの思い出では、父親がたまに週末のイチゴ摘み取り作業にみなを連れて行き、それを家計の足しにしたことがあったが、それでも彼女は自分の家族が貧しいと思ったことはなかった。彼女の兄たちは政治的、文化的に洗練されていて、彼女も成長すると外国映画を見に行ったり、文学論議をしたり、そして彼女が言うには「ボブ・ディランやジョーン・バエズ［訳5］を聴いたりしてました」。

クララときょうだいのフランシスコはロサンゼルスの、彼女の表現では「すごく大変な」学校に通ったが、二人は飛び抜けて優秀な生徒で、力強い、慈愛にすら満ちた支援を黒人、白人双方の教師たちから受けた。その現れとして、クララとフランシスコが恵まれない出身であることを知って、週末には教師が自分の家族と一緒にディズニーランドやナッツベリーファーム[訳6]に連れて行ってくれることもあった。「この人たちは、われわれのロールモデルであり、指導者でした」とクララは言う。「私たちは言ってたんです。『勉強をがんばって、自分に挑戦していかないと。だってこんな場所から出て行かなきゃいけないんだから』って」。

クララとフランシスコは良心的で面倒見のよいカウンセラー・指導者《メンター》を学校で見つけ、大学に——クララの場合には大学院まで——行く奨学金支援が受けられるよう支援してもらった(9)。現在ではどちらもオレンジ郡で成功した専門家——クララはソーシャルワーカー、フランシスコはファイナンシャルアドバイザー——となっている。「私のコミュニティをよくしたい、と思います」とクララは言い、自分の職業選択について説明する。「ギャングやドラッグに向かう子どもたちが少なくなるように、と」。

クララとフランシスコのストーリーは、移民第二世代の間での上方移動をめぐる古典的な事例となっている。「家にいるときは、本当にメキシコ風なんですけど」とクララは自分たちの同化について語る。「仕事のときには、完全にアメリカ化していますね」。両者とも子どもたちに、自分たちの育ってきたいまなお不愉快な場所をあえて見せるようにしている。「たった一世代で、こうやって飛び上がることができる」とフランシスコは自分の子どもたちに諭す。「でも一世代で、元に戻ってしまうこともできるんだ」。

地方の有力大学を卒業し、最初の結婚の失敗に苦しみ、そして数年間を（マイケルの）シングルマザーとして自活したのちに、クララは高校卒業一〇年目の同窓会でリカルドに出会った。彼らは結婚し、その後数年のうちにさらに二人の子のイザベラとガブリエルが生まれた。結婚のはじめの数年間では、クララは地域の病院にて急速に拡大する社会福祉プログラムの策定に携わり、その後は民間の心理療法事業に転じて成功をおさめ、一方でリカルドの方は建築家として成功したのち、大手の非営利事業でプロジェクトマネージャの役割を担った。イザベラが学齢に達したとき、クララとリカルドはよりよい、安全な学校を求めてフラトンに転居した。

クララはこう説明する。

ロスでは、中間階級だったり、専門的な仕事をしているヒスパニックの大半は、よい学校のあるところに転居します。それは自分たちの大半は都市中心部《インナーシティ》で育ったので、［自分たちの子どもが］何に触れることになるかよくわかっているからで——ギャングに、暴力に、おそらくは低水準の教育、残念なことだけれど。そういうところでは、教師がしているのは基本的に生徒を管理するだけ。自分たちの子どもに何を望むのか、私たちは正確に理解していました。アイビーリーグ校[訳7]に行くような子どもたちと、競い合ってほしかった。だから私たちにとっては、何をおいても子どもたちの教育、教育、教育です。

彼女は続けて、結局いかにして現在住んでいる地域に落ち着いたのかについて語った。

ぜひここに住もう、と決めたのは、トロイ高校に通えるからです。夫と私は、この高校とそこのＳＡＴ得点をよく確認しました。小学校レベルの標準テストもチェックしましたが、小学校の先生たちが熟練していて、意欲的なのかどうか知りたかったのです。
幼稚園でさえ、全ての先生に話を聞きました。だって安くないのですから。ここで私立に通わせると、月に七〇〇ドルから九〇〇ドルかかります。教師がどんな教育を受けてきたのかとか、子どもたちをどんなふうに扱って、きちんとしつけているのか、要は万事が社会的な能力ですけれど、あと教室運営の様子とかを知りたかったのです。幼稚園がきれいで、子どもに対する十分なスタッフが常時いるかもちゃんと確認したかった。子どもとその家族の構成も、私には大事なことでした。［自分の子どもには］ちゃんとした言語能力の発達を望んでいたんです。

イザベラが幼稚園に入ったとき、その教師が教え始めて一年目で「あまり上手でない」ことがクララにわかったので、彼女は助けていこうと決めた。「親として、私たちには何ができるでしょうか」と彼女はその教師に尋ねた。「娘の先生として、あなたがうまくやっていくためにです」。そのうち、彼女自身が教室の中に積極的に関わっていくことにした。その年は少なくとも週に一回、ガブリエルのためにベビーシッターを雇ったので、教室でボランティアをすることが可能となった。彼女がその学校に注力したのは、そこでは英才教育《ギフテッド・アンド・タレンテッド》（GATE）[訳8]プログラムが提供されていて、子どもたちが参加することを希望していたからだった（そして、彼らは参加することになった）。彼女はまた事務室の女性たちとも知り合いになるようにした。「いつ電話をして娘について聞いても」と彼女は言って、自分の戦略を説明する。「私が誰だかわかっていますから」。

自分の子どもを育てる上での力の入れ方の度合いで、クララは（ポートクリントンの）ウェンディや（アトランタの）シモーヌといい勝負である。子どもたちが学校に通っていた期間、彼女は非常勤でしか働かなかったが、それは彼女の優先事項——「私の最大の挑戦、最大の成果、私の遺せるもの」——が、子どもたちのためにできることは全てする、ということだったからだった。幼稚園に入る前から既に、彼女とリカルドは子どもたちへの読み聞かせに膨大な時間を使っていた。「幼稚園にいたときまでに」と彼女は言う。「ドクター・スース[訳9]は読んでいたし、一〇〇まで数えることも、自分の名前を書くこともできて」。一家は夕食をともにとることを常にしていた。

夏になると、クララは計算と読み書きのワークブックを子どもたちにやらせ、カリフォルニア大学アーバイン校やカリフォルニア州立大学フラトン校で開かれている教室にも連れて行った。「それもここに越してきた理由でした」と彼女は言う。「大学がすぐ近くにあって、子どもたちの年齢向けのコースが行われていたことも知っていたので。子どもたちが一年分は先に進めるように、できることは何でもしました。子ども三人ともいつも、一学年か二学年は上と判定されていました」。

2　トロイ高校

イザベラとそのきょうだいみなが通ったトロイ高校は、家からちょうど丘を下ったところにある。トロイ高は公立のマグネットスクール[訳10]で、学業面の指標の大半はずば抜けている――二〇一三年には『ニューズウィーク』誌が、全米第四七位の高校としていた。学区外の子どもは競争率の高い入試を受けなくてはならず、クララによれば、毎年数千人の受験生の中から約四〇〇人しか選ばれないとのことである。トロイでは難度の高い理工系コース（別名トロイ・テック）や、ほぼ同等に難度の高い国際バカロレア・カリキュラム、またそれと並んで何十ものAPコースが提供されている[訳11]。この学校は科学オリンピックや学術十種競技《アカデミック・デカスロン》といった全国競技会の常勝校で、またコンピュータ科学のカリキュラムは、世界でも最高のものとの呼び声もある。卒業生の九九％は大学に進学するが、その内訳は七六％が四年制で、二三％がコミュニティカレッジである。生徒の出身母体は人種的に多様で、四六％がアジア系アメリカ人、二四％が非ヒスパニック系白人、二三％がラティーノ、そして六％が黒人、および人種の入り交じったマイノリティであるが、生徒の社会経済的出自という点からの多様性はずっと低い（表4・1で見たとおりである）。

イザベラはこの学校に対して完全に熱を上げている。「先生はみんなすごいの」と彼女は言う。「いつもそばにいて、助けてくれる」。彼女のクラスメートであるキラともわれわれは話をしたのだが、思いやりのある教師たちの様子についてその詳細を付け加えてくれた。彼女が一年生のとき、父親が最近亡くなったことを英語の教師が知って、救いの手をさしのべてきた。「先生はそのことについて私に話しかけてくれて」と彼女は言う。「そして言ったの。『誰か必要になったら知らせてね』って。昼休みに先生の教室に行って、話すことができた。いまでも彼女と話してます」。

トロイの生徒の質とそのカリキュラムによって、勉学上の雰囲気は非常に競争的なものとなっている。クララの答えてくれたところでは、年長の方の息子の卒業クラスでは、一五人の生徒がSATで二四〇〇点を取ったーーすなわち、満点ということである。イザベラが強調するのは、トロイが生徒たちにとって圧力鍋になっているということである。

友だちの中には、一年生のときからSATの準備を始めているのもいた。二二〇〇点取っても、半分は「帰ってもう一度受けなきゃ」って言うような。みんなが大事な友達だったけど、そんな風に感じるときもあるわね。そういうことの何がよくないって、上位一〇〜一二％にいなきゃいけないというのは、ほとんど諸刃の剣みたいだってこと。Bをとったらしくじったって思われるんだから。

この八月にはむかし出ていた授業に行って、三年生に大学の出願について話をしたんだけれど、ああいう環境に今回戻ってみると、確かにそれを感じるの。中に所属しているときには、そういうことはちゃんと考えないいんだけれど、戻ってみると確かに、みなが自分自身にかけているプレッシャーを感じる。トロイでは、ぐつぐつと煮えたぎる中にいるのね。

課外活動への参加についてすらも、非常に競争が激しいものだった。イザベラは文才があるのだが、学生新聞の仕事に応募したときにそのことを知った。「新入生のときに応募者は面接を受けるのだけど」と彼女は言う。「それで私が面接を受けたときには、自分自身準備ができていなかったのね。五〇人が面接を受けて、二人しか採用されない。これはすごく名誉のあることで、そういう子はバークレーとかスタンフォードとか、そういう最上位校のジャーナリズム専攻に進んでる」。

ステレオタイプ的には、オレンジ郡の高校で競っているといったらそれはおしゃれな服とか高級車のことだろうが、トロイ高校のそれはイザベラの主張では「そんな感じではなくて。ほとんどは勉強面での圧力のこと。他の学校で、誰かから『ガリ勉《ナード》』なんて呼ばれたらそれは侮辱だと思うけど、トロイでは全くそうじゃない。上を行きたくて……誰かの上を行くなんて言いたくないんだけど（笑）、人と同じくらいには、ね」。

トロイでの競争のプレッシャーがどこから来たのか、というのは興味深い質問だった。イザベラが言うには、両親からは自分もきょうだいもプレッシャーをかけられなかったとのことである。「二人とも、私たちにいつも望んでいたのは可能な限りのベストをちゃんと尽くすということ」と彼女は言う。「それでもし最高の成績がとれなかったとしても［きっと言われたのは］、『でも、ベストを尽くしたんでしょう。次にがんばればいいのよ』って」。その一方で、彼女もその母親の方も説明するのは、他の親が自分の子どもにかけているプレッシャーが学校中に広がっているさまだった。

「もうね、タイガー・ママですよ！」［訳12］というのが、クララが母親仲間を一言で形容するのに使った言葉である。「子どもがテストで期待していた点が取れなかったら」とイザベラが説明する。「その子が家に帰りたくないのは、親が待っていてこう言うから。『それで、点数を見せて。何がダメだったの？　今回うまくできなかったのはなぜ』って」。更に付け加えて「上位校に入れるようにしっかりやれ、と家からのプレッシャーを受けている子は多かった。そして自分自身にも、しっかりやりたいというプレッシャーをかけたりする。うまくやっている他の子と競っているときなんかは特に。それでバーが高く上がっちゃって」。

結果として、イザベラの言葉では「みな終始ストレスを受けている」。彼女もクラスメートのキラも、典型的な学校の一日をそれぞれ別々に語ったのに、使ったのはほとんど同じ言葉だった。午前七時に学校到着、授業と、放課後のスポーツその他の課外活動が午後四時か五時まで、そのあとは夕食後の宿題が四～六時間続き、そうすると夜の睡眠時間に五～六時間しか残らない。「競争じゃないんだけど」と、イザベラが睡眠について語る。「でも言っていたのは『六時間しか寝られなかったよ』『えー、私なんか四時間よ！』って。高校時代の方が、大学にいるいまより徹夜してた」。キラは言う。「ロボットモードになってるから、そんなんじゃ何にも楽しめない」。

クララとリカルドは、できるだけ宿題を手伝った。「夫が数学の宿題を見る係で」とクララは言う。「みんな高校に行っている間は、作文で助けが必要なら、彼が文章を見てやって、あとは数学と。初歩のうちは、易しいものは私がやっていたのですけれど、高等数学になってしまったから、彼に交代して」。しかし彼らはまた、子どもたちに背伸びしすぎることのないようにも促しており、それにはイザベラが新入生のときにとっていた数学の授業の例がある。「夫と私で学校公開に行ったとき」とクララが言う。「教科書を見たら、全然わからなくて。それで夫が言ったんです。『落としなさい』って。もう私たちには中国語みたいに見えて。これでは助けられなかった。あの子も授業が嫌いで、それで思ったんですよ。何でわざわざ、この子が不可を取るよう仕向けないといけないのって。だから『落としなさい』と言いました。それで娘も授業を取るのをやめたんです」。

トロイにいる他の多くの親と同じようにクララも、学校や周辺のコミュニティにずらりと並んだ課外活動という強みを子どもたちが最大限に活かせるようにした。「サッカー、野球、ガールスカウト、アート、ピアノ、ダンス」と、彼女が並べ立てるのは、毎日の通学と週に一度学校まで昼食を運んでいくのとは別に、定期的に運転して子どもを連れて行っていた活動先の一部である。「一八ヶ月で三回スピード違反の切符を切られて、どこにでも行きましたから！」。

トロイ高には一〇〇以上の課外活動クラブがあり、それぞれに専属の顧問と、最低一〇人の活動メンバーがいる——そして、これに運動クラブは入っていないのである。選択肢には以下のようなものがある。アムネスティ・インターナショナル、アニメクラブ、アーチェリークラブ、チェスクラブ、コプト教クラブ、演劇クラブ、ゲイーストレート同盟、iStock投資クラブ、生ける詩人の会《ライブ・ポエッツ・ソサエティ》、数学クラブ、ムスリムクラブ、ポリネシアクラブ、軍人奉仕会《サーヴ・ア・ソルジャー》、ワールド・ヴィジョン、アメリカ青年自由連合《ヤング・アメリカンズ・フォー・フリーダム》。トロイはまた毎年、あらゆる種類のチャンピオンチームや団体を輩出しており、それはバンドやバスケットボール、合唱、クロスカントリー、水泳、テニス、水球、レスリング、そしてシロフォンに及ぶ。「私たちのダンスチームだって、毎年全国大会に行ってるのよ」とクララは誇らしげに語る。

ランニングは、イザベラのお気に入りの課外活動だった。「チームとコーチたちが本当に好きで。というのもいつも学校がすごくストレスだったから」と彼女は言う。「放課後に、練習の時間を取って、ただ息をつける、というのがいつだって本当によかった」。彼女は付け加えて、自分がクロスカントリーチームの副キャプテンだったことと、ビデオ版卒業アルバムのための台本も書いたことに触れた。

トロイがこのように驚くほど広範な課外活動を提供できるのは、親や地域の人々による、積極的な募金活動があるからである。多くの活動には、それに付随している後援グループがある。クララは、他の親と同様に自分たちも定期的に学校に寄付をしていると説明する。「それだから、理工コースの生徒全員がノートパソコンを手にできるのだし、小学校でだって」とクララは言う。「親は、子どもたちがテクノロジー面での備えをちゃんとしてほしいと思っていますから。女友達のサマンサは、小学校に一〇〇〇ドルの寄付をわけなくするのだけれど、それは彼女がその方が安いと思っているから――娘が私立に通っていて、それは一年に一万二〇〇〇ドルから一万五〇〇〇ドルはします。だから、彼女にしてみれば、一〇〇〇ドル寄付するなんて何でもないんです」。

こういったこと全てに加えて、トロイの生徒（とその親）はSAT準備に多大な時間とエネルギーを注いでいる。イザベラを例とすれば、一時間の準備講習を週に三回スケジュールに組み込まねばならず、それに加えて単回の「実践SATデー」があった。キラは高校で開かれたSAT準備夏期プログラムにもまた出席していた。「自信を持つためには、もう少しだけ助けてもらわないと、と感じたので」と彼女は言う。付け加えて、「一年生なのにSATの本を持ってきて、授業休みの五分間に勉強を始めた子も少しいて。ちょっとやりすぎよね（笑）」。

あまりにもいつもしなければならないことが多いので、クララの不満としては、トロイの生徒には「社交がほとんどなく」、ダンスパーティーに年に一、二度しか参加しないこともあるようだった。イザベラもそれを認めている。「多くの人には、学校外での生活はなかった」と彼女は言う。子どもたちの高校時代の経験を振り返っている様子からは、野心的な母親としてのクララと、児童カウンセラーとしてのクララが互いに論争しているさまが聞こえんばかりだった「彼らにかかっているプレッシャーは大きいです。この学校について、夫と私が好きでないことの一つがそれで。勉強面では、「懸命に」やらないとトップ校には入れないのは残念なことだけど、「でも」そこから楽しみは奪い去られていますね」。

イザベラが振り返るのも同じような葛藤である。「高校は本当にストレスがきつくて、本当にひどかった」

と彼女は言う。「でも、本当にいい教育をしていて、大学入学の準備ができたのもそのおかげ。数学は全然得意じゃなかったんだけれど、いまは本当によくわかるし」。トロイで高等数学に苦労したにもかかわらず、大学二年生の彼女は大学新入生七人を相手に微積分入門の指導を行っている。

その時期がやってきたとき、クララとリカルドは積極的に子どもたちの大学出願を手伝った。「USCやペン、NYU[訳13]から求められたエッセイ課題には難しいものがあって」とクララは言う。「相当成熟していないと、こういった問いには答えられないです。リカルドは文章の才能が高くて、そこはすごく信頼していることの一つなんです。あなた［イザベラ］とマイケルの出願対策をすごく助けていたと思います。それでマイケルに関しては、彼の願書を私の友人の何人かに送りました——みな大学教授で、中には学部長をしている人も一人——彼らから意見がもらえると思ったので。私たちには初めてのことで、マイケルが出願した学校に合格することを確実にしたかったので。すごく倍率が高いですから」。

マイケルもイザベラも、出願した大学のほとんど全てに合格した。マイケルはアイビーリーグの大学を卒業したが、イザベラが進学する時点ではクララとリカルドは大不況《グレート・リセッション》に襲われており、学費についての不安を抱えていた。それで彼らはイザベラに近隣の大学を選ぶことを勧めた。そこは文芸コースでよく知られたところで、最終的に彼女は、希望していたずっと学費の高い東部の一流大学の代わりにそこに進むことを決めた。借金することなく卒業でき、それゆえに大学院進学という選択肢があることをふまえ、イザベラとその両親は、彼女の未来にとって賢い選択をしたという自信を持っている。

3　ローラとソフィア

交通渋滞の時間帯を外せば、トロイ高校周辺の快適な丘陵部からオレンジ・フリーウェイを一五分ほどまっすぐ下ったところに、サンタアナ高校周辺の平地にある、二寝室のベランダ付き平屋《バンガロー》の並ぶ住宅地がある。

午後早くの日差しの中で、その地域は十分平和なように見えた。錠前屋や、バッドボーイ保釈金保証の路面店、保安官事務所鑑識課、そして各家屋を取り巻く金網フェンスといったものだけが、オレンジ郡における最も危険な市街戦闘地域にわれわれが足を踏み入れたことを暗示していた[10]。ある平屋玄関前のポーチでわれわれを迎えてくれたのが二人の姉妹、青白く疲れた様子のローラ（二九歳）と、背が高く痩せていて、プラスチックフレームの眼鏡をかけたソフィア（二一歳）である。ソフィアは可愛らしいが内気な様子で、ローラが彼女に対して、母親のようなそぶりで促していた。

その家そのものは彼女たちの継祖父の所有である――彼は近隣の街に転居したが、この娘たちにここへの居住を許し、また各種請求書の支払いを援助していた。彼女たちは、古くからの近隣住民は友好的で、特に自分たちが住む区画はいまなお「基本的に家族」と表現しており、それぞれの家屋には数世代が押し合いへし合いして暮らしているのだった。広域の近隣地域はこの数年で、彼女たちの継祖父（現在は引退したが、長年にわたり学校の用務員だった）のような安定した労働者階級のラティーノから、ドラッグやギャングに深く関わってしまった若年の人々の土地へと劇的な変化を遂げていた。

この比較的平安な区画から先、近隣地域を広くとると、そこは不可視の破滅的な境界線により、敵対するメキシコ《チョーロ》系のギャングの縄張りへと切り裂かれていた。ローラはわれわれのために見取り図を描き始めた。


このストリートのギャングは六番街ギャングなんだけど、本当はこの通りは四番街なの（連中は本当に数字の数え方を知らないから、どれだけご立派な教育を受けてきたかわかるでしょ！）。それで、本当の六番街にいる別の六番街ギャングもいて、でもそいつらはここのギャングとは友好関係にはない。そして七番街にいるギャングは、六番街のと友好的。そしてこの、ブリストル通りからフェアビュー通りにかけての一番街から一七番街の地域全体、ここには別のギャング。

彼らを見かけなかったとしても、周りにいるってわかる。本当に危険なのよ。連中は、「ここは自分たちのフッドだ」って考えているから、誰かが近寄ってきたらいつだって、「お前どこから来た?」って感じで。昨日は私たちは別の地域にいたんだけど、本当に怖くて。このあたりなら、誰がギャングのメンバーかわかってる。別の地域に入ると、向こうはこちらのことを知らないから、じろじろと目をつけられることになって。
彼女たちは他の地域まで、前夜に射殺された親戚の通夜に出かけていたのだった。
ソフィア：親友に頭を二回撃たれたのよ――一緒に育った友達だったのに。
ローラ：彼も若いときにギャングに入って。そうしたら息子ができて、成長して、それで彼も立ち直ろうとして、それを友達に気づかれて。
ソフィア：まさしく、それでヤツらは彼を追い出して、殺すことにしたのよ。
ローラ：暗くなってきたら、お通夜にギャングが現れて。だから気をつけなくちゃいけなかった。連中は私たちを知らないし、撃ってくるかもしれないから。中の一人は確かに銃を持ってたから、言うことにもすることにも気をつけないといけなくて。何が起こっているのか知らなかったから、その場所を急いで歩き出ないといけなかった。
姉妹が得たのは単純な教訓である。誰も信じてはいけない、それが親友でさえも。
この娘たちの地域は、ずっとそのように危険だったわけではなかった。ごく年少のときから、姉妹二人は祖母と、継祖父（彼女たちは「おじいちゃん」と思っていた）によって育てられた。祖父母は合衆国で生まれたが、どちらも高校を卒業はしていなかった。彼らが少女たちに提供したのは愛情あふれた、安定した家庭であり、それは地域がまだ成長によい場所であったときのことだった。「普通の郊外生活を送っていた」とローラは振り返る。「ギャングとかそんなもの全然なくて。おばあちゃんは公園に連れて行って遊ばせてくれたし、自転車とかブランコも持ってたわ。要するに、白人の子どもが持っているようなものなら何でも。だから、子ども時代、はあったの」。
姉妹は祖父母と非常に親密であったし、現在も継祖父とは親密であり続けている。家族での夕食は定期的だった。祖母は「私が歯の矯正を受けられるようにしてくれたし」、とローラは思い出す。継祖父は仕事の予定を調整して学校まで二人を迎えに来られるようにしたし、またソフィアが算数の宿題をするのを手伝ってくれた。祖父母のどちらも、学校でがんばるようにと励ましてくれた。
ソフィア：おばあちゃんは言っていたわ。「学校ではがんばらないと！　宿題はやったのかい？」って。
ローラ：私たちのそばに座って、宿題を確かめてくれた。
ソフィア：Bプラスとかそういう成績を取ったらごほうびがあって——映画を見るとか、モールに行くとか。
一家は豊かではなかったが、継祖父の稼ぎは十分なもので、ローラの言葉では、「何かが欠けている、なんてことは決してなかった」。一家は誕生日のお祝いを欠かさず、海水浴や、シーワールド、そしてディズニーランドには年三回行った。ローラの思い出では祖父母は「本当に、本当に厳しくて」、少女たちが礼儀正しく、他人を敬うように育てた。
ソフィア：厳しいおばあちゃんだった。
ローラ：私たちと一緒にいてくれなかったら、外にいるゲットーの連中みたいに私たちもなってたと思うわ。
ソフィア：ほんとにね！
インタビュアー：祖父母から、こんな人になってほしいという話をされたことはある？
ローラ：そういう話をすることは全然なかった。ただ、そういう人になるようにしてくれたの。

悲劇的なことに「全てが一度に変わってしまったのはおばあちゃんが亡くなったから」とローラは語る。継祖父は少女たちの扶養を続けたが、ローラ（当時一四歳）はソフィア（六歳）の母親代わりにならなければいけなかった。五年後に彼は家を出たが、少女たちの経済的支援は続けた。ローラの説明では「私が一九歳のときに、家を出ていって。つらかった！　妹は五年生だったし、料理も洗濯の仕方も覚えるのが大変で。そういうこと、それまで全然やらなくてもよかったから。選択肢はなかったの。私たちにはお互いと、おじいちゃんしか本当にいなかった」。

ローラは少し離れたところにあるよい高校に通いたいという希望を持っていたが、予想もしていなかった子育ての責任を負ったために、近くのサンタアナ高に通わなければならなかった。そこでさえも「こなすことなんて全然できなかった。おじいちゃんが働いていたので、この子の面倒を見なきゃいけなかったから。急いで大きくならなきゃいけなかった」。結局、ローラはサンタアナを中退したが、ソフィアの世話は続けたので、この二人の若い女性は、成人からの導きを奪われた状態でともに世間に向き合ってきたのである。

彼女たちの祖父母による愛情あふれた養育、というストーリーの背後には、ずっと暗い現実が横たわっている。彼女たちの実父は異なるがどちらもドラッグ中毒で、また彼女たちの生母はギャングメンバーだった——それどころか、サンタアナにおける最初の女性ギャングメンバーの一人だった。ギャングを離れたあと、彼女はヘロイン中毒の売春婦になった。彼女たちには異父姉が一人いて、彼女は里親家庭で育っておりこれまでの生活で関わり合いを持ったことはないのだが、「そのパパが、私たちのママをドラッグと売春に引きずり込んだ張本人だった」とローラは言う。

ソフィアには母親の記憶がほとんどない。ローラにはいくぶんかはっきりとした思い出があるが、それはよいものではない。「ママは人生の大半を刑務所で過ごしていて」と彼女は言う。「思い出すのはヘロイン中毒のママ」。その世代の多くと同じように、母親は「ストリートを選んだ」とローラとソフィアは語る。少女たちの祖母は最後には自分の娘を警察に通報したが、「この子は学ばないといけない」と感じていたのだとローラは言う。結果として母親は服役し、祖母が彼女たちを引き取った。娘たちが一〇歳と二歳になったとき、母親は釈放されたが、それからまもなくして亡くなった（おそらくはエイズによって。娘たちはそうは言わないが）。

何年かのち、ローラは警察記録を通じて、以前の逮捕について知ることになった。「私の九歳の誕生日の翌日に、ここから通りを下がったところで、売春容疑で逮捕されてた。そして、私に会いに来てくれるなんて決してなかった。すごく近しい人なのに、［でも］私よりも売春とドラッグを選んだのよ」。

ソフィアは、自分の父親が誰なのか全く知らない。ローラの父はフラトンに住んでいるが、彼女は父親のことを軽蔑している。「ギャングの一味でクラック漬け！」と、何をして暮らしているのか尋ねたときに吐き捨てるように言った。「大バカ。最後に会ったときなんか、私がハグしたくないものだから、売女《ばいた》呼ばわり」。

皮肉なことに、サンタアナでのギャングメンバーとしての両親の地位によって、彼女たちがギャングの嫌がらせからある程度守られているという部分がある。「そうする［ギャングに入る］ようプレッシャーを受けたことが一度もないのは、私たちがどんな家族か、ってことがあるから」。母親を手本として彼女たちが学んだのは、決してドラッグやアルコールに手を出さない、ということだった。

4　サンタアナの学校

ローラとソフィアにとって教育はもともとは、それだけの見返りある経験だった。祖母はそれぞれともに「ヘッドスタート」[訳14]に参加できるように手続きしたし、姉妹両方とも、小学校については好ましい思い出がある。「本当に楽しかった」とローラは振り返る。「一年生のときの先生、ガルシア先生が好きで。本当にすてきな、面倒見のよい人。かっこよかった」。ソフィアが思い出す経験のありようも同じである。「先生たちは本当に気にかけてくれた」と彼女は言う。「私の通った学校はよかった。本当に学校が好きだった、正直に言ってるのよ」。ソフィアは早熟な生徒だった。賢く、やる気にあふれ、英才教育《ギフテッド・アンド・タレンテッド》プログラムにも選ばれていた。「この子おかしいの」とローラが言って、彼女をからかった。「辞書を読むのが好きだったのよ」。「ええそう」とソフィアも認める。「辞書を読むのは好きだった。かっこいいじゃない」。
ローラによればサンタアナ高校は、それまでの学校と比べて「話が全く違っていた」。彼女たちの見立てでは、サンタアナ高校の校舎は、高い金網フェンスに囲まれていたりギャングの落書きで汚された「立ち入り禁止」の看板や、パトカーの巡回があったものの、それほど悪いものではなかった。物理的な施設ではなく社会環境こそが、サンタアナ高校をトロイ高校とは全く異なる場所にしていたのである。

ソフィア：毎日学校に行くのはすごく怖かった。校内には銃を持った生徒がいて。
ローラ：彼女［ソフィア］が学校に向かっていたとき、誰かが実際に殺されたことがあって。
ソフィア：通りをちょうど渡ったところ。殺された子は、ただそこに立っていただけで、ギャングが近寄ってきて「どっから来た」って聞いてた。何も答えなかったら、そのまま撃たれてそこに置き去りにされてた。
ローラ：信号にはまだ弾丸の穴があるの。
ソフィア：生徒は文字どおりの意味で教師につばを吐きかけるし、喧嘩を始めたり、殺そうとしたり。「お前、1―8―7するよ」って脅かしてきた女の子もいた（「1―8―7」とはギャングのスラングで「殺人」のことである）[訳15]。
ローラ：私の最悪の経験は、クラスにいた男の子で、ギャングメンバーのヤク中。ある日、どこからともなくやってきて後ろに座って、髪の毛をつかんで後ろに引っ張って、金をよこさなかったら殺すぞって言ってきた。それで、そのあとは離して、ただ笑ってるの。でも、いつもロッカーの中に銃を入れてあるって話をしてた。本当なのかどうかわからないけれど。
ソフィア：クラスの男子がガン飛ばし合って、悪ぶって、喧嘩を始めるので何度も怖い思いをした。女子も同じよ。本当にワルで、理由もないのに喧嘩してるの。

「よくある一日はどんな感じ？」とわれわれは尋ねた。二人の娘は即座に反応し、互いの表現を継ぎながら答えた。
目の前でたくさんの喧嘩、教室ではものが投げられ、教師にはすごい侮辱。子どもたちは教師に文句をつけ、言い争いを始め、すごく野蛮。汚らしくて。生徒は教室で一日中、エクスタシーをきめて、［ウォツカの］混ぜもの《スパイクト》のゲータレードを飲んでて。
このような環境下で、少女たちがやる気がなく無力だと教師や管理職たちが思ったとしてもおそらく驚くにはあたらないだろう。教室内での指導や学習に優先順位は置かれていなかったのである。「学校での勉学はどうだった？」とわれわれは尋ねた。

ローラ：何にもない。
ソフィア：［笑いながら］「勉学」ってなあに？
ローラ：中学では、全てがよかったので、先生たちもちゃんと見てくれてた。
ソフィア：高校では先生たちは何も見てくれない。
ローラ：教師自身が、ここにいることで給料もらってるんだってはっきり言っちゃうみたいな。
ソフィア：ただそこにいるだけ。ただの子守り。
ローラ：そう、子守りのためだけにいるので、学ぼうがそうでなかろうが関心ない。(11)

ソフィアが語ってくれたことの中に、教室で私語した罰の土曜日の居残りに来なくてもよい、その代わりに自分の子どものシッターをしてくれれば、と言われたということがあった。ローラの記憶には、これとは違う怠慢もある。ソフィアは人種的にラティーノなのでスペイン語が話せると学校が誤解し、ネイティブのスペイン語話者クラスに彼女を割り振った。一年間にわたって、彼女は何も――教室学習、購読、宿題、あるいは試験と――することができず、窓の外を見ながらただ座って過ごした。ローラが学校に間違いを指摘したとき、彼らが言ったのはソフィアの配属を変えることはできないこと、そのクラスにいなければならないこと、しかし補習クラスを追加で提供することだった――しかしその開始時間は午前六時だったのである。

その後、ソフィアの事実上の保護者として行動していたローラは、数学の教師にソフィアの教室での出来を尋ね、何か追加して課題を出してもらえれば、追いつくことができると言ってみた。彼女によれば、教師の反応はソフィアは「救いようがなく」、補習課題を出さないのは「どっちにしろそれができないだろうから」ということだった。学校のカウンセラーも面倒を見ようとしていないようだった。「そこに人はいた」とローラは語る。「でも、そこにはいないのよ。カウンセラーがこの子を助けたいと思うことはなかった」。

優等クラス生というのは、サンタアナ高では隔離された、神秘的なカーストであるように娘たちには見えた。「賢い子たちは、そういう人たちだけでいるから」とローラは言う。「優等クラスにいる人たちには、確かにいい先生がついてる」。カウンセラーや親からの助け、あるいは単純に大人的知識《サヴィ》に欠けているので、優等クラスの生徒がどうやって選ばれているのか、彼女たちには見当がつかない。説明してもらえるかな、と迫ってみたときに、ローラが答えられたのは「もし頭がよければ」ということだけだった――そして続けて、ただ賢いだけでは、ソフィアが優等生クラスに入る助けにはならない、ということを述べた。「要するに」と彼女は言う。「中学とか小学校のときには、この子は本当に賢かったの。いい生徒だったのよ。そしていったん高校まで、たどり着いたら、話が全然違っていた」。SATの受験もまた、優等クラスの生徒のためだけの何かだった。「頭のいい子たちだけがそういうことを知ってて」とローラは語る。「私が何でそのことを知っているかといったら、友達の中にそれをしているのがいたから、ってだけ。それ以外には、誰もそんな話はしてない」。

サンタアナにいるとき、ローラとソフィアのどちらも、課外活動や、あるいはその他の団体活動に参加することは全くなかった。ローラは読書クラブに入ろうとしたが、顧問の教師が参加を拒み、読解レベルが十分でないから、と言ってきた。ソフィアはバレーボールチームに入りたかったのだが、それが断られたのは、彼女がAやBを取るような生徒ではないからだった。

ソフィアがサンタアナで落ちこぼれ始めたとき、教師やカウンセラーに助けを求めたが無駄なことだった。「あなたたち、何も助けてくれない。本当に、何の助けにも。どうしてあなたたち、私をここに入れたの?」と彼女は抗議した。ソフィアの継祖父も学校管理者に腹を立てていて（そしておそらくは、彼らに威嚇されていた）、ローラは介入を試みることにした（彼がわれわれに語ったところでは、一九五〇年代にここで自分が成長していたとき、全ての親が学校に関わっていたが、いまでは誰も完全に無関心になったという。「他のやつらにやらせておけばいいと思ってるのだろうけど、それでは誰も関わりゃしないね」）。彼女は、妹を補習学校《コンティニュエーション・スクール》という、通常の高校では十分に伸びなかった生徒を対象とした代替プログラムに転校させてくれるように願い出た。しかし学校はそれを拒絶した。「それについては何もできないって、彼らは言ったの」とローラは語る。「要は連中がほしいのは彼女の金、だって学校は各生徒の頭数で収入を得ているから。落第しそうになろうが、気にしてないのよ」。

しかし姉妹は、学校区にも訴え出た——そしてそれは功を奏した。ソフィアは二年生のときに補習プログラムに入り、そのことは彼女にとってうまく働いた。姉妹の説明では、典型的には「補習学校にいる子たちは、学校が望んでいない子——足首にブレスレットつけてるような——で、子どもの大半も、そんなところに行きたいとは思っていない」。ソフィアはしかし、「本当に課題をやってくるような、幸運な子の一人だった」。

ソフィアは学習の大半を家で行い、学校には週に一度か二度登校するだけだった。実質的には彼女が行っていたのは指導付きの個別学習の一種であって、それがうまくいったのは、サンタアナ高校で気が散ったりいじめられたりすることがもうなくなったこと、そしてその補習学校のスタッフがたまたま驚くほどに良心的であったからだった。「この子の先生、素晴らしいの」とローラは言う。「ちゃんと時間を取って、助けてくれて」。ソフィアもそれに同意する。「そうね、姉さん、あの人すごい」と彼女は述べた。「そして教科書や課題集もくれて」。それだけでなく、ソフィアが数学で行き詰まったときには、個人指導を受けられるよう学校が取りはからってくれた。「本当に、個人指導をつけてくれるなんて」。

最小限の仕掛けにすぎなくとも、ソフィアはこの新しい環境で花開いた。補習校スタッフからの励ましと、間違いなく自身がもとから持つ機知とやる気のおかげで、彼女は「KC」（これはCAHSEE、すなわちカリフォルニア州高校卒業試験のこと）に合格した。補習学校の大学進学カウンセラーがその後、地域のコミュニティカレッジに入れるようにと援助し、そして、奇跡的にも、ソフィアは経済的支援を見つけることができた。何年間かにわたって、姉妹はエイズ患者のいる病院でそれまでボランティアをしていた。姉妹によれば、そのプログラムの主要寄付者の一人がソフィアの話を聞き、コミュニティカレッジの学費と教科書代の支払いを申し出てくれたので、彼女の中等後教育への障害が全て取り除かれたのだという。

ソフィアはコミュニティカレッジでまずまずの成績を収めており、教師になりたいと希望している。しかし、このストーリーはまだ、おとぎ話のような結末では終わらない。ローラとソフィアは、学校からの安定した指導や、家族からの支援なしに、独力で教育システムという道を進んでいる。余裕ある出自の子どもが有している組織上の知識《サヴィ》、といったものがないので、物ごとは彼女たちには非常に不透明に見える。ソフィアは例えば、カレッジが教職課程を持っているのかどうかとか、それが二年制カリキュラムなのかそれとも四年制なのか、といったことについてさえ混乱している。ローラによれば、ソフィアの学校は定員超過で、すなわち彼女は必要な授業群を登録することができずにおり、必要のない授業に一つだけ参加しているという。彼女はホットドッグ・オン・ア・スティックのカウンターで働くことで時間を埋めているが、何とかしてコミュニティカレッジで最終的にやり遂げる希望を持ち続けている。

それだけではなく、ローラ自身の希望もある。ソフィアを育てる必要から疲れ果ててひどい成績となってしまい、彼女はサンタアナ高校を二年生の終わりを待たずに中退した。そうすることに決めたのは、コミュニティカレッジを通じてもGED《高卒認定証書》が取れる、とある教師が彼女に助言したことをふまえてだった——しかしこの助言は結局間違っていた。最終的に彼女はこの資格を取ったが、あらゆる経験を通じて彼女は教育に対して幻滅し、大学に行くことはあきらめた。彼女は現在、格安衣服チェーンで自分が好きでもない仕事をしていて、自らの希望はソフィアに注ぎ込んでいる。「この子には、うちの家族の上を行ってほしいの」と彼女は言う。

「誰もできなかったことを何でも」。

ソフィアもこの気持ちを分かち合っている。「そうね」と彼女は言う。「うちの家族が誰もできなかったこと。海兵隊に行った人はいない、陸軍もいない、大学出はいない、医者になった人とか警察官とか、何にもない。全員負け犬だから」。

ソフィアはその上を行きたいと願っている。何がしてみたいのか、と尋ねたときの彼女の答えはシンプルである。「自分の人生で何者かになること」と彼女は言う。「それよ」。

5　オレンジ郡の他のラティーノをクララから見ると

クララは専門家としてサンタアナ地域の低所得ラティーノの子どもたちに関わっているので、自身の子どもの受けた教育上の経験と、サンタアナの子どもの経験との違いについて、比類のない視点を有している。その対比について彼女にまとめてもらおう。

サンタアナの中心部を進むと、そこは大半がヒスパニック系の、低所得地域ですが、人々に資源《リソース》がないんですね。こういった子どもたちの多くは、スペイン語しか話せない家庭の出身で、親もおそらくは、あったとしても四年から五年生レベルの教育しか受けていません。親は教育を受けていないけれど――私の夫とか、私とそれぞれの親のように――でも自身はやり遂げたような生徒は低い割合でいるけれど、でも非常に低い割合、本当に低いですよ！　しかし、七〇、八〇％はうまくいきません。彼らは最終的には軍隊に行くか、職業専門学校か、あるいは短期大学まで行けるか。そして、その後も中退してしまうのは、自信をなくしてしまったり、生きていくためにお金が必要になるからなんです。

「学校への親の貢献について比較して」乖離がどこにあるのかというと、残念なことですけれど、経済的に見てサンタアナでは、こういった親は家賃や公共料金を払うために働いているんです。寄付をするような余裕は本当にありません。私たちにはあったようなものと同じ機会は持っていません。職が見つからなければ、非常にひどい暮らしぶりになります。部屋をシェアし、家には三〜四家族が住んでいます。

こういった地域の教員がしていることは基本的に勉学面［での仕事］よりもむしろ生徒たちの管理ですけれど、それは彼らのふるまいのゆえです。こういった子どもたちは学級崩壊を起こしているし、サボりも多く、ドラッグを使っているか、あるいは暴力がそこにはあります。ええですから、勉学面？　ご冗談でしょう？　ハイになる方を選んじゃうんですよ。

教員にとって課題が大きいのは、こういった生徒の多くは高校入学の準備がちゃんとできていないということがあります。読解力は三年〜四年生のレベルだし、［それでも］高校に受かってしまうので、よい成績をおさめるのに必要な学習とか団体行動のスキル、努力や責任感といったものが欠けているんです。これを単に生徒の問題とは思いません。さまざまなことの組み合わせです。親は英語が話せないので、子どもたちの宿題を手伝うことができません。

懸命にもがいている子どもたちをカウンセラーも捉えそこなっているので、そういう子どもにとってはすごく厳しいですね。顧問先の副校長に聞いてみたことがあります。「どうして何科目も落としている子どもをそのまま進級させてしまうのですか。失敗するように仕向けているのだから、もちろん、彼らは中退しますよ。誰が学校に行きたいものですか、科目をいくつも落とし、学力が足りているなんて感じたことがなければ」。もちろん、彼らの自尊心は下がっていますし、そうなればうつにもなります。社会的にも受け入れられず、勉学面でも受け入れられていないと感じているのですから。こういう子どもが落ちこぼれていき、補習学校に行きます。

彼ら［学校カウンセラー］が彼らを［補習学校に］入れようとするのはおそらく、彼らは学校を終えたのだ、とそう言えるようにでしょうね。でも、こういう生徒こそ、何にもまして要支援の生徒ですよ。彼らはおそらく、ＩＱという点からは平均以下ではありません。ただただ環境的理由と経済的理由によって、こういった子どもたちは見過ごされてしまうのです。こういう生徒は勉学面のみならず、人生全体にわたってうまくいかなくなってしまいます。

クララその人自身はラティーノ系の「タイガー・ママ」で、自分自身の子どもの可能性を伸ばすために熱心に取り組んでいるが、その一方で彼女はまた、オレンジ郡にいる全く異なるカテゴリーのラティーノの若者たち、貧しい家庭そして危険な地域出身の者たちの置かれた立場のことにも敏感になっている。今日の裕福なアメリカ人の多くとは違い、むしろ半世紀前の裕福なアメリカ人のように、サンタアナのような場所の子どものことを、「われらの子ども」と考えているのである。

トロイとサンタアナが代表しているのは、アメリカの高校のいくぶん極端な部分であって、平均的なものではない[12]。この二つをくっきりと対比したことは、今日の豊かな、また貧しい地域における学校の持つ対照的な特徴の多くについてのわれわれの意識を高めてはくれるが、全米中でこういった学校が実際いかに異なっているのかについて、より正確な判断を得るため、系統的な全国規模の根拠を検討していく。

6　学校——誰とともに通うかが、重要な意味を持つ

本章の中心となる問題は以下となる。アメリカの学校は今日、持てる子どもと持たざる子どもの間に拡大する格差を**押し広げている**のか、そのような格差を**縮小している**のか、それともどちらの方向にもほとんど影響を持たないのだろうか？　イザベラとソフィアは非常に異なる家族的背景の出身で、また非常に異なる学校に通ったことは明らかであるが、彼女たちが現在いる場所の違いを、このような学校は拡大したのだろうか、それとも縮小したのだろうか。より緻密な言い方をすれば、もし学校が階級の分岐に何らかの関連があるとすれば、それは階級分岐の**原因**になっているのだろうか、それとも単に階級分岐の生じている**場所**《サイト》なのだろうか。

学校が階級差を持続させたり、縮小させる、あるいは悪化させるさまざまな可能性について、現代アメリカの学校教育に関する無数の実証研究が教えてくれるものは何であろうか。そのような問いへの答えは、込み入ったものだが究極には深い洞察を与えるものになる。

アメリカの公教育システムは、全ての子どもに対しその家族的背景にかかわらず、人生におけるそれぞれの運命を向上させる機会を与えるために作られた。このシステムは過去二世紀の中で三回にわたって大きく拡大また変容しているが、各回の中核となる目的は、競争の舞台《プレイグラウンド》を平準化することにあった。

・一八四〇年代〜一八五〇年代の「コモンスクール運動」は最終的に、ほぼ全国一律、無料の公共初等教育をもたらした。「教育は、人間の生み出したその他あらゆる手段以上に、人の持つ諸条件に対する大いなる平等化装置である」とは、アメリカ最初の偉大な教育改革者にして、コモンスクール運動の父ホーレス・マンによる宣言である。(13)
・包括的な「高等学校運動」は一九一〇年から一九四〇年まで続いたが、最終的にほぼ全国一律の公共中等教育をもたらした。経済学者のクローディア・ゴールデンとローレンス・カッツはこの進展に関する分析の第一人者だが、それが二〇世紀を通じたアメリカの経済成長と社会経済的平等性の双方の背景にあった根源の力となったと特徴付けている。(14)
・一八六二年と一八九〇年のモリル法に始まる「ランド-グラント大学運動」は、その後の一九四〇年代、一九五〇年代を通じた復員軍人援護法《G・I・ビル》とあいまって、アメリカにおける大衆高等教育の基礎を提供した。モリル法の目的は、しばしば「高等教育の民主化」と表現される。そして復員軍人援護法下で、第二次大戦と朝鮮戦争の復員軍人八〇〇万人近くに対して基本的に無料の中等後教育が提供され、その大半があらゆる社会経済的出自からの召集兵であったということは、カレッジと大学《ユニバーシティ》への進学を大規模に拡げるものになった。(15)

これらの運動は、機会平等以外の他の目標を持っていた（とりわけ、国家の経済生産性を増し、民主的市民性を下支えすることである）[16]。加えて、それがうたった平等主義的主張にもかかわらず、これら公民権運動以前の改革はその大部分が、アフリカ系アメリカ人を除外するものだった。そうは言っても、もし学校が生徒間の階級格差を狭めていないようならこれらの教育改革者の大半は失望しただろうし、学校が実際にはそのような格差を拡大していたとすれば、ほとんど全てのものが驚愕したであろう。

その一方で、イザベラとローラ、そしてソフィアの経験したことは、そのような平等主義的な熱意に背くものであるように見える。では入手可能な根拠が、今日のアメリカにおける社会階級と学校の関係について語るのはどういったものだろうか。

まず、テスト成績とK－12教育から始めよう。スタンフォード大学の社会学者ショーン・リアドンはその記念碑的研究で、最近数十年間にアメリカの子どもの数学および読解テスト得点の階級格差が拡大していることを証明した。実際にリアドンによる図表は、本書のページ毎に踊っている、他指標を用いたはさみ状グラフを鏡写しとしたものである。その鍵となる知見は簡潔にまとめられている。「高所得家族と低所得家族出身の子どもの達成格差は、二〇〇一年に生まれた子どもの間では、二五年前に生まれた子どもよりもおおよそ三〇〜四〇％大きなものになっている[17]」。

この格差はおおまかに言うと、高所得の子どもが低所得の比較相手と比べて、学校教育を数年間長く受けていることに相当する。さらにこの階級格差はそれぞれの人種**グループ内**で拡大しており、人種**グループ間**の格差は縮小しつつある（未婚出産といった、他の指標に関するこれまでの検討で見てきたものと同じパターンである）。二一世紀の幕開けの段階で、幼稚園の入園児の間での階級間格差は、人種間格差の二〜三倍大きいものだった。

リアドンによるこの痛ましい知見は、子どもの発達に及ぼす階級の影響の長期傾向に関する他の多くの研究とほぼ完璧に一致するもので、その中には非認知的な指標によるものも含まれている。彼の知見が本質的に重要なのは、テスト得点で測定されるような学業達成が、大学卒業、服役あるいは成人後所得といったその後の帰結における階級不均衡に対する、最重要の寄与要因となるからである[18]。印象的なのは、リアドンの分析が同時に示唆することとして、学校それ自体は機会格差を作り出していないということがある。格差は子どもが幼稚園に入る段階で既に大きく、そして彼の報告では、子どもの学年が進んでも目に見えるほど大きくなることはない。実証的根拠の検討をふまえて、ジェームズ・ヘックマンは「母親の教育レベルによる一八歳時点での認知的到達度の格差――大学進学をするかしないかの強力な予測要因となる――は、ほとんどが六歳時点、子どもの学校入学時点で現れている。学校教育――アメリカにおいて平等なものではないが――は、テスト得点の格差を軽減したり、あるいは作り出す上でも小さな役割しか果たしていない[19]」。

他の知見も、学校自体は機会格差を悪化させるような大きな影響は果たしていないという見方を強めるものである。例えば小学校期の子どもでは、テスト得点の格差は夏期の、子どもたちが学校に通っていない間に急速に拡大し、秋に子どもたちが学校に戻って来ると落ち着いてくる。学校の質とその有する資源は、社会経済的な上位校と下位校の間では不平等であるが、非学校要因（家族構造や経済不安定、親の関与、そしてテレビ視聴といったものまでも）をひとたび考慮に入れたところ、学校の質と学校の資源それ自体は、テスト得点や、認知的、社会情緒的能力に関するその他の指標上の階級格差に対して、比較的影響が小さく見える結果となっていた[20]。

ベンドやアトランタ、そしてオレンジ郡におけるわれわれのストーリーには、貧しい子どもを助け競争の舞台を平らにするべく学校の職員が手をさしのべる数多くの事例が含まれていた。ジョーの小学校の教師が、昼休みの時間を使って彼に読み方を教えていたことを思い出そう。クララとフランシスコの教師たちは、この双子をディズニーランドやナッツベリーファームに連れて行ってくれた。ケーラの学校のカウンセラーは、彼女に思いがけなくも歯列矯正を手配し、また学校の司書は彼女が経済的支援を得る手伝いをした。ミシェルの特殊教育担当は彼女を見いだして、学習障害を乗り越えることを助けた。ローラの一年生のときの教師のガルシア先生は、「面倒見がよく」また同時に「かっこいい」人物で、また補習学校の「すごい」スタッフは、ソフィアが高校を修了しカレッジに進むことを可能にした。それに対し、サンタアナ高校のスタッフには、貧しい子どもを助けようと手をさしのべるものはほとんどいないように見えた。

これらの根拠――量的、質的の両方とも――のほぼ全てが、階級格差を拡大させているというあらゆる責任から学校を解放しているように見えるかもしれない。そしてアメリカの教育改革者たちが望んできたように、学校は競争の場を平準化する助けとなっているかもしれない、ということがここからは示唆される。しかし――そしてこれは大きな「しかし」だが――、この国の裕福な子どもと貧しい子どもが今日通っているのは途方もなく異なった学校であることは否定できず、青年期の階級格差の拡大について、学校は無実の傍観者にすぎないという見方とそれを調和させることは困難にも思える。われわれの行ったトロイ高校とサンタアナ高校の比較は、この種の階級に基づく分離をあまりにも生々しく描いている。そして、それが持つ影響は非常に大きい。複数の量的研究が一貫して見いだしてきたのは、裕福な子どもの通う学校と、それに対して貧しい方の通う学校の間では、学業面での結果において並外れて大きな差異が存在するということだったのである。
それでは結局、いったい何が起こっているのだろうか？
第一に、基本的事実として居住の選別化がある。ポートクリントンやベンド、アトランタ、そしてオレンジ郡で見てきたように、裕福な、また貧しいアメリカ人はますます分かれた地域に住むようになっている。[21] 全ての子どもが親の居住地域に基づいた学校に通っているわけではないが、大半の者は現在でもそうしている。したがって過去三〇～四〇年の間に、収入による居住の選別化が、高所得の生徒と低所得の生徒を別々の学校に通うように分岐させてきた。[22]
皮肉なことに、学校の質自体が、居住分離の進行を説明する助けとなっているかもしれない。大半の親が住むところを決める際には、現在ではそれに注意を払うようになっているからである。このことは、自分自身には控えめな学歴しかない親においてさえも成り立っており、それはアトランタの労働者階級の母親、ステファニーの例で見た通りである。しかしどのような人種的背景においても、教育水準の高い親は現在、自分の子どものために最上の学校を見つけて、そのような地域に転居するため並外れた努力を払うようになっていることを、アトランタのシモーヌや、オレンジ郡のクララのストーリーが明らかにしてきた。シモーヌもクララもともに、学校の品定めを子どもがまだ就学前の段階から始め、そしてどちらも現在の住まいを特に、子どもたちが質の高い高校に通うことができるという点から選んでいた。

上層階級の親は一般に、下層階級の親に比べて学校の質についてのよりよい情報を持っており[23]、またそれに適した地域にある家に住む余裕があることが多い。ブルッキングス研究所のジョナサン・ロスウェルの知見では、学力レベルの高い公立学校の近くの住宅は、レベルの低い学校の近くにある類似の住宅よりも二〇万ドル以上の費用がかかっていた[24]。また他の研究が示唆しているのは、人々がよい学区の住宅価格をつり上げているとき、実際につり上がっているのは教師の質や教室規模あるいは児童一人あたりの支出のよい地域というよりも、むしろ裕福で教育水準の高い親の住む地域だった。学校の質の決定要因として、学校からの入力《インプット》ではなく親のインプットの方が重要である、と親が信じていることをこのことは含意している[25]。(私の家族が遠い昔にボストン地域に移ってきて、よい学校のある地域を探していたときに、妻がしていたのは「歯列矯正テスト」だった——街のどれくらいの子どもが矯正をしているか、というものである。それは育児と所得の、したがって学校の質についての妥当な代理指標になっていた)。この過程は恵まれた子どもを、別の恵まれた子どもとともにトロイ高校のような特定の学校に、また貧しい子どもを別の貧しい子どもとサンタアナ高校のような別の学校に群生《クラスター》化させていく。

賞賛されているのは他の理由によるのだろうが、「学校選択制度《スクール・チョイス》」は階級格差に対しせいぜい言ってもわずかな影響しか与えてこなかった。それは居住地に基づく学校ではなく、親の選んだ学校に通う生徒の比率を増やす(およそ一五%)ことを確かに可能とした。しかし、とりわけ低所得家族の間では、親の行う選択はしばしば情報の十分ないまま行われ、また移動手段と育児上の問題によって制約を受けている[26]。学校選択は例えば、本書で焦点を当ててきたような下層階級の子どもたちに大きな違いを生むようなものではおそらくなかっただろうが、それはよい選択を助けてくれるような、こうした知識《サヴィ》に通じた親を彼らが欠いていたからである。

自身の家族の背景とは別にして、裕福で教育水準の高い家庭出身の他の子どもたちが通っているような学校にいる子どもの成績はよい。このようなパターンは、先進国世界ではおよそ共通に現れている[27]。「生徒全体の社会的構成が、その生徒自身の社会的背景とは独立して、他のあらゆる学校要因より達成度と強く関連している」と、この強力な事実を証明した最初の研究者であるジェームズ・コールマンは記した。この一般化はテスト得点や卒業、大学進学その他だけではなく、成人後所得に対しても、子ども自身の家族的背景やテスト得点といった影響を一定に保った場合でさえも成り立っている。

貧しい子どもが高所得者の学校にいると達成度が高くなるということは、ゲーリー・オーフィールドとスーザン・イートンが「教育に関する研究における、最も一貫した知見の一つ」と表現している。いくつかの研究においてはそれどころか、生徒の高校での学習成果と**クラスメート**の家族的背景との相関の方が、**生徒自身**の家族的背景との相関よりも大きい結果となっている[28]。

以下の思考実験を行ってみよう。ソフィア（「英才教育」対象に選ばれ、辞書を読むような早熟さを示していた）が魔法のごとくトロイ高校に転校し、一方でイザベラが邪悪なことにサンタアナのような高校に割り当てられたと仮定する。それぞれの到達度に対し何の影響もないままであると想像することは難しい。実際にクララとリカルドは、思い出してもらえればよいが、ロスでの以前の居住地域からフラトンに転居することを決めたときに、まさにその思考実験を行っていたのである。しかし、なぜ学校の社会経済的構成が、生徒にそれほど強力な影響を持っていると考えられるのだろうか[29]。

第一の説明は多くの人が、専門家であっても普通の市民であっても同様に思いつくもので、学校の財政である。すなわち裕福な地域にある学校は、主として地方財産税によって資金供給が行われているため、量質ともにすぐれた教師や管理者、プログラム、そして施設をまかなうことができるということである。実際にはしかし、学校財政はおそらく階級格差の拡大に対する主要な貢献要因ではない。大半の研究者が発見してきたのは、例えば、学校財政（児童一人あたりの支出や教員の給与を含む）は、学校業績の有意な予測要因ではないということである[30]。さらに、過去三〇年の間に階級格差が急速に拡大するにつれて、多くの州で地方財産税からの学校予算への資金供給の割合はますます少なくなっていった。その理由は一つには、そういった州では裁判所が、学校区での支出の均一化を義務づけてきたからである。

教師の給与は、裕福な生徒を教える学校でわずかに高いが、しかしこのパターンはおそらく年長の教師になると、高貧困でマイノリティの多い学校から非金銭的な理由で異動する傾向を反映したものであろう。[31] 加えて、生徒に対する教師および指導カウンセラーの比率は、どちらかと言えば高貧困の学校の方が恵まれている傾向がある。[32] この点で、表4・1におけるトロイ高校とサンタアナ高校の比較は、全国パターンを正確に反映したものである。行政的な管理下にある要因の差は、生徒の出す結果における巨大な差を説明するには小さすぎるように思われる。

確かに、よい給料で数多くの、質の高い教師を雇用して高貧困校で教えさせるのは、階級不平等を縮小させるのに非常によい方法ではあろう。高貧困校において教員と職員が直面している困難――無規律、言語上の困難、不十分な勉学面での準備、そして子どもたちが学外から持ち込む無数の問題、これら全てがサンタアナで示されている――は非常に大きなもので、子どもたちの競争の場を平準化するためにはより多くの投資が必要とされている。しかしそれにもかかわらず、低所得校と高所得校の間で広がる業績の格差は公的資源の配分における偏りに帰することができる、とする根拠はほとんどない。

われらの推理小説におけるよりもっともらしい容疑者は、生徒が集合的に学校に持ち込んでいるもの、というもので、それは（収支のプラス面での）家庭での勉学面での励ましや「特別コース《エクストラ》」のための私的募金から、（マイナス面での）犯罪やドラッグ、無秩序さにまで及ぶものである。これらが、サンタアナとトロイを対にした描写の中から飛び出してくる要因である。[33] 誰と一緒に学校に行っているか、が大きな意味を持つのである。

まず、豊かで教育水準の高い家庭からの子どもは、学校にその親を連れてくることになる。ほぼあらゆる研究において、裕福で教育水準の高い親は貧しい者よりも、子どもの学校に関与する可能性が高いことが示されている。われわれのストーリーはこの事実を鮮やかに例示している。「われわれが一週間に行った質問は、私の両親が高校での四年間に尋ねた数よりも多分多かった」とアールは語った。シモーヌはニュージャージー、アトランタの両方で長年PTAのリーダーだった。そしてクララは教室でボランティアをしたのみならず、学校の事務職員とも努めて知り合いになるようにしていた。われわれの見てきた裕福さに欠ける親の方もやはり子どもの学校に関わろうとしていたが、そのような努力は仕事上の義務（アトランタのステファニー）、文化的障壁（サンタアナのローラの継祖父）、そして自分自身の教育上の限界（ベンドのジョー）によって制約されていた。親の関わりにおける階級格差の拡大はほとんどの場合、動機の欠如よりも経済的、文化的障壁に帰することができるが、ローラの継祖父の事例が示唆するのは、富裕さで劣る親が近年ますます無関心になりつつあるということである。それでも低所得校に比べたときに、富裕な地域にある学校は親による関与と支援の大きさによって特徴付けられる。

この事実はあらゆる種類の帰結をもたらす。多くの研究が示すのは、親の関与――宿題について尋ねることから、ＰＴＡ会合に出席することまでの全て――が、学業成績のよさ、社会情緒的能力の高さ、そして、ドラッグやアルコール摂取の低さのような他の面での生徒行動と関連しているということである。教育学者アン・ヘンダーソンとナンシー・ベーラが、そのような研究の傾向をまとめてこう表現している。「親が学校に関わるようになると、子どもたちは学校でさらに進歩し、通っている学校もよくなっていく[34]」。

相関から因果的な確実性へと進むと、話はより込み入ってくる。学校に足繁く通う親は同時にまた幼児期から子どもに読み聞かせをしてきているので、真に重要なのは学校訪問なのだろうか、それとも読み聞かせなのだろうか。あるいは、因果の矢の向きがことによると反転していて、生徒の成績から親の参加へと向かっているのだろうか（もし教師が子どもについてよいことを言ってくれそうならば、晩の過ごし方として学校訪問はより魅力的なものになる）。因果関係に関する問いは、統制実験なしに確実に答えることは容易ではないが、大半の研究者が納得しているのは、学校への親の関与がよりよい成績をもたらすのは、とりわけ社会経済的に不利な若者の間であるということである。

裕福な家庭出身の子どもはまた、その親の裕福さを学校に持ち込んでいる。逸話レベルの話ではあるが、「学外資金《パラスクール・ファンディング》」（親および地域による募金）は高所得と低所得の学校間で明確なコントラストを作り出している。そのような募金が、見てきたとおり、サンタアナ高校に比べてのトロイ高校の豊かな特別コースメニューを可能としていた。もっと極端なレベルではマンハッタンのアッパーウェストサイドにおいて、いくつかの公立学校のＰＴＡは学校活動支援のために年間一〇〇万ドル近くの資金を集めており、これらの学校には「公立

図4.1　高貧困高校でのアドバンスト・プレイスメントクラスの提供の少なさ

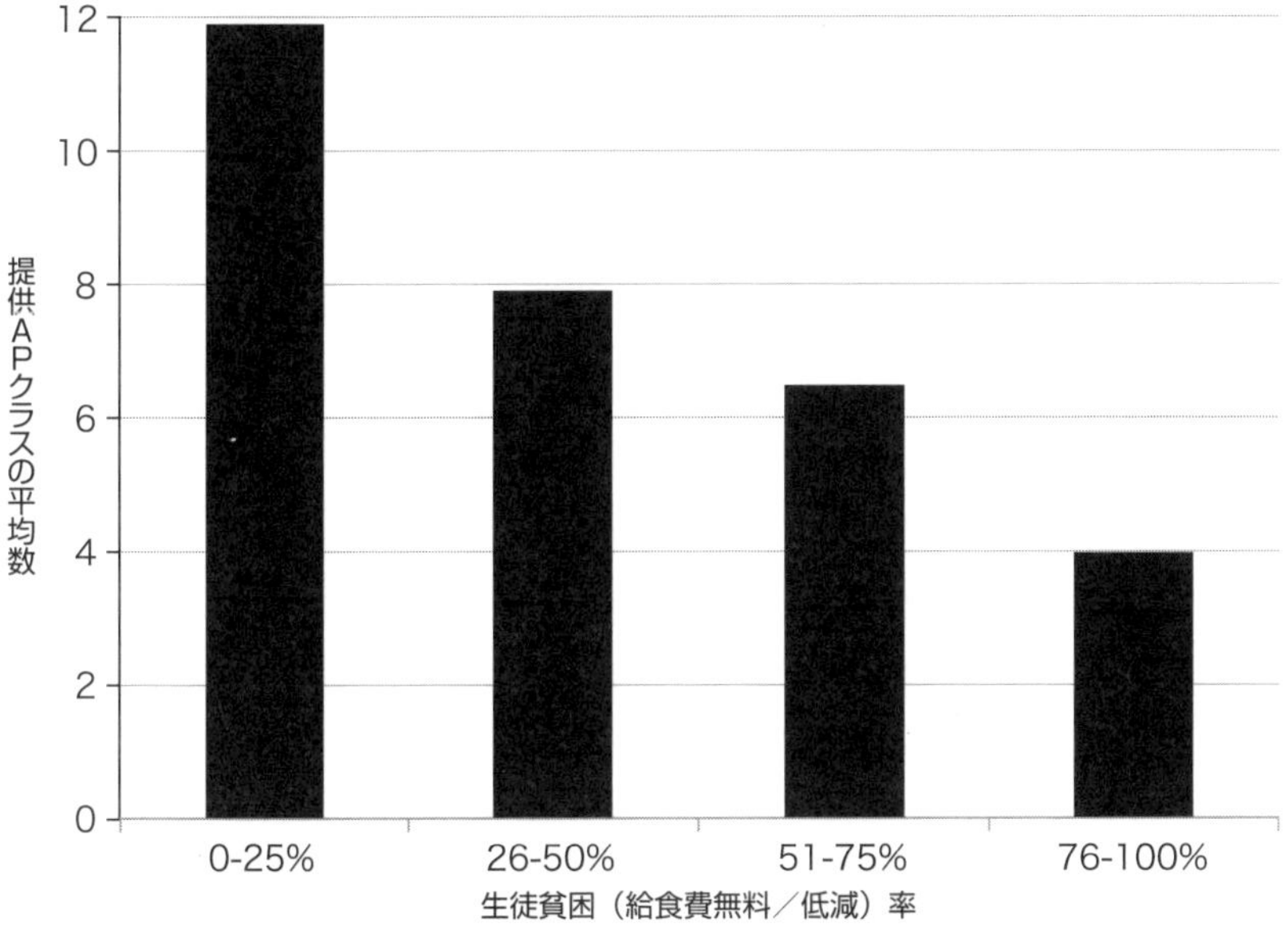

出典：Civil Rights Data Collection, 米国教育省, 2009-10年度.

の私立学校」という呼び名が与えられている。またカリフォルニア州ヒルズバラでは、親の拠出した基金からの年間収入が三四五万ドルに及んでいて、学校予算の一七%を補っている。こういったパターンの根拠となる全国規模のデータはこれまでのところ欠けているが、しかしこれらは顕著な事例となっている。[35]
高所得地域の親はまた、学業面で厳しいカリキュラムを求めており、そのことがめぐりめぐって高い学習成果や留年率の低さ、そして大学入学者の多さを生むことを助けている。[36]例えば図4・1は、アメリカのほとんどの公立高校を対象とした二〇一一年の調査に基づくものだが、低貧困校（大まかに言って、親の所得という観点から見たときの上位四分の一の学校）は、高貧困の比較対象と比べて三倍のAPクラスを提供している。[37]ここでもまた、サンタアナとトロイの間のコントラストが、全国パターンに鏡写しになっているさまを見ることができる。トロイの生徒は全員がガリ勉《ナード》、とクラが語るその一方で、サンタアナにおける勉学についてソフィアが発した唯一の言葉は、くすくす笑いながら言った「勉学ってなあに？」だったのである。

同級生からのプレッシャーもまた、高い学業成績を促進する上で強力な役割を果たしている。同級生からの影響は一五〜一八歳でピークを迎える傾向があるが、それは、学業達成度、教育上の志望、大学進学、不品行、ドラッグ使用、無断欠席、抑うつといったものに対して、消費者行動と同様に示されてきた。同級生は社会的規範や教育上の価値観、さらには勉学能力すらも伝達するので、高所得校の同級生はお互いにとって教育上の触媒として作用している。高い基準と志望は感染しやすい——これは低い基準と志望も同様である[38]。同級生からのプレッシャーは、学校の社会経済的構成と生徒成績との間にある相関の説明を助けるものとなっている[39]。

しかし、裕福な子どもの持つ基準と志望は、どこからやってくるのだろうか。これについてイザベラが明確な答えを与えてくれていた——親である。「［私の親は］私に強いプレッシャーをかけようとはしなかった、［けれど］多くの子が家からプレッシャーをかけられていて……子どもがテストで期待していた点が取れなかったら、その子が家に帰りたくないのは、親が待っていてこう言うから。『それで、点数を見せて。何がダメだったの？』って」。

教育水準が高く、勉学面で熱心な家庭出身の子どもが多くいる学校では最終的な結果として、同級生のプレッシャー——イザベラとそのクラスメートが「ストレス」と「競争」として経験したもの——が、家庭から持ち込まれた達成動機の集合的影響を増幅する。逆に言えば、サンタアナのような学校では同級生環境により、生徒が個人として自分の家庭からいかなる学業面での志望を持ち込んだとしてもそれがくじかれてしまう。

したがって、平均してみれば、裕福な家庭や地域出身の子どもが学校に持ち込むものは、そのような学校にいる全ての生徒の間の高い達成を促進する傾向がある。しかし反対もまた真実である。貧しい家や地域出身の子どもは学校に混乱と暴力を持ち込みやすく、それはそのような学校にいる生徒全ての達成を妨げる。それはサンタアナ高校で起こっている、生徒が教室内で暴力をちらつかせて脅しを口走り、また教師が自らの役割を子守りに閉じ込めるさまから、われわれが見たものである。

高貧困校の特徴として、非行や無断欠席、不正、短期間転校の比率が低貧困校より高く、また英語熟達度の低さがあるが、それはこれらの特徴全てが、貧しい地域に集中しているものだからである[40]。サンタアナ高校で目撃したように、そういった学校ではこれらの特徴全てが、あらゆる生徒に対して有害な方向に影響してしまっており、それは彼らが個人的に非行や無断欠席、不正や短期間転校、あるいは英語を母語としない、といった傾向を持っているか否かにはかかわらない。例えばある慎重な研究によれば、クラスに家庭内暴力にさらされていた子どもがいると、他の学生の達成度が低まることが、とりわけ高貧困校において成り立つことが見いだされている[41]。

やはりここでも、階級格差の拡大が近年見られ、あの見慣れたはさみ状効果が作り出されている。一九九五年から二〇〇五年にかけ、学校における犯罪被害は郊外校では六〇％減少したが、その値は都会の学校では四三％にすぎなかった。これも驚くべきことではないが、犯罪傾向のある生徒の多い高校での卒業率はずっと低く、これはそのような生徒がクラス環境や教師の献身に対して与える影響による。犯罪学者デヴィッド・カークとロバート・サンプソンはこう結論づけた。「校内の犯罪や危険が全体として減少しているにもかかわらず、教育経験における人種間、社会階級間の不平等が増大しているのは、そのような減少が相対的に郊外の、また私立の学校に集中しているからである[42]」。

ギャングは主として都会的現象だが、校内犯罪や危険に大きく貢献している。都会の生徒のおおよそ四分の一が自分の高校内にギャングがいると答えており、また都会校の四分の一は年間二〇件以上の暴力事件を報告している[43]。そのような事件の大半は警察に通報されることがないが、しかし図4・2が示すように停学は、低貧困校に比べて高貧困校の方が二・五倍の広がりを見せている。この不均衡さは極端な形で（表4・1の）トロイ高校とサンタアナ高校の停学率の比較に現れていた。高貧困校において懲戒上の問題がさらに集中しているさまは、小学校や中等学校《ミドルスクール》にも見いだすことができる。学年が下のうちは停学がまれではあるにもかかわらず[44]。

こういった不利な条件の連鎖の結果として、「高貧困学級では、低貧困学級の四倍もの学力、注意力、行動上の問題がある」ということを見いだした研究者もいる[45]。これはもちろん、ソフィアとローラが悲惨な詳細をわれわれに語ってくれた、まさにそのような学校環境である。このような環境が学級運営と生徒の学習、教師

図 4.2　高貧困高校での懲戒問題の多さ

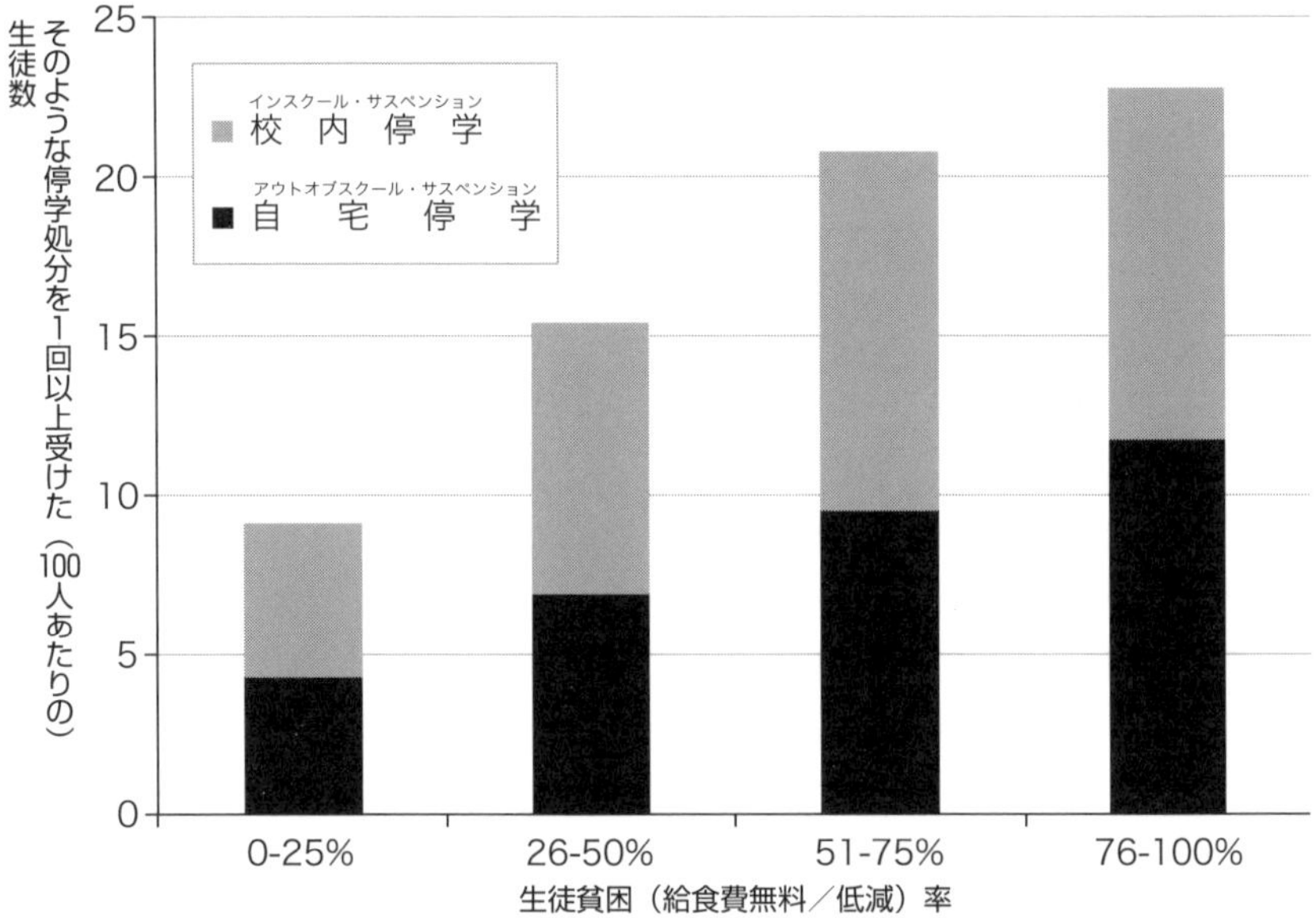

出典：Civil Rights Data Collection, 米国教育省, 2009-10 年度.

の勤労意欲を崩壊させ、他にも道がある教師が、そのような学校で働き、またそこにとどまり続けることを選ぶ確率を下げてしまっている。

　カリフォルニア州の高校教員の行う日常の教室業務に関する最近の研究は、高貧困校と低貧困校の間で学習環境がいかに異なっているかを鮮やかに示している[46]。学外からの高ストレス状況が教室内に侵入してくる可能性が、高貧困校においてはずっと高い。そういったさまざまな「ストレス源」――生徒の抱えた空腹、居住の不安定さや経済的な諸問題、医科歯科治療の欠如、家族の厄介事や、その他の家族上また移民上の問題、地域の暴力や安全上の懸念――のどれもが、高貧困校においては低貧困校と比べて二〜三倍の高さで起こっている。その結果として起こることの一つは、名目上の教育時間は高貧困校と低貧困校の間で異なっていないにもかかわらず、高貧困校の教師が実際の教育に費やしている時間が平均的な週の学習課程全体で見たとき三時間半ほど少なく、そして高貧困校においては一学年の課程全体で二週間以上近くの時間が、教員の不在や緊急避難、その他この種の学校に集中する問題により失われてしまっているということである。公式には、高貧困校と低貧困校で同じ資源が与えられているのかもしれないが、前者が直面している生態学的な問題によって、質の高い教育を生徒に提供する上でそのような資源の効果が大きく減じられてしまう。それがまさに、サンタアナとトロイの両高校を比較したときにわれわれが見たものである。

ソフィアとローラが表現したクラスの雰囲気は生徒の視点からのものだったが、それはサンタアナの教師が直面せざるをえないものを垣間見させてもくれている。「校内には銃を持った生徒がいて、たくさんの喧嘩、教室ではものが投げられ、教師にはすごい侮辱。子どもたちはつばを吐きかけ、文句をつけ、言い争いを始め、すごく野蛮。汚らしくて」。サンタアナの職員と話をすることはできなかったが、サンタアナの世界が彼らにどのように見えているかについて想像することは可能である。

あなたが聡明で前向きな若い教員で、この戦場で働くために毎日出勤していると仮定しよう。理想主義によって一年か二年は持ちこたえられるかもしれないが、混乱が少なく学習意欲のある生徒の多い学校へ移る機会があったら、あなたもそのチャンスに飛び移るだろう。したがって教職員の離職率は高くなり、新人教員が毎年多くなってしまう。さらには、残る教員の多くも時間稼ぎの窓際族になるだろう。騒動に慣れきり、子守りに満足して「給料がもらえるからそこにいるだけ」、善意の生徒を助けることにすら冷ややかになって「救いようがない」と退け、ラティーノ全てがスペイン語を話すと怠惰にも見なしてしまうような。

残念ながら、全国規模データは正確にこの見取り図を確証している。よい教員は、生徒のその後の人生の成功に対し大きな影響を与えることができるが、そのような教員は所得が多く成績のよい学校に偏って存在し、異動が多く能力の劣った教員は低所得の、成績の悪い学校に偏って存在する。このような傾向はおそらく、教員の地域配置によるというより、むしろ教員の流出がもたらすものだろう。すなわち、低所得校における教員の士気の乏しさや離職率の高さは、混乱しさらには危険ですらある環境によって引き起こされていて、そのことがどうして低所得校において達成度の低い生徒が、自身の出自や能力とは関係なく生み出されてしまうのかを説明する一助となっているのである。[47]

あと二つほど、アメリカの学校の階級格差拡大を説明する要因として語られることがあるが、証拠の示すところでは、それらはあるとしても小さな役割を果たしているにすぎない。

第一のものは適性別クラス編成《トラッキング》である。これは、大学準備課程や非大学準備課程に生徒を振り分けるような実践を指し、過去数十年で広まったそれは教育水準の高い家庭の子どもに一定の有利さを与える傾向がある。しかし、機会格差の拡大した期間には、恵まれない出自の子どもたちによる大学進学課程へのアクセスはむしろ増加していた。適性別クラス編成は上層階級の子どもにわずかな優位を与え続けているが、しかしそれでは全体としての機会格差が大幅に増大したことの説明はできない。[48]（もちろん図4・1が示すように、貧しい生徒のための学校ではAPコースが少なく、そのような学校における教育機会に重大な結果を及ぼしている）。

私立学校は第二の要因だが、多くの人が考えるほどには機会格差拡大に対して重要な貢献はおそらく果たしていない。過去数十年間に、私立学校に通う高校生の割合は一〇％少々から八％足らずへと落ち込んでいる。宗教系あるいは無宗派の私立学校に通ったり自宅学習を行うような傾向が、大卒家庭の子ども（およそ一〇％）では高卒家庭の子ども（およそ五％）よりもいくぶん多いが、この差に変化は見られない。私立学校は裕福な生徒に対してわずかに有利に働くかもしれないが、そのような有利さは機会格差や達成格差が急激に拡大した時期を通じては大きくなっていなかったことが明らかである。[49]

7　課外活動

学校を基盤とした課外活動が起こったのはおおよそ一世紀前であり、それは「高等学校運動」を生み出したのと同じ進歩主義的な教育改革の波の一部をなしていた。その意図は課外活動を通じて、現在「ソフトスキル」と呼ばれているもの——強い勤労習慣、自制力、チームワーク、リーダーシップそして市民参加感覚——を全ての階級の人間に広めようというものだった。しかし今日の課外活動参加に対し目を向けると——フットボールからバンド、フランス語クラブから学生新聞までの全てにおいて——アメリカの教育システムにおける、階級不均衡拡大のさらなる一次元を目の当たりにすることができる。
課外活動への参加は測定可能なほどの好ましい結果をもたらすことが、これまで繰り返し示されてきた。意識して、あるいは無意識のうちに、裕福で教育水準の高い親はこのことを理解していて、以前見てきたように、彼らはますます多大な時間と金を投資して子どもの課外活動参加を支えるようになっている。それが、ベンドでアールが娘のルーシーに馬を買い与えそのための小屋を建ててやった理由であり、またアトランタでデズモンドの母のシモーヌが、息子のそれぞれが毎シーズンにスポーツをすることにこだわった理由であり、オレンジ郡ではイザベラの母のクララが、子どもたちがたくさんの課外活動に参加できるようにとスピード違反の罰金を払っていた理由である。貧しい子どもの家族には欠けている時間と金が彼らにはあり、そういった資源を投下して、子どもたちが課外活動を通じて価値あるソフトスキルを身につけるのを助けている。
課外活動に一貫して参加していることは、在学中、そして卒業後のさまざまな種類のプラスの結果と強く関連している——それは家族的背景、認知能力、その他多くの潜在的な交絡変数を統制したあとにも成り立っている。そのようなプラスの結果には、成績平均点の高さ、中退率の低さ、無断欠席の少なさ、よい勤労習慣、教育目標の高さ、非行率の低さ、自尊心の高さ、心理的回復力の高さ、リスク行動の少なさ、市民参加（投票やボランティアのような）の多さ、そして将来の賃金や職業的達成の高さが含まれている。[50] 例えば、慎重に統制されたある研究によれば、一貫して課外活動に参加していた子どもは、偶発的に参加したにすぎない子どもよりも大学に行く可能性が七〇％高く、全く参加していなかった子どもよりもおよそ四〇〇％高かった。[51] 別の研究の知見は、オレンジ郡で出会った生徒たちに特に関連が深いものだが、低所得のラティーノの生徒が課外活動に参加していることが（これがあまりにも少ないのは、ローラとソフィアの経験が示しているところである）、学校における達成度の高さと結びついていた。[52]
課外活動におけるリーダーシップは、より強い効果を持っているようである。クラブやチームのリーダーは、のちの人生において、管理的地位について高給を享受する可能性が高いということを示した研究がある。[53] オハイオ州クリーブランドの高校に一九四〇年代に通っていた生徒を対象としたある興味深い研究では、半世紀ののちにおいてすら神経学的効果が見いだされている。課外活動に参加していた生徒は参加していなかった生徒と比べ、世紀の変わる時点で認知症にかかっている確率が非常に低く、そのことは知能指数や教育達成における差異を調整したあとにも成り立っていた(54)。課外活動との相関関係を持つものをめぐり行われてきた多数の研究から明らかになったマイナスの知見が一つだけあるが、それも驚くようなものではない。若年者の間では、スポーツ参加は過度の飲酒としばしば相関していた（しかしドラッグ使用とは関連がなかった）。それでも男女双方において、学業成績の高さと最も一貫して関連している課外活動はスポーツである。体育会系《ジョックス》[訳16]は最終的に、秀才《ブレイニー》にもなっている。

確かに、こういった研究の中に真の実験はほとんどなく、ある子どもを無作為に参加群に割り付けて、その他の子どもは参加させないようにしていたというわけではないので、課外活動参加と人生における成功の間に安定して見られる相関が、少なくとも部分的には、生まれつき持っているエネルギーの水準といった何らかの未観測の変数によるものであるかもしれない可能性を完全には排除できない。その一方で、多くの研究が同一個人を対象にして時間をおいた変化を測定しており、持続的な個人特性が及ぼす影響は取り除かれていることが期待できる。ある巧妙な研究によれば、大学への出席率や労働市場での結果に対しての強い効果が、教育改正法第九編《タイトルIX》[訳17]が女子のスポーツ参加を拡大したのちに見いだされており、これは一種の自然実験となっている。別の研究ではきょうだいの比較を通じて、課外参加がのちの収入に及ぼす因果的効果を検出している。そしていくつかの実験的研究が、伝統的な課外活動に類似したプログラムの効果を確証してきた(55)。

それでは課外活動はなぜ子どもの将来に対し、このような広範な意義を持つのだろうか。これまで多くの考えが提唱されてきた。自信に対する効果、時間利用（「小人閑居」理論）、仲間からのプラスの影響、その他といった具合である[訳18]。次章で見ることになる重要なメリットの一つは、家族外に面倒を見てくれる大人との接触である。コーチやその他の成人指導者がしばしば価値ある助言者《メンター》として機能することは、ポートクリントンのジェシーのフットボールコーチや、イザベラの陸上コーチで見たとおりである(56)。

しかし課外参加がもたらす最大の恩恵は、このような実践を発明した教育改革者たちが当時望んでいたものであるように思われる。それはソフトスキルと気質である。ウェリントン公爵がイートン校の運動場を再訪して「ワーテルローの戦いでの勝利はここで生まれたのだ！」というかの有名な言葉を発したときに念頭にあったのは、おそらく気質のことであって軍事的スキルのことではなかっただろう。[訳19] 不屈の精神《グリット》やチームワーク、リーダーシップ、そして社交性といった非認知的スキルと習慣は、課外活動の参加者の間で発達することは間違いない。

多くの研究者が信じているのは、ソフトスキルと課外参加は、教育達成と一〇年後の収入の説明要因としてハードスキルや公式の学校教育と同じくらい重要で、それは家族的背景を統制しても成り立つということである。それは雇用者側が勤労習慣や他者との協働能力といった非認知的特性にますます価値をおくようになっているからである。こういった非認知的特性は、不利な家族的背景を持つ生徒たちにとってはさらに重要である可能性さえある。[57]

ここでまとめよう。課外参加は、上方移動にとって重要な意味を持つ。したがって、課外活動における大きな階級格差が、とりわけ各種活動の持続的参加において見られるという結果をどの研究も確認することになっているのは悲惨なことである。貧しい子どもは、そうでないクラスメートに比べて、スポーツとクラブの**どちらにも参加していない**割合が三倍高く（三〇％対一〇％）、スポーツとクラブの**両方に参加している**割合が半分になっている（二二％対四四％）[58]。

輪をかけて悲惨なのは、近年の課外参加率が見慣れたはさみ状の格差を示しているという事実である。ある研究では、過去一五年間に学校外のクラブや組織での活動程度が裕福な若者の間では上昇したが、貧しい若者の間では下降したことを見いだしている。一九九七年から二〇一二年にかけて、六歳から一一歳までの貧しい子どもとそうでない子どもの間の「課外格差」は一五ポイントから二七ポイントへと倍近くなり、一二歳から一七歳までの子どもの間の同様の格差は一九ポイントから二九ポイントへと増大した[59]。

図4・3は近年の全国高校調査に基づいているもので、課外活動の格差拡大を示している。類似の格差は私

図 4.3　学校基盤の課外参加における階級格差拡大、1972-2002 年

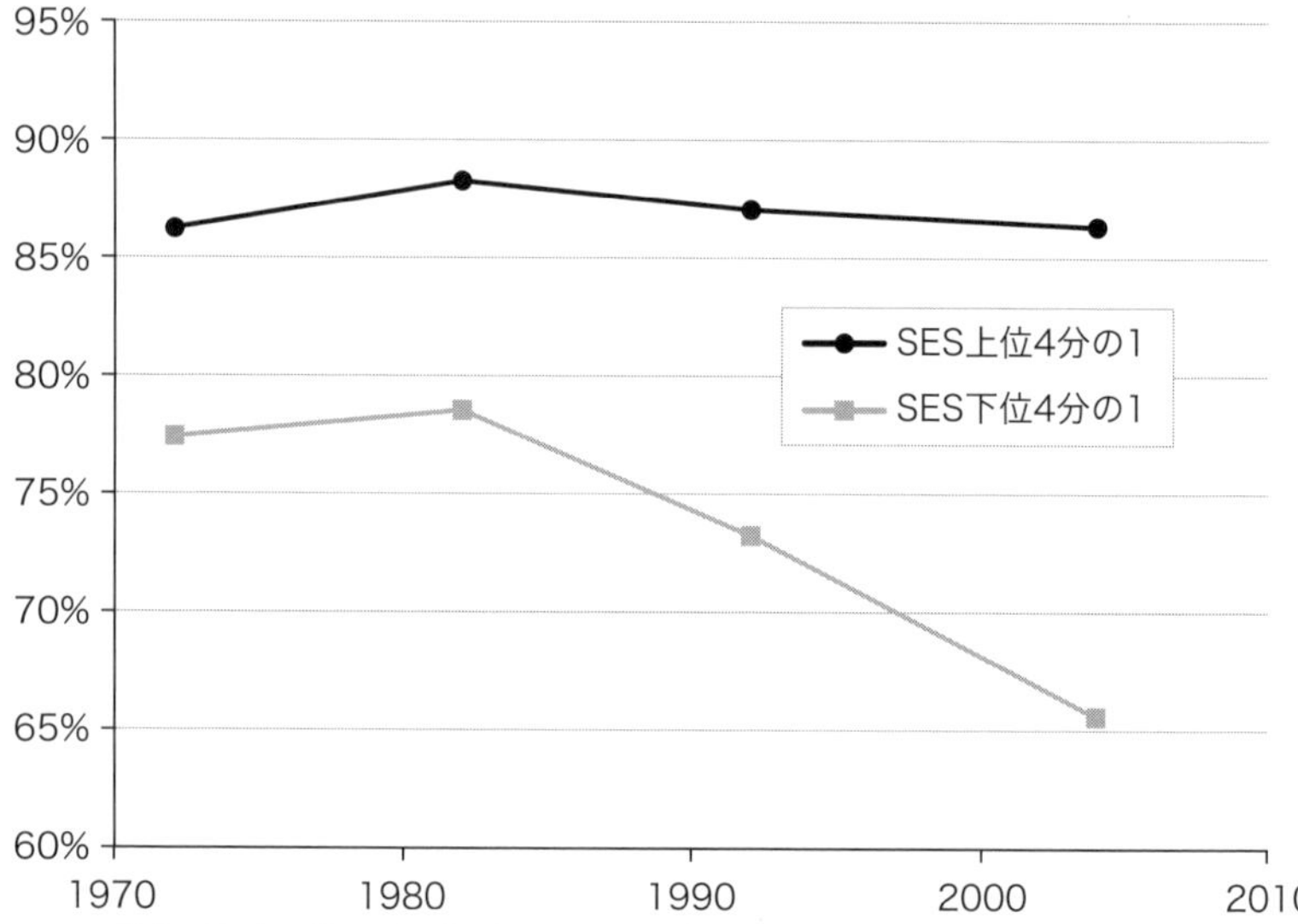

出典：National Longitudinal Study, 1972 年; High School and Beyond, 1980 年; National Education Longitudinal Study, 1988 年; Education Longitudinal Study, 2002 年.

的な音楽やダンス、アートのレッスンや運動チームのリーダー的地位にまで広がっている。上級学年では、裕福な出自の者は貧しい出自の同級生よりもチームのキャプテンを務めることが二倍多く、この格差は過去数十年を通じて倍近くとなった。これと同じ基本的なはさみ状パターンはほぼどのような種類の課外活動でも、それぞれ単独で見た場合にあてはまっている。それに対する主要な例外は生徒自治活動で、そこでは格差が下振れ方向で縮小しているが、それは金持ちの子どもの方の撤退が、貧しい子どもたちに比べずっと急速に進んでいることによる――自治実践が消滅の方向で収束しているのは、われわれの民主主義にとって不幸なことである。[60]
　これらの図表は、われわれのケーススタディにおいて明確に現れていた階級パターンを全国規模で確証するものである。アンドリューの積極的な（のんびりとしていたとしても）学校サッカーチームへの参加や、彼の六年間のギターレッスンを想起しよう。あるいはデズモンドが学校スポーツに一年中参加していたことや、何年もピアノレッスンを受けていたことを。そしてイザベラの運動や

ダンス、そしてピアノへの熱心な取り組みを。このような豊かで実りある経験がある一方で、われわれの出会ってきた裕福さで劣る家庭出身の子どもはそのいずれもが、課外活動への参加が全体に欠けていたことと対比しよう。参加したくとも（例えば）ローラが読書クラブに、ソフィアがバレーボールチームに参加しようとする試みは徒労に終わっていた。恵まれた出身の子どもたちはそれぞれソフトスキルを身につけている。それは大学の入試担当職員にアピールし、さらには将来の雇用主によい印象を与えるものとなるだろう。貧しい出身の子どもたちの中には、どんな生来の能力を持っていたとしても、似たような後押しの恩恵を受けている者はいないのである。

課外活動参加におけるこのような階級格差の増大を説明できるものは何だろうか。

一つにはおそらく、学校の職員が積極的に抑止してしまっていることで説明できる部分があり、それはローラとソフィアが述べていたものである。「教員や職員が、課外活動の枠に対する門番《ゲートキーパー》の役割を果たしている」と教育評論家ラルフ・マクニールは記す。「才能があると自分たちの感じた生徒を勧誘する一方で、学力水準で不適当とした者は制限している[61]」。交通手段の欠如も、要因の一つかもしれない。しかし全体として見たときにより重要なのは、高貧困校では課外活動機会のメニューが制限されてしまっているということである。

例えば図4・4によればアメリカ全体で、裕福な生徒の通う学校では高貧困校と比べて二倍のチームスポーツが提供されている[62]。他の研究によれば、裕福な学校と貧しい学校の間に見られるこのような課外活動格差が、フランス語クラブやオーケストラといった非スポーツ活動においても少なくとも同程度に大きいことが示唆されている。課外活動提供におけるこれらの差異は、ひいては高貧困校における学業成績の低さを説明する重要な部分となっていく[63]。

五〇年前には、あらゆる子どもに課外活動に参加する機会を提供することが、生徒やその親、そして広くコミュニティに対して公立学校が有している責任のうち重要な部分の一つと認識されていた。その当時はソフトスキルについて語っている者はいなかったが、有権者も学校管理者も理解していたのは、フットボールや合唱、そしてディベート部が教え伝える価値ある教訓は、全ての子どもに対して、その家族的出自にかかわらず開か

図4.4　高貧困高校におけるチームスポーツ提供数の少なさ

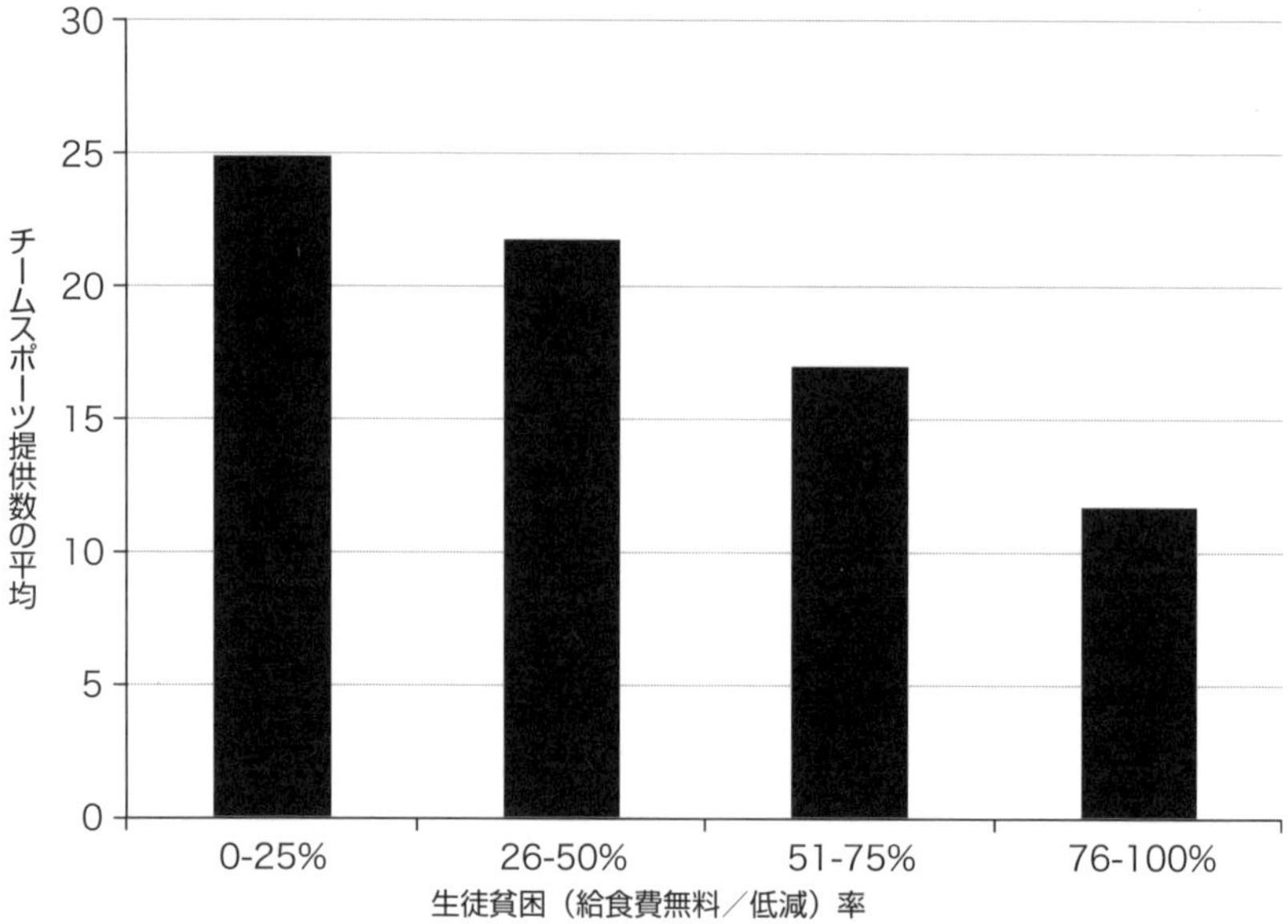

出典：Civil Rights Data Collection, 米国教育省, 2009-10年度.

れているべきだということだった。一九五〇年代のポートクリントン高校で、貧しい子どもたちが熱心に取り組む課外活動が豊富に並んでいたことを想起するとよい。

しかし緊縮予算や、人生が決まってしまうような重大な試験評価制度《ハイステイクス・テスティング》、そして学業上の「中核能力《コア・コンピテンシー》」といったものが象徴するわれらの新時代においては、どの教育委員会も課外活動やソフトスキルを「お飾り《フリル》」と見なすようになった。裕福な校区も貧しいところもこの圧力を同じように受けたのであるが、構成員の違いからそれぞれがたどる道もまた異なることとなった。貧しい校区が課外活動の提供を単純に削減したのは、図4・4に表れているとおりである。それに対し裕福な校区は、民間資源を利用することで提供数を維持（さらには拡大すら）した。そのような供給源の一つが前にも見たような、親と地域の人々による学外資金である。このようなアプローチは明らかに裕福な校区に有利であると同時に、少なくともその学校自体の内部においては金持ちの生徒と貧しい生徒を分け隔てることはない。

気づかれにくいが同時にまた広まってきているのが、有料参加《ペイ・トゥ・プレイ》政策の急速な増大で、現在では全米の半数以上の高校の生徒たちに適用されている。二〇一〇年に行われた全国調査では、課外スポーツのチーム料金その他費用の平均が生徒一人あたり三〇〇ドルから四〇〇ドルの間と推定されている。中西部六州の年次調査では、高校スポーツの有料参加費だけで二〇〇七年の七五ドルから二〇一二年の一五〇ドルへと倍増しており、一方でマーチングバンド参加費の平均は二〇一〇年の八五ドルから二〇一三年の一〇〇ドルへと上昇していた。カリフォルニア州では有料参加は裁判所で違憲と判断されたのだが、その決定を回避するため学校は「寄付」を集めるようにさえなった。結局のところそれは義務的なものなのである。(64) スポーツが異なると課される額が変わってくるような学校もある。オハイオ州ペインズヴィルでは、クロスカントリーの費用は五二一ドル、フットボールは七八三ドル、そしてテニスにいたってはなんと九三三ドルだった！(65) 加えて用具の費用（以前は学校の負担だったが、現在では親が負担するのが通常である）は一年あたりおおよそ三五〇ドルに上る。(66)

全国レベルでの確実な値はまだ得られていないが、しかし合理的な推定では現在、課外活動参加に関わる費用の総額は生徒一人、一活動で年あたり四〇〇ドルに上ると考えられ、家族にいる二人の子どもが毎年二つの活動に参加するとおよそ一六〇〇ドルということになる。全国所得分布で上位四分の一にいる親にとっては、その額は年収に対して一～二％ほどであるが、下位四分の一の世帯では、同じ費用が年収の一〇％近く（あるいはそれ以上）に上ることになるだろう。これらの数字をふまえれば、貧しい子どもが課外活動に何らかの参加をすることはむしろ驚きである。

学校は、貧しい子どもについては料金を免除しているとしばしば反論するが、免除者に対して烙印《スティグマ》が押されることが避けがたいことを考えると、二〇一二年に学校スポーツに参加していた子どもの六〇％が有料参加料金の支払いに直面していたのに対して、免除を受けていたのが六％にすぎなかったというのも驚くにはあたらない。料金の制度化以前はおおよそ半分の子どもが、裕福な、あるいはそうではない出自によらずスポーツに参加していたが、しかし有料制度が導入されると、年収六万ドル以下の家庭出身のスポーツ少年――全国中央値は六万二〇〇〇ドルであるので、これらの子どもの多くは堅実な中間階級家庭の出身である――のうち三人に一人が費用増加を理由として脱落したが、対して年収六万ドル超の家族の子どものそれは一〇人に一人だった。この数十年間で、アメリカの公立学校は課外活動（およびもたらされるソフトスキル上の恩恵）の負担を家庭に対して押しつけるようになったが、これは一世紀近く安定していた教育政策を反転させるもので、アクセスの平等性という点でもたらされる結果は容易に予測可能である。

しかし今日のアメリカにおいてさえも、公立学校を通じた課外活動機会の供給は、完全な私的供給――ピアノレッスン、クラブサッカーその他といったもの――に比べれば、依然としてまだ差別的なものではない。低所得家族の子どもが放課後プログラムや運動チーム、音楽レッスンやスカウトのような、非学校の組織活動に参加する割合は、学校を基盤とした活動に比べるとずっと低い。これらの非学校プログラムの中でもスポーツや音楽レッスンのような高額な活動への参加はさらに、教会やコミュニティ組織が運営するような低費用のプログラムに比べて階級間の不均衡が大きくなるということを研究者たちが見いだしている。[67] したがって、労働者階級の子どもたちの一定部分に、それがなければアクセスできなかったような活動を提供していることで、学校は依然として課外活動参加に対しささやかな平準化効果を果たしているのである。

在学中の労働は、機会格差の拡大に対するもう一つの貢献要因になっているだろうか。[68] ここで専門家は、パートタイム労働と事実上のフルタイム労働を混同することのないように注意している。パート労働は成人生活への準備という点からプラスの結果をもたらすことが通常で、そのような仕事は過去数十年間では、比較的裕福なティーンの間でより多かった。対照的に、事実上のフルタイム労働が長期的にプラスの結果をもたらすことは（あったとしても）少なく、課外活動の妨げになることも十分考えられる。過去四〇年間を通じ、あらゆる種類の在学中の労働が、全ての出自の子どもの間で確実な低下を示しているが、その低下は裕福な子どもたちの間でわずかに速く、結果としてわずかに階級格差を縮めている。労働はしたがって、課外活動の格差拡大に対する主要な理由にはなりえない。アメリカの学校における予算削減、および優先順位の移動が、課外活動機会（とそれが植え付けるソフトスキル）がより裕福な若者の領分にますますなっていったことのおそらく主たる理由である。

それでは、本章の核となる問題に戻る。K－12教育の学校は、機会格差を改善するのか、それとも悪化させるのだろうか。

答えは以下になる。子どもたちが学校に行くようになる前に起こっていることや、学校の外で起こっていること、そして子どもたちが学校に持ち込む（あるいは持ち込まない）もの――資源を持ち込む者もあれば、困難を持ち込む者もいる――によって格差が作り出される部分の方が、学校が彼らになすことが作り出す部分よりも大きい[69]。今日のアメリカの公立学校はある種の共鳴室《エコーチェンバー》となっていて、そこでは子どもたちが学校に持ち込む有利点や不利点が、他の子どもに影響を与えている。近隣地域において階級分離が拡大しており、したがって学校でもそれが起こっているということが意味しているのは、イザベラのような中間階級の子どもは、学校で励ましあふれる有益なこだまを耳にすることがほとんどだが、ローラやソフィアのような低層階級の子どもが耳にするのは大半が意欲をくじく有害なこだまだ、ということである。

これが意味するのは、**場所としての**学校はおそらく格差を広げているということである。われわれが見てきた証拠では、**組織としての**学校は競い合いの場を平準化することに時には適度な貢献をする。一世紀以上にわたり、学校関連の課外活動が機会格差を縮小させてきたのは、それが低所得出自の子どもたちに、経済的、職業的成功のために重要性の増してきたソフトスキルを養う大事な機会を提供してきたからである。その一方で一九五〇年代のポートクリントン（私のトロンボーンとトロンボーンのレッスン、そしてフットボールのコーチ指導と用具は、全て無償で高校から提供された）と比べると、そのような歴史的責任から撤退するという教育委員会の最近の決定が、階級格差を拡大しつつある。

組織としての学校が機会格差に対して現在与えている影響は方向まちまちの、またさほど大きなものではないという事実は、格差の解決策において学校での改革は重要な部分とはならないであろう、ということは意味しない。むしろ、学校が機会格差の拡大の原因でなかったとしても――そして、そうなっているという証拠はほとんどないが――、それを正すための主要な場には十分なりえよう。機会格差について懸念するアメリカ人は、この問題について学校を非難するというありがちな過ちを犯してはならない。そうではなく、格差縮小のために学校と協働するべきなのである。学校というのは結局のところ、子どもたちの居場所である。最終章で議論するように、低所得生徒が多く通う学校の業績を上げることを目指した有望な改革が全国で見られるようになっており、学校が問題の主要部でなかったとしても、解決策での主要部となるかもしれないという期待をこれらは上げるものになっている[70]。

8　教育達成における長期傾向

教育は長きにわたって、アメリカ内の上方移動における支配的な経路だったので、教育達成——高校卒業、大学入学、そして大学卒業——における長期傾向は、われわれが現在どうしているのか、そしてとりわけ、将来どうなりそうなのかに対する決定的な指標となる。それは今日の生徒が労働力に参入するからである。家族によって提供される幼年期の基礎と、成人生活における見返りとの間にかかる機会のはしごにおいて、高校と大学が重要な横木であるとすれば、さまざまな階級的出自の子どもたちはこの横木を近年どのように登ってきたのだろうか。各事例で判明するのは、そこにはよい知らせと悪い知らせがある、ということである。

高校

二〇世紀の大半を通じ、アメリカの若者のうちで高校を卒業した割合は、世紀初めの六%から一九七〇年の八〇%へと着実に上昇しており、これは前述した「高等学校運動」の結実したものである[71]。GED《高卒認定証書》を含めるなら、増加はこの世紀の残り三〇年間でも続いていた。さらに、高校卒業（GEDを含む）で初期に見られた階級格差はこの数十年間で縮小する傾向にあり、それは恵まれない出自の子どもたちが追いつくようになったからである。格差はまだ残っている——社会経済的地位で上位四分の一の子どものほとんど全てが現在高校を卒業しているが、対して下位四分の一の子どものうちの二五%以上はそうではない——とはいえ、これまでのところ、この傾向についての知らせは前向きなものである。

しかし、この傾向についてより近づいて見ると、悪い知らせの方もまた示唆される。まず、恵まれない出自の子どもの間で見られる一九七〇年以降の明らかな改善は、その大半がGED資格の急速な増加に帰することができる。実際のところ、二〇一一年に出された高卒資格全体のうちGEDが一二%を占めており、ローラのような貧しい出自の子どもに偏って多くそのようなGEDが発行されている。さらに最近の研究では、大学進学と労働市場のどちらの点においても、GEDには普通の高卒資格と同じ価値がないということが示されている。それどころか、高校を中退して何の資格も得られなかった場合と比べてもGEDが付け加えるものは非常に少ない、ということを示す研究もある。GEDを取得したものの多くは、最終的な目的は大卒学位を取ることにあると言うが、それを成し遂げるものは非常に小さな割合にすぎない。そういう意味で、過去数十年間に高校卒業という点で階級格差が縮まりつつあるというのは、ほとんどが錯覚である[72]。

第二に、普通の高校卒業資格（GEDを含まない）の価値を単純な中退と比べたときには、それはこの期間を通じて多かれ少なかれ安定しているのだが、高卒の価値を大卒と比べると急激に下落しており、それは「大学割増金《カレッジ・プレミアム》」が急激に成長したからである。平均賃金という点で見ると、一九八〇年の時点で大学学位は通常の高卒資格に対して五〇%増しの価値があったが、二〇〇八年の大学学位には九五%増しの価値があった[73]。その意味で、貧しい出自の子どもが得た教育上の利得は二重に錯覚的なものだった。彼らは下降するエスカレーターに乗って追いつこうともがいてきたのである。

大学

過去数十年を通じて、（学業成績という点からの）大学進学の準備状況と、実際の大学進学は、どの社会経済的出自の生徒でも上昇している。しかし、大学入学における相当の階級格差が依然として続いており、その格差が一定なのか、それとも拡大しているのかは明らかではない[74]。経済学者マーサ・ベイリーとスーザン・ダイナスキーは一九八〇年頃に大学に入学した者と、二〇年後のそれを比較している。前者の世代では、所得分布で最も裕福な四分の一の出身の子どもの五八%が大学進学したが、対して最も貧しい四分の一出身の子どもでは一九%だった。世紀の終わりには、これらの数字はそれぞれ八〇%と二九%になっていた。

貧しい子どもの大学進学の成長の方が急速だが、それは金持ちの子どもでは大学入学がずっと高い水準から始まっているからで、二つのグループの絶対的な格差は三九ポイントから五一ポイントへと広がっている。この格差拡大を詳細に検討すると、既に議論したものと同じ因果要因を数多く確認できる――小学校から高校での学習準備、家族や仲間のサポート、その他次章で検討するが、とりわけ助言者《メンター》や広範なコミュニティから受けるサポートである[75]。

しかし、中等後教育への進出で見られるこれらの変化をよい知らせの方に数えたとしても、いくつかの悪い知らせにも注意を払わなければならない。

まず、貧しい子どもの大学へのアクセスが拡大しているということは、競争率の高い単科大《カレッジ》、総合大学《ユニバーシティ》へのアクセスが拡大していることを意味するものではない。大学進学する貧しい子どもは、コミュニティカレッジにますます集中するようになっている――一九七二年に大学にいた貧しい子どものうち一四%がコミュニティカレッジに在学していたが、対して二〇〇四年にそれは三二%になっていた。コミュニティカレッジはもちろん、貧困から抜け出すはしごとして価値ある役割を果たしうる。それは不利な立場の子どもにとっての希望の象徴であって、ベンドのケーラやアトランタのミシェルとローレン、そしてオレンジ郡のソフィアにとってそうであったとおりである。最終章ではコミュニティカレッジが機会格差を縮小させるために可能な貢献について検討する。

その一方で、大半の子どもにとってコミュニティカレッジは実際には、長いはしごの途中の横木というよりも、教育上から言えば最終段である。学生がコミュニティカレッジに入学する時点では、八一%が四年制学位を取得する計画であるというが、実際にそうするのは一二%にすぎない[76]。したがってコミュニティカレッジを四年制学校に相当するものとして計算するのは(大学進学における「よい知らせ」ではそうしていたが)、誤解を招きやすいものである。

より競争率の高い学校は、アメリカにおける成功に対して功罪はあれど最良の見込みを与えてくれるものだが、それへの進学という点での階級格差は、実際には近年拡大している。所得分布で下位四分の一出身の子どもで、競争率の高い単科大、総合大学へ最終的に進んだものの割合は一九七二年の四%からその三〇年後には五%に上昇したが、上位四分の一出身の子どもについては同じ数字が二六%と三六%だった。二〇〇四年には、国内で「最難関」の単科大、総合大学――例えばエモリー大学、陸軍士官学校《ウェスト・ポイント》、ボストンカレッジ、南カリフォルニア大《USC》――では、社会経済的指標で上位四分の一出身の子どもの数は下位四分の一出身の子どもの数を大きく上回って、おおよそ一四対一の割合だった。(77) 高卒資格とちょうど同じように、より恵まれない出自の若者は、数十年前の同様の子どもたちよりも現在いくぶんよくやっているにもかかわらず、恵まれた子どもたちはそのリードを広げつつある。

それだけでも十分よくないが、さらに悪い知らせがある[訳20]――低所得学生たちの中等後教育機関入学における近年の増加は、フェニックス大学やカプランのような、急速に拡大する営利セクターに集中している。二〇一三年にはこのセクターが引き寄せたフルタイムの学部学生は一三%に上ったが、一九九一年にはその数字は二%にすぎなかった。これらの学生は、低所得出自の者に（また年齢が高い者や、人種的マイノリティにも）偏っている。そういう学生に踏み台を与えることは機会格差を縮小させるかもしれず、アトランタにおけるステファニーの「期待の」息子はまさにそのような可能性の典型例となっている。しかし、営利系学校は公立大学と比べたとき学生にとっては倍の費用がかかる――そして、卒業率や就職率、そして年収という点ではずっと悪い記録しかない。したがって、営利系学校の学生がはるかに重い負債（特に、政府支援によるローン）を抱えていて、債務不履行率も高いことは驚くにはあたらない。営利系学校は、短期の修了証コースにおいては記録がよいが、それを大学入学の数に含めることは、低所得の学生の間で最近得られた利得を過大に表現している。(78)

しかし、あらゆる知らせの中でも最悪なものは以下になる。大学入学と、卒業して学位を取るということは全く異なるということである。大学修了における階級格差は、三〇~四〇年前には既に大きなものだったが、確実に拡大している。このことが持つ意味は巨大なものがあるが、それは大学に入学することよりも大学を修

図 4.5　家族の所得別に見た大学学位取得の格差拡大、1970-2011 年

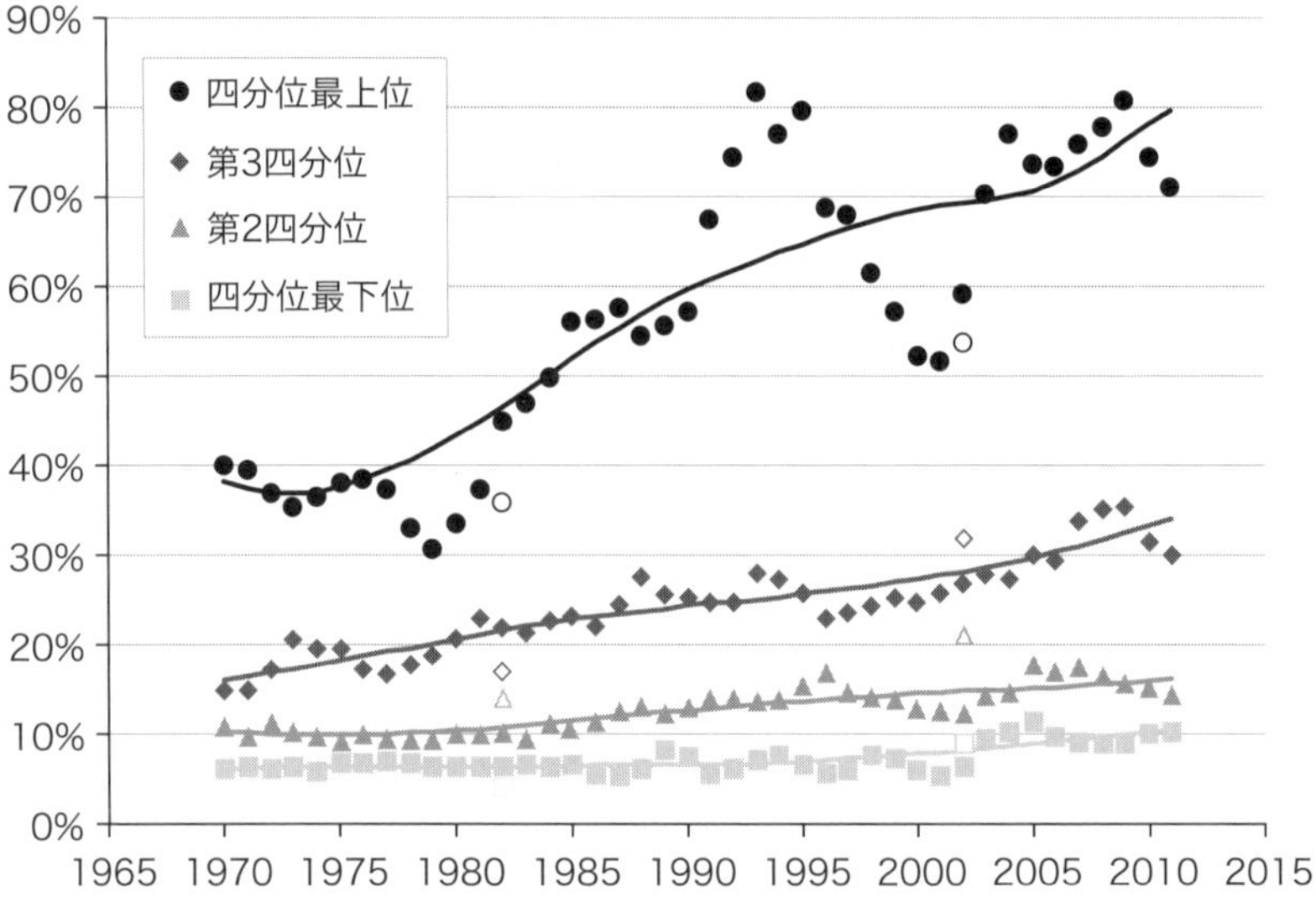

出典：“Family Income and Unequal Educational Opportunity,” *Postsecondary Education Opportunity* 245 (November 2012).

了することの方が、あらゆる種類の水準でずっと重要なものだからであり、それは社会経済的成功、身体的、精神的健康、寿命、生活満足度その他多くに及んでいる。図4・5は過去四〇年間を通じた大きな見取り図を描いている。(79) 中等後教育で最も重要な指標——大学の卒業——において、裕福な出自の子どもはずっと遠く先に進むようになっていて、落胆するようなはさみ状グラフがもう一枚加わっている。

労働市場という観点からは、いくらかでも大学に通った方が、全く大学に行かないよりもよい。しかし経済的成功と社会移動における最大の増強は大学学位を持つことから来るので、上層階級出身の子どもは、最も重要なレースでそのリードをいま一度広げてしまう。低所得出身の子ども——デヴィッド、ケーラ、ミシェル、ローレン、ローラとソフィア、そして言わずもがなのイライジャ——は、人生の見通しを改善するため多少はあれども真面目に働いているが、どれほど才能があって勤勉にしていてもせいぜいがチェッカー[訳21]勝負で上達しているところなのに、上流階級の子どもはそのリードを三次元チェスで広げているのである。

図 4.6　教育というはしご上での（不均衡な）上昇
2004 年度卒業予定クラス 100 人のうち、おおよそ何人がそれぞれの踏み板に到達したか

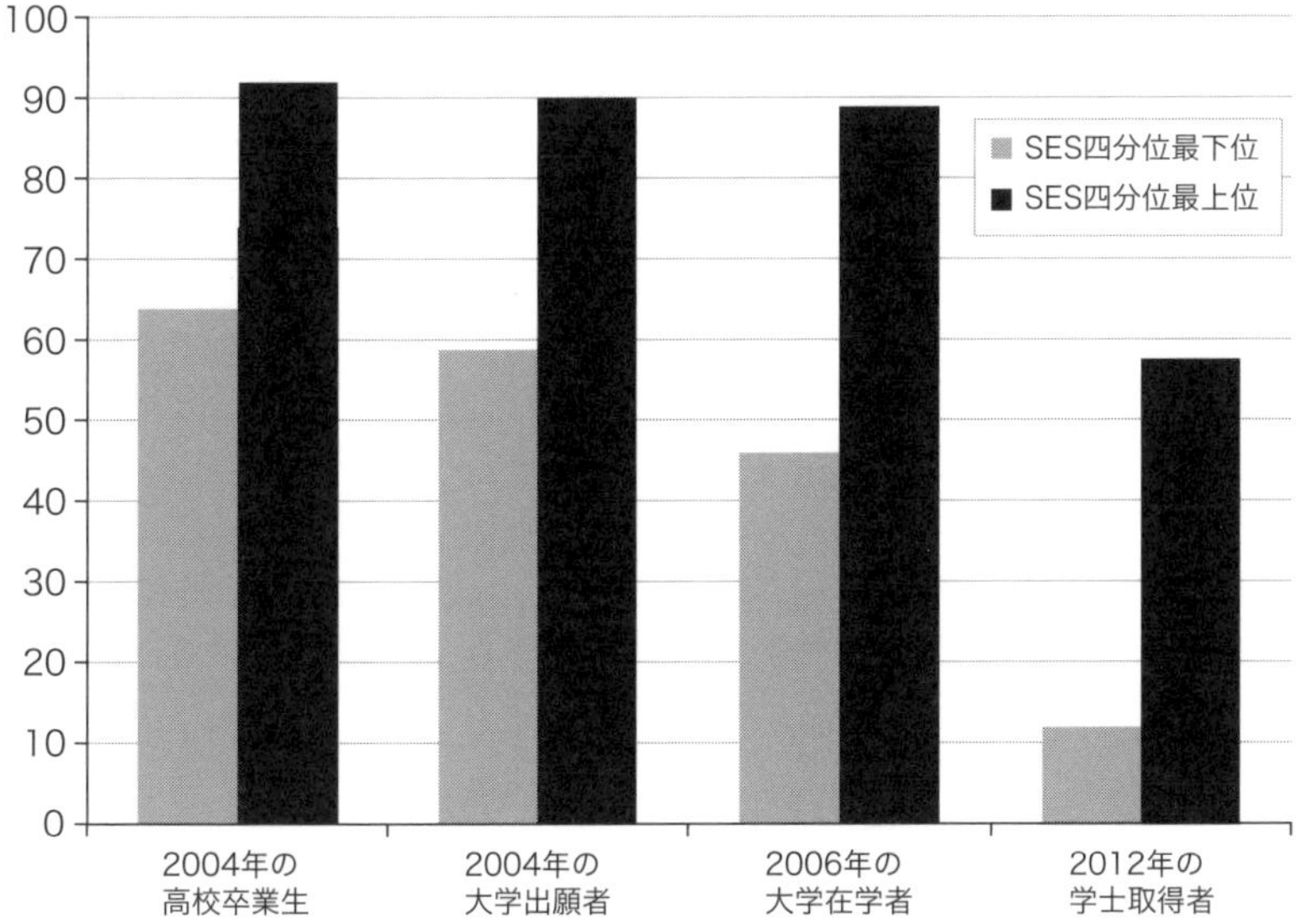

出典：Educational Longitudinal Study, 2002-2012 年, 先行する中退者の調整済み.

金持ちの子どもと貧しい子どもの両方が、教育というはしごを近年どのように上っているかをまとめたのが図4・6で、単一の世代の子どもを二〇〇二年（一〇年生時点）から二〇一二年（進めそうなところまで大半が登り切った時点）まで一〇年間にわたり追跡したものである。[80] 最も左に並んでいる列が示すのは、二〇〇二年に高校二年生の同級生の過半数が高卒資格を得ることができたということである。社会経済的階層における四分位最上位の子どもの九二%と、四分位最下位の子どもの六四%がそこに含まれている。[81]
図4・6が同時に示しているのは高校を卒業した者の大半が大学に出願していることだが、その横木にたどり着けるのは金持ちの子ども（九〇%）の方が、貧しい子ども（五九%）よりもずっと多い。さらに深刻なふるい分けが起こっているのは、大学の敷居をまさに子どもがまたぐ時点にある。金持ちの子ども全体の八九%が高校卒業から二年以内に大学に入学しているが、貧しい子ども全体のそれは四六%にすぎない。そしてこの世代が大学卒業の段に到達

図 4.7　家族的背景の方が 8 年生時点のテスト得点よりも大学卒業において重要

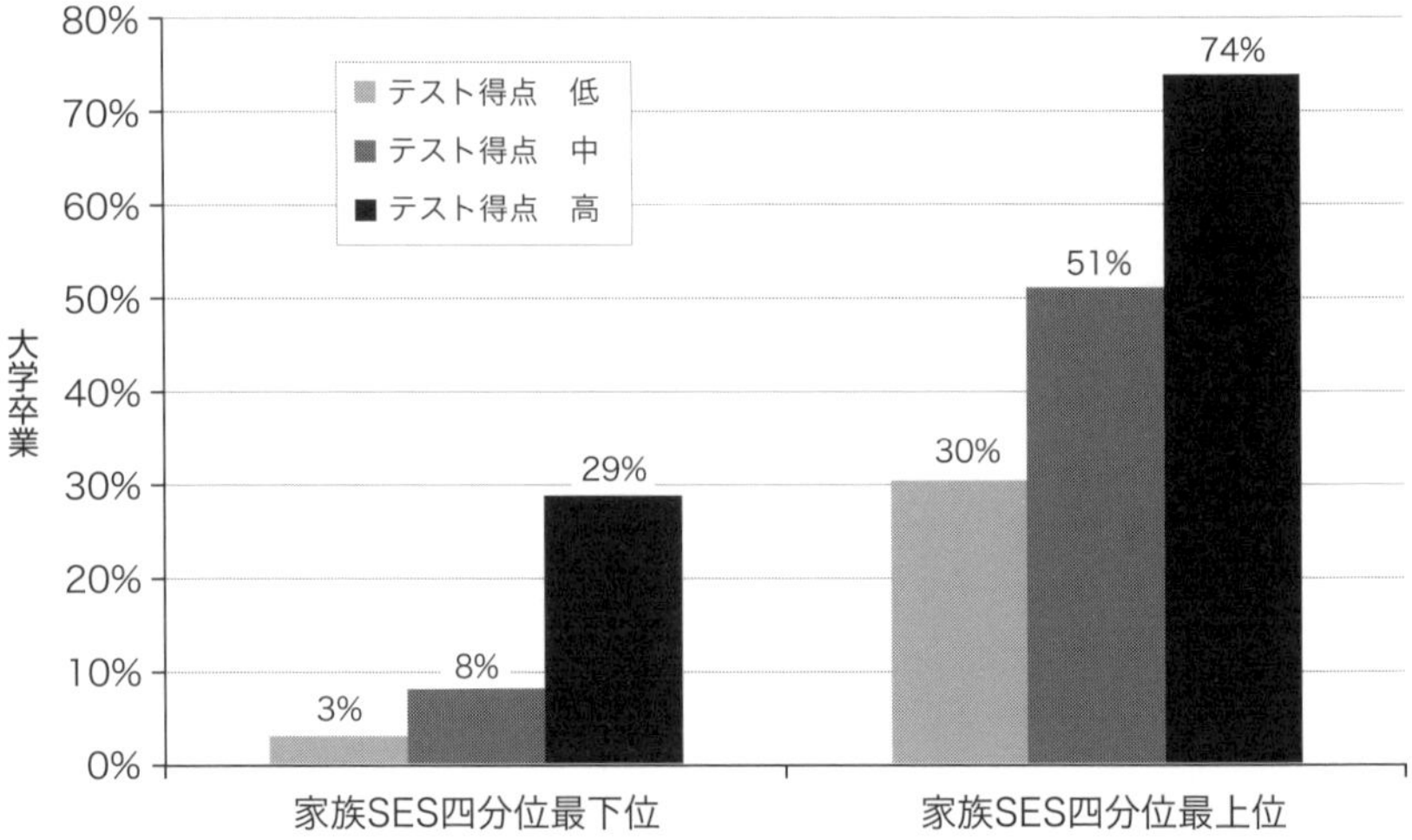

出典：National Education Longitudinal Study, 1988 年（NELS:88/2000）, 第 4 次追跡調査.

する時点では、金持ちの子ども全体の五八％は一番上まででまでたどり着くが、貧しい子ども全体では一二％だけになってしまう。まるで、貧しい子どもの足にはおもりが付けられていて、はしごを登るたびにそれが次第に重くなっているようである。

一方で本章を通じて見てきたように、不均衡の生じている**場所**と、不均衡の**原因**を区別することは重要である。家族の所得が大学卒業を強く予測しているからといって、大学の学費が階級格差の原因であるに違いないと考えることは安易にすぎるだろう。（例えば大学卒業のような）はしごの特定の踏み板が、階級格差が急速に拡大する場所になっているという事実は、その踏み板自体が格差を作り出しているということを意味しない。実際には、本書でこれまで議論してきた要因――家族構造、育児、幼児期の発達、仲間集団、課外活動の機会――その全てが大学卒業率において近年広がる格差に貢献していて、それには次章で議論することになる近隣地域とコミュニティの影響も含まれている。[82] 貧しい子どもにのしかかる負担は、彼らがずっと小さかった頃から寄せ集められてきた重さだった。授業料の増大と学生の抱える負債は、最後に載せられた藁《わら》のひとすじのようなもので、主要な積荷ではないのである。

図4・7という冷徹なメモをつけて、本章は閉じられる。二一世紀幕開けの時点では家族の社会経済的地位（SES）が、どの八年生が将来大学を卒業するかを予測する上でテスト成績よりも重要な要因となっていた。[83]一世代前の社会階級は、学業能力に比べて教育達成の予測において果たす役割は小さなものだった。[84]今日では、好成績の金持ちの子どもが大学を卒業する可能性は非常に高いが（七四％）、低成績の貧しい子どもがそうなることはほとんどない（三％）。中くらいの出来の生徒が大学を卒業する可能性は、裕福な家族の出身であれば（五一％）、裕福さで劣る家族出身の者（八％）の六倍大きい。さらに衝撃的なのは、好成績の貧しい子どもが大卒学位を取得できる可能性（二九％）は、低成績の金持ちの子ども（三〇％）より現在ではわずかに低くなってしまっているということである。この最後の事実は、アメリカンドリームの中核をなす思想――機会平等、と並び立たせることがとりわけ難しい。


［訳1］ボトックスは美容外科で使われることで知られるボツリヌス毒素製剤。「セレブ妻」の生活を取り上げたリアリティTV番組の *The Real Housewives* は、第一シリーズがオレンジ郡を舞台にしており、その後はニューヨーク編、ビバリーヒルズ編などが続いた。

［訳2］エリス島はニューヨーク湾内にある、移民局が一八九二年から一九五四年まで置かれていた島で、多くの移民がここを通過してアメリカに入国した。現在は移民博物館がある。

［訳3］SAT「大学進学適性試験」はアメリカの大学入学判定における標準テストとして使われている。表4・1で示されているのはその内のSAT 1の得点で、満点は二四〇〇点。

［訳4］「サウスセントラル」はロサンゼルスのダウンタウン南部に位置する地区を指す名称で、一九九二年のロサンゼルス暴動が始まった場所として知られる。

［訳5］両者ともその一九六〇年代以降の活動が公民権運動や反戦活動に大きな影響を与えたことで知られ

る。

［訳6］ナッツベリーファームはカリフォルニア州ブエナパークにある、伝統的なアメリカの雰囲気を持つ遊園地で、現在では「スヌーピー」の公式テーマパークとしても知られる。

［訳7］アイビー（リーグ）はハーバード大学などアメリカ北東部にある名門私大のこと。

［訳8］Gifted and Talented Education（GATE）とは、アメリカにおいて学業や芸術の才能ある子どもに対して行われる特別支援教育のこと。

［訳9］ドクター・スースはアメリカの絵本作家・児童文学者、およびその作品。

［訳10］マグネットスクールとは、学区を越えて多様な生徒が進学できる公立学校で、学術や芸術、スポーツなどに特化したカリキュラムを持つ。

［訳11］国際バカロレアとは、国際的な大学入学資格を認定している教育カリキュラムおよびその修了資格のことを指す。AP（Advanced Placement）コースについては第一章［訳18］を参照。

［訳12］「タイガー・マザー」は、中国系移民の法律家エイミー・チュアが自らのスパルタ的母親実践を描いた書籍名（齋藤孝訳、朝日出版社、二〇一一年）、またそのような母親を指す流行語。

［訳13］それぞれ一流校の、南カリフォルニア大学、ペンシルベニア大学、ニューヨーク大学の略称。

［訳14］連邦政府による教育事業で、低所得家庭の低年齢児に対する就学や保健等の包括的支援サービス。一九六〇年代のジョンソン大統領「貧困との戦い」の一部として始められた。

［訳15］殺人罪を規定するカリフォルニア州刑法一八七条に基づく。

［訳16］「ジョック」とは、特に高校生活における花形のスポーツ選手らを指す言葉で、本文中前出の「ナード」、あるいは「ブレイン」とは反対のようなイメージがある。

［訳17］一九七二年の教育改正法第九編（タイトルⅨ）は連邦助成の教育活動における性差別を禁じており、とりわけ女性のスポーツ参加をもたらす結果となったことで知られる。『孤独なボウリング』第六章（訳書一二七頁）を参照。

［訳18］「小人閑居」は原文では"idle hands"で、"idle hands are devil's workshop"（手を動かさないと悪魔が仕事をする）より。

［訳19］初代ウェリントン公爵アーサー・ウェルズリーは、イギリスの軍人・首相で、一八一五年のワーテルローの戦いでナポレオンを破った。イギリスの名門パブリックスクールであるイートン校の出身。

［訳20］フェニックス大学はアポログループの経営する株式会社立大学で、豊富なオンラインコースを提供している。カプランも大手教育会社であり、試験サービスや語学学校に加えてオンライン等を含む高等教育事業を行っている。

［訳21］チェッカーはチェス盤を用い赤黒二種類のコマだけで行うゲーム。

第五章
コミュニティ

映画『フィラデルフィア物語』は、市の富裕住宅街であるメインライン地域を舞台に大恐慌ただ中の時期を描いているが、キャサリン・ヘップバーン主演で有名なこの話が捉えているのは、その時代に社交界で浮かれ騒いでいた一％の人々にすぎない。ヘップバーンの演じた役のモデルはヘレン・ホープ・モンゴメリー・スコットという実在の人物で、『ヴァニティ・フェア』誌において以前「フィラデルフィアのワスプ[訳1]支配体制における非公式の女王」と評されたことがある。[1]八〇〇エーカーもあった彼女の「アードロサン邸」のような「金ぴか時代」の壮大な屋敷はそのほとんどが、カーブした木陰の小径から望むことのできる自然石作りの邸宅へと姿を変えた。それを所有するのはフィラデルフィアの新たなエリートたちで、経済界、コンサルティング、そして「教える先生《エド》に診る先生《メド》」（大学および医療センター）といった人々である。一世紀前と全く同じように、この牧歌的なロウワーメリオン郡区《タウンシップ》とその周辺の街は、アメリカでも最も豊かで、教育水準の高い家族の家であり続けている。

ここから一一マイル〔約一七・七キロ〕ほど東に行くと、映画社会学におけるもう一つの古典『ロッキー』が舞台としていた、気骨ある白人労働者階級の居住地域ケンジントンがある。ここはデラウェア川の波止場と、フィラデルフィアの過去の繁栄の基盤であった斜陽産業の地に隣接している。一九世紀後半から二〇世紀初頭を通じて、アイルランド系、イタリア系、そしてポーランド系移民が製粉場、皮革加工所、造船所、そして食品加工所で働いており、ほとんど同一の、密集した二階建て長屋の中に詰め込まれるようなさまで暮らしていた。世代を通じて、多くの家族が同じ地域に住み続け、同じカトリック教会と学校に通っていた。しかし一九七〇年になると、工場群やこの居住地域の長期にわたる衰退が始まり、街からは一九七〇年から二〇〇〇年の間に二五万以上の職が失われた。以前は主婦たちが胸を張って玄関階段を毎日掃き清めていたような緊密なコミュニティは、打ち棄てられた工場、路上での麻薬取引、そして犯罪の横行する広大な空き地へと取って代わった。貧しい黒人が、白人系の民族集落《エンクレーヴ》にぐっと近づいてきた結果としてこの地域の人種的緊張が暴発したことを、ロッキー・バルボアとアポロ・クリードの間で繰り広げられた容赦のない闘いが象徴しているのである。[訳2]
アメリカの他地域と全く同じように、フィラデルフィア都市圏における格差と階級分離も過去数十年間に進行している。つい一九八〇年には、ロウワーメリオン郡区の世帯所得中央値はケンジントンのおおよそ二倍だったが、二〇一〇年にはこの差は四対一となった。[2] アメリカ社会科学協議会が「切断された若者《ディスコネクテッド・ユース》」率——すなわち、一六～二四歳のうち働いておらず学校にも通っていない者——を全米の都市部で計算したところ、ケンジントン地区は全国ランキングでトップ近く（三〇％）、それに対してロウワーメリオンヴァレーは最下位に近かった（三％）。[3] ケンジントンとロウワーメリオン郡区を隔てる距離は一一マイルなどではなく、一〇〇万マイルは離れているように見えた。
本章では拡大する機会格差が国中において猛威をふるうさまを、コミュニティ環境という視点から描き、社会的資源および地域問題が裕福な、また貧しい子どもそれぞれの運命にいかに影響するのかを対比して示す。二つの白人家族に会うことから始めよう。一つはロウワーメリオン郡区、もう一方はケンジントンの家族で、どちらもシングルマザーが先頭に立って家庭の不和と崩壊の中で娘二人の子育てに奮闘しており、ドラッグや一〇代の性、そして学校でのトラブルといった問題に取り組んでいる。以下に見るようにどちらの母親も与えられた資源の下で、子どもを支えるために懸命に努めており、いくつかの点では両者ともに成功を収めている。しかし同時に見えてくるのは、郊外に住む、教育水準が高く余裕のある家族に備わっている経済的、社会的資源が、ストレスから子どもたちを守る緩衝としていかにしてに役立っているか、ということである。その一方でケンジントン地域においては、以前は密な社会的ネットワークがつましい経済環境の中で相互援助を担っていたのだが、貧しい子どもたちにとっていまではそれは問題の源泉であって、解決策ではなくなってしまったのだった。

1　マーニー、エレノアとマデリーン

エレノア（一九歳）とマデリーン（一八歳）は、母親のマーニー（五五歳）とともにロウワーメリオン郡区に、生まれてからほぼずっと住んできた。少女たちがもっと幼かった頃、両親は経済的に無理をして、子どもにやさしい歩道や（公立、私立両方で）優秀な学校があり、（気安くなくとも）快適な地域であるロウワーメリオンの地を買ったのだった。この場所には地域組織が豊富でそれはロウワーメリオン・サッカークラブからアードモアコミュニティセンター、ＹＭＣＡ、熱心な市民団体から無数の宗教組織にまで及び、その宗派もユダヤ教、長老派《プレズビテリアン》、クエーカー、カトリック、聖公会《アングリカン》、アルメニア教会、そして福音派《エヴァンジェリカル》といった具合で、どれも街での活気に満ちた存在感を、現在ではツイッターやフェイスブックを用いてさらに示している。

古い住民は、以前のメインライン地域はもっと多様で郵便配達や港湾労働者の子どもも地域の学校にいたものだと言うが、いまではそれは変わってしまった。「多様性にあふれている、ということはないわね」とエレノアが教えてくれる。「ほとんどはメインラインのバブルにいる、上層中間階級の家庭」と。マデリーンの方の説明によると高校にいる子どもの多くは「『アイビーか死か』ってほんとに考えてる。『親のあとを追って、何百万ドルも稼げるようにならなかったら、人生終わりだ』みたいに」とのことである。

少女たちの母親マーニーは、浮き沈みの激しい映画プロデューサーの娘でビバリーヒルズに育ち、家族の中で初めて大学に行った人間となった。両親はアルコール中毒で、家族は機能不全を起こしていたので（両親は結婚離婚を三回繰り返した）、マーニーの家庭環境は困難なものだったのだが、マーニー自身はビバリーヒルズ高校でも自らも言うように「すごく頭がよく」、オールAで卒業したアイビーリーグのトップ大学では経済学を専攻した。劇場経営の仕事に一定期間従事したあと彼女は結婚し、ウォートン[訳3]でMBAを取得し、その後コンサルティング会社に入社した。

少女たちの父親サッドは、同じアイビー大学で学士号を得たあと、別のトップ大学の大学院に進んだ。娘の生まれる前後の数年間は、大成功を収めた高給取りの起業家として働いていたので、ロウワーメリオンに家族と移り住むことができたのだった。しかし突然、娘たちが中等学校にいる頃サッドの事業が失敗し、彼は抑うつに落ち込んだ。一～二年して、マーニーは結婚生活に終止符を打った。サッドは経済的支援を提供できるような地位に就いておらず、自分一人で稼がないといけないことを彼女は悟った。この身のすくむような見通しに直面したマーニーが下した重大な決断は独立コンサルタントになることで、娘の一人が言う「すごく贅沢なライフスタイル」――私立学校に通い、乗馬をし、多数の家事手伝いを抱えている――を送っている一家を支えるのに十分な収入を得ることが目標だった。自立しようというマーニーの決断は、良くも悪くも全員の生活にとっての重大な転換点となった。

極端なまでに長時間働く母親が、報酬額の高い専門能力を持っていることと、そしてクレジットカード枠を頻繁に使ったことによってエレノアとマデリーンが享受したものには、大邸宅、ピアノのレッスン、夏休みのヨットキャンプ、誕生日の仮装パーティー、そして（中等学校から入った）この地域で最もよい私立学校の一つ、といったものがあった。娘たちの思い出にある幸福な子ども時代は、かくれんぼやレモネード屋台、なかよしの友達で彩られていた。「ママは本当にすごい、偉大な母親なの」とエレノアは言う。「それはまさに、自分の人生のほとんどの場面で、私と妹を一番に置いてくれたという意味。本当に一生懸命に働いて、私たちが素晴らしい生活を送れるように、できることは何でもしてくれた」。

両親の離婚が二人の娘に与えた打撃は大きかった。「そんなことが起こるなんて思ってもみなかった」とエレノアは言い、「私の子ども時代に起こったたぶん一番大きな出来事」と付け加えた。当初、マーニーとサッドは懸命に共同育児を行って、結婚／離婚セラピストを雇ってギクシャクした関係を和らげようとし、交代で娘たちと家で暮らそうとした。しかしこういった努力は実らず、サッドは「いやしを求め」西部山岳地方へと去って行った。

マーニーのエネルギッシュな職業生活（またそれが提供する物質的サポート）は強烈なもので、彼女はシッターに住み込み留学生《オペア》、その他の家事手伝いを雇って、娘たちが学校から帰ってくるときには家にいさせ、運転して課外活動に連れて行くとか夕食の準備をするといったことをまかせた。「お手伝いさんが育ててくれたのよ」とマデリーンは皮肉を差し挟む。あとでマーニーは、悟ったような微笑みを浮かべた。「あの頃安全を確保するために、私がどれだけ大きな存在だったかはみんなが知っていることだから。いつかあの子が振り返ったときには、また違うように見えると思うわ」。

両親の結婚が破綻した頃、エレノアは高校ではエリートのボーディングスクール[訳4]に行くと決めたが、その理由は一つには「家でのゴタゴタに巻き込まれたくなかったから」ということだった。家を出て行ってまもなく、マーニーは他の母親たちから、エレノアとこの地域の女の子グループが、マーニーが日中いないのをいいことに家でマリファナを吸っていたことがあるということを聞かされた。自分の無邪気さ加減にショックを受けながら、エレノアの部屋をあさると果たして少量のマリファナが見つかった。彼女はボーディングスクールに飛んでいき、エレノアと「決着をつける」ため六時間をかけた。「告げたのは、私の目標はあなたが元気に青春時代を送ることで、ヤク中になったり人生を台無しにしたりしないことだっていうこと。私は針の先で踊る天使[訳5]みたいなもので、あなたのせいでみんなの全てがメチャクチャになるなんてご免よって」。マーニーはエレノアのクレジットカードを取り上げて、自分で運転免許を持つまでは使わせないと言い渡し、また法に触れるような問題を起こしたときには「自分は、腕利きの弁護士を雇って無罪を勝ち取るような、メインラインによくいる母親などではない」と警告した。厳しき愛情《タフ・ラブ》がここでは功を奏したと見えて、そのような問題が再発することはなかった。

ボーディングスクールにおいて、成果を上げそこに馴染んでいくことにエレノアはストレスを感じるようになっていったが、それは「リッチで、健康で、美しく、かしこい――すなわち完璧」であることを意味するからだった。彼女は激しく落ち込み、一一年生のはじめの時点でボーディングスクールを辞めて自宅近くの公立高校に戻ってきた。エレノアは、自分がＡＤＨＤ（注意欠陥・多動性障害）ではないかと診断を受ける前から疑っていたが、家に戻ってくるまでマーニーがその問題に気づくことはなかった。

娘を支える気持ちの何よりも強いマーニーは、すぐに行動を起こした。専門家に相談して、最終的には知り合いの中の精神科医からは病気の診断とよく効く薬の処方を、そしてコンサルタントからはエレノアに合った学習計画を立てる支援をしてもらった。「ＡＤＨＤの子どもには静かな部屋が必要だ」ということを知ったマーニーは家の三階をリフォームし、エレノアのために寝室と、静かで明るい勉強部屋、そして部屋が雑然として気が散ってきたときのための予備の寝室を設けた。それと同時に、子どもに「レッテルが貼られる」ことの危険性を承知していたので、ＡＤＨＤという診断を慎重に隠すようにした。「この子のために、道を作ったのね」と彼女は言う。「それでうまくいくように見えたし、実際もそうだった」。

一方で、マデリーンの方は青年期に起こる別種の問題に突き当たっていた。彼女が八年生のときマーニーが気づいたのは、マデリーンとボーイフレンドのサムの性的関係が活発になりかけている、ということだった。マーニーはサムの両親と夕食をともにして「共同対応をどのようなものにしたらよいか検討」したと語る。マーニーはマデリーンがすぐに避妊手段を取れるよう準備をした。「こんなに早いうちからそういうことをするのには全く賛成できない、とあの子には言ったけれど、もしそういう選択をするのであれば、ちゃんと守られているようにしたかったから。そしてもう一つ言ったのは、あなたたちの親四人は総出で、あなたたちが二人きりになるような機会は作らないようにする、ということ。向こうの母親とは、メールをやりとりする関係だったのよ。『いまからスーパーに行きます。戻ってくるまでサムを家から出さないでください』って。」

マーニーとサッドは娘のことになれば互いに助け合うよう努めてはいたが、娘たちの方から見れば板挟みになることは避けがたかった。高校二年目のとき、マデリーンは母親の了解を得て父親の世話をするため西部に移り住んだ。メインラインのバブルからこの一年間逃避したことがその後もたらしたものは大きかった。人生で初めて、マデリーンはつましい出身の子どもたちと触れ合い、その価値観や勤労ぶりから強い印象を受けた。「カフェテリアで働くような友達もいて」と彼女は言う。「それで昼食代をまかなってた。メインラインにいるみんなのありようとは全然違っていた」。マーニー、サッドそしてマデリーンはみな一致して、この年は彼女にとってよいものだったと口を揃える。

しかし、西部の田舎で受ける学校教育が求める水準があまり高いものではないこともマデリーンにはよくわかり、家に戻ってロウワーメリオン郡区のエリート私立高校に編入し、さらに父親を説き伏せて、卒業するまではフィラデルフィアの自分が住む近所に越してもらうようにした。彼女の実感では作文力を伸ばすための助けも必要だったので、母親の協力を得てペンシルベニア大学で作文コースを取ることにした。マデリーンの説明では、そのときの教員が自分にとって「非常に近しい」助言者《メンター》となってくれて、読むべき本を薦めてくれたり、それを読んだあとペンシルベニア大の学生何人かも交えて夕食を取りながら議論する機会を設けてくれた。「まさしく人生を変えてくれた人なの」と彼女は結んだ。

マーニーはこういった支援に前向きだった。「これまでずっと確信してきたのは、一〇代のときは親以外のしっかりとした大人と信頼関係を築く必要がある、ということ」と彼女は言う。そして、二人の娘どちらにもそれがある。例えば両親の離婚で悩んでいたときには、いつも通っていた教会にそのような助言者がいた。マデリーンはこう語る。「本当に立派な若い牧師さんで、結局毎週、六ヶ月くらい会いました。ママが私のことを心配して、その人と話せるようにしてくれたので。宗教のことを押しつけるようなことは全然なくて、私の話、私の抱える問題のことをただ聞いてくれて。ほとんど医者と患者の治療関係のような感じ」。マデリーンの友人の親の中には、彼女の成長にあたってのロールモデルになった者もいたが、彼女の親友の多くも、やはり教会に通い続ける子だった。西部地方に越したときには、そこで出会った父親の友人にカウンセリングの学位を持っている人がいて、インフォーマルな形で、彼女が変化に適応するのをやはり助けてくれたのである。

両親以外にも生活を支えてくれる大人がたくさんいたのはエレノアも同様で、教会の若い牧師もそうであったし、また父親の大学院時代の女友達の一人とは、西部に毎夏ハイキングに行き、家族内の緊張について話し合うことができた。どちらの娘も教師たちとの親密なつながりや、支えとなる仲間たちとの友情について語っており、その多くは小学校にまでさかのぼるものだった。二人にはまた、SAT試験の準備を手伝ってくれた家庭教師もいた。マデリーンはこういった、支援的な大人や仲間たちによる広範なネットワークの重要性について認識している。「子どもの頃、他の支援体制が失敗したりうまく合わなかったりしたときにも、他のあらゆる種類の支援体制が持てたのはすごくラッキーなことだった」と彼女は言う。「あらゆるところに素敵な大人たち、そしていい友達が見つけられたのは本当にラッキーだったわ」。

一家が渦巻く急流に遭遇したにもかかわらず、現在のマーニーと娘たちはうまくいっているように見える。エレノアは中西部の主要大学でビジネスを専攻する充実した日々を送っていて、「学費を自分で払い、得た機会を当然のものとは考えない」ような中間階級の友人たちとの強いネットワークを享受している。マデリーンはカナダの有名大学でフランス語と国際開発を学ぶことを目指している——成熟していて、意欲のある彼女はイェール大学ロースクールで学ぶことを最終的な目標としている。マーニーは幸せな再婚をしたが、彼女の言では、娘たちは当初はいくぶんの抵抗を示したもののいまでは新しい夫を「二番目の父親」としてしたっているとのことである。

マーニーが誇りにしているのは、思春期から大学入学にいたるまで娘たちを守り導くことができたことである。「正直、五分五分といったところね」と彼女は言う。「怖くなかった、ということは一度もなかった——でも、うまく管理してきたのよ。うちの家族は、危険な海の下で、あたりに水中機雷が散らばる中を進む潜水艦のようなものだった。自殺未遂、過食症に拒食症、家出、全てがばらばらになる一歩手前。——うちの娘たちは、家族を襲ってきたこういう乱気流全てを乗り越えてきたの」。

エアバッグが自動でふくらんで予期せぬ衝突から身を守るように、経済的、社会的、そして制度的な資源が、危険に直面した際のエレノアとマデリーンを保護するものとなってきた(4)。しかし、ロウワーメリオン郡区の内部、また直接の近隣地域を越えた場所の両方で広がっている両親の社会的ネットワークも保護的な役割を果たしてきてくれたことについて、彼女たちが気づいていることはその半分にすぎない。のちに見るように、アメリカにおける教育水準の高い裕福な親は一般に、社会学が呼ぶところの「弱い紐帯《ウィークタイ》」を広範囲にわたって享受している――これは、自身とは異なる種類の社会的生息地《ニッチ》にいるようなさりげない知り合い（精神科医、大学教授、企業幹部、家族の友人、友人の友人）のことで、マーニーの娘たちは、明らかにそのようなつながりの恩恵を得てきたのである。それとは対照的に、社会経済的な階層でより低い地位にいる人々は、そのような有益な弱い紐帯に欠けていて、それに代わって社会的支援の場面で家族や近隣の人々に依存する度合いが高くなってしまっている。

2　モリー、リサとエイミー

モリー（五五歳）と二人の娘、リサ（二一歳）とエイミー（一八歳）は、リサの義理の両親と同様に、何世代にもわたってケンジントン地域に住んできた。われわれがモリーと娘たちに会ったのは、二〇フィート〔約六メートル〕幅ほどの過密した長屋住宅の一つで、そこはモリーの現在の夫の家族が、三世代にわたって住んできた場所だった。(5) モリーと、リサの義母ダイアン（四一歳）は同じこの場所にずっと住んできたので、これら二つの拡大家族との会話を通じ、この地域が過去半世紀を通じていかに劇的に変容してきたのかについてまるで映画を見ているように詳細を知ることができた。

ケンジントンは今日では、アメリカで最も犯罪が多発する都市の一つの中にある、その最も危険な地域の一つになっている。しかし、これまでずっとそうだったわけではなかった。モリーとダイアンのどちらも、自分たちの成長期にはこの地区は非常に安全で、暑い夏の夜には子どもたちは戸外の屋根の上で寝ていたものだったと振り返るが、そんなことをしようと考える者はいまではいないだろう。そのような緊密に結びついた白人労働者階級の居住群落《エンクレーヴ》では、ほぼ全ての人間が近所の人の名前を知っており、一緒になって地域を安全で清潔なものにしていた。ダイアンの祖父はこの地域の警官で、全ての子どもとその親の人となりを知っていた。実際には、ほぼ全ての人が他の全ての人の子どもを知っていて、街ぐるみの子育て、という型を作り上げていたのである。「誰もがお互いを気にかけていた」とダイアンは思い出を語る。「もし二ブロック下がった近所で悪いことをしたとして、そこの連中のことをママは知ってるから、まずそこで引っぱたかれて、家まで連れてこられ、親に言いつけられ、今度は自分の親にひっぱたかれるだろうね」。モリーは付け加える。「［誰かに］声かけられずに、通りを歩いてくなんてできないから。『モリー、うちに帰りなさい』とか『どうしたの』とか」。

この母親二人が思い出すのは、団体化した、無料の青少年活動が数多くあったことで、その中には（その名のとおり、当時はアイルランド系地域だったので）「レプラコーンズ」と名付けられた地域の青少年娯楽クラブもあった。[訳6] 子どもたちは近所のリンクにスケートに行き、近所の公園や公営プールに出かけ、そして——モリーが一〇代の頃を思い出して語るには——公園の裏手の目立たないところでビールを飲んだ。地域の「警察体育連盟」（PAL）が、友愛組織《フラターナル》と共同でチームスポーツを支援し、また市の余暇活動局がジャズやタップダンスの無料クラスを提供していた。リサとエイミーが小学校にいる時点でも、はっきりとわかる地域の境界を越えて歩き回るのでない限りは、外で自由に遊ぶことができた。

その時期のメインライン地域と同様にケンジントンも、階級という点からはより多様な場所だった。「工場労働者、街の連中［会社員］、弁護士、区画《ブロック》の中にはあらゆる仕事の人がいた」と、往時に近所の人々がどこで働いていたかを尋ねたときモリーは説明した。しかし、メインラインから港湾労働者の子どもが消え去ってから久しいのと全く同じく、ケンジントンにも弁護士の子どももはやいない。一九七〇年代以降のケンジントンの歴史は、仕事の消滅、家族の破壊、人口の減少、人種多様性の上昇、そして何よりも、犯罪とドラッグの氾濫といったものであった。

犯罪への懸念は広く浸透している。警察官は狙撃を恐れ、担当区域を徒歩で巡回することはもはやない。三人の乳児が流れ弾に当たる事件が最近この地域で起こったので、リサは自分の娘を自宅で育てている。地域を住みやすくすることに対する住民の関心もまた崩壊した。「地域に関わり続けようとする人間なんていやしない」とダイアンは述べ、以前はどうだったかを振り返った。「週末には誰もがほうきを持って出てきたし、市もゴミ集めのための袋を配っていた。いまではみんな自分のうちに閉じこもって。犯罪が起こってるところを見てたって、近所の家に子どもたちがスプレー吹き付けてたってお構いなし」。レクリエーションセンターやプールの大半は閉鎖されてしまったが、それは「公園・余暇活動」予算が、緊縮予算の続く中でまず最初に削減されたからだった。市予算は一九七〇年以来三分の一ほどの成長を（恒常ドルで）見せていたが、公園および余暇活動に使われる額は八〇％以上落ち込んだ。投資引き下げは、図書館のような公共サービスの衰退にも現れている。警察体育連盟はまだ存在はしているが、今日では参加者が費用を支払わなければならなくなった。

古くからの白人居住者の中には、地域の衰退は非白人の流入によるものだと非難する者もいるが、この地域の大多数は依然として白人である。「このあたりはレイシストが多くて」とはエイミーの言である。「そういう人たちがバスケコートを公園からなくしたのよ。黒人の子たちが、学校から同級生を連れてバスケをしに来るからって」。この地域の経済停滞と、安定した仕事の消滅も、このストーリーでの明らかに重要な部分である。しかし、われわれが話した女性たちは、地域を悪くした第一の原因はドラッグであるとした。

マリファナ、ヘロイン、そして覚醒剤《メス》がこの地域にやってきたのは一九九〇年代だった。「私の家族はそれでおかしくなった」とリサは言う。「この地域も、みんなもおかしくなった。もう安全なものなんてない。知っている人はみんなハイになっちゃった。どこにいるとか、どんな人だとかお構いなしに」。「みんな」には、リサの父親、エイミーの父親、そしてエイミーとリサの両方が含まれている。彼女らの隣の家には大物のドラッグディーラーが住んでいたし、街区にいるディーラー三人がそれぞれ、ティーンエイジャーだったリサにドラッグを売りつけたのだった。「どこにいたってハイになれたのよ。年なんか関係なく」とリサは説明する。「それはただもう生活の一部になった。なぜかはわからない。単に入ってきたの」。モリーが言葉を継ぐ。「近所の人間が実際にそこに座って、みんなの目の前で吸ってるんだから、どうにもならないと思うよ」。そして、状況はそれからただ悪化していった。「ドラッグを売り込まれずに通りを歩くことはできない」とモリーは付け加える。「［幾通りか離れた］ケンジントン通りは、この世で最も恐ろしい通り。たくさんの人が撃たれてる。こういう言い方いやだけど、でも本当に、本当にゲットーなのよ」。

恐怖が蔓延しているので、とモリーは言う。「人々がどこで働いているのかさえいまではわからない。家から出てくることもないから。うちらがもっと若かった頃は、みんな立ち止まって『ハーイ』と言ったものだけど」。リサが付け加えて「自分はにこやかに、フレンドリーにしようとしてるけど、みんなむっつりとしてて」。このように被害妄想の広がった社会環境の中で、モリーはリサとエイミーを二人の兄弟と一緒に育ててきた。二人の娘が私たちに「誰も信じちゃいけないよ」と注意してくるのは、全く不思議なことではない。

子どもの頃、モリーは（ケンジントンの住民大半と同様に）、数多くあるカトリック教会区の一つに深く関わっていた。実際、民族誌学者キャサリン・エディンと共同研究者が行ったこの地域に関する報告によると、カトリック教会、およびいたるところにある教区付属学校《パロキアル・スクール》がここのコミュニティの縦横をめぐる基礎となっていて、こういった制度の弱体化が地域の衰退を早めていた(6)。モリーの父親が亡くなって母親では家族を支えられなくなったとき、一家の九人の子どもはさまざまな里親家庭に送られた。モリー自身は六年間カトリック系の孤児院に置かれたが、そこは彼女が出てからまもなくして児童虐待で閉鎖されたところだった。その経験は彼女を教会から疎遠なものとしたが、それはダイアンや、同時代の人間の多くと同様だった。

最終的に彼女が家に戻ったのは、地域の経済崩壊がちょうど始まった頃で、モリーはしばしば学校をサボる、ちょっとした反抗児になった。「母親はいたけど、いないのと同じだった」と彼女は述べており、そして自分の家族から得られる支えはなかった。彼女によれば、学校の指導カウンセラーに「このまま行くと何にもなれないよ」と言われたという。高校時代に彼女は妊娠して、一二年生のときに中退した。子どもの父親は隣家のアルコール中毒家族で育った人間で、彼女の叔母や叔父は彼とつきあわないようにと強く言っていたが、そのようなアドバイスを無視して結局彼との間に二人の子どもをもうけた——それがリサと、その兄だった。

モリーのライフストーリーのうちには、この地域の社会的、経済的変容が含まれている。彼女とダイアンのどちらにも、近隣の固い結び付きという温かい子ども時代の思い出があるが、裏切りと乱用と崩壊という彼女たちの成人期の経験は地域の衰退に対応したものであり、そしてリサとエイミーがそれ以上よいことを何も知らずに来てしまったのは、地域の連帯がらせん的に落ち込んで、ドラッグと犯罪が住民の暮らしを荒廃させてきたからである。

モリーの最初の夫は、結婚から数年で結局アルコールとドラッグの中毒になってしまったが、まさに彼女の家族が恐れたとおりの結果だった。モリーは彼から離れ、自分自身と二人の子どもをおおよそ一〇年間にわたり、ウェイトレスや建設作業員として支えた。三〇代のとき、さらに二人の子ども――エイミーとその弟――ができた。その二回目の相手は屋根職人として働く人間だった。娘たちは、最初のうちは彼もよい父親だったと言うが、やはりまたドラッグにはまってしまい、リサとモリーで彼を追い出した。彼はいまではホームレスになっていて、娘たちは近所をうろつく姿を見ることがたまにあるという。

さらに悪いことにモリーは多発性硬化症（ＭＳ）を発症してしまい、発作に苦んで最終的には車椅子になった。末の息子もこの頃また自閉症であると診断され、家族は山のような医療費請求書と無保険から行き詰まってしまった。ほとんど困窮状態となってさまざまな公共福祉プログラムで何とかやり繰りしたが、そこでわかったのは、福祉や税金を動かすお役所の仕組みが謎に包まれた、反応の鈍いものだということだった。モリーは深刻なうつになって、子どもの役に立たなくなってしまった。幸いなことに、このとき近所のとあるプロテスタント教会が間に入って生命線を提供してくれた。

この教会は地域の青少年のための活動的なプログラムを提供していて、中には放課後の個別指導や夏期旅行などが含まれていた。リサは九歳になったとき、この教会に通うようになった。エイミーの父親が追い出され家族の転落が始まった頃、リサの説明では「教会が私たちの主な支えとなって」、ドラッグで混乱した父親から物理的に彼らを守り、教会で一時的に夜を過ごせるようにしてくれた。モリーがＭＳにかかったときには、出入りの容易なアパートを教会が近所に見つけて車椅子用のスロープも据え付けたが、そのとき彼女は教会の信徒ではなかったにもかかわらずそうしてくれたのだった。「彼らなしには何もできなかった」とはモリーの弁である。ダン牧師（「おっきいバイクおじさん」）とその妻アンジェラ（教会の青少年担当牧師）は、リサにとって最も近い親友であり続けている。

リサは心底から友人を必要としていたが、それはティーンエイジャーとしての彼女の生活が混乱を極めていたからだった。教会に参加していたにもかかわらず、彼女は地域と家族の崩壊に絡め取られてしまった。学校の無断欠席がかさんだことで謹慎処分となった彼女は、大酒を飲み、いまやそこら中で手に入るドラッグの中毒になった。実際には、ドラッグは教会そのものの中や周囲でも容易に手に入ったが、それはドラッグ中毒から回復中の者がそこに存在したからである。リサが特にはまったのは風邪薬から生成した「スキットルズ」だったが、隣家から入手した「添加マリファナ《レイスト・ウィード》」も彼女を蝕んだ。

リサも、自分に先立つ母親や、学校の多くの少女たちと同じく一二年生のときに妊娠した。子どもの父親はやはり彼女の麻薬密売人《プッシャー》だった同級生で、彼と結婚することを彼女は拒んだ。教会に参加していたことが、このときにある種の奇跡をもたらした。彼女と、教会で出会った少年（ジョン）が恋に落ちて、既に妊娠七ヶ月であったにもかかわらずジョンは彼女に結婚しようと持ちかけたのである。「君のことを愛しているから」と彼は言った。「赤ちゃんのことも愛するつもりだ」と。（彼の母親のダイアンは、リサに中絶を勧めたが、その考えはモリーが拒否した）。四ヶ月後、彼らは結婚した。

青少年担当牧師のアンジェラは、この困難な時期にリサとジョンを精神的に支えていたが、教会の他の牧師はリサが妊娠期間中は教会に来ることを禁じた。「他の子どもに悪影響があったから」だった。一つにはその理由で、また教義上の相違もあって、リサとジョンは（アンジェラ、ダン牧師と一緒に）この地域で急速に拡大している福音派教会へ最近移った。ジョンのアル中家族と暮らすことがリサとジョンにとって耐えがたくなってきたとき、アンジェラはリサを助けて新しい家を探してやり、そして教会もジョンを助けてキリスト教系の警備会社で働けるようにした。リサは現在の教会も以前のものと同じように、近くのドラッグ使用者にとってそれを続けられる聖域のようになってしまうのではないかと懸念しているが、結論としては「正直言って、あの教会なしではどこに行ったらよいのかわからない」ということだった。

ジョンは工業高校を卒業したが、コミュニティカレッジは自分には合わないと中退した。リサは妊娠九ヶ月のとき高校を卒業し、調剤技師の準学士号《アソシエート》を取るため営利系の専門学校に通った――しかしそれが就職につながることはなく、気の遠くなるような五万ドルもの学資ローンが残った。彼女は現在、娘を家で育てながら幼児教育のオンラインコースを取っている。彼らの結婚は安定しているように見えるが、その近隣地域は非常に危険なもので、また経済的な見通しについてリサは「おびえて」いる。

エイミーの話は、姉が語ったものと並んで悲痛なものなのだが、それはいくぶん異なった場所から始まり、そして終わっている。中等学校《ミドルスクール》時代の彼女は音楽に才能を発揮し、学業系のマグネットスクールに入学を許され、フィラデルフィア・ユースオーケストラに勧誘を受けた。しかし思春期になると、彼女は地域にめぐらされたアルコールとドラッグ、そして無防備なセックスという全く同じわなに深く絡め取られてしまった。「ママには近所の友達の家に行くって言っても」と彼女は言う。「実際には街二つくらい向こうに行って、男の子たちとうろついてお酒飲んだりとか」。エイミーがドラッグに手を出し、学校で騒動を起こしたので、モリーは学校からつまみ出して家庭教育に変えてみたが、エイミーはオンライン試験で不正をして留年してしまった。最終的にモリーは学校に戻ることを許したが、一〇年生に復帰した三ヶ月後、友人のほぼ全てと同じようにエイミーもまた妊娠した。「私と一緒に問題起こしたり、飲んだりしてた女の子全員」と彼女は言う。「その一人残らず、妊娠したよ」と。

しかし予想外にも、エイミーの妊娠はプラスの方向への転換点となった。若くして親になった生徒のための特別な高校に転校して、カウンセラーたちが在学を続ける手助けをしてくれたからだった。新しい学校で彼女は成績オールAを取るようになり、生徒会長にも選ばれた。ボーイフレンド（息子の父親でもある）とはまだつきあっているが、結婚を考えてはいない。「結婚なんて、単に借金を抱えるようなもの」と彼女は言う。「どうして自分からそんなことしたいと思うわけ?」。彼女はよい州立大学のいくつかから入学許可を得ているが、未婚の母親のための特別プログラムを持つ州北部のリベラルアーツカレッジに進学することを考えている。「妊娠で人生が変わったの」と彼女は言う。「息子のため、ということがなきゃ大学に行くなんてこともなかったろうし」。それでも、この未来の希望をかなえる資金の出元についての不安から、彼女は支援を求めるフェイスブックページを作成して資金調達に最近取り組み始めた。

薬物乱用と一〇代での妊娠にもかかわらず、家族を襲った乱気流と地域の抱える傷の苛烈さからリサとエイミーは生き残ったように思われる。その生き残りに教会が重要な役割を果たしたのは、（エイミーの場合に）一〇代の母親のための特別な学校プログラムが役立ったのと同じだった。彼らのストーリーは、宗教コミュニティの力が貧困にあえぐ困難な家族の助けになることの強力な例示になっているが、しかし本章後半で検討する根拠が示すものは厳然たるものである。全国規模で見たとき、貧しい子どもたちは宗教組織からますます切り離されてしまっている。

モリーは娘たちをアルコール、ドラッグそして妊娠から救うべく努力したが、それがうまくいかなかった理由には、彼女らの父親が中毒でダメになっていたこと、また自身を衰弱させた病気とうつ、そしてケンジントン地域が広く崩壊していたことがあった。最近になってモリーは再婚した。今度の相手は教会で知り合った男性で、母親にとってもいい男性だと娘たちは言う。どちらの娘も結婚したり子どもを持とうとする意思はないが、両方ともに、母親であることは好きだと現在語っている。しかし極めて当然のことだが、経済的な見込みについてもまた同じように恐怖を抱えていた。

まとめてしまえば、フィラデルフィア地域のこれら家族のどちらも、ある程度は「幸せになりましたとさ《ハッピリー・エヴァー・アフター》」的な均衡点を獲得したように見えるが、その均衡もロウワーメリオンに比べるとケンジントンの方がずっと不安定なものである。現代の青少年が抱える課題から子どもを守るべく持っていた能力は、マーニーとモリーで大きく異なるが、マーニーの娘たちの方がモリーの娘たちよりも、人生の成功という点ではずっとよい位置についている。もし子育てには集落《ヴィレッジ》が必要だというのなら、アメリカの子どもたちの見通しはよいものではない。われわれが子どもたちに対する集団的な責任を回避するようになったことで、近年ではアメリカ中の集落が、豊かなところでも貧しいところでも衰退してしまった。そして大半のアメリカ人は、マーニーのような資源があって、集団的に供給されていたものを私的供給に切り替えることができるわけではない。

マーニーのケースにおける私的供給とは、一つには育児支援を購入したこと（家事スタッフ、セラピスト、作文の指導者、SATの家庭教師、私立学校、エレノアがADHDに対処するのを助けるための部屋リフォーム）を指すが、それと同時に、社会的ネットワークを利用したこと（ドラッグや一〇代のセックスの危険を最小化するための、近所に住む協力的な親、一流の医療専門家につながる専門的ネットワーク、助言してくれる友人や同僚、そして子どもたちと友人になってくれるその他の「素敵な大人たち」）も指している。それは、モリーと娘たちには手の届かないものだった。教会という部分的例外を除けば、モリーとリサ、そしてエイミーが自ら属していることを知る近隣ネットワークは、解決策というよりむしろ問題を運んでくる可能性がずっと高いもので、その教会という、最後まで残ったコミュニティ組織自体ですらも地域のもたらす有害な影響に対し脆弱なものとなっている。

3　コミュニティと子どもたち——社会的ネットワーク、助言者《メンター》、近隣地域、教会

われわれアメリカ人は、自分たちを「無骨な個人主義者」と考えることを好む——沈む夕日に向かって馬を駆る孤独なカウボーイが、フロンティアを切り開いていくイメージである。しかし少なくとも正確なところでは、わが国のストーリーの象徴となるのは幌馬車隊《ワゴン・トレイン》であり、そこには開拓者コミュニティの中の相互扶助が存在していた。われわれの歴史を通じて個人主義とコミュニティの両極の間の振り子が、公共哲学と日常生活のどちらの領域の中でもゆっくりと振れてきた[7]。過去半世紀を通じてわれわれが目撃してきたのは、よくも悪くも個人主義者（あるいは自由至上主義者《リバタリアン》）方向の極への巨大な振れが、文化や社会、そして政治で起こったさまだった。しかしそれと同時に研究者らは着実に証拠を積み上げ、社会的文脈、社会制度、そして社会的ネットワーク——端的には、われわれのコミュニティ——が、人々の健全性や子どもの機会にいかに重要であり続けているか、ということを示してきた。

4　社会的ネットワーク

社会科学者がしばしば用いる「社会関係資本《ソーシャル・キャピタル》」という用語は、社会的なつながりの程度を表現している——それはすなわち、家族や友人、知り合いとのインフォーマルな関係、市民組織や宗教、運動チーム、ボランティア活動への参加、その他といったものである。社会関係資本は個人の、またコミュニティの健康度の強力な予測要因であることがこれまで繰り返し示されてきた。コミュニティのきずなと社会的ネットワークは健康や幸福度、教育上の成功に経済上の成功、治安、そして（とりわけ）児童福祉に強い影響を持っている。(8) しかし、金融資本や人的資本同様に、社会関係資本の配分も均等ではなく、そして、これから見るように、社会的つながりにおける違いは青年期の機会格差に貢献してしまう。

これまで多くの研究が示してきたのは、教育水準の高い米国人は、家族や友人といった最も緊密な輪の内側にも、またより広く社会の中にも、広範で深い社会的ネットワークを有しているということである。(9) それとは対照的に、教育水準の低い米国人が持つ社会的ネットワークは、より疎ら《スパース》で冗長《リダンダント》性が高く、それらは家族の中に集中している（この「冗長」という言葉で意味しているのは、彼らの友人が知っているのも自分が知るのと同じ人々である可能性が高いので、上層階級のアメリカ人には利用できるような、「友達の友達」による到達範囲《リーチ》を欠いてしまうということである）。すなわち大卒の親は教育水準の低い親と比べ、近しい友人も、会釈する知り合いも、どちらもより多いのである。

図5・1が示すのは、人種と階級の双方が、「親密な」友人を持つ度合いに影響するということである——これらはある種の「強いつながり」で、社会的—精神的な、そして（いざというときは）物質的支援を提供してくれるものになっている。(10) 人種の影響を一定とすると、社会経済的階層において上位五分の一に属する親は、下位五分の一にいる親と比べて二〇〜二五％多くの親密な友人を持つ（社会階級の方を一定とすると、白人の親には非白人の親と比べて一五〜二〇％多くの親友がいる）。貧しい者の間には、緊密に結びついた共同的生活があ

図 5.1　教育水準が高く裕福な白人の親が持つ親密な友人の多さ

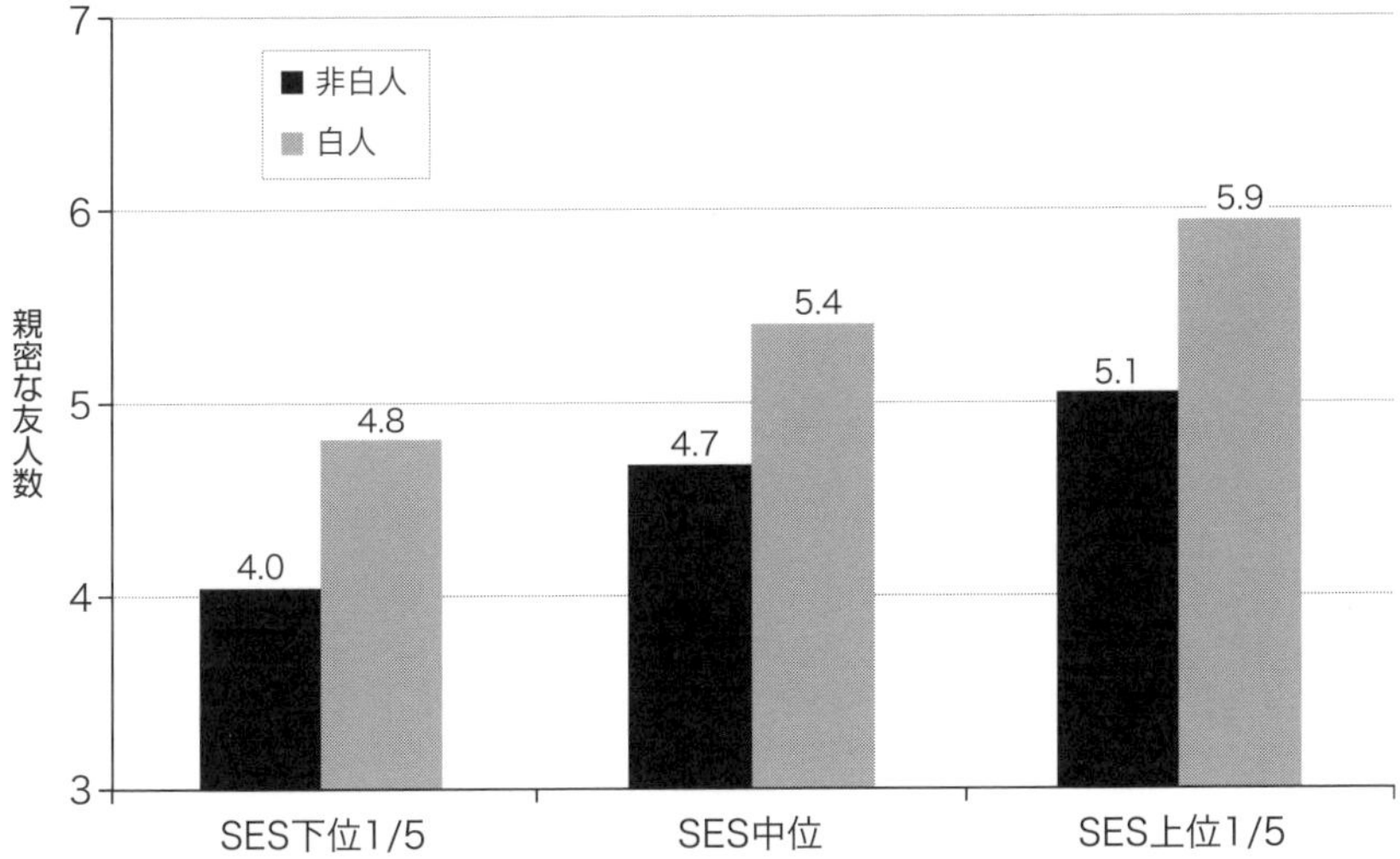

出典：Social Capital Community Benchmark Survey, 2000 年.

るといった空想的イメージとは裏腹に、今日の下層階級の米国人は、とりわけ非白人であれば、近所の住民からさえも社会的に孤立している傾向がある。

おそらくさらに重要なのは、教育水準の高い米国人にはより多くの「弱いつながり」もあることである。これは、より広範で、多様性の高いネットワークとのつながりを指す。こういった社会的つながりに手が届くこととその多様性は、社会移動や教育的、また経済的前進にとって特に価値を持つが、それはこのようなつながりが、豊富な専門性やサポートを利用することを可能とするからで、教育を受けた裕福な親子に利用できるそれに、恵まれない親子は近づけないのである[11]。

図5・2が示すように、大卒の親の方が、あらゆる種類の人々を「知る」可能性が高い。弱いつながり上におけるこのような優越性が特に大きくなるのは、職業という、子どもが前進するにあたり最も価値のあるものが問題となったときである——教授、教師、弁護士、医療従事者、企業幹部はそういうものだが、警察官や近隣住民といった、伝統的にはより労働者階級寄りのつながりにおいてもそれが見いだせる。ビル管理人を知っているという点だけは、教育水準の低い親の方が優越しているように見えるが、それですらわずか

図 5.2　教育水準の高い親が持つより広範な社会的ネットワーク

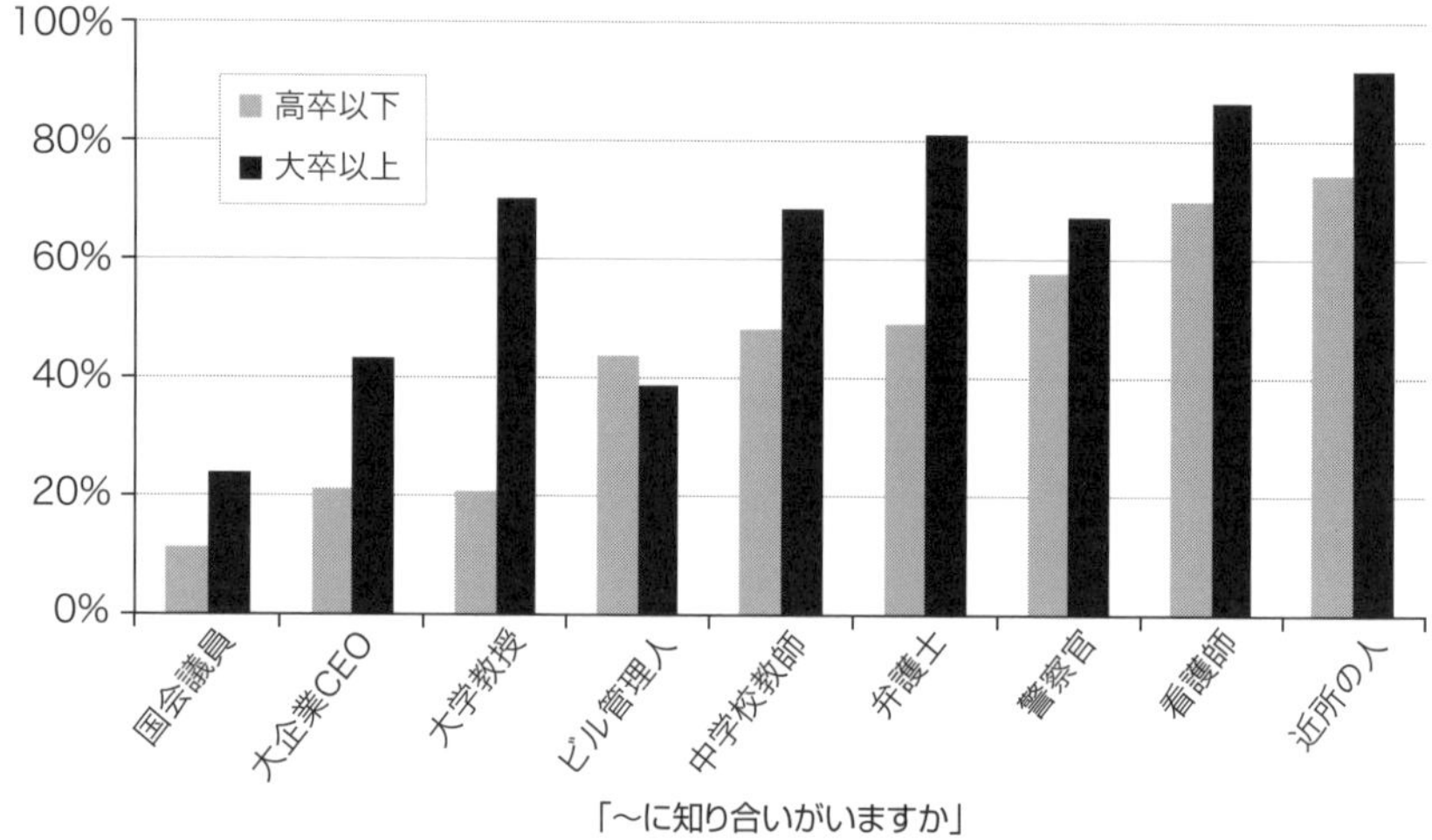

出典：Pew Research Center 2010 年 11 月調査.

な差にすぎないのである[12]！

これまで出会ってきた家族の生活の中に、このパターンがもたらした帰結は既に見て取れた。
・ベンドのアンドリューは、商店主や地域の消防署長との間に親が持っていた弱いつながりを職探しで利用した。
・アトランタのカールは医療関係の仕事を検討していたデズモンドのために、「医療系の人」と話せるよう取りはからった。
・オレンジ郡のクララは、息子の大学願書についてのアドバイスを二人の友人に求めたが、その二人はちょうど大学教授に学部長だった。
・ロウワーメリオンのマーニーは、エレノアのため最高のＡＤＨＤコンサルタントを求めてその個人的ネットワークを利用した。
われわれの見てきた下層階級の家族には、就職や大学入学、健康問題の助けとなるような、こういう弱い紐帯を持っていたものはほとんどいない（顕著な例外は、リサの夫のジョンが警備会社の職を得た教会のつながりである）。それとは反対に、下層階級の親が持つ社会的きずなは不均衡なほどに自身の拡大家族（そしておそらくは高校時代の友人や、近所の一人か二人）に集中していて、それらの人々は、社会階層における彼ら自身の位置のせいで、親の手の届く範囲を拡大させる可能性は低い。教育水準が高く裕福な親は、個人的ネットワークの規模という点で量的に優越しているが、さらに重要なのは質的にも見られる優越で、友人や知り合いが、彼らや子どものためにしてやれることという点にこれが関わっているのである。

上層階級の親は、組織活動や専門家、その他の大人に多く触れさせることを通じて子どもが弱い紐帯を形成するのを可能にしている。労働者階級の子どもはそれとは反対に、定期的に触れ合っているのが親族や近所の子どもたちになりやすく、それで価値ある弱い紐帯の形成が制限されてしまう。[13]（隣人の労働者階級の人間がよい職に就いていて、友人にそういう仕事を教えてやることができたなら、近隣のこのようなつながりはより価値のあるものになっただろう）。大学に入って、専攻を選び、将来のキャリアプランを作っていくとき、裕福で教育水準の高い家の子どもは、幅広いインフォーマルなアドバイザー――家族メンバー、教授陣、そして外部の人間――と関わっていく。それに対して貧しい家族の子どもが相談できるのは直接の家族一人か二人となるのが典型で、そのような相手が大学経験を積んでいることもほとんどない。[14]まとめると、裕福で教育水準の高い家族の持つ社会的ネットワークは、その子どもが豊かな機会を確実に持つのを助けることで、その他に持つ資産も増幅させているのである。

裕福な家族は、貧しい家族では提供できないつながりを子どもに与えている。しかし、このようなつながりは、単に一流の学校に入ったり仕事に就く上だけで重要なわけではない。貴重なインターンシップから重役室での仕事まで通じるパイプラインと少なくとも同程度に重要なのは、思春期にありがちなリスクから恵まれた子どもたちを守ることができるという社会関係資本のありようである。過去四〇年間の研究が一貫して示してきたのは、ドラッグ利用や過度の飲酒は、どちらかと言えば恵まれたティーンエイジャーの方に、そうでない者よりも広がっているということだった。[15]しかし異なるのは、金持ちの子どもたちの間では、家族やコミュニティという「エアバッグ」が、ドラッグその他の災難のもたらす負の結果を最小化すべくふくらむ、ということである。エレノアのドラッグ使用という危機を回避するためのマーニーの能力は、コミュニティにいる他の母親とのきずなによって大いに強化されていたが、一方でモリーの近所に住むマリファナ吸いのドラッグ売人は、娘の中毒の原因そのものになっていた。もちろん予期せぬ危険に直面したときに、社会関係資本が恵まれた子どもたちの持つ唯一の強みというわけではない。結局のところ経済的資本が、エレノアのＡＤＨＤ改善に役立つ一流の専門家による支援も勉強部屋の改装もマーニーに可能としたのである。

社会的ネットワークにおける階級差は近年変化したのだろうか。一五年前、『孤独なボウリング』の中で私は、米国人のコミュニティのきずなが確実に衰退していることを明らかにする証拠を積み上げていった。一〇年後、（もともと私の知見に懐疑的であった研究者らによる）独立した研究が、親族、および非親族ネットワークが過去二〇年間で縮小していることを報告したが、非親族ネットワークの減少の方がより大きなものだった。結果として彼らの知見では、米国人の社会的ネットワークは内向きに衰退しつつあり、構成要素はより少なく、密で、同質で、家族的な（また非親族の少ない）つながりとなっていた。[16]アメリカ人が関わり合いを減らし、相対的な社会的孤立へとひきこもっていることについて、この領域のさらに新しい研究の結論では、それが「あらゆる階級に共通するものであるとはいえ、より低階級の人々に偏って影響しており、結果的には社会階級間の差を強化する傾向が形成されている」としている。[17]最終的な裁定をくだすには確実な証拠がまだ限られてはいるが、社会的きずな――とりわけ上方への移動にとって重要な弱い紐帯――の階級差は、大きいばかりではなく拡大中であるかもしれない。

しかし、インターネットについてはどうだろうか。それは、富める子どもと貧しい子どもの間にあるネットワーク形成の格差を縮める助けになるのだろうか。それとも格差を拡大する、あるいは全体として何の影響もないのだろうか。原理的には、それは弱い紐帯を増大させうるかもしれない――例えば、それがリンクトイン［訳7］（LinkedIn）の目的とするところである。しかし、オンラインとオフラインのつながりは密接に相関している傾向があるので、[18]オンラインのきずなを単純に増大させることは、もしそのようなオンラインのきずなを（「リアル生活」のきずなのように）教育水準の高いアメリカ人の方が容易に得やすいのなら、階級格差を縮小させることには必ずしもならないだろう。そこに「デジタル格差《デバイド》」は存在するのだろうか。

インターネットの普及初期においては、単純な**アクセス**の分配が不平等で、教育水準の低いアメリカ人、とりわけ非白人はウェブへのアクセスを得るのが遅かった。しかし最近では、デジタル**アクセス**の格差は大幅に縮小し、特に人種差についてはほとんど消滅した。(19) しかし、インターネットへの平等なアクセスを持つということは、誰もがそのアクセスから同じ便益を受けるということを意味するわけではない。

インターネットが現実にどう使われているのかを専門とする社会学者エスター・ハルギッタイと共同研究者は「利用者の基礎統計上の成長は、誰もがこのメディアの恩恵を似たような形で受けている、ということを必ずしも意味しない」と指摘している。上層階級出身の若者（とその親）は、より貧しい比較相手と比べたとき、インターネットを仕事、教育、政治・社会参加、健康およびニュース収集に利用する傾向があり、娯楽やレクリエーションのために使うことは少なかった。裕福なアメリカ人は、インターネットを移動性拡大の方向で利用するが、教育水準の低いアメリカ人の典型的な使い方は、そのような方向ではない。(20)（全く同じことが、読書や郵便制度についても言える。要点は、インターネットが、利用上における不平等を避けられないということである）。

全国多数の一〇代に、インターネットをどのように使っているかについて尋ねた結果をふまえて、エスノグラファーのダナ・ボイドが結論づけたのはオフラインでの不平等が、オンラインに持ち越されるということだった。「情報が容易に入手可能な世界では」と彼女は記す。「情報それ自体へのアクセスよりも、強力な個人的ネットワークや、有益な人々へのアクセスの方がしばしば重要な意味を持つ……情報を吟味し、文脈を提供してくれるようなネットワークを持つ者の方が、こういった情報を機能させた経験の全くない友人や家族を持つ者よりも、この情報環境では優越する……自分を誰とでも、どこでもつなげることができる技術をティーンが利用可能であるというだけのことでは、彼らが知識と機会に平等にアクセスできるということは意味しないのである」。(21)

教育水準の高い家庭の子どもは、より洗練されたデジタルリテラシー能力――インターネット上でいかに情報を検索し、それを評価するかの知識――を身につけており、またそのような能力の活用にあたっての社会的サポートを持ちやすい。そのような子どもはインターネットを、拡大するデジタル経済・社会からの見返りを獲得する助けとなるよう利用している。下層階級の子どもたちがインターネットに対して、ほぼ同じ物理的アクセスを持つようになったとしても、そういうアクセスを自分の機会を増強するように使うデジタル知識《サヴィ》に欠けてしまっている。少なくとも発展過程のこの時点において、インターネットは機会格差を縮小するというよりも、むしろ拡大させる可能性が高いように思われる。[22]

5　助言者《メンター》と「実際知《サヴィ》」

これまで繰り返し見てきたように、家族外にいる大人がしばしば、子どもが自分の可能性を十全に発揮することを助ける上で重大な役割を果たす。

- ポートクリントンの私の黒人同級生だったシェリルは、彼女が毎週家の清掃をしていた先の白人婦人から、大学進学希望に対する決定的な支援を受けた。
- 私の高校のクラスにいた、労働者階級のクォーターバックだったドンは、牧師の助けを得て（自身の両親には「全く手がかりがなかった」）大学への進学を実現した。
- ベンドのアンドリューは、詳細なキャリア指導を、父親の高校時代の同級生である消防署長から受けた。
- オレンジ郡ではクララが、支援的だった大学教員から大学院に進学するよう強く勧められ、一世代後には娘のイザベラが、トロイ高校での脚本講師によって、思いもかけなかったキャリアを歩むことになった。その一方でイザベラのクラスメートのキラは、父親の死というトラウマを英語教師からの一貫した助けによって切り抜けた。
- マデリーンのペンシルベニア大学での作文講師は「人生を変えるような」助言者となり、一方でエレノアの父親の大学院時代の女友達は、夏のハイキングでの長時間の会話を通じ（両親を別として）「人生で最も大事な人」になった。
• フィラデルフィアの四人の少女たちにとって、ロウワーメリオンとケンジントンのどちらにおいても、若い牧師が理解ある助言者として家族の混乱期に決定的な役割を果たした。

これらの例は全て、「インフォーマルな助言《メンタリング》」の典型である――すなわち教師や牧師、コーチや家族の友人その他といった人々から生じた自然な関係である。これとは対照的に、「フォーマルな助言《メンタリング》」とは、ビッグブラザーズ・ビッグシスターズやマイ・ブラザーズ・キーパーのような組織化されたプログラムがもたらすものである。慎重な方法で独立して行われた評価からはフォーマルな助言が、潜在的危険に直面した子どもが（親を含む）大人と健全な関係を発達させ、ひいては学業や心理社会的に大きな利得――例えば学校への出席、学業達成、自尊心、そして物質乱用の減少のような――を達成する助けとなりうることが、潜在的な交絡変数の統制をした上でも示されていた。このような測定に現れた効果は、助言関係が長期にわたるときに最も強く、また、潜在的な危険にある子どもに対して最も強い（上層階級の子どもはその生活の中で既にインフォーマルな助言者を持っているので、フォーマルな助言者をそこに加えても、彼らの達成度に加算される部分がそれほど大きくない）。測定に表れる形で、助言には重要な意味がある。[23]
フォーマルな助言は、インフォーマルな助言と比べてずっと少なく、また長続きしていない。二〇一三年に行われたある全国調査では若者に、フォーマル、インフォーマル、インフォーマルな助言について尋ねている。年齢層全体で六二％の子どもが何らかの種類のインフォーマル（あるいは「自然」）な助言を受けた経験を回答していたが、対してフォーマルな助言については一五％だった。加えて、インフォーマルな助言関係は平均で約三〇ヶ月続いていたが、フォーマルな助言についてはおよそ一八ヶ月だった。[24] したがって頻度と期間を合わせると、アメリカの子どもはフォーマルな助言に比べ、インフォーマルなものを約八倍受けていることになる。しかしこのような全国平均では、助言へのアクセスに存在する大きな階級差が覆い隠されてしまう。インフォーマルな助言

図 5.3　裕福な子どもが持つインフォーマルな助言者の広範さ

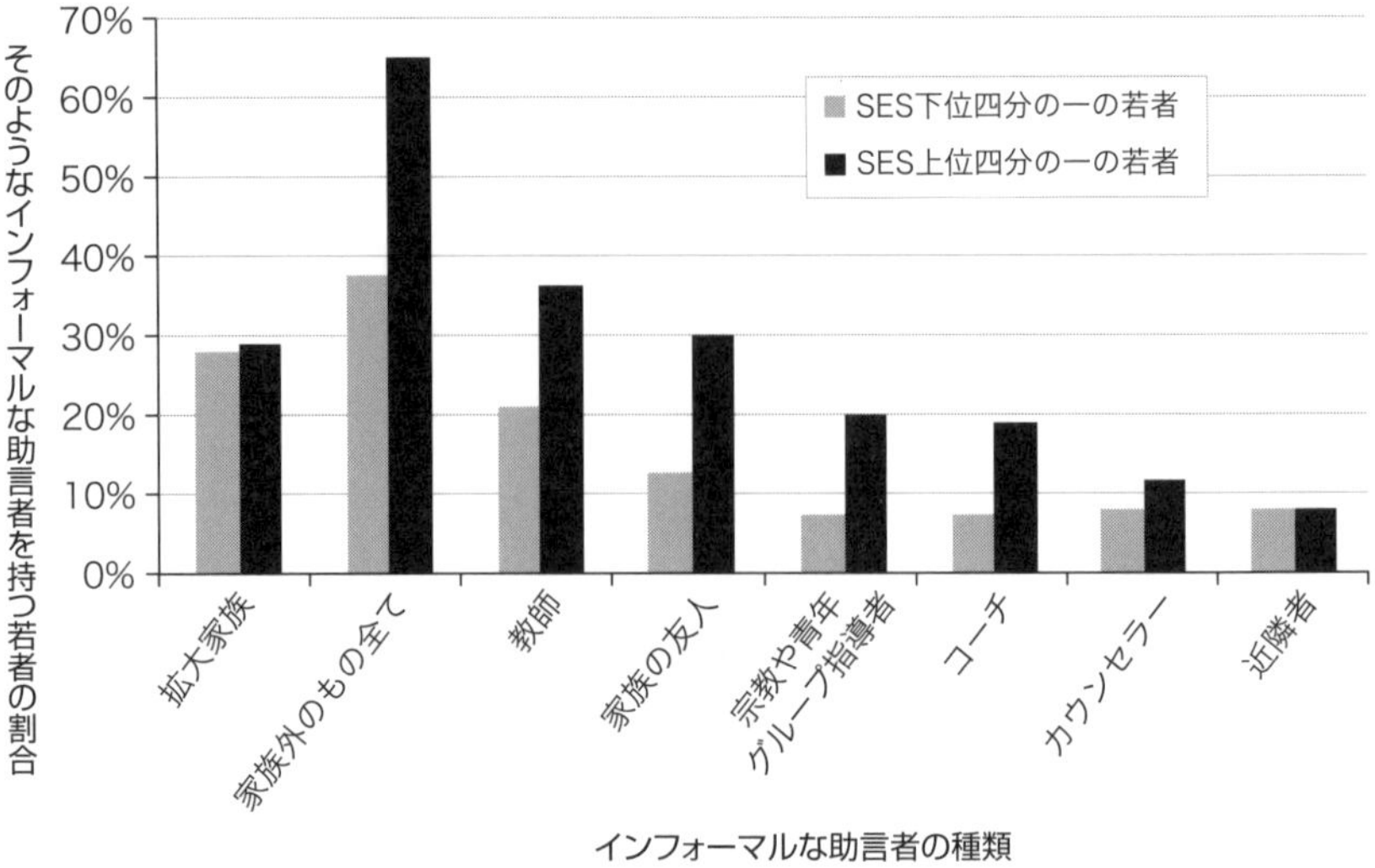

出典：The Mentoring Effect survey, 2013 年.

——われわれの見てきた現代のケーススタディから想起されるまさに実例そのもの——は、下層階級出身の子どもよりも、上層、上層中間階級の子どもの間でずっと多い（ポートクリントンにおけるケーススタディからは、一九五〇年代には貧しい子どもの間でのインフォーマルな助言ももっとありふれていたことがうかがえるが、そのような結論を支持する量的根拠は見いだせていない）。図5・3がまとめている今日のパターンからは、裕福で教育水準の高い家庭の子どもが、はるかに広範囲で深いインフォーマルな助言者の集合体から恩恵を受けていることが示されている。

家族外にいるインフォーマルな助言者のほぼ全ての種類——教師、家族の友人、宗教や青年グループ指導者、コーチ——において、裕福な出自の子どもはそのような助言者を持つ可能性が二〜三倍高い。拡大家族の人間による助言を回答する度合いは、恵まれた子どもとそうでないもので同程度だが、恵まれた子どもの家族の方が、より価値ある専門性を持っている可能性が高いので、恵まれた子どもの教育到達度に家族助言者が与える影響の方が大きい傾向がある。[25] 全体として見ると、恵まれた子どもの受けるインフォーマルな助言は、貧しい子どもの受けるそれよりも長続きし、

（子ども自身の目から見て）より役立っている。すなわち、裕福な子どもの方が、実質的に多くの、そして良質のインフォーマルな助言を受けているということである。

　インフォーマルな助言における格差は小学校時点から大きく、子どもの中等学校から高校時代にかけて確実に増大し、現状においては、フォーマルな助言によってこの格差が縮小を始めるということはほとんどない。実際には、フォーマルな助言を通したささやかな補償は小学校および中等学校に集中しており、子どもの成長につれて消えていく[26]。高校においては、フォーマルな助言の頻度（八％）について豊かな子どもと貧しい子どもの間に差はない。したがって、助言（フォーマル＋インフォーマル）全体の階級格差は小学校に始まり、家族外からの支援を子どもが最も必要とする時点で膨張している。

　まとめると、裕福な子どもの三分の二近く（六四％）が拡大家族外から何らかの助言を受けているが、それに対して貧しい子どもの三分の二近く（六二％）は受けられていない[27]。この衝撃的な格差が存在するのは、貧しい子どもが助言を受けるのを望まないからではない。実際には彼らのうち、これまでの人生のどこかの時点で助言者がほしかったが一人も得られなかった、と答える者は金持ちの子どもの二倍近く（三八％対二二％）に上る。したがって助言のありようは、機会格差に大きく貢献しているのである。

　助言の格差がもたらす結果の一つは、前章で先に指摘した**実際知《サヴィ》の格差**の悪化である。全国の裕福な、また貧しい子どもたちからの聞き取りを通じて明らかになった最も著しい差異の一つは、将来の機会へと通じる道に足を広げて立つ諸制度を理解し、それを自分のために機能させる能力に、明確なコントラストがあるということだった。

　恵まれた背景を持つ子どもは、機会のはしごをどうやって登るかについての実際知が多い。しかし、ポートクリントンのデヴィッド、ベンドのケーラ、アトランタのミシェルとローレン、サンタアナのローラとソフィア、ケンジントンのリサとエイミー、そしてその他に全国で出会ってきた一八〜一九歳の不利な立場にいる多数の人間の方は混乱と当惑に満ちていた。これらの子どもは、学校での訓練、二年制また四年制の大学、資金問題、職業機会、そしてそのような子どもを支援するために特に制度設計された教育ローンのような（公的、私的両方の）事業についてでさえも、途方に暮れているのである。教育水準で劣った彼らの親が技能や経験に欠けていることはこの現象を説明する一つの要因だが、同様に重要なのは、このような子どもが、上層階級にいる子どもを取り囲んでいるようなインフォーマルな助言者の密なネットワークを欠いている、ということである。われわれのフィールドワークの中にあった痛ましい事例の一つに、とある労働者階級の父親が頼んできたことがあった。彼の息子とわれわれが行うインタビューに、年少の娘も一人連れて行ってよいだろうか、そうすれば彼女が本物の大学卒業生と会えるから、とのことだった。機会格差の拡大に真剣に取り組もうとする計画では、この実際知の格差、またそれゆえに助言の格差に取り組まなければならない。

6　近隣地域

第一章で見たように、アメリカにおける階級分離は過去数十年で拡大し、貧しい地域に裕福な子どもが住むことも、裕福な地域に貧しい子どもが住むことも少なくなった。ロウワーメリオンとケンジントンが描き出しているのは完全にこのパターンである。この単純な事実が、本章の中心となる問いを提起している。子どもが成長する近隣地域の持つ特性は、彼ら個人の特性とは独立して、将来の見通しに影響を与えるのだろうか。貧しい家族の中で成長し、貧しい子どもたちとともに登校することのどちらも将来の可能性を制約することは、ここまでの三つの章で見てきたとおりである。ここでの疑問は、貧しい地域で成長することが、さらに追加してハンディキャップを課すことになるのか、というものである。そしてその答えは、イエスである。

近隣地域の問題に関して米国を主導する専門家ロバート・サンプソンが示してきたのは、アメリカの近隣地域には深い不平等があり、その不平等が住民に強い影響を与えているということだった。地域の不平等が拡がっていることの帰結は「犯罪、貧困、児童の健康、抗議活動、エリートのネットワーク密度、市民参加、一〇代の出産、利他主義、不調の自覚、集合的効力感《コレクティブ・エフィカシー》、［そして］移民と、アメリカ人の経験する生活のあり方の広範囲にわたっている」と彼は記す。そして**「真にアメリカ的なのは、個人の不平等ではなく、地域の不平等なのである」**と結論づけている。[28]
こういった近隣効果は幼児期に最も強力で、その後は思春期の後半にもう一度強まるようである。[29] 悪い地域に子どもが長期間暮らすほど、悪影響は強まる。これらの結果は、多世代にわたる不利益によってしばしば重畳的に現れる。親が貧しい地域に育ち、その子ども自身が依然として貧しい地域に居住していると、不利益が倍加してしまうが、それは親が幼少期において地域から傷を負っているからである。[30] このような二重の不利益が、モリーとその娘の暮らしに現れている。
近隣地域の貧富の差が、児童期、青年期の成長の多側面に影響を与えることはこれまで繰り返し示されてきており、それは子どもや直近家族の持つ特性を考慮したあとでも成り立っている。人種の差もまた近隣地域効果の中で、社会階級とは独立して重要な意味を持っており、それがこの国のレイシズム、人種差別および人種分離という苦い歴史のせいであるのはケンジントンについて示されていたとおりであるが、しかしここで主として焦点を当てるのは階級の持つ強い影響についてで、それはあらゆる人種の子どもに影響を与えている。
裕福な近隣地域は学業上の結果を増進させる。その大部分は前章で論じたような学校効果によるものだが、質の高い育児支援、図書館、公園、運動リーグや青年組織といった青少年向けの制度が、ケンジントンのような貧しい地域に比べてずっと多いからという部分もある。コミュニティに社会的ネットワークがよく発達していることは、学校リーダーの重要な資源も提供する。[31] それと反対に、多くの慎重な研究が示してきたのは、貧しい地域によって行動上の問題、精神的また身体的健康の弱体化、非行、犯罪、暴力、危険な性行動が促進されているということである。[32] 大半の近隣地域研究が焦点を当てているのは都市の問題だが、最近の研究では気の滅入るような類似の効果が郊外地域でも見られることが示されている。[33]
近隣地域の貧困が子どもによくない理由は数多くあるが、おそらく最も重要なのは、住民間の協力に基づいた社会的凝集性とインフォーマルな社会的統制——サンプソン以降の社会学者が「集合的効力感《コレクティブ・エフィカシー》」という用語で呼ぶもの——が、ケンジントンやサンタアナ、アトランタのゲットーのような貧しい地域では低下してい

図 5.4　裕福な地域の住民は、貧しい地域の住民より近所を信頼する

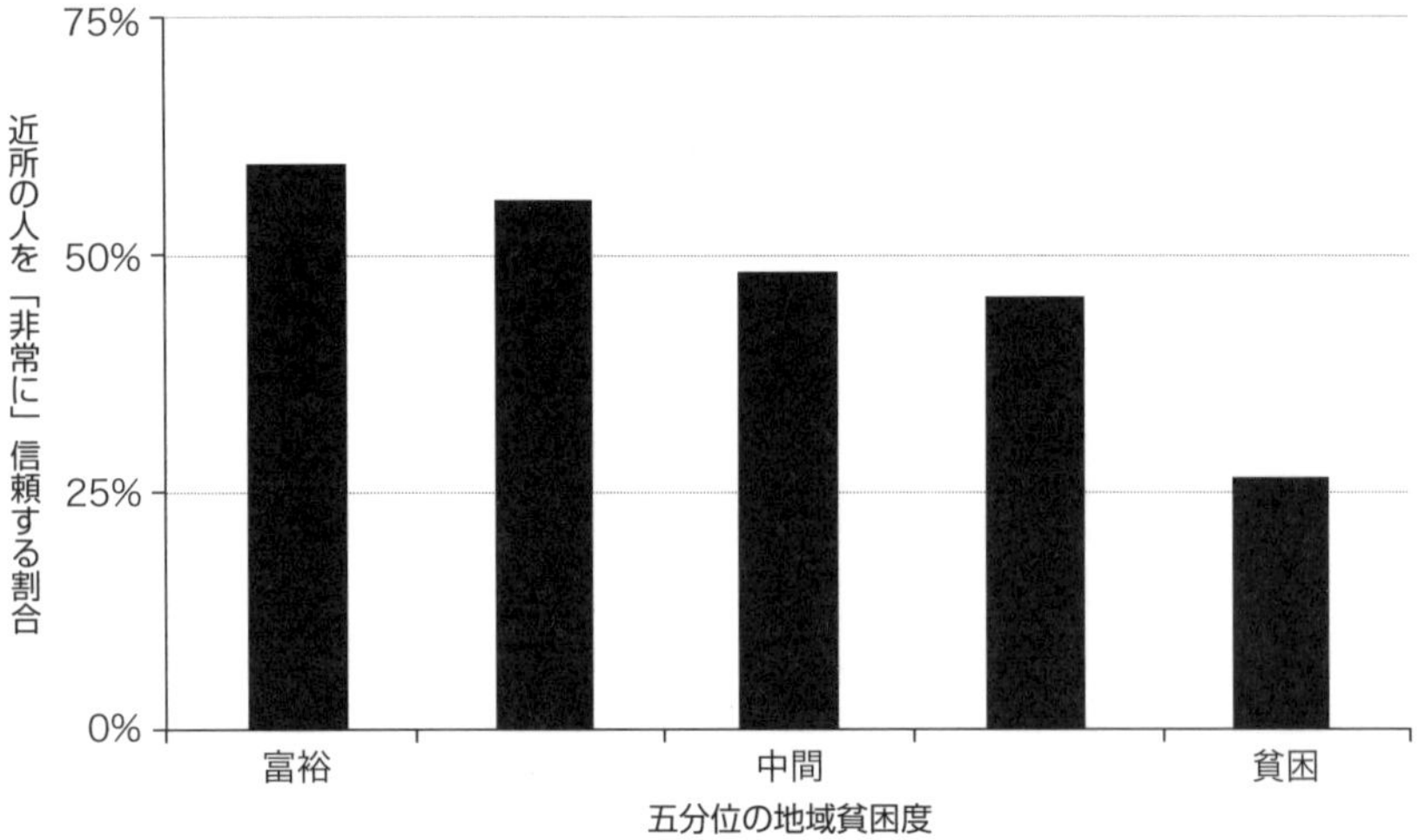

出典：Social Capital Community Benchmark Survey, 2000 年.

るということである。サンプソンの言葉では「市民間での集合的効力感とは第一に、インフォーマルに作動する社会的統制と、信頼に根ざす共有された期待を指す」[34]。

ダイアンとモリーが自分たちの少女期で思い出すような地域共同の子育ては、集合的効力感の鮮やかな実例であり、同時に、今日のケンジントンで隣家のスプレー落書きを止めさせるような介入に住民が失敗していることは、その欠如を示す赤裸々な実例である。集合的効力感は近隣に対する信頼感に反映しているが、それが高いのは裕福で教育水準の高い地域であり、そういった集合的効力感が引いてはそれぞれの家族の持つ資源にかかわらず地域の若者の全てを助けることとなる。地域の集合的効力感と、青年期の結果との間の結びつきに関わる証拠は、広くまた安定的に見られるものである。

地域の信頼感と、地域の貧困との間の密接な関係は、図5・4に示されている[35]。自身固有の特性は別として、もし富裕地域に居住していると、近所の人間を知り信頼する可能性がずっと高くなる。ビル管理人《ジャニター》も法律家《ジュリスト》のどちらも、もし豊かな地域に住んでいるのであれば自身の近所の人間を知りまた信頼する可能性が高くなる。これまで見てきたように、貧しい子どもがますます貧しい地域に、一方で金持ちの子どもがますます富裕地域に住め

ば、集合的効力感と信頼がもたらす恩恵が、金持ちの子どもに集中する度合いが増してしまう。すなわち、子育てには集落《ヴィレッジ》が必要なのは確かだが、アメリカの貧しい子どもは、うち捨てられた集落への集中程度が高まっているのである。
貧しい子どもが、信頼のできない社会環境にますます暮らすようになっているということが、高校三年生に対して社会的信頼を調査した過去四〇年間の動向で確認できる。ここでは子どもたちに対し、以下の二つのどちらかの選択肢を選ぶか、という質問で測定を行った。「大半の人は信頼できる」か、「人付き合いでは注意しすぎということはない」かである（これは、近所の人に対する単なる感情についてではなく、他者一般に対する経験を測るときによく使われる質問である）。この単純な質問に対する回答が、健康や幸福感、その他人間の良好状態を示す指標を予測することがこれまで示されてきたが、おそらくそれは、自分の社会関係についての不断の恐怖感が人体に対し持続的なストレスを与えるからだろう。世界中で、社会的信頼はほとんど常に、持たざる者よりも持てる者の間で高く、そのパターンはアメリカの青少年においても長く当てはまってきた。[36]
全ての社会的出自の若者の間で、信頼は過去半世紀を通じて低下してきた。[37] しかし図5・5が示すように、アメリカ人青少年の間で長期にわたって見られた社会的信頼の階級差が過去数十年の間に大きな拡大を見せており、はさみ状グラフをさらにもう一枚作り出している。一九七〇年代後半から二〇一〇年代前半の間に、教育水準の高い家庭（上位三分の一）の高校三年生の中で、大半の人は信頼できると答えた割合はおおよそ三分の一の低下を見せたが、一方で教育水準下位三分の一の家庭にいる信頼者の割合はおおよそ半減している。今日では、貧しい子どもの七人中六人近くが、不信の選択肢の方を選ぶのである。
全国で出会った子どもたちにこれと同じ質問を尋ねたとき、貧しい子どもで「大半の人は信頼できる」と答えた者は一人もおらず、大半は（ちょうどいま説明してきた生活をふまえたら）そんなことは答えるまでもないだろう、といった反応をした。人生が彼らに教えてきたのは、「注意しすぎということはない」ということだった。対照的に、恵まれた子どものほぼ全てが（何かしらの条件はついても）他者を自分は信じる、と述べていた。このような比較結果が反映しているのは、貧しい子どもの方が被害妄想を抱いているということではな

図 5.5　親の教育水準別に見た高校 3 年生の社会的信頼、1976-2011 年

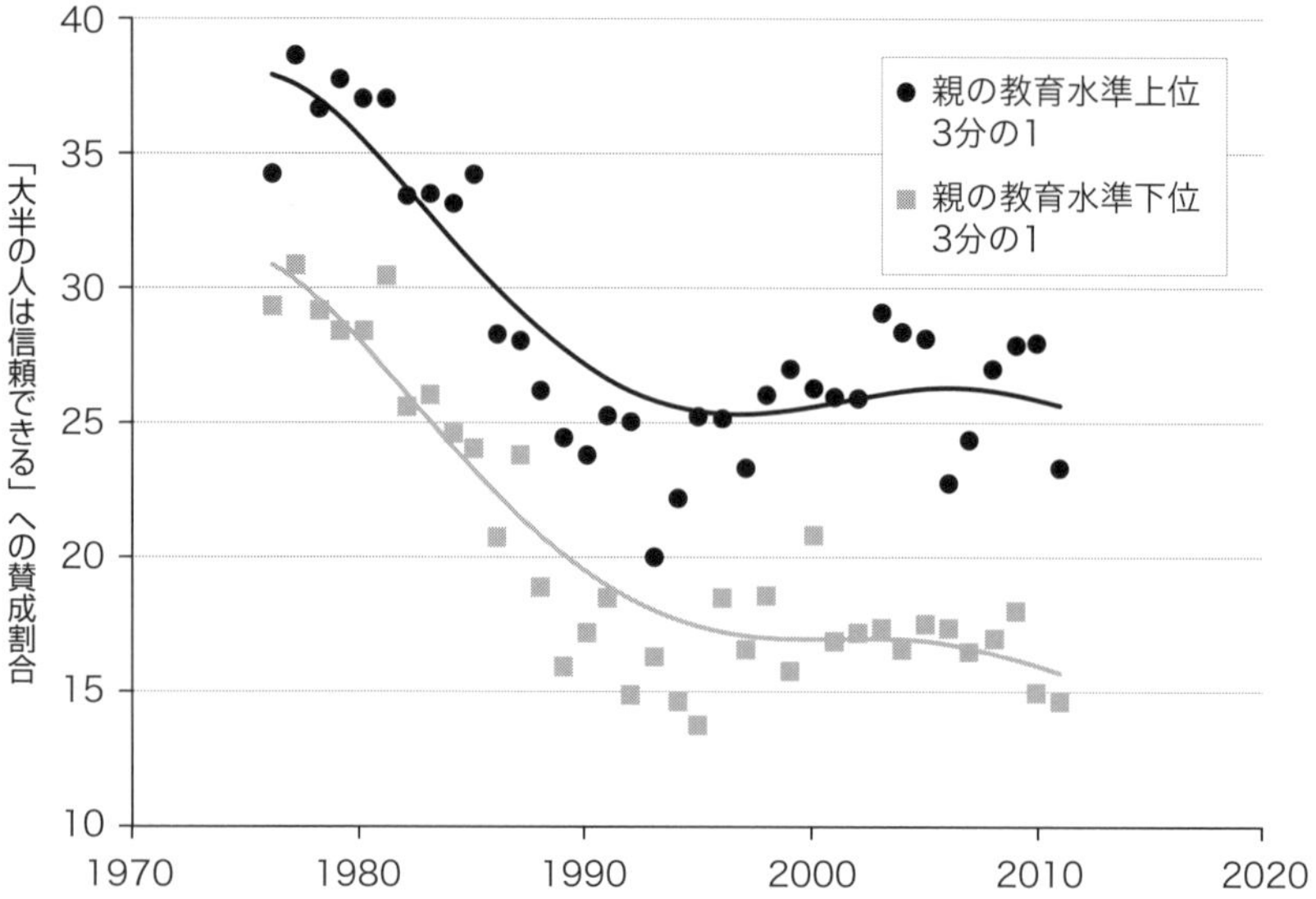

出典：Monitoring the Future 各年調査.

く、むしろ彼らの生活の内にある悪意ある社会的現実や、人々や諸制度が彼らを頻繁に裏切ってきたという事実である。

信頼はロウワーメリオンとケンジントンの両方で以前は高かったが、ケンジントンではその大半が失われてしまった。ロウワーメリオンのエレノアが大半の人は信頼できると言い、ケンジントンのモリーが「フィリーでは誰も信じられない。愛する人であってもね」というとき、二人はそれぞれ、自身を取り巻く周囲が信頼に値するかを正確に反映しているのである。アンドリューが「ベンドは、本当に信じ合う人々のコミュニティなんだ」と言うとき、彼が語っているのは自分の知る上層のベンドについてであって、それはケーラの知る冷淡なベンドではない。フェイスブックに上げた悲痛な投稿の中でメアリー・スー（ポートクリントンで出会った、貧しい若い女性）が表現していたのは、国中の貧しい子どもたちに共通するものの見方だった。「愛したら傷つけられる、信じたら殺される」。

信頼や集合的効力感が低いことは、貧しい地域が子どもたちにとってよくないという唯一の理由

ではない。近隣地域の貧困と、子どもに起こる悪い結果の間をつなぐもう一つの重要なチャンネルは地域の犯罪、ドラッグ、そして暴力といった、ここまでアトランタ、サンタアナ、そしてケンジントンで目撃してきたものである[38]。この理由もあって、貧困地域での育児の仕方が、子どもたちにとってよくない方向で形作られる。ケンジントンのモリーやアトランタのイライジャの母のケースで示されているように、貧しい地域の親は抑うつやストレス、病気を経験することが多く、それが引いては「あたたかさや節度に欠けた子育てにつながっている」[39]。確かに、どのような育児スタイルが最もふさわしいかは、まさに地域ごとに異なっていることもあるだろう。これまで見てきたとおり、資源に富んだ場所にいる親は、組織化された機会に子どもを参加させることで才能をはぐくもうとするし、資源に乏しいコミュニティの親は安全のために、子どもを家につなぎ止めようとしている[40]。貧しい地域への居住は、無秩序なまた最善ではない育児、子どもの発達不全につながるハイリスク要因にほぼ常にあり続けている。

似たようなこととして、地域の貧困が健康

図 5.6　親の教育別に見た思春期の肥満（12 ～ 18 歳）

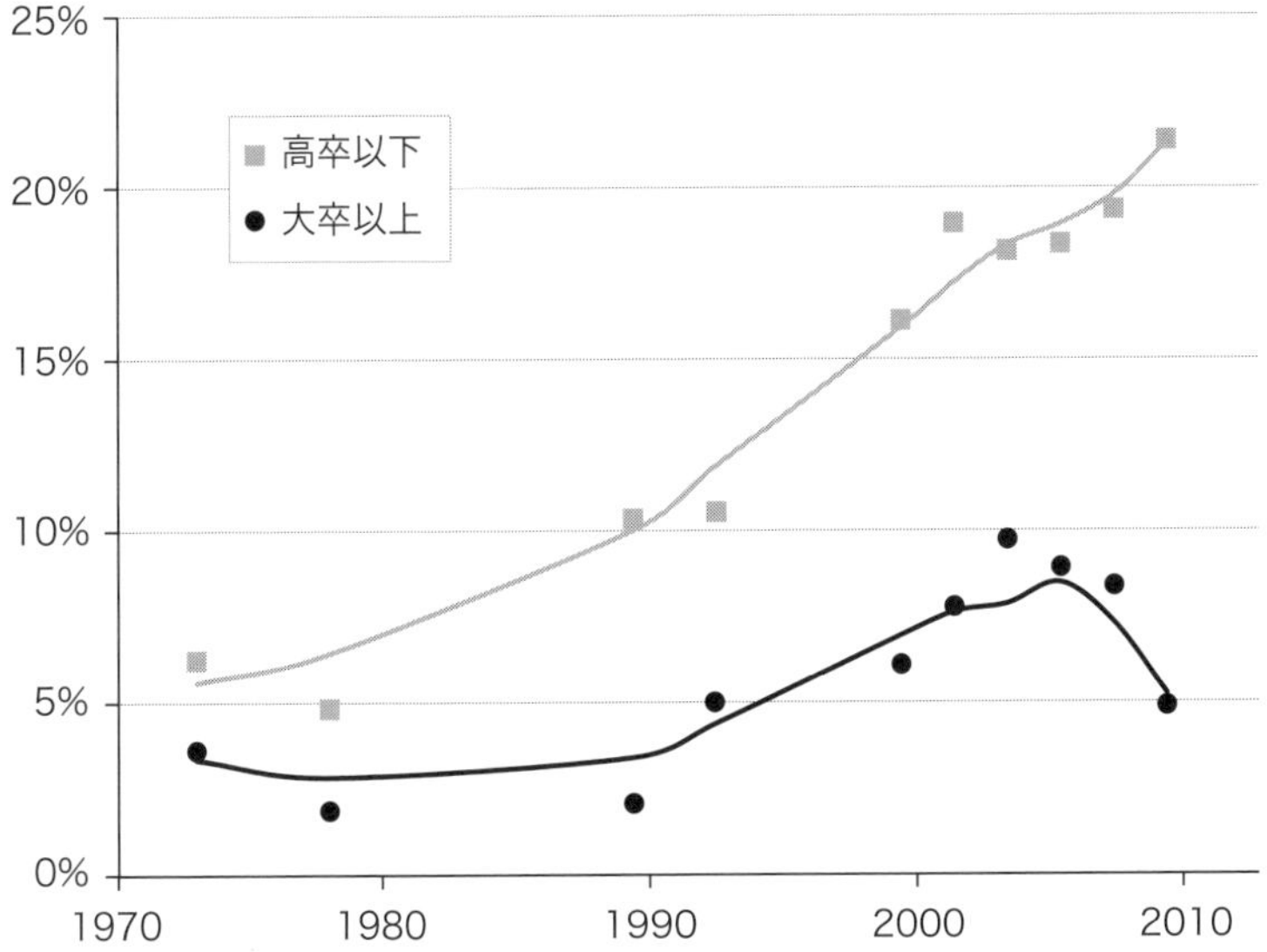

出典：Carl B. Frederick, Kaisa Snellman, and Robert D. Putnam, “Increasing Socioeconomic Disparities in Adolescent Obesity,” *Proceedings of the National Academy of Sciences* 111 (January 2014) : 1338–42.

にとって有害な影響を持つことが知られている。例えば、肥満は貧しい地域で一貫して多い。[41] われわれ独自の研究では、もう一つのはさみ状グラフがこの領域でも示されている。
一九九〇年代には図5・6に示されているように、国中で肥満の感染が猛威を振るったことから、あらゆる青少年で似たような割合で肥満が増加したが、過去一〇年あたりを見ると大卒家庭出身の子どもの間では肥満が減少を始めた一方で、高卒家庭の子どもの間では拡大が続いている。このように、思春期の肥満における階級格差は大きく広がってきた。
どうしてこの格差拡大が起きたのだろうか。一つの説明はおそらく、公衆衛生に関するメッセージが上層階級の子どもに到達するスピードの方が速いことで、これはまさしく、このような子どもたちが、その種のメッセージ伝達に向いたはるかに豊かなネットワークに埋め込まれていることによるだろう。それとは反対に貧しい子どもの社会的孤立度は相対的に高く、あらゆる種類の危険に対して無防備なままにおかれやすい。近隣地域の質もまた、この格差拡大を説明する可能性がある。肥満の不均衡は第一に、身体的活動の不均衡によるものと考えられるので、屋外活動や運動施設へのアクセスの差異に有力な容疑がかかる。実際に、「機会への転居《ムーヴィング・トゥ・オポチュニティ》」と呼ばれた統制実験によれば、ランダムに選ばれた貧困家族が低貧困地域に転居することを可能としたところ、肥満と糖尿病が有意に減少する結果となったことが見いだされている。[42]
近隣地域間の経済的分離の進行拡大が数十年前までさかのぼることはここまで触れてきたとおりだが、一九七〇年代の全国的な経済不平等の急増のすぐあとから目立つようになった。二〇〇八年の大不況到来とその余波は、こういった不均衡を加速させたにすぎない。若者に開かれた生活と機会に対して、地域の経済格差が影響する多様な経路をふまえると、大都市圏の近隣地域の不平等が、機会平等の低下と関連しているのは驚くことではない。[43] 一九五〇年代のポートクリントンで、裕福なフランクと貧しいドンが四ブロックしか離れていないところに住んでいたのとは異なり、地域の豊かさから来る恩恵は裕福な子どもに集中し、地域の貧困から来るコストは貧しい子どもに集中してしまっている。近隣地域間の不平等が大きくなると、上方への社会移動の割合が低くなり、そして機会格差は拡大する。このことが、社会的文脈が（家族や学校と切り離したときでさえも）子どもの人生の成功可能性をどれだけ強力に条件付けるか、についての有力な説明である。

7　宗教コミュニティ

アメリカにおける宗教コミュニティは、若者や貧しい人に対する重要な奉仕提供者となっている。毎週教会に通っている者はそうでない者と比べたとき、他の条件を一定とすると、貧しい者や若者を助けるボランティアをする割合が二〜三倍高く、またそのような目的での経済的寄付の割合はさらにずっと高い。宗教性によるこの優越は、宗教組織を通じたボランティアや寄付と同様に、世俗組織を通じたボランティアや寄付においても現れている。そして、これをもたらしている決定的な要因は、教義のおかげというより、むしろ会衆《コングリゲーション》への関わりにあるように見える。[44]その意味では、モリーとその家族を襲った貧困の衝撃をやわらげる点で教会が果たした役割は、例外的なものというわけではない。

慈善活動や善行に加え、若者自身の宗教参加はそれ自体が、学業またそれ以外の広範なプラスの結果と関連している。[45]宗教組織に参加している若者は教会に所属のない者と比べてより難しいコースを選択したり、高評価や高得点を得やすく、また高校を中退することが少ない。子ども自身やその家族、また学校教育に関する数多くの他の特性を統制したとき、定期的に教会出席をする親の子どもは、比較対象の非出席者の子どもよりも、大学進学の可能性が四〇〜五〇％高くなる。

教会に通う子どもは、親や他の大人と良好な関係を築き、成績のよい友人と関係を結び、スポーツや課外活動に参加することがより多く、物質乱用（ドラッグ、アルコールおよび喫煙）、危険行動（シートベルトの未着用のような）、および非行（万引き、学校内での不品行、そして停学や放校）に陥ることが少ない。助言と同じように、宗教参加も――もしそれが実現すれば――貧しい子どもに対して金持ちの子どもよりも大きな違いをその生活に生み出すが、その理由は一つには、裕福な若者にはその他のよい影響源への接触も多いからである。

図 5.7　親の教育水準別の 12 年生の教会出席、1976-2012 年

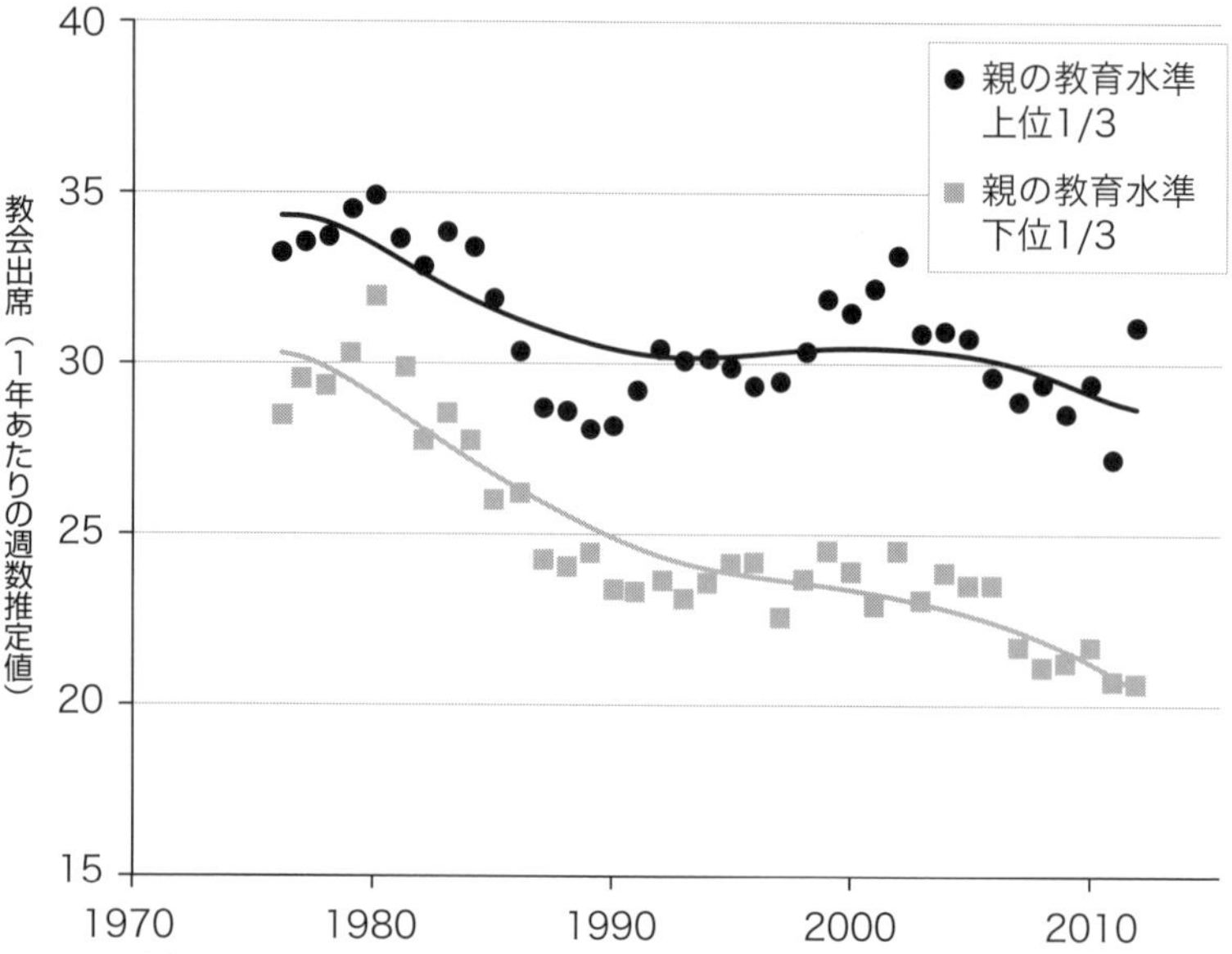

出典：Monitoring the Future 各年調査.

宗教参加は、その他ほぼ全てのコミュニティ活動や課外活動よりも、階級による偏りが伝統的に少なかった[46]。今日ではしかし、貧しい家族は裕福な家族よりも宗教コミュニティへの参加が一般に少なく、この階級格差もやはりまた拡大中である。アメリカ人の宗教性が過去数十年間に示した上昇下降の中では、宗教信奉の上昇が速く、あるいは下降がゆっくりとしていたのは教育水準の高い者の間でだった。さらに、アメリカ黒人はどの社会階級においても白人に比べて宗教信奉が高い傾向があったが、教会出席における階級格差拡大は、白人と同様に黒人にも見られている。

一九七〇年代と一九八〇年代における福音派ブームは、中間、および上層中間階級に集中していた。一九七〇年代後半以降、毎週教会に出席する者の割合は中年の、大学教育を受けた白人成人の間ではほとんど変化がないが（おおよそで言うと、三〇%から二七%への低下）、対して大学教育を受けていない者の間では三分の一の急落を示しており（約三〇～三二%から、約二〇～二二%）、世紀中盤には存在していなかっ

た実質的な階級格差が幕を開けた。注意深く耳を傾ければ、アメリカの礼拝堂で流れる賛美歌は、ますます上層階級風のアクセントで歌われているということになる。(47)

これと同じ傾向が、青少年の間でも見られるということは驚くことではない。若者の間での教会出席は、全国的に過去数十年で低下を示しているが、社会経済的階層において下位三分の一の子どもの間での低下は、上位三分の一の子どもの二倍の速さで進んだ。見慣れたはさみ状の格差が図5・7に示されているが、これが証明しているのは、フィラデルフィアのリサとエイミーの子ども時代に宗教が果たした強力なプラスの役割は、全国の貧しい子どもたちにとってますます例外的なものになりつつあるという事実である。

本章で見てきたのは、社会的ネットワーク、コミュニティ、そして教会のようなコミュニティ制度が子どもの発達と社会移動にとって強力な資源となりえるということだった。しかしまた同時に見えてきたのは、今日のアメリカにおいてこのような資源がますます公共的、集合的なものではなくなってきていて、全ての親が、私的供給により強く依存するよう仕向けられていることであった。(48)裕福な親には経済資本と社会関係資本が潤沢にあるので、子どもの支援が私事化することに適応するのがより容易だった。子どもの世話をすることは、以前は広く共有された集合的な責任であったが、そのような倫理感はこの数十年間で衰退してしまっている。「われらの子ども」の指す有効射程範囲が狭まったことは、恵まれた、あるいは貧困下にある子どもに対して劇的なまでに異なった影響を与えてきた。ここから、次章で問うことになる問題が導かれる。「それに何の意味があるのか」、そして「何をすべきなのだろうか」。


［訳1］ワスプ（WASP、White Anglo-Saxon Protestant）は伝統的にアメリカ社会におけるエリートを構成してきた属性である、アングロサクソン系白人のプロテスタント信者のこと。

［訳2］映画『ロッキー』シリーズは、「イタリアの種馬」ロッキー・バルボアと、ヘビー級の黒人チャン

ピオンであるアポロ・クリードのライバル関係を軸に描かれている。

［訳3］アイビーリーグの一つペンシルベニア大学にあるビジネススクールで、全米トップクラスの評価で名高い。

［訳4］ボーディングスクールは全寮制の寄宿学校のことで、エリートの集まる進学校として名高いものも多い。

［訳5］「針の先で天使は何人踊れるか」は中世の神学的問題に由来する表現で、現代では「無意味な議論」の意で使われることが多いが、ここでは、何かあれば転げ落ちる不安定さ、の意か。

［訳6］レプラコーンはアイルランド民話に登場する悪戯好きの妖精。

［訳7］リンクトイン（LinkedIn）は、ビジネス上のつながりを作ることに特化しているソーシャルネットワークサービス。

第六章
何をすべきか

本書では、恵まれた、あるいは恵まれない出身のアメリカ青年がおくる対照的な暮らしぶりを一連の肖像により提示してきた。そしてこれらの個人的描写は、全国規模で見られる現実を表現したものであることを示す精密な証拠をそれに添えた。ここまで検討してきたのは、若者がその中で成長していく同心円状の輪――家族、学校、そしてコミュニティ――が及ぼす影響であり、金持ちの子どもと貧しい子どもが直面する困難と機会が、近年数十年間のうちにいかにますますかけ離れたものへと変わっていったかをわれわれは目の当たりとすることになった。

このように個人に密着してその素顔に焦点を当てるやり方では、機会格差と所得不平等拡大の間にある奥深いつながりを見落とす危険性がある。ポートクリントンからフィラデルフィア、またベンドからアトランタ、そしてオレンジ郡にいたるまで、各家族の間に見られる経済格差は、それぞれのストーリーにおいて重要な部分だった。この音楽作品の全楽章の深部で脈打ち続けていた不吉な低音部は、とりわけ下層階級家族の経済環境が、上層階級の親の持つ資源が拡大していくことに比べて確実に悪化していったということである。

しかし実際には、所得不平等から機会不平等へのリンクは単純で即時的なものではない。われわれの事例が明らかにしているように、経済的不調が家族構造と、コミュニティからのサポートを掘り崩すのには数十年かかる。育児と学校教育における格差が広がるのにも数十年かかる。そして、こういう幼年期の要因に起こった分岐が、その影響を十全に発揮して彼らの成人生活にその結果が現れるのにはさらに数十年がかかる。さらにこのような悲しむべき連鎖は、アメリカにおいて異なる時点の、異なる場所で始まった。例えば、この過程は非白人コミュニティで早く始まり、またずっと先まで展開したが、現在では白人コミュニティにおいても全面的に進行している途上である。

期限の定まらない中でこのような時間差があることで、所得不平等と機会不平等の間に単純な統計的相関関係を描けるかどうかは困難なものになる。この方法論的ジレンマは、地球温暖化を判定するという類似の問題にほど近いものがある。内燃機関の発明と、地球の上層大気における化学変化の間には数十年の経過があった。大気変化と氷河の融解の間にさらに数十年が経過した。そしてマンハッタンやマイアミに海面上昇の洪水が起こるのにはもっと時間がかかるだろう。このように長期の時間差があれば、科学者の間でそのペースや、さらにこのような系統的変化の実在そのものをめぐって論争が起こるのは避けがたい。どちらのケース――地球温暖化と機会格差――でも、因果連鎖と未来予測は依然として不確実なままにとどまるが、しかしどちらにおいてもまた、完全な明確化を待っていては既に時遅し、ということにやはりなってしまうだろう。

上方への社会経済的移動は急落態勢にあるのだろうか。階級格差が拡大しつつあることをわれわれが見いだしてきた諸要素は、経済学者ラジ・チェティと共同研究者が、現在のアメリカの社会経済的移動性と関連していることを見いだしたものとまさしく同じである――それは家族の安定性、居住分離、学校の質、コミュニティの凝集性、そして所得の不平等性だった。この事実が示唆するのは（本書の論じているように）、これらの要因が移動性の動向の先行指標になっているということである。チェティ自身が信じているのは、研究の初期結果からは社会経済的移動性の低下は示されていないということだが、他の者は（私を含めて）、いまから十年ほどが経過し、より若い世代からの完全な反応がやってくるまでそういった初期結果が持ちこたえることができるかに関して懐疑的である。[1]

しかし、この論争についてどのような立場にあっても一致することが一つある。所得不平等が拡大すると、恵まれた出身の子どもが恵まれない仲間たちのはるかに先から始め、そしておそらく終わることが、社会経済的移動性の割合が変化しなかった場合でさえ起こるということである。経済学者イザベル・ソーヒルはこの点を論文『出世か没落か』で雄弁に指摘している。「不平等の増大に伴い」と彼女は記す。「アメリカ社会における移動性の規模に関する論争が盛り上がるようになった。所得格差が拡大するにつれ、自分の親よりも成功するためには子どもの有する機会がますます重要になる……それを成し遂げるのにかかる速度が以前よりも速くなっているのかそれとも遅くなっているのかは、決着のついた問いではない。しかし、はしごの踏み板は以前よりも間隔が広がるようになっているので、最終的な経済上の成功に対する家族的背景の影響は大きくなっており、おそらくは長期間にわたって持続することになるかもしれない[2]」。

おそらく意外なことだろうが、この本に上層階級の悪役は登場しない。われわれのストーリーにいた上層中間階級の親の中に、一族の資産頼みでのんびりとくつろいでいるような、暇をもてあました巨万の富の相続人など事実上一人も登場しなかった。むしろそれとは反対に、アールとパティ、カール、クララとリカルド、マーニーはそれぞれの家族の中で初めて大学に行った人間だった[3]。彼らのうちおおよそ半数は片親家庭の出身だった。誰もがひどく苦労してはしごを登り、また子育てにおいては多くの時間と金銭をつぎ込み、そして配慮をつくしていた。彼ら自身のつましい出自は——困窮していたというものではないが——いくつかの点では、自分自身の子どもが成長している環境よりも、むしろ今日の貧しい子どもたちの直面している環境に近いものだった。

これらの親が上方に移動可能だったのは、一つにはその青年時代が上方移動に対して比較的好都合だったからである。彼らに対して「独力で成し遂げた《セルフ・メイド》」とラベル付けすることは自然なことに見えるかもしれないが、気づかれにくい多くの形で彼らは家族の、そしてコミュニティからのサポートの恩恵を受けており、それはそのようなつましい出自の子どもでは今日たやすくは得られなくなっているものである。彼らの成長した時代は、あらゆる出自の子どもたちのための公教育とコミュニティによるサポートが、相当数の人々がはしごを上に登っていくための後押しとしてどうにか機能していた――それはベンドで、ビバリーヒルズで、ニューヨークで、ポートクリントンで、そしてロサンゼルスのサウスセントラルにてさえもそうだったのである。そういった支援制度は、公的なものであれ民間のものであれ、もはや貧しい子どもたちをうまく助けてはいない。これが本書の要点である。

しかし本書の読者のほとんどは、同じような苦境に直面することはない。それは筆者にとっても同じことで、われわれが生んだ子どもたちにとってもまた同じである。アメリカにおいては階級分離が拡大しており、成功した人々の中で、他の半数の人々がどのように暮らしているのかについて十分な知識を持っている人はますます少なくなっている（われわれの子どもではさらに少なくなるだろう）。したがって、恵まれない子どもたちの苦境に対するわれわれの共感は、本来そうあるべき程度よりずっと低くなっているのである。

しかしこの研究を始める前の自分も、そのようなものだった。ポートクリントンでの質素な出自から立ち上がるため、懸命に努めてきたと自分では考えていた――自分の幸運が、どれほど家族とコミュニティ、そしてあのように共同体主義的《コミュニタリアン》で平等主義的だった時代の公共制度に負っていたかについて、長きにわたって気にとめることはなかった。自分や同級生がはしごを登ることができたのなら、今日のつましい出身の子どもたちもそうできるだろうと考えていた。しかしこの研究を終え、理解が深まった。

個人的な悪役がストーリーに登場しないからといって、誰にも責任がない、ということをそれは意味しない。今日のアメリカにおける機会平等への制約は、われわれのストーリーで明らかとなった制約の多くを含めて社会政策に原因を帰することができ、そしてそれは集団意思決定を反映したものである。そういった集団意思決定に対しわれわれが持つ一定の責任の限りにおいて、他者の成功のために取り除くことが可能だった障壁をどうにもできなかったことにわれわれは連座する。

しかし機会格差が、われわれのうち幸運な側にいた者にとっても重要な問題であるべきなのはなぜだろうか。その答えは、アメリカにおける貧しい子どもの運命が、われわれの経済、民主主義、そして価値観に対して幅広い影響を持っているということにある。

1　機会不平等と経済成長

貧しい子どもは自身に何の落ち度がないにもかかわらず、天から与えられた才能を金持ちの子どもと同じように十全に発揮するための備えが、家族や学校、そしてコミュニティによって与えられていない。経済生産性と経済成長のために、わが国は見いだしうる限りの才能を必要としていて、それを無駄にするような余裕がないのははっきりとしている。機会格差がわれわれ全てに課してくるのは現実のコストと、経済学者が呼ぶところの「機会コスト」の双方となる。
一九七五年に経済学者のアーサー・オークンは、公平性と効率性の間の「巨大なトレードオフ」と彼が呼んだものの定式化をしたことでよく知られている。[4] われわれは、社会的公平性を拡大するような政策を――すなわち、税制による所得の再分配によって――追求することができるが、それは経済的生産性という代償を払ったときのみである。忘れられているのは、この鉄壁のトレードオフが、機会の平等の追求に対しては適用**されない**のが一般的であることをオークン自身が主張したことである。このようなケースでそういったトレードオフが存在しないのは、貧しい子どもへの投資が万人にとっての成長率を上げ、同時に貧しい子どもに有利になるように競いの場を平準化するからである。このことは米国史を通じて公教育の理論的根拠の中核をなしており、また多くの実証的研究がその前提を確認している。[5]
貧しい子どもへの過小投資がもたらすコストは、グローバリゼーションの時代にはさらに大きなものとなるが、それは急激な技術変革の時代において未熟練労働者にできることと、雇用者側の求めるものとの間に起こる「スキルのミスマッチ」のためである。このことは、経済学者クローディア・ゴールデンとローレンス・カッツの指摘した「教育水準の低い者の稼働率低下」と、経済成長の鈍化を導く。[6] 現代の公の議論においてこの問題は認識されているのだが、それは主として「学校問題」と考えられている。それと反対にわれわれが見てきたのは、貧しい子どもの直面している問題のほとんどは学校によって引き起こされているわけではないということだった。完全に独立した系統の証拠に基づいて経済学者ダロン・アセモグルとデヴィッド・オーターが同じ結論にたどり着いている。「米国の教育システムは、米国教育の達成度衰退に対する唯一の原因ではありえない」[7]。

機会格差のもたらす経済的コストについて具体的な数字を示すことは容易ではないが、三つの研究が独立して、それぞれ多様な手法を用いて広い意味では類似した――そして驚くほど大きい――推定にいたっている。

- ハリー・ホルツァーと共同研究者は、米国経済に対して子どもの貧困がもたらす合計年間コストを推定している。彼らの結論では、「これらのコストは全体でおよそ年間五〇〇〇億ドルであり、国内総生産（GDP）の四％近くに相当する。さらに具体的に言うと、われわれの推定では子どもの貧困は一年間に（一）GDPの一・三％に相当する額の生産性と経済産出量を下げ、（二）GDP一・三％の犯罪コストを上昇させ、（三）医療費の増大と健康の価値減少でGDP一・二％分にあたる」[8]。
- クライヴ・ベルフィールドと共同研究者は、彼らが「機会青少年《オポチュニティ・ユース》」と名付けたものに焦点を当てている。これは一六～二四歳の若者で、学校に通ってもいなければ仕事をしてもいないものを指しており、本書で焦点を当ててきたような貧しく教育水準の低い家庭出身の子どもたちと大部分は重なる集団である[9]。ベルフィールドと共同研究者は入念な作業で、機会青少年一人に対して納税者が負う年間の、そして生涯コストの両方を推定した。続いて彼らは同じことを、機会青少年一人に対して社会が全体として負う負担（例えば犯罪の私的コスト、あるいは全体的な成長鈍化のコスト）について行った。その分析は非常に包括的なもので、こういった子どもたちが中退することによって、われわれが現在享受している教育システムへもたらされる表面上の「コスト削減」すらも評価に入れている。彼らが項目別に挙げた総計コストは表6・1にまとめられているが、衝撃的なものである。

これらコストのおよそ三分の二は逸失賃金、経済成長低下と税収低下を反映したもので、「福祉」事業のコストが反映する部分は一方で五％に満たない。心を鬼にして、これらの貧しい子どもを自力で何とか

表 6.1 「機会青少年」の経済的コスト（Belfield et al., 2012）

	納税者負担	社会的負担
年間（青少年 1 人あたり）	13,900 ドル	37,450 ドル
成人生涯（青少年 1 人あたり）	170,740 ドル	529,030 ドル
現在の機会青少年コホートからの（現在価値額での）生涯負担総計	1.59 兆ドル	4.75 兆ドル

することに任せたところで、こういったコストの主要部分は依然として計上することになろう。これらの子どもが国民経済に貢献することはないだろうからである。
・最後にキャサリン・ブラッドベリーとロバート・K・トリーストは、機会不平等が成長を鈍化させるのは、不利な立場の潜在労働者がその能力を完全に発揮することを妨げられることによって起こることを示してきた先行研究を整理した。その上で、アメリカのさまざまな大都市圏の社会移動性と成長率を比較して、社会移動性が、標準的な成長理論に基づく予測以上に経済成長を早めることを見いだした。もしアトランタ地域（世代間移動性が低い）がその移動性をソルトレークシティ（世代間移動性が高い）に匹敵する率に高めることができたら、一人あたり実質所得の一〇年成長率は推定で一一ポイント増加する。テネシー州メンフィスがその世代間移動率をアイオワ州スーシティ地域に匹敵する率に上昇させれば、メンフィスの一人あたり実質所得の一〇年成長率は推定で二七ポイント上昇することになるだろう[10]。
今後の研究によりこれらの値が精緻になることは疑いないが、しかしこれらの推定は深刻でまた考え抜かれたものである。さらに、これらの推定は鍵となる点で驚くべき一致を見せている。われわれの青少年のこれほど大きな部分を無価値と見なすことは、恐ろしいほど高価につく無為無策である。

無策がもたらす高コストの推定は、そういったコストを避けるためにどのような行動をとればよいのかや、これら改善行動のコストがどれほどのものになるのかについて教えるものではない――しかし、一つだけ例に取ると、ノーベル賞受賞の経済学者ジェームズ・ヘックマンが、早期幼児教育に高価な投資を行ったとしても、それが生み出す実質利益率（およそ六～一〇％）は株式市場からの長期リターンを凌駕するという推定を行っている。[11] これらが封筒の裏におおざっぱに計算したようなものだということを認めたとしても、貧しい子どもの窮状を無視することは、われわれ全てに大きな経済的負担を課すのだということを結論づけないわけにはいかないだろう。そしてそれを無視したところで、それが消え去ることはないのはもちろんである。[12]
こういった統計的知見は、本書で考察してきたライフストーリーと完璧に呼応している。例えば、ポートクリントンのデヴィッドはまっとうで勤勉な若者である——八人の義理のきょうだいに対しても、自身の幼い娘と同じように責任を果たし、パートタイムで低賃金の仕事を渡り歩きながら何とか生計を立てようとしている。しかし彼は、少年期の犯罪記録や不十分な学校教育、自分の家族とコミュニティからの有害な影響、そして彼に開かれた経済的選択肢が限られていることに足を引っ張られている。彼が望むようにポートクリントン経済の再生に貢献するどころか、意図ならずしてコミュニティの資源にコストを負わせている——それは実際のコストと、機会コストの双方である。他のわれわれからの助けが何もなければ、彼は先の人生をずっとそうして生きることになるだろう。大きく言えば、同じことがケーラ、イライジャ、ミシェル、ローラとソフィア、リサとエイミーにもあてはまる。もし機会格差の縮小に取り組み始めることができれば、これらの子どもたちはわれわれの経済への負担ではなく、むしろ、彼らが望んでいるように貢献者側になることもできよう。
オークンのトレードオフは不可避なものではない、と言うとき、そのようなトレードオフが決して存在しないということを意味しているわけではない。再分配という枠組みが、社会的生産性に対して受け入れがたいコストを必然的に含むかもしれないということは、容易に想像可能である。結局これは、プラグマティックな問題である。機会の平等を促進しようとする特定の取り組みが、受け入れがたいコストを内包するのはいつの時点のことだろうか？　合理的な評価をすれば、今日のアメリカには、機会の平等と経済成長を同時に推進するための十分な余地はある、というものだろう。しかしこういう結果を達成するためには、現時点で大きな投資を行わなければならないのである。

2　機会不平等と民主主義

民主主義の核心は、公的な意思決定に対する平等な影響力にある。[13]議会制民主主義には投票と草の根市民参加が、全員が行っていないにしても少なくとも広範に広がっていることが求められる。政治的影響に対する他の手段、例えば資金が、強力なものであり市民間での分配が不均衡であればあるほど、民主主義の実現をいくらかでも確実なものとするためには、選挙と草の根レベルでの関与がますます重要になってくる。教育水準が高く裕福な市民は、貧しく教育で劣る者よりも公共問題により積極的に参加し、政治的知識と市民的スキルが高く、ほぼあらゆる形態の政治的、市民的参加を行う可能性が高いということは、政治行動の研究者によって得られた最も安定的な知見の一つである。では機会格差の拡大が、アメリカ民主主義に対して持つ含意は何になるだろうか。金持ちの子どもは、自分たちは政府に影響を与えることができる、という確信をもちやすく、大きく言ってそれは正しい。[14]やってみようという可能性も、貧しい子どもたちでは低いことは驚くにあたらない。
米国国勢調査局は定期的にアメリカ人の全国サンプルに対して、最近政治について話をしたか、ボランティア組織に参加しているか、公的集会に出席したか、ボイコットや「バイコット」[訳1]に参加したか、地域問題を解決するために他者と協働したか、公職者とコンタクトしたか、といった項目を含む市民参加について尋ねている。図6・1にまとめられているのは、二〇〇八年および二〇一〇年に二〇〜二五歳のヤングアダルトにそのような行動の頻度を尋ねた結果である。高校教育レベルの若者では、ほぼあらゆる種類の市民生活から完全に距離を置いている割合が、大学教育レベルの若者と比べて二倍以上になるのに対し、大学教育レベルの若者ではこういった活動に一つのみならず参加する割合が二倍以上となる。[15]
さらによくないことに、民主主義的参加における唯一最大の根本形態――投票――においても、大きく口を開けたような階級格差が若者の間で過去数十年間に拡大している――もう一つ現れたはさみ状格差である。最

図6.1　大学教育を受けた若者の市民的参加の多さ

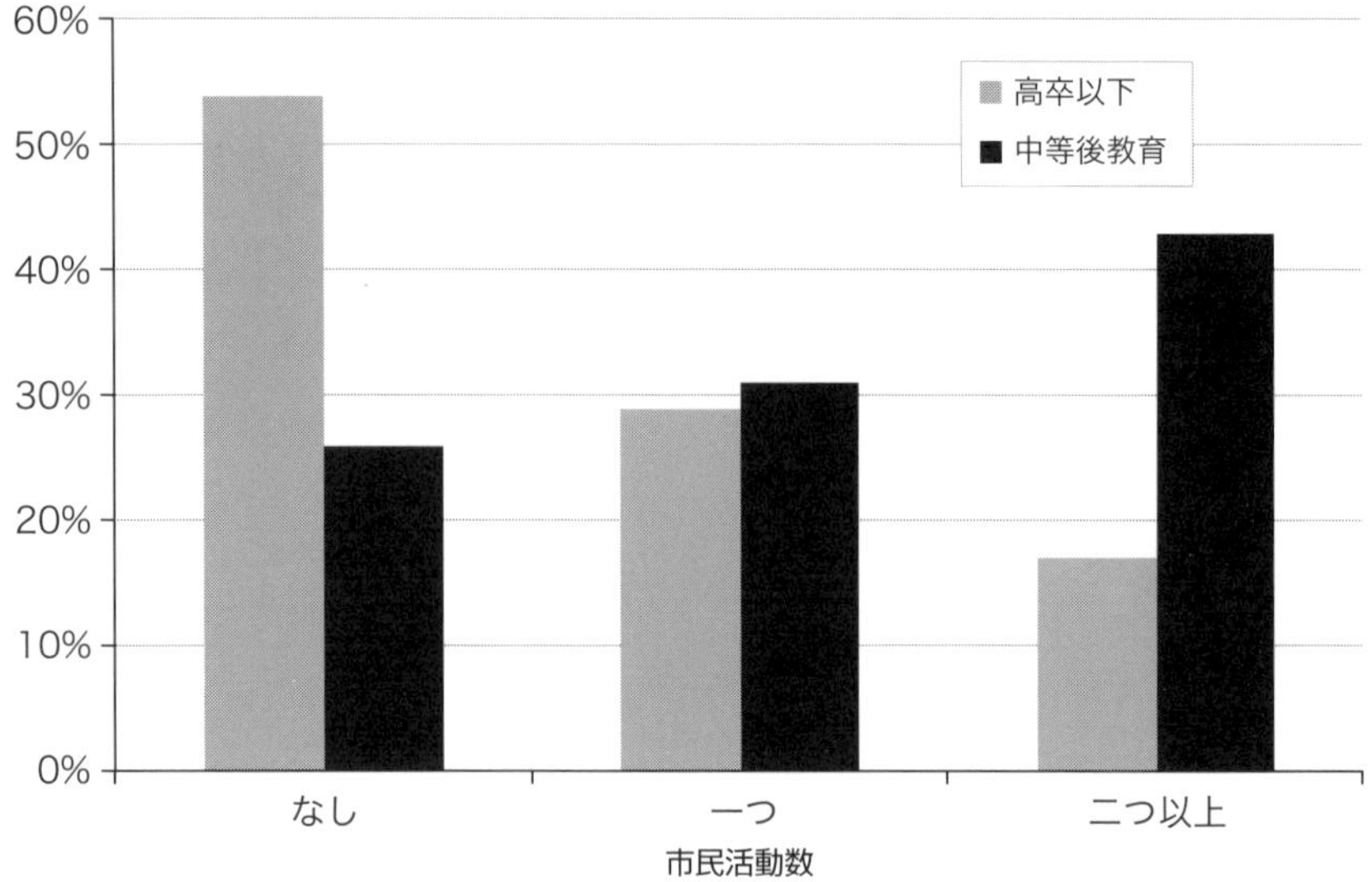

出典：Current Population Survey, 2008年および2010年.

近の全国選挙では、大学教育を受けた若者は、高校より先に進まなかった仲間たちより投票に行く可能性が二～三倍高かった[16]。

皮肉なことに投票以外の多くの市民参加指標——公的集会への出席から請願署名にいたるまで——について、階級格差は近年縮小してきたように見えるのだが、しかしそれはただ、裕福な子どもたちの市民参加からの撤退が、貧しい子どもたちのそれよりも急速に進んだからであった[17]。このような下方への収束は第四章で生徒自治活動への参加でも見たものであり、ある種の慰めに見えるかもしれないが、それが意味しているのは、ともかくも参加している者が次世代ではますます少なくなっていくということ——そしてはさみが閉じつつあるにもかかわらず、大きな階級差はまだ残っているということである。

高校三年生を対象とした質の高い全国調査によれば、教育水準の低い家庭出身の子どもたちは大卒家庭の比較対象と比べて、政治に対する知識が少なくまた関心も低く、政府に対する信頼が低く、投票に行くことが少なく、そして地域の問題について市民参加することがずっと少ないことが確認されている。さらに、このような階級差は非白人よりも白人の間でずっと大きかった[18]。オンライン上の参加も急速に発展してきたが、インターネットの政治利用におけるデジタルデバイドは非常に大きく、その減少の兆候は現れていない[19]。

さらに悪いのは、政治学者ケイ・シュロズマン、シドニー・ヴァーバとヘンリー・ブレイディが示したとおり、この市民参加における階級格差が次第に世代をまたがるようになっていることである。それは子どもたちが親の政治参加程度を受け継ぐ傾向があるからで、親の社会経済的地位を受け継ぐ傾向があるのと全く同様である。したがって何世代にもわたって、階級間の不均衡は蓄積する。「教育水準が高く裕福な親を持つことで」と彼らは記す。「職業上の成功のみならず、政治的な声においても優越性が与えられるのである[20]」。

したがって政治的関与の継承は、二重の打撃により現れる。教育水準の高い親は政治的に参加する傾向があり、そして政治的刺激のある家で育った子どもは自然と、大人になったときに政治参加をしやすい。これが親の政治的関与の直接の継承である。しかしそれに加えて、教育水準の高い家の子どもは、自身も成長して教育水準の高い大人になる可能性がずっと高く、その教育によってやはり成人時点での政治参加を志向するようになる。これが間接的な継承である。それとは反対に、より恵まれない出自の子どもの政治参加は、家に市民的ロールモデルが欠けていることと、自身の教育達成が限られていることとの両方によってそがれてしまう。

この二重の打撃はめぐって、第一章で探求した米国の伝統的理想に対する二重の挑戦となる――第一に、米国人は一般に政治的不平等は経済的不平等よりもよくないと信じているということがあり、第二に、継承された不平等は特定の世代の中での不平等よりもよくないとわれわれは信じているからである。政治的不平等の継承は、アメリカ独立戦争で戦われることとなった政治体制に不快なまでに近い状態をわれわれにもたらしている。

われわれのインタビューでは、あらゆる出身、金持ちの子どもでも貧しい子どもでも政治参加からの離反が広がりまた拡大している証拠が見いだされた。ほとんど全てのアメリカ人が今日、政治や政府について不満を抱いている。しかし、似ているのはそこまでである。われわれの出会った下層階級の子どもたちは、ただただずっと市民生活から阻害されている一方で、上層階級の者の大半は、親や仲間、そして助言者たちから政治に参加することを奨励されていた。いくつかの例を見てみよう。
ポートクリントンでは、チェルシーの両親はコミュニティに積極的であり、政治についての会話をよくしていた。「大方は、二人と政治的な考えが一致しています」と彼女は言う。「でもまだ悩んでいることもいくつかあって。いまでは投票できるようになったから。これから仕事を始めて、社会に貢献していくのだから、何がいま起こっているのかもっと知る必要があると思う」。
反対側の世界に住んでいるデヴィッドは、混乱した家族状況の中に暮らしていて、政治や市民参加についてのロールモデルは全くいなかった。したがって、こういったトピックについてわれわれが質問すると、当惑したような眼差しとそっけない反応が返ってくるだけで、あたかもモーツァルトや狐狩りについてわれわれが尋ねたかのようだった。

問：投票はしたことある？
答：一度も投票したことない。
問：ご両親が政治に関わっていたとか、あるいは何かの問題に取り組んでいたとかは知っている？
答：そういう話はしたことがない。

同じことは国中で起こっていて、ベンドでアンドリューが答えたのは、自分の親と同じように、彼もコミュニティ活動に関わっていること、そして投票するつもりであるということだった（ただし、父親とは違う政党に、と付け加えた）。人生のこの時点では活動しているとはとても言えないまでも、大学でのディベートを通じて彼は公共問題への関心を高めつつあり、自分で政治の道を進むことも想像できるようになっている。
対照的に、深刻な個人的問題で気を取られているケーラの心の中で、政治は最も縁遠いものである。

問：政治的なこととかコミュニティのことに関わっている？

答：ぜんぜん。
問：ニュースを見ることに関心はある？
答：しばらくすると飽きるから。誰が誰を撃ったとか、誰が誰から盗んだとか。そんなのに興味ないし。
問：次の選挙で盛り上がったりとかは？　投票には行くつもり？
答：いや、関係ないから。
問：ご両親は政治に何か関わっていたりした？
答：全く。

上層階級の参加と、下層階級の離反の間に見られるこのコントラストは、統計分析と若者との会話の両方で明らかだが、アメリカの民主主義に対して二つの本質的なリスクをもたらしている。一つは明確なものだが、二つ目はより捉えがたいものである。

第一に、政治的な声における階級差が拡大されると、政治システムにおいてアメリカ人の利益と価値の代表性が弱まってしまい、それがめぐって政治的疎外が悪化する。実際、この方向をまさに示す証拠が増加中である[21]。今日のアメリカ政治では資金面の重要性が増しているので、投票箱からのプレッシャー不在は、代表性の歪みを強めることになる。「選挙は結果を伴う」と政治家は好んで言うが、もし人々が参加しないのであれば、そういった選挙の結果は人々にとってよいものにはならないだろう。「もし政府において平等な声をあなたが奪われたのなら」と政治学者ロバート・ダールは記す。「あなたの利益が、声を持つものの利益と同じだけの注意を引かない可能性は非常に高まる。あなたが声を持たないのなら、いったい誰があなたのために声を上げてくれるのだろう[22]」。

アメリカ政治学会ブルーリボン・タスクフォースは類似した結論に一〇年前にいたっていた。その著者らはこう記した。「今日、アメリカ市民の声の上げ方、またその聞き届けられ方は平等ではない。恵まれたものはそうでないものと比べ、ますますよく組織化され、政府に対し自分たちの要求を突きつけるようになっている。

行政の側でも、平均的市民や最も裕福さに欠ける者と比べると、恵まれた者の方に対してずっと応答性が高い。所得が低い、あるいは中程度の市民はささやき声で語るので、不注意な政府当局の耳には届かない。一方で有利な立場の者の叫び声には明確さと一貫性があって、政策立案者はすぐにそれを耳にし、また日常業務の一環でそれに従う[23]」。すなわち、機会格差は政治的平等性を、またその結果として民主主義の正統性を掘り崩すのである。

アメリカ人の青少年で政治からの離脱が拡大していること、とりわけ機会格差で恵まれない側の者にとってそうであることは、第二の、より捉えがたいが兆候的な危険を民主的安定性に対して引き起こす。それは、一九三〇年代の経済的、政治的悪夢と反民主的な過激思想の勃興に戦後くぎ付けとされた、政治理論家ハンナ・アーレントや社会学者ウィリアム・コーンハウザーのような論者たちの目にくっきりと映っていた危険である。

疎外され遠ざけられた市民は不活発で原子化した大衆として、社会制度から切り離され、通常の環境下では政治的安定性にとって最小限の脅威としかならないだろう。大衆のまさにそのアパシーにより、あらゆる脅威が無音化されてしまうからである。そのような環境下における政府は、全く民主的ではないかもしれないが、少なくとも安定してはいよう。しかし、経済的また国際的圧力が厳しくなってくると――一九三〇年代にヨーロッパやアメリカを席巻したような圧力である――、そのような「不活発な」大衆は暴発しやすくなり、イデオロギー的な過激派にいる反民主主義のデマゴーグによって容易に操作されることになってしまうかもしれない。

コーンハウザーは『大衆社会の政治』の中で、ナチズムやファシズム、スターリニズム、あるいはこの国で見られたマッカーシズムさえも含む扇動的な大衆運動に対して最も脆弱な市民とは、まさに「コミュニティにおけるフォーマル、インフォーマルな参加の機会が最も少ない者たち」であると論じた[24]。アーレントは類似の議論をその古典『全体主義の起原』で行っている。「大衆的人間の主要な特徴は、残忍性や後進性にあるのではない」と彼女は記す。「そうではなく、孤立や通常の社会関係の欠落にある[25]」。アメリカの貧しい子どもたちの目の前に広がる、寒々しく社会的に疎外された未来から、政治的悪夢に屈するようなものでない、予想外の政治的結果が得られるようなことがありえるのかどうか、よく熟考してみればよい。このように、機会格差がアメリカの繁栄に対してもたらす危険とは全く別の問題として、われわれの民主主義、おそらくさらには政治的安定性をもそれは同時に蝕んでいる。

3　機会不平等と道徳的義務

ここまで、この国の不利な立場に置かれた子どもたち——デヴィッドやケーラ、イライジャ、ローラ、その他本書でストーリーを語ってきた者たち——の苦境がもたらす経済的、政治的帰結に焦点を当ててきた。しかし、その下に存在する根底的な論点がある。これらの子どもたちを無視することは、われわれの最奥にある宗教的、倫理的価値を犯すことになってしまう。

事実上あらゆる宗教では、持たざる者の世話に心底から献身すべきことが共有されている。箴言二九章七節は預言のごとくこう唱える。「正しき者は貧者の正義を気にかけるが、悪しき者はそのような関心を持たない」。イエス（マルコ福音書一〇章二一～二五節）は信心深い富者に対し、貧者のために全てを投げ出さなければならないと説いた。なぜなら「金持ちが神の王国に入るより、らくだが針の穴を通り抜けることの方がたやすい」からである。イザヤの怒れる神（イザヤ書三章一五節）は、その正義の怒りに向き合うべく集まったイスラエルの長老と統治者を一喝した。「どうしてお前たちは私の民を打ち砕き、貧者の顔をすりつぶすようなことをしたのか」と。

ローマ法王フランシスコがあらゆる信仰の、そして全く信仰を持たない全ての男女に向けて行ってきた最も重要な奉仕《サーヴィス》は、隣人とりわけ貧しい子どもたちのことを気にかけなければならないという最も深い道徳的義務をわれわれに思い出させたことである。「そのことに気づかなければあやうく」と彼は二〇一三年に述べている。「私たちは、貧者の叫びに共感を覚え、他者の痛みを悲しみ、彼らを助ける必要を感じることができずに終わることとなる。あたかもこれら全ては誰かの責任であって、自分自身のものではないかのように……［もし］われわれが［若者を］孤立させているのなら、彼らに不正義をなしていることになる。若者は家族に、国に、文化に、信仰に属しているのであるから……彼らこそ人間の未来である[26]」。

わが国の歴史の基礎をなす文書群は、独立宣言からゲティスバーグ演説にいたるまで、全て人間は等しい道徳的価値を持つという根本的格言を奉じてきた。わが国の歴史では長きにわたって、非白人と女性をその原則に対する例外とすることが暗黙裏にまた恥ずかしくも行われてきた。しかし、公正と正義に関する道徳理論は事実上全てがこの原則に帰着しており、それは過去一〇〇年間の解放運動というハンマーが、平等権の拡大を鋳造するため打ち下ろしてきた鉄床であった。マーチン・ルーサー・キングは一九六三年のワシントン大行進でこう述べている。「わが共和国の建国者たちが、憲法や独立宣言に壮大な言葉を書き記したとき、全てのアメリカ人が相続することとなった約束手形に彼らは署名したのだ」。

第一章で見たように、われわれのうち九五％は「アメリカ人は誰でも、成功のための平等な機会を持つべきである」と答えている——このような水準での合意は、論争あふれる現代アメリカではほとんど達成されたことがないものである。機会の平等という規範は詳細においては複雑なものであるが、その理由はとりわけ、平等である必要があるのは正確には何かという厄介な問題が存在することにある。例えば、知能や健康、活力レベルにおける遺伝的差異は機会の不平等を正当化できるのか否か、あるいは、機会平等の原則とは不運の是正にも取り組むべきということを意味するのか、といったことについてさえも哲学者たちは論争を行っている。

こういった抽象的な論争は、現代起こっている論争に対しての含意があるようには見える。もし誰かが高校を中退したのが、知力や不屈《グリット》の精神が足りなかったからであったとして、それは機会平等の原則に抵触するのだろうか[27]。理論の世界のどこかでは、こういった複雑さに取り組む必要があるのかもしれないが、**しかし今日の現実世界のアメリカでその必要はない**。本書が証明してきたように、今日のわれわれは、才能があり活力あふれる子どもたちに対してさえも機会の平等からはほど遠いものになっている——過去に達成できていたものからもほど遠い——ので、この原則の適用が厳格にすぎる、といった危険性はほとんどない。

しかしこの社会においてさえも、機会の平等と他の価値との間の比較考量は必要であり、その中には自由や自治が含まれている。（機会の平等の名において）裕福な親が『おやすみなさいおつきさま』を読むことを禁じるとか、カップルには子どもを持つ前に結婚することを求めるのはバカげているだろう。その一方で、機会の平等というわれわれの原則が、他の価値に勝る切り札になることもある。例えば、われわれは親に対して公立学校か私立によるかを問わず子どもに適切な教育を施すことを求めており、それは、親による自治は基礎教育を受けるという子どもの権利に優越すべきでないという原則に基づいている。
親が自分の子どもをどのように育ててきたかについて、その親を非難することが正当化されるときはある。われわれはイライジャの親や、ケーラ、デヴィッド、あるいはソフィアの親について、間違った判断をしたと責めるかもしれない——実際に、当のその子ども自身がそうしている！　しかし、親の失敗について子どもに責任を負わせるのは、大半のアメリカ人の道徳観に反している。[28]
機会の平等は、公的アクションにおける単純な指針ではない。しかしこういった哲学的難題を解かずとも、今日のアメリカにおける金持ちの子どもと貧しい子どもの間で拡大する機会格差は道徳的に受け入れがたい、ということは認めることができる。完全な機会の平等を信じずとも、われわれの宗教的理想と基本的な道徳律が、現状以上の機会の平等を要請しているということに同意することはできる。

4　何をすべきか？

いったい何をすれば——個人として、コミュニティの一員として、そして国として——貧しい子どもたちが、金持ちの子どもたちに追いつき始めるのを助けられるだろうか。本書で概略を示してきたとおり、この問題は単純ではなく、そして単純な解決策を持たない。それどころか、「赤色《保守》」対「青色《リベラル》」化がますます進行するアメリカにおいて、これは寄与した要因が数多く存在する究極の「紫色」問題である。いくつかの原因は（非婚出産のように）、「赤色」の保守的なレンズを通じてよりはっきりと見えているものであり、一方で他のものは（所得不平等の拡大のように）、「青色」のリベラルなレンズで強調される。われらの子どもたち全てに機会をより多く提供するためには、市民的指導者は政党やイデオロギーの壁を越えて通じ合う必要がある。機会格差に取り組むにあたっては、有望な解決策を全領域にわたって考慮しなければならない。

あとに続くページでは、現在われわれが進んでいる方向を変えることが総体としてはいくらか見込めるような、相互に補完的なアプローチの一覧を提供する。[29]これら一連の提案を、包括的行動プランへと転換していくのには、大変な労力を要するだろう。状況が異なれば、政策の組み合わせも異なったものにする必要があるかもしれない――この国は広く多様であるので、ポートクリントンでうまくいくものが、アトランタやオレンジ郡、あるいはフィラデルフィアやベンドで求められるものとは違ってくることも十分にあるだろう。国家の政策立案者が最重点をおくものは、市民活動家、宗教活動家にとって最も効果的なアプローチとも異なろう。これから示す広範な行動計画は、全てのアメリカ人が行う考察と行動の刺激となることを狙いとしている。

ここでの私の提案は、現在入手可能な最良の根拠に基づいたものである。幸運なことに、ここは研究が急速に進む刺激的な領域で、研究者と実践家の双方が創意に富む解決策を模索している。費用対効果は追求されなければならないが、しかし機会格差の拡大する範囲をふまえると、その縮小のためには資金がかかるだろう。いったい何が、どの場所でうまくいったのかについて実践的経験から学ぶような、試行錯誤の戦略を追い求めなければならない。したがって私の適用した採用基準は、ある提案について既に効果が証明済みかどうかではなく、それに見込みがあるということが、入手可能な最良の根拠によって示唆されているかどうか、となる。

幸いにも、アメリカの連邦制度はそのような戦略にとって都合よくできている。なぜなら多くのアイディアをたくさんの場所で試して、互いの結果から学ぶことが促されるからである。以前の歴史的時期においても、似たような大問題に対してこのように取り組むことで成功をおさめている。一九世紀の終わりの、急速な都市化と莫大な移民、激動の政治、経済、そして技術的変化、政治闘争、そして高い経済的不平等のただ中にあって、両政党から出てきた全国の市民的リーダーが多彩な社会的、経済的また政治的改革を模索した。その中には失敗しうち捨てられたものもあったが、中には予想外に効果的なことが判明したものもあった。こういった革新主義時代《プログレッシブ・エラ》の成功は国内に急速に広がり、ついには連邦での法制化（と財政支援）が改革を全国規模に押し広げた。[訳2] 変革はボトムアップ的であるとともにトップダウン的だった。イノベーションの成功したこの時期をいまは真似なければならない。

家族構造

国民的議論が分裂する中で、予想外の一致がイデオロギーの線を超えて浮かび上がりつつある点として、第二章で見たように労働者階級家族の崩壊が、機会格差拡大に中心的な寄与をしていたということがある。不幸なことにこれもまた合意が見えてきたのは、（労働者階級所得の長期低落を食い止めることはおそらく別として）この問題に対する政府基盤のアプローチはほとんど見込みがないことがこれまでのところ示されてきた、ということである。

「婚姻政策」——すなわち伝統的な婚姻規範を復活させることで片親家族の数を減少させること——は、保守的な論者の中で力説されてきたものだった。[30] その目指すものに益はあることとは別として、安定した結婚の比率を上げようとした善意による政策実験が結果を出すことはなかった、というのが厳然たる事実である。一九九六年の福祉改革[訳3]は「われわれのよく知る福祉」に終止符を打ったが、貧しく低教育水準のアメリカ人の間での結婚の着実な減少に対してそれはほとんど何の影響も持っていなかった。ジョージ・W・ブッシュ政権は、婚姻と結婚安定性を高めようと設計された一連の政策実験を実施しその結果を厳密に評価した。その中で、「強固な家族構築」イニシアティブは未婚の親に対して関係スキル訓練およびその他のサービスを供給し、一方で「健全な婚姻支援」プログラムでは既婚のカップルに同様の支援を提供していた。個別には有望な兆候があったものの、よく設計されまた十分に予算手当てされた公共プログラムであってさえ、これら実験のいずれも、婚姻率を増加させたり、あるいは両親をともに暮らし続けさせることができるという十分な根拠を提供できなかった。もちろん、宗教コミュニティであればその成員に対して政府の関与なしに影響を与えることができるので、教会は結婚や子育て、そして子どもに対する責任への支援の強化ができるだろう。[31] しかしその一方で、長期にわたって傾向の確立した私的な規範を反転させるとか、あるいは労働者階級に集中して強く持続的な経済復興を果たすといったことでもなければ、貧しいアメリカ人の間で婚姻率を回復させる明確な道は見いだせない。[32]
婚姻の再生が欠けている中で、片親家族の数を減少させるための方法として非婚出産率を減少させることはできるだろうか。以前は強固だったセックスと婚姻の間のリンクを再確立することは、それが望ましいことだとたとえしたところで、もはや遅すぎることはほとんど確実である。しかしセックスから妊娠出産を切り離すのに、より効果的な避妊をもってすることはできるのだろうか。経済学者イザベル・ソーヒルはこのアプローチについて論じてきた。

ヤングアダルトの余りにも多くが男女関係に滑り込み、そして子育てに必要な、互いへのそして子どもへの責任を果たす準備ができる前に子どもをもうけてしまう。社会規範は過去には未婚の子育てを非難してきたが、現在では計画外の子育てを非難する必要がある。手間のかからず、長期にわたって作用する新たな受胎制限手法は、現状の変化を可能とするだろう。[33]

では避妊法が答えなのだろうか。[34] 道徳的見地からの強固な反対が宗教的指導者から見られるにもかかわらず、アメリカ人のうち一〇人に九人は受胎調節を支持している。ある推定によれば、若い未婚の女性による全出産の六〇％は計画外のもので、また低所得の女性は裕福な女性よりも子どもを多く持ちたいという希望を持っていない。人々が述べていることと、彼らが実際にしていることの間にあるこの大きな乖離について、われわれは真の意味では理解できていない。ＩＵＤ《避妊リング》や埋め込み式避妊のような長期作用型可逆性避妊法（ＬＡＲＣ）は、避妊手段を利用する女性において計画外の妊娠の発生を減少させるのにピルの二〇倍近く効果的なものだが、しかし貧しい若い女性のどれくらいが実際に補助金付きのＬＡＲＣを選ぶかはわからない。実証的なデータはこれまでのところ、既に受胎調節を選択している女性から得られたものだからである。

なすがままの妊娠から、計画に基づく妊娠へと規範を変化させることは、機会格差に大きな影響を与えるかもしれない。アイオワの「コウノトリを避けよう《アヴォイド・ザ・ストーク》」キャンペーンのようなソーシャルマーケティングは一定の前進を示しており、また過去数十年間に見られた一〇代の妊娠の劇的な急落は、社会規範は変化しうるということに一定の希望を与えるものである。しかしこのようなアプローチが成人女性の間の非婚妊娠を減少させられるかについて確実な根拠が得られないのは、第二章で見たようにこれら出産の多くが「半ば意図的な」ものであることに特に理由がある。

このように、貧しく教育水準の低い独身女性が先頭に立っている家族がすぐに消え去るようなことはありそうにない。こういった家族、とりわけその子どもたちをどうしたら助けることができるだろうか。金銭は明らかに重要な意味を持っている。貧しい家族、貧しい学校、そして貧しいコミュニティが直面する問題の背景にあるのは、人口の中で教育水準の低い方の側の人々に対し、数十年にわたってほぼ実質成長のなかった経済停滞である。ここでの原因―結果の連関は明確で強いものである。例えば、ノースカロライナの工場閉鎖によって立ち現れた地域経済の状態変化は、子どもたちの読解、数学得点に目に見えて大きな影響を及ぼし、年長の子どもたちにおいて特にそれは顕著だった[35]。低賃金労働者に対する持続的な経済再生は、思いつける特効薬に近いと考えられるが、その理由はとりわけ、これが出産も遅らせるかもしれず、おそらくは貧しい男女の間で結婚を促進さえする可能性があるからである。

貧しい家族に対して比較的少額の現金を追加的に供給するだけで、学校での子どもたちの成果を改善し、生涯所得を高める方向へ向かわせることができ、とりわけその資金追加が子どもが早期のうちに集中して行われた場合にはそれがあてはまる。慎重に統制された政策実験によれば、就学前から小学校の期間の金銭供給の力で機会格差の縮小が起こったことが示されているが、おそらくそれは家族のストレス低減が、早期の脳発達に対して影響を与えたことによる。

子どもの人生最初の五年間での家族所得の三〇〇〇ドル増加は、学力到達テストにおけるSAT二〇点相当の向上に、また生涯所得の二〇％増加に関連しているように思われる。社会政策の専門家レーン・ケンワーシーはこの結果をまとめてこう述べる。「政府の現金をたかだか数千ドルばかり移転することで、一生涯にわたる大きな後押しを、それが最も必要な子どもに与えることができるだろう[36]」。そのような資源をそれが最も求められるところに確保することは、よく検証されたさまざまな方法で実現することができよう[37]。

- **勤労所得の税額控除**（ＥＩＴＣ）の拡大を、とりわけ小さな子どもがいる家族に対して行うこと。もともと保守的な経済学者ミルトン・フリードマンによって構想され、過去四半世紀を通じ両政党の政権によって拡大されたこの計画は、労働中の貧しい親の可処分所得を増大するのに妥当な有効性を持つ手法と広く認識されており、アメリカにおける（食料配給券《フードスタンプ》と低所得者医療扶助《メディケイド》以降の）貧困撲滅計画で最大なものの一つとなってきた。その一方で、この計画は低所得労働者のみを支援するものなので、貧しい子どもの中でも最も貧しいものには届かない。
- 控えめな現在の**児童税額控除**の拡大（ティーパーティーに人気の上院議員マイク・リー〈共和党、ユタ州選出〉の提唱するように）。ただし控除を全額還付可能とすれば、極度に貧しいために連邦税負担の全くない家族の子どもにも恩恵を与えることができて、したがって最貧の子どもに届くようになる。
- フードスタンプや住宅バウチャー、子育て支援事業《チャイルドケアサポート》のような長期間続く貧困撲滅計画の保護。少なくとも現在の知見の水準によれば、これらは拡大する機会格差を止めるのに十分ではなかったが、しかし全体としてそれらはセーフティネットの重要な部分である。

機会格差を家族とコミュニティという面から扱おうとする真剣な取り組みであれば何であれ、非粗暴犯罪に対する刑事収容の縮減と、社会復帰の促進に向けた努力が含まれるべきである[38]。刑事収容、とりわけ子のいる者の刑事収容は、この研究でわれわれの出会った貧しい子どもたちほぼ全てのストーリーの一部をなしていた。犯罪は過去最低の記録に近いところまで減少しているが、一方でこの数十年の刑事収容の大幅な増大は、市民の負担する税金という点からも、家族やコミュニティに与える衝撃という点からも、大きな代償を支払うものとなっている。この問題は現在では政党の線を超え、首都ワシントンと全国の州政府の両方で広く認識されるようになった。やがては機会格差の縮小を開始する可能性のある政策変化には以下のようなものがある。

- 非粗暴犯罪に対する量刑を短縮し、仮釈放運用の裁量拡大を行うこと。

- 元受刑者の社会復帰に取り組むこと。その際には、教育水準が非常に低く、就業経験に乏しく、そして精神疾患や物質乱用といった履歴をしばしば持つ若者によって刑務所人口が構成されていることを念頭に置くこと。

- 刑務所に対する現在の財源を、職業訓練、薬物中毒治療と医療、その他の社会復帰サービスへと振り向け直すこと。

子どもの発達と育児

第三章で見てきたのは、保育と育児、とりわけ早期幼年期におけるそれが、機会格差に対する重要な寄与要因であるということだった。この洞察から示唆される解決策については、どのようなアイディアのものになるだろうか。まず第一に近年の最良の根拠が示しているのは、最高の質の保育、特に早期段階でのそれは、子ども自身の親からなされるものだということである。児童発達が専門のジェーン・ウォルドフォーゲルはこれらの知見をこうまとめている。「人生最初の一年目に母親がフルタイム労働を控えると、子どもたちは平均してずっとうまくやるようになる」[39]。したがって機会格差を縮小したければ、勤務場所の柔軟性や出生一年目の育児休暇（少なくともパートタイム勤務）に関し、より多くの選択肢を親に与えるべきであり、また（現在でも実施している州があるが）福祉受給者に新生児の出生一年目の期間も働くことを求めるような政策を取り消さなければならない。他の先進国のほとんど全てで、親（とりわけ、低所得の親）に対する子どもの出生一年目の支援が、われわれのものよりもずっと多く提供されている[40]。

子どもが日中保育に進んだとき、その質が重要な意味を持つのは研究が明確に示しているところである。さらに親による保育を別とすれば、施設ベースの保育の方が親戚や隣人、あるいは友人の手によりインフォーマルに手配されるものより一般に優れているということも、また研究によって示されている。[41] 確かに、これらの種別それぞれの中でも質は大きく異なっており、また質を測定すること自体が複雑で議論の多いところである。しかし質が高い、施設ベースの日中保育へのアクセス自体が、本書で何度も見てきた階級格差拡大――裕福な家庭出身の子どもの間での上昇と、貧しい子どもの間での停滞や下降――が発生しているもう一つの次元となっている。したがって低所得家庭に対して、負担可能で質の高い施設ベースの日中保育を提供するための方法を考案することは、機会格差を縮めたいと願う全ての人にとって優先順位リストの上位に掲載されるものになるだろう。この領域における新しい取り組みの中で最も有名なものに、いわゆる「早期《アーリー》ヘッドスタート」[訳4]計画や、民間の慈善活動によって助成された、非営利の日中保育センターの包括的全国ネットワークである「エデュケア」がある。[42]
子どもたちがいかなる日中保育を受けても、第三章で学んだように教育水準の高い家族と低い家族の間には、拡大する「育児格差」がある。この格差のある部分は物的資源からくる直接的な結果だが、教育水準の低い親のあまりに多くで育児能力が低い、ということによる部分もある。貧しい子ども――例えば、われわれがオクラホマシティで訪ねた貧しい近隣地域にいるような――に対する懸命な支援の最前線にいる教師やソーシャルワーカー、医療専門家が強調するのは、子どもたちには家庭で直面する問題があること、そして（典型的にはシングルマザーの）親を相手に一対一で、特に家庭訪問を通じて行う「包括」方式の家族サービス提供が求められることである。
「子どもには毎日読み聞かせをしてあげてください」といった単純なアドバイスも価値があるかもしれないが、さらにずっと強力なのは、貧しい親に対するプロの「コーチング」である。子どもの発達成果を改善することが証明されてきたプログラムの例として、「看護師家庭訪問《ナース・ファミリー・パートナーシップ》」、「ＨＩＰＰＹ」（就学前児童の親のための家庭教育）、「チャイルド・ファースト」、そして（英国における）政府の「困難家族」イニシアティブがある。これらのプログラムに共通しているのは、訓練された専門家が定期的な家庭訪問を行って、健康問題や子育て、ストレス、その他の家族問題にこれら家族が対処するのを支援していることである。コストは高いが、このようなプログラムには有利な「収益率」がある[43]。

　第三章で見たように、児童発達の専門家の間では就学前教育の重要性についての合意が広がりつつある。しかし早期幼児教育への参加という点で、米国は経済協力開発機構（ＯＥＣＤ）三九ヶ国中三二位という順位である。平均するとこれらの先進諸国では三歳児の七〇％が参加しているのに対し、米国におけるそれは三八％にとどまっている[44]。質の高いプログラムのいくつかについては、プログラム評価の標準判定手法であるランダム化比較と数十年単位の追跡調査を用いてこれまで研究が行われてきた。ミシガン州で行われた一九六〇年代の当初のヘッドスタート計画や、ノースカロライナ州での一九七〇年代の「ＡＢＣ《アベセダリアン》学習プロジェクト」に関する古典的な研究は顕著な効果を示している。それらは初期の教育上の発達を後押しし、成人になったときの法的問題を減らし、参加者の生涯所得を増加させていた[45]。

　ヘッドスタートに関する後続研究ではそのように大きな効果は示されておらず、そのことで、早期幼児教育の費用便益比はそれほど好ましいものなのかについて疑問を呈した者もいた。専門家はその後のプログラムにおいては明確な効果が弱まる理由を、以下の理由にあると一般に捉えている。(a)アメリカ社会の全ての部分にわたって育児が全般的に改善されたこと（それにより特別なプログラムの効果を同定するためのバーが上昇することになる）、(b)後続プログラムで、包括的支援が少なく質の低いものがあること、(c)短期的なテスト得点に過度の焦点を当ててしまっていること。もともとの結果で最もプラスの効果が出ていたのは、子どもの人生のあとの方で現れる社会情緒的な発達や、犯罪傾向のような行動面であって単なる学業成績ではなかった。早期幼児教育プログラムの質（すなわち、教師の訓練度、期間、カリキュラム）には大きな違いがあり、質の高いプログラムはより大きな効果を上げているように見えるが、しかし質を精密に測定することはこれまでずっとネックとなってきた[46]。

　そうであったとしても、知見として明確なことの一つは、よく設計された施設ベースの早期児童教育が他の代替手法よりも効果が高いこと、しかし同時にコストもかかるということである。例えば、ボストンの全公立小学校で提供されている質の高い入園前教育《プレーK》プログラムに関する慎重な研究によれば、それが非常に効果的であるが、しかし高価につくことが示されている。ボストンのプログラムで鍵となっていた要素として教育専門家グレッグ・ダンカンとリチャード・マーネインが指摘したものには、質の高いカリキュラム、高給が保証され、よく訓練されまたよく指導を受けた教師、そして説明責任《アカウンタビリティ》規定が含まれていた。ダンカンとマーネインはこう結論づけている。「うまく設計されまた実施されている入園前教育プログラムは、低所得家族出身の子どもの人生機会の改善を目指す戦略において、決定的な要素となる可能性がある」(47)。

早期幼児教育への州支出は近年着実に増加しているが、前に記したように、この領域でアメリカは他の先進国のはるか後塵を拝している。早期幼児教育への州規模の注目すべき取り組みの一つが、アメリカでも最も赤い《保守的な》州、オクラホマで一九九八年に開始されている。二〇一二年にはオクラホマ学校区の九九％でこのプログラムが提供されており、州内の全四歳児のうち七四％が参加していた。このオクラホマのプログラムは、全米早期教育研究所が示している一〇の質的基準のうち九つを満たしていて、加えて親に対する包括的支援とガイダンスを提供している。タルサで実施されている主要プログラムに対しての初期評価によれば、読解、作文および数学能力における顕著な向上が示されていた(48)。

学校

第四章で示したのは、金持ちの子どもと貧しい子どもが通っている学校の質は非常に異なっているが、子どもたちが校内に持ち込んでくる資源と難題の方が、学校が実施している施策よりもこのようなコントラストをずっとよく説明しているということだった。したがってこの領域における最も有望なアプローチの中には、別の学校に子ども、予算、および／あるいは教員を移すことが含まれてくる。

本書全体を通して見てきたのは、社会階級に基づく居住分離が拡大していることが、子どもの受ける教育経験の差異の根底にある主要な原因になっているということである。居住分離が深く根ざしている土台には、所得不平等の拡大、人々の持つ自分と似た人の周囲に住みたいという希望、そして住居という形で現れたアメリカ人中間階級の資産といったものがあり、したがって階級分離を減らそうとする取り組みは苛烈な抵抗を受けることになる。政府の政策の中には近隣地域の不平等を減らすよう意図されたものもあるが、排他的ゾーニング規制[訳5]や住宅ローン減税といったその他の政策が居住分離を間接的に促進してしまっている。しかしこういった政策を変更しようとする取り組みは、学校区境界や学校設置の問題と並んで、大きな政治闘争の的になっている。
混合所得住宅の供給に公的助成を行うことは、可能性ある解決策の一つとしてさまざまな形で過去数十年間試されてきたものである。近接性が、自動的に「橋渡し型《ブリッジング》社会関係資本」を作り出すわけではない。すなわち、金持ちの居住地域にやってきた貧しい新参者が、自動的にその地域へ社会的統合を果たすことはない。それでも、よい学校に転校した貧しい子どもは次第によくなっていく。例えばニュージャージー州マウントローレルで行われたある自然実験で示されたのは、より裕福な地域に一家で転居した貧しい子どもが、そうしなかった比較対象の子どもよりもテストで高得点を取り、学校でも先を行く傾向があったことで、その理由には、子どもの教育に対して親がより支援的になったということがあった。例えば新しい地域（と学校）に移った親の子どもの九六％が高校を卒業したが、対して統制群の子どもでは二九％だった。社会学者ダグラス・マッシーはマウントローレル実験を多年にわたって追跡しているが、この混合所得住宅供給のケースからこう結論づける。

アメリカの貧しく不利な立場の家族全てにとってのモデルが必ずしも提供できるわけではない。物質中毒や犯罪、家庭内暴力、そして家計の不安定性にはまり込んでいる人々は、手頃な開発住宅においてふさわしい候補対象にはならない……しかし、他に行くあてもなく窮乏した都市居住地に絡め取られているが、それでも前進する機会を望み学校や職場でコツコツと最善を尽くして努力しているような何百万もの低中所得の家族にとっては、手頃な開発住宅が適切な介入の一つとなることは間違いない(49)。

貧しい子どもをよい学校に移す以外の選択肢に、彼らの通う既存の学校に投資する予算を増やし、その質の向上を図るというものがある。最も根本的なこととしては、単なる秩序維持でなく実際に教育が行えるという条件の下で、より質の高い教員を貧困校に配置することが学校機構に求められる。オレンジ郡の二高校の比較で驚くべき詳細が明らかにされたように、貧困地域の学校の方はずっと大きな課題に直面している。もし機会格差を懸念するのであれば、われわれの照準は単なる財源の平等ではなく、結果の平等により近づくことに向けられなければならず、そのためにはより補償的な財源手当てを大規模に行うことが必要となろう。例えば指導カウンセラーを同じ人数だけ配置しても、もし貧しい学校のカウンセラーが懲戒委員会に一日中縛り付けられているのなら、大学進学の準備が同じだけできることはありえない。二〇一二年に生徒一人あたりの資金を高貧困の学校区に対してより多く割り当てたのは一七州足らずで、一六州はそれと反対のことをしていた――すなわち「逆進的」な学校財政システムが取られていたのである。(50) 二〇一三年には「公平《エクイティ》と卓越性《エクセレンス》諮問委員会」が合衆国教育長官に対して、州および連邦政策の変化を通じてわが国のK－12教育を平等化するための多様な戦略をとるよう勧告しているが、その中には、貧困の集中度が高い学校をターゲットとして相当程度の新たな資源の手当てをすることが含まれていた。(51)

貧困校に追加的な資金投下を行う重要な目的の一つは、よく訓練され、経験豊かで有能な教師を採用することにある。見てきたように、そのような学校の難題からの教師の脱出――暴力と混乱、無断欠席、学校で学ぶ準備や英語能力の低さ、支援の少ない家庭環境からの――が意味するのは、こういった学校で学ぶ生徒が受けている教育が一般に劣っているということである。貧困校に今日いる教師の多くが勇敢に職務を行う原動力にあるのは理想主義だが、しかし市場経済下でよい教師を多くそのように重い仕事に引きつけるための明快な方法は、その雇用条件を改善することである。実験ベースではあるが、連邦政府の助成した「才能移転《タレント・トランスファー》イニシアティブ」では、都心部のトップ教員が大規模で多様な一〇の学校区にある高貧困・低水準校で二年間教えることに対して二万ドルの追加報酬が支払われた。教員の空きはほぼ九割がトップ教員によって埋められたが、その大部分はボーナス期間の終了後も残り続け、それらの影響を受けた学校での読解と数学のテスト得点は大幅に向上する結果となった。[52]
　全国の「学校改革」をめぐる論点には、機会格差を縮小する助けとなるかもしれない他の要素もある。[53]課外活動を増やし教育課程を拡充するために開校時間を延長することは、一定の有望性を示している。[54]ＫＩＰＰスクールや、ハーレムチルドレンズゾーン・プロミスアカデミー（後述）のようないくつかのチャータースクール[訳6]は、貧しい子どもに対してよい結果をこれまで生み出してきた。しかし、注意深い研究により結論づけられているのは、チャータースクールは万能薬ではなく一般的には階級格差を縮小しないことで、その理由としては一つに教育水準の高い親の方が、よい学校を選びそのような学校に自分の子どもを送り込む過程をよりうまくこなせるということがある。[55]
　機会格差を縮小する手段としての教育に対してのもう一つの幅広いアプローチとして、（革新主義時代シカゴのジョン・デューイによる仕事にまでさかのぼる）教育改革者の長きにわたる伝統に由来するものがある。彼らが強調していたのは、学校とコミュニティの間のつながりだった。[56]このアプローチを織りなす一本目のより糸は、貧しい子どもたちを引き受ける学校に、社会福祉や保健サービスを設置することである。コミュニティスクール連合《コアリッション・フォー・コミュニティスクールズ》はこう結論づけている。「コミュニティスクールは、学校と他のコミュニティ資源の間に存在する場であり、また両者のパートナーシップの集合体である。それが学習面、保健・社会福祉サービス、青少年発達と地域開発、そしてコミュニティ参加に対し統合的に焦点を当てていることが、生徒の学習や家族の強化、コミュニティの健全化によい影響をもたらしている」[57]。一般的にコミュニティスクールでは、夜昼なく行われる青年活動や、親やコミュニティのメンバーに積極的に教育過程に関わってもらうようなプログラムが、子どもと家族を社会福祉サービスや保健機関と結びつけていくようなものと並んで行われている。類似の学校は他の多くの国で見られ、例えば英国では、困難に直面している子どもたちやコミュニティのための計画についてはとりわけ、高価につくものであるにもかかわらず非常に高く評価されている。アメリカのコミュニティスクールについての評価はより限定的なものだが、これまでのところ肯定的なものである。[58]
　学校―コミュニティ間のアプローチを織りなすもう一本の糸に含まれるのは、コミュニティを基盤とするグループがより積極的な役割を担って、地域のチャータースクールを生み出したり、あるいはよい学校を実現するよう迫るための組織化をしていくというものである。この種の先進的な取り組みの中で最も有名で、詳細にわたって研究されたのがハーレムチルドレンズゾーン（ＨＣＺ）であり、カリスマ的教育者／オルガナイザーのジェフリー・カナダによって作られたものである。一九七〇年に始まったＨＣＺでは早期幼児プログラム、放課後の個別指導や課外活動の提供、家族、コミュニティおよび保健プログラム、大学進学支援、里親防止プログラム、その他の多くが行われている。学業面での中核的な投資はチャータースクール（ＨＣＺプロミスアカデミー）である。厳密な評価によるとプロミスアカデミーは、ニューヨークの他公立学校の生徒との間でテスト得点における人種格差縮小を大きく進ませていることが示されてきた(59)。

広範なコミュニティと緊密に結び付くことが学校に与える利益のもう一つの例として、カトリック系学校がある。ある全国規模の調査で――のちにアンソニー・ブリクと共同研究者によって確認、また拡張された――ジェームズ・コールマンが見いだしたのは（通学している子どもの持つ特性を広く統制したあとでさえ）カトリック系学校は他の学校と比べて、特に貧しい出自の子どもたちにとって、より高い水準の達成をもたらしていたということだった[訳7]。コールマンやブリクと共同研究者らはこのような強い達成度について、教区学校が埋め込まれている社会的、道徳的コミュニティに原因を求めている。例えばクリストレイ校は全国規模のカトリック系高校ネットワークとして評価が高く、インナーシティのラティーノの子どもに対し、教育支援とＯＪＴトレーニングを提供している(60)。

以前のアメリカには学校の内外で、職業教育、実習《アプレンティス》制度、および社内教育の活発なシステムが存在した。他国では、例えばドイツのように現在もそうなっているが、われわれの方は過去数十年を通じてそのようなプログラムへの投資を減らしていった。そうなった理由の一つは「大学教育を万人に」というお題目が盛り上がったことで、これは大卒学位が現代経済の中で成功への切符となっているという信念を反映したものである。「大卒割増金《カレッジプレミアム》」が高いのは真実である一方で、（第四章で見たように）不利な出身の子どものうち、大卒学位を得られるものはいまや非常に少ないというのもまた真実である。貧しい子どもたちの四年制大学の進学率また卒業率を改善しようとする努力には価値があるが、そのような努力は大学進学の迫るずっと前から行われなければならない。それもこれまで見てきたように、貧しい子どもたちの直面する課題は、小学校に入る以前からでさえ困難なものだからである。

それでも「大学教育を万人に」というモットーにより、中等および中等後教育における職業能力育成への公的、また民間支援は削られる傾向にある。現代的な職業教育の可能性を示す有名な例が「キャリアアカデミー」によって提供されているもので、著述家ドン・ペックがこう記している。「一〇〇～一五〇人のスクールが大規模高校の中にあって、勉学面での学習コースと、職業能力を育成できるよう設計された実地体験式の技術コースを組み合わせたカリキュラムが提供されている。既に運営中のアカデミーは全国で二五〇〇ほどにのぼる。生徒たちは一緒の授業に出席し、担当する指導カウンセラーも同じである。地域の事業所がアカデミーとパートナーを組んでおり、生徒たちがまだ在学中しているうちからの職業体験を提供している」[61]。統制された試行調査によれば、アカデミー参加者の賃金は非参加者と比べて年あたり一七％高く、またキャリアアカデミー生は非キャリアアカデミー生と中等後教育の学位取得率が変わらないという結果が示されている[62]。

この領域の専門家らが紹介する他の有望な実験としては、全国規模で行われている「ユースビルド」ネットワークに加え、例えば「ジョージア青年実習生プログラム」やウィスコンシン、サウスカロライナにおける類似のプログラムがある。しかし、伝統的なK－12教育と比べて、この領域では確実な根拠はまれである。他国での研究からは、技術、職業教育の拡張からもたらされる利益は生徒個人と経済の双方にとって非常に大きい可能性があることが示唆されているが、しかし米国ではそのようなプログラムに対して（わが国経済での比率として）おおよそ他国の一〇分の一の支出しかなされていない。

そのようなプログラムが、階級に基づいた二階層の教育システムをもたらすのではないかといった懸念は非現実的なものではない。この領域におけるあらゆる取り組みにおいては、質の高い学術教育との統合や、産業界と中等後教育学校がより緊密なパートナーシップを結んで質的標準を開発実施することを通じ、職業教育や実習制度は二流の教育であるという烙印を消し去ることが求められよう。加えて、生徒指導にも十分な投資をすることが必要であるだろう。どのようなプログラムが費用対効果が高く、どれがそうでないのかを厳密な研究で見極めることは依然として求められる。それでも、デヴィッドやケーラ、ミシェルとローレン、ローラとソフィア、リサとエイミーのような若者が直面しているのは、職業能力証明へつながる真剣なトレーニングか、それとも高給の仕事につながる大学四年間かという選択肢ではない。それは質の高い職業訓練か、それとも中等後教育が全くなしか、の間の選択肢である。実習制度と職業教育は、とりわけ質の高い評価調査をともなった場合、州および市が実験するべき有望な領域となる[63]。

コミュニティカレッジは革新主義時代に最初に設置され、一九六〇年代と一九七〇年代を通じて大きく拡大し、いかなる理由にせよ総合大学《ユニバーシティ》レベルからは始めることのできなかった学生に中等後教育へのアクセスを提供した。コミュニティカレッジの賛同者たちは、こういった機関は四年制機関へのルートを提供するのを主目的としているのか、それともそれは職業教育に替わるものなのかについて長期にわたって意見を異にしてきた。一九六〇年代には学生の四分の三は「乗り換え」路線に乗っていたのだが、一九八〇年には四分の三近くは「終点行き」路線に乗っていた。現在では、中等後教育にいる全国の学生のうち半数近くはコミュニティカレッジに在学している。その八〇％以上は学士号を希望しているが、その目標を実現できるものはごくわずかな少数派にとどまるだろう。

非伝統的《ノントラディショナル》学生[訳8]にとってコミュニティカレッジの持つ利点は明らかである。その大半は自由入学方式で地域から通いやすく、定時制で（したがってカレッジ通学が仕事と両立する）、そして何よりも費用が安い。このルートの限界もまた明らかである。学生の三分の二近くは、何らの学位を得たりあるいは四年制機関に編入する以前に退学する。コミュニティカレッジは四年制学位と同程度近くの収入が得られるものではないが、しかし本書で出会ってきたような貧しい子どもの生活の中でコミュニティカレッジは、他に選べる中の唯一の現実的選択肢――高校で単純に教育を終えること――より魅力的である。その一方で、コミュニティカレッジに入学した者のうちで、家族で初めて大学に行く人間だという割合は四〇％に過ぎず、その集団が四年制機関に進む可能性はさらに低くなるので、低所得の子どもを学士号に向かわせる手段としてはコミュニティカレッジはそれほど効果的でない。

コミュニティカレッジは乏しい予算で多くのことをするよう求められており、さらに近年その予算が削減されているために、経済的サポートの制限や学費の値上げ、学生サービスの削減が行われている。カウンセリングや指導の質もしばしば均一ではない。これら欠陥の影響の全てが、低所得の学生に偏って強く表れる。とは言うものの、コミュニティカレッジのパフォーマンスを評価するにあたっての主要な問題は「何と比べて」ということにある。営利系《プロプライエタリ》の学校（リサが調剤技術に関する役に立たない準学士号をとったようなところ）はコミュニティカレッジよりも高い修了証取得率を誇っているが費用は三倍かかるので、そういったところの学生が卒業するときには、コミュニティカレッジの学生よりもずっと重い借金を抱えている（リサの場合は五万ドルだった）。

記録は善し悪しの入り交じったものであるが、貧しい子どもに現実的な上方への経路を提供することを通じた機会格差縮小の手段としては、コミュニティカレッジには実際的な見込みがある。そのような役割を果たすためには、さらなる予算、学生支援サービスの改善、地域の労働市場や四年制機関とのつながりの改善、そして退学率の低減が必要である。マイアミデイドカレッジのような国内最高のコミュニティカレッジでは、この課題に対し活気に満ちた取り組みを行っている。コミュニティカレッジ問題の専門家の二人、アーサー・コーエンとフローレンス・ブローワーはこう結論づける。「コミュニティカレッジの可能性が他のあらゆる機関よりも大きいのは、その関心が、最も援助を必要としている人々に向けられていることにある。もしコミュニティカレッジがその利用者《クライアント》のうちのわずかな割合であっても、達成であると支配的社会が見なすものへ歩ませることができたなら、それは彼らが世界を変革したようなものである」(64)。

コミュニティ

学校とコミュニティの間の透過的な境界線上に、放課後活動、助言者、そしてとりわけ課外活動がある。第四章で論じたように、アメリカで課外活動が発明されたのは機会の平等を促すことがまさにその目的で、そして多数の研究結果によってこの戦略は機能することがわかっている。課外活動は、助言を提供しソフトスキルを植え付ける上で自然で効果的な方法を提供しており、コーチやインストラクター、アドバイザーほかの、子どもを助ける訓練を受けた大人により形成された密なネットワークは既に全国に広がっている。すなわち、アメリカ人はこの問題に対処するための完璧に近いツールを既に発明し、配置しているのである――それは、現実の社会、教育また経済政策の世界の中で見つけ出すことのできる特効薬に非常に近いと言える。その期待に反する形で、機会格差が拡大するにつれて貧しい生徒たちは、長期間にわたって効果の確立されたこのシステムから有料参加《ペイトゥプレイ》の制度化を通じてますます排除されるようになってきた。

よってもし本書で論じたこの問題について気になったのであれば、いますぐにできることがある。本書を閉じ、住んでいる地域の校長を訪ね――できたら友人も連れて行くとよい――、この校区では有料参加方針なのかどうか聞いてみることである。負担免除があってもその書類を書くだけの価値はないということも説明しよう。それは貧しい子どもに強制的に黄色の星《レッテル》[訳9]をまとわせ、「自分は貧しいから親は正規料金を払えないんだ」と言わせているようなものだ、と。学校にいる誰もがチームやバンドに入れれば、校内の全員がよりよくなると説明しよう。有料参加制度の中止にこだわろう。そして貧しい子どもたちを教室の内外で効果的に支えるため、自分が地域の学校を助けられることは何かないかと学校にいる間に尋ねよう。

支援の重要な方法の一つは、助言《メンタリング》プログラムを通じたものになる。第五章で見たように助言によって子どもの人生には目に見えるような違いを生み出すことができるが、フォーマルな助言プログラムでは、インフォーマルな助言へのアクセスに存在する巨大な階級格差を何とか縮め始めることができるか、といった程度であることも見てきたとおりである。地域的な助言プログラムはアメリカ中の多くのコミュニティに存在するが、貧しい子ども自身が、成人によるさらなる助言を切望している。そのようなプログラムが劇的に拡大されれば、機会格差の縮小に向けて本質的な違いを生み出すことができるだろう。

もっとも、真剣な助言には真剣な訓練と、慎重な品質管理、そしてとりわけ、安定性が必要である。[65] 貧しい子どもが最も必要としていないのは、自分たちの生活にさらにもう一人信頼の置けない「ふらっと立ち寄り《ドロップ・バイ》」

の大人が現れることである。助言は、テニスやスケートボード、フィッシングのような、何か共通の関心事に根ざしたつながりの副産物となっているときに最もよく機能する。[66]全米のアメリコー・ボランティアプログラムが、貧しい子どもたちへの助言に強い焦点を当てれば、機会の格差縮小に対する全国規模での真の取り組みのしるしということになろう。

教会のリーダーによる支援と助言は、フィラデルフィア地域でわれわれの見てきた若い女性四人の全てにとって、極めて重大な価値を持っていた。しかし全国的に見ると、教会はなしうる貢献の表面をわずかにひっかく程度にとどまっている。例えば、第五章で記述した助言に関する全国青少年調査の知見によれば、（危険な状態にある子どもの目からは）宗教組織はフォーマルにもインフォーマルにも、助言の主要ソースと見られてはいない。アメリカの宗教コミュニティが機会格差の不道徳性をもし理解し始めているのであれば、助言は彼らが直接的なインパクトを与えることのできる方法の一つとなる。

第五章で論じたような近隣地域の影響の重要性をふまえると、地域を再生することが機会格差の縮小にあたって重要な貢献をなすことになるだろう。そのような取り組みは、学校内での業績と、学校外での貧しい子どもたちの暮らしの両方に関わってくる。近隣地域の再開発は手つかずの領域というわけでは全くないが、それは地域、州、そして全国レベルの政策決定者がビジネスやコミュニティの指導者と並び、過去半世紀にわたり数多くの再興戦略を試行してきたからである。大まかに言うと、これらの戦略は二つのカテゴリに分けられる。

- 貧しい近隣地域への投資。そのような努力は一九七〇年代以降数多く試されてきたが、成否はまちまちである。[67]例としては、一九九〇年代にミルウォーキーで実施された「ニューホープ」プログラムが貧しい地域の貧しい家族に対し賃金、職業支援を行って、親の所得および子どもの学業成績および行動の改善に成功している。ボルティモア、チャタヌーガ、デイトン、ロサンゼルス、およびセントポールにおける「ジョブスプラス」プログラムも類似の似たような正の結果を報告している。[68]プログラムの成功を握る要因は、政府と民間セクターそして地域コミュニティのパートナーシップにあるように思われる。

•貧しい家族をよりよい地域に移すこと。詳細に評価されたこの種のプログラムの多くからは、まちまちで控えめではあるが一般にはプラスの結果が、とりわけ年少の子どもに対して得られている。新しい地域に転居する家族を支援する集中カウンセリングと組み合わせた場合に、さらに結果が改善しうるという根拠も存在する(69)。

5　機会格差を減らすことはできる

持てる子どもと持たざる子どもをアメリカにおいて隔てている機会格差は、時間をかけて大きくなってきた複雑な問題である。このことが意味するのは、単純で即時的な解決策はないということだが、しかしそれと同時に出発点もまた数多く存在している。例えば課外活動に対する参加負担金の中止のように、すぐに実行できるものもある。早期幼児教育の全国規模での制度化や、労働者階級の賃金回復など、その他の大きな変化は実現までにより長い時間がかかるだろうが、しかし今すぐに着手するべきである。費用対効果についての確実な知見の追求と同時に、実行の方向へ偏った傾斜が求められている。

アメリカにおいて公立高校教育をほぼ全員に普及させるまでには何十年という時間がかかったが、しかし経済生産性と社会移動性でアメリカを世界をリードする国としたこの「高等学校運動」は一世紀前、全国の地域コミュニティにおいて本格的に始まったものだった。その改革の核心には、主には他人の子どもを益することになるだろう学校に対して、進んで支払いをしようとした裕福なアメリカ人の意思があった。

わが国の歴史の中で、社会経済的格差の拡大によってわれらの経済、われらの民主主義、そしてわれらの価値観が脅《おびや》かされたのは初めてではない。こういった難題を成功裏に克服して機会の復活を目指すべく現在まで追求されてきた各個別の対応は、具体的にはさまざまに異なっているが、それら全ての根底にあるのは他人の子どもに対する投資への責任感だった。そして、そのような責任感の根底にあるのは、これらの子どももまたわれらの子どもなのだ、という根深い感覚だった。

全てのアメリカ人が、そのような共同責務の感覚を分かち合っていたわけではない。エッセイ「自己信頼」の中でボストンの名家カースト《ブラーミン》出身、ラルフ・ウォルド・エマーソンはこう記したことがある。「ある善人が今日私にしたように、全ての貧者をよい境遇に置くのは私の義務だなどと述べるのは止めてほしい。それは私の貧者なのか。汝、愚かなる慈善家に告げるが、私は一ドル、一〇セント、一セントだに惜しむのだ。私に属してもいなければ、私が属してもいないそのような人間に施しをするのは」(70)[訳10]。エマーソンが雄弁に擁護するのは、アメリカにおける個人主義の伝統である。

それから二世紀ほどの時がたち、保護者なしで入国してくる移民の子どもたちが近年登場していることについて言及する際に、ボストン郊外の気骨ある、労働者階級の街チェルシー出身で同地の市政管理者《シティマネージャー》を務めたジェイ・アッシュが用いたのはより寛大な、共同体主義者《コミュニタリアン》の伝統の方だった。「もしわれらの子どもが困っているのなら――自分の子ども、われわれの子ども、誰の子どもであっても――、その面倒を見る責任はわれら全てが負っている(71)」。

今日のアメリカでは、アッシュが正しかったというだけでなく、われわれのうちエマーソンのように考える者であってさえも、こういった子どもに対する自身の責任を認めなければならない。アメリカの貧しい子どもも、確かにわれわれに属しているのであり、われわれも間違いなく彼らに属しているのだから。彼らは、われらの子どもなのだ。


[訳1]「バイコット」とは、ボイコットの一種の「不買運動」とは反対に、環境や社会に配慮した製品を選択して買うような消費者行動を指す。

［訳2］革新主義時代の改革に範を取るという著者の姿勢については、『孤独なボウリング』第二三章を参照。

［訳3］クリントン政権下で一九九六年に行われた、就労による自立を促す福祉改革を指す。

［訳4］ヘッドスタート計画（第四章［訳14］参照）は低所得の未就学児童（三歳以降）を対象に行われ始めた教育支援プログラムだが、「早期ヘッドスタート」はヘッドスタート対象前の出生後の乳幼児（〇～二歳）を対象として一九九四年から開始されたもの。

［訳5］排他的ゾーニング規制とは、土地利用規制《ゾーニング》において敷地や住宅の最低規模を定めることを指す。結果的に低所得者等の居住排除につながると指摘される。

［訳6］チャータースクールとは、公費によってまかなわれているが、特別認可（チャーター）を受けて開設されていて、公的規制外の独自の教育・運営方針を取ることが可能となっている学校。ＫＩＰＰ（Knowledge Is Power Program）スクールは全米で展開されているマイノリティや貧困家庭を対象としたチャータースクールの一つ。著者によるこの種の学校の社会関係資本論的な（これまでの）位置づけについては、『孤独なボウリング』第一七章（訳書三七三頁）および第二二章（訳書四四八頁）を参照。

［訳7］これら知見について社会関係資本論からの著者の考察は『孤独なボウリング』第一七章（訳書三六九～三七二頁）を参照。

［訳8］高校を出てそのまま大学にフルタイム通学するような通常の学生ではない、働いていたり年齢が高いなどの学生を指す。

［訳9］ナチスが占領下でユダヤ人に着用を義務づけた、黄色の六芒星バッジに由来する表現。

［訳10］著者がエマーソンを、共同体主義対個人主義というアメリカで長く続く対立的立場の後者の側の代表例として捉えていることについては、『孤独なボウリング』第一章（訳書二二頁）を参照。

『われらの子ども』のストーリー

ジェニファー・M・シルヴァ
ロバート・D・パットナム

われわれの質的研究

数字から何かを学ぶ者もいるが、ストーリーから学ぶ者はより多い。本書の中心の目的は、「もう半分の人々の暮らし」に敏感な意識あるアメリカ人の数を広げることにあるので、金持ちの子どもと貧しい子どものライフストーリーを最重要のものとして置いた。本書の多くには、アメリカの子どもたちの間で安定して見られる、そして拡大中の機会格差を示す厳密な計量的根拠が含まれている。量的データはしかし、アメリカの子どもたちに**何が**起こっているか、また**どうして**それを憂慮すべきなのかについて語ることはできるが、子どものための機会を育むことがますます私的責任になっているような世界、「われらの子ども」という感覚が縮小する世界の中で成長していくという経験について、そのようなデータが語れることは多くない。

量的データでは、毎日の生活における**いかに**、を示すことができない。ステファニーのような、ささやかな給料で一人子どもを育てるシングルマザーは、住まいの確保やストリートの危険から子どもたちをどう守るかを案じながら、いかにして子どもと触れ合っているのだろうか。デヴィッドのような、収監された父親やアル中の継母に打ち棄てられたことを苦にする少年は、常に彼を裏切ってきたコミュニティの中で、いかにしてよき父であろうともがいているのだろうか。マーニーのような上層中間階級の母親でさえも、熾烈な仕事と脆弱な家族という世界に対して子どもの備えに問題がないかという毎日の不安に、いかにして向き合っているのだろうか。

こういった「いかに」を探るべく、ジェン・シルヴァは米国中を二年間旅して、ヤングアダルトとその親を相手に、「成長するとは今日どのようなことか」についてインタビューして回った。彼女が最初に立ち寄ったのは、ボブ・パットナムの故郷のオハイオ州ポートクリントンだった。ボブの思い出のポートクリントンは、両親や商店主、教師、牧師、校長そしてコーチが、あらゆる子ども――金持ちや貧しいもの、黒人や白人を問わず――に対してアドバイスや機会、そしてサポートを与えていた場所だった。彼の同級生の多くとのインタビューと、当時の学年全体の自記式調査（後述）から、これらの記憶の正しさは確証された。しかし一九五〇年代のポートクリントン――分かち合われた繁栄、強いコミュニティ感覚、そして著しい機会平等――は二〇一二年の春にジェンが訪れたときはどこにも見つからなかった。その代わりに、ジェンが送り返してきたのは（二つのアメリカを代表する）二つのポートクリントンの物語、だった――上層中間階級の子どもの成長に際しては、進学資金やあちこち回るサッカーチーム、そして熱心に面倒を見る祖父母がいたが、それに対して労働者階級の仲間の方に満ちあふれていたのは、虐待的な継母、収監された父親、無計画な妊娠、そして少年院といった不測の障害物だったのである。自分の故郷に住む裕福でない子どもが、たった半世紀後にどんなことになってしまったかについて受けたボブの当初のショックからわれわれが疑問に思ったのは、全国平均よりずっと悪いラストベルト地帯の環境にとらわれている、典型的ではない労働者階級の子どもに偶然あたってしまったのではないか、ということである。

われわれはサンプルを拡大して、ミネソタ州ダルース、ペンシルベニア州フィラデルフィア、ジョージア州アトランタ、アラバマ州バーミングハム、テキサス州オースティン、オレゴン州ベンド、カリフォルニア州オレンジ郡、そしてマサチューセッツ州ウォルサムとウェストンを研究対象地点に加えた。これらの地点は、アメリカ中のさまざまな種類の地域経済と文化を代表していて、そこに含まれるのはラストベルト地帯にて産業の空洞化が進む小規模の街（ポートクリントンとダルース）、高級化の進む観光地（ベンド）、急上昇中の「奇跡の」ハイテク都市（オースティン）、不均一に活性化した都市中心部（フィラデルフィアとアトランタ）、そしていまなお公民権革命を引きずるバーミングハムである。オレンジ郡が選ばれたのはその比類なき富のメッカという評判からで、「オ郡《OC》」神話で覆い隠された貧しい労働者階級の移民コミュニティを探ることが可能となるからである。ウォルサムとウェストンはボストン郊外で頰とあごほど近いが、世帯所得と学校の質、住宅価格で莫大な差があり、「二つのアメリカ」が「アメリカのテクノロジーハイウェイ」であるルート一二八を挟んだ反対側にいかに存在しうるか、を見る機会を提供した[訳1]。

続く二年間の数百時間は、これらの研究対象地で家族と会話することに費やされ、一〇七人のヤングアダルトとその両親にインタビューが行われた。本書に取り上げられたほぼ全てのインタビューはジェンが行ったものだが、アトランタのショッピングモールでイライジャを見つけたのは、ハーバード社会学科在籍の才能ある大学院生ジャスミン・サンデルソンだった。まず手始めに選んだのは、一八～二二歳のヤングアダルト――ちょうど高校を出て、大学や将来の仕事について考えられるだけの年齢になった子どもたち――であった。早期成人期という、家族や高校といった制度的環境をあとにして、自分のアイデンティティや人生をいかにして築いていくか真剣に考えはじめた時期に焦点を当てることで、こういった若者が自分の幼少期をどのように理解し、その未来へと移行しつつあるのかを垣間見ることができた。将来に対して抱く希望と、その途上に立ちはだかる経済的、社会的、文化的な障害を並べて対比することも可能となっている。

ヤングアダルトとのインタビューを補足するため、その両親の少なくとも一人の話を聞くことを行った（親子を一緒にインタビューしたこともあるが、可能なときには、それぞれ別々にインタビューを行った。いくつかのケースでは、対象のヤングアダルトが両親のどちらとも既に接触がないこともあって、そういう視点は失われている）。親たちには、家族の経済状態、どこに住みまたどこで子どもたちを学校に通わせるかについての意思決定、子育てにおける考え方と実践、そして子どもたちが将来どうなってしまうかについて抱く恐れや不安について記してもらった。自身の子ども時代も振り返りながら、育児や、近隣地域やコミュニティとの近さ、そして学校教育という点で、成長するということがいかにこの数十年で変わってしまったかについての重要な洞察を親たちが提供してくれた。

　本書は階級格差の拡大に関する書籍であるので、インタビューは上層中間階級の回答者と、労働者階級の回答者に分けて行った。「社会階級」は、アメリカ文化においてはあいまいで議論の余地ある用語なので、われわれの指標としては単純に親の教育水準を用いた――四年制大学の卒業生（とその子ども）は上層中間階級に分類され、高校より先に進んでいない親（とその子ども）は下層、あるいは労働者階級に分類された。本書に登場した一〇人の上層中間階級の親のうち、五人は大卒学位を持ち、四人はさらに大学院の学位、そして一人は子育て後に大学に戻った。子どもたちは全員が大学に在籍中か、大学を卒業している。本書に登場した労働者階級の親一三人については、五人が高卒に満たず、四人は高卒資格があり、あとの四人は不明だった（子どもの人生の中にもはやいないことが理由である）。労働者階級の子どもについて、高卒（あるいはＧＥＤ《高卒認定証書》）未満のものはおらず、三人はカレッジ程度であったが、学位まで取得した者はいなかった。

　各都市では、理想としては「四人組《カルテット》」モデルとなることを目指した。すなわち労働者階級の娘一人とその母親に加えて、上層中間階級の娘とその母親、あるいは労働者階級の息子とその父親に加えて、上層中間階級の息子とその父親である（地域によっては事情が許さずこの四人組モデルに完全に従うことが妨げられたが、ほとんどの調査地点では四人組一つ以上のインタビューを行った）。子どもと親の性別を揃えたのは、ジェンダーを一定にして成長の仕方が時間の経過でいかに変化したかを比較するためである。例えばオハイオのウェンディは、キャリアで上を目指すようにと自分の両親からは全く期待されていなかったと振り返っている。それに対し娘のチェルシーは、早いうちから弁護士になるようにとけしかけられていた。このようなアプローチにより、子育て実践はジェンダーに関しては収束しつつあるが、社会階級においては拡散しつつあるというさまを見ることが可能となったのである。

家族を募るにあたっては、地域の指導カウンセラーや教育委員、NPO、その他コミュニティの見識あるメンバーに紹介を依頼することから始めた。しかし同時に「現場での」勧誘も数多く行った——ウォルマートからゲームセンターやファストフード店、大学から自動車修理工場や人材派遣会社、モールへと車で回り、ヤングアダルトが買い物をし、働き、学び、そして出かける場所を探した。その他われわれの用いた「漁場」には警察および消防署、工場、レストラン、コミュニティセンター、娯楽場、そしてコミュニティや地域《リージョナル》、州立および私立の各大学が含まれている。参加者は「成長するとは今日どのようなものか、についての研究に参加する」意思があるか尋ねられた。アプローチしたもののうち参加を拒んだものは一握りにすぎなかったが、貧しい子どものうちの何人かは、親子の間の深い、ずっと続く不和を理由に親に取り次ぐことができないと断ってきた。全ての勧誘に対しては、時間を割くことと引き替えに五〇ドルの支払いを申し出た。彼らによるこの金銭の使途は、語るものの多いものだった。上層中間階級の親はしばしば支払いを断り、上層中間階級の子どもは飲み代《ビアマネー》だなと冗談を言ってきたが、労働者階級の回答者は直接的な、差し迫った必要を支払うためにそれを使った。オレンジ郡ではある宗教的な一家がそれを文字どおりの意味で「神様の贈り物」と捉えていたが、それはガソリン代と昼食代の両方をその日払う手立ての見当が付かない状態だったからだった。やはりオレンジ郡のローラは、ギャングの銃撃でちょうど亡くなったばかりの親族の葬式のためにそれを使った。

募集のプロセス自体が、彼らの日常の生活について教えてくれることが多いのもしばしばだった。例えば、アトランタでサービス業をしているステファニーにわれわれがアプローチして、研究の参加にあたっては彼女の娘たちに五〇ドルを払う予定だと告げたとき、彼女はすぐに娘のミシェルに電話して、ジェンと話をするまでミシェルは外出しないようにと強く言いつけた——これは、仕事からも学校からも飛び出したミシェルが、どれほどまでにガソリン代や食事代の金を必要としているかのしるしだった。またベンドの消防士のビルが地元のフライドフィッシュのレストランでジェンと会ったとき、彼は家族全部を後ろに引き連れていて、その理由を「大学を卒業して、人生かけて何かに取り組んでいる人をどの子にも見せてやりたかったので」と述べたのだが、そこで心の底からわれわれが理解したのは、自分たちの子どもを気まぐれな将来に向けて導こうとするとき、どれほどまでに戸惑っている労働者階級の家族がいるのか、ということだった。

インタビューの過程は、家族の経済状態をカバーするよう構成されたトピックの集合から始めた。そこに含まれていたのはどこに住んでいるか、自宅は所有か借家か、請求書の支払いをまかなう十分な金があるか、健康保険や退職年金には入っているか、そしてお金に余裕がないと感じるようなときについて話せるか、というものである。続いては家族構造、育児実践、学校や課外活動、教会における子どもの経験、そして誕生日や休みの時期の思い出について尋ねた。

われわれが特に関心を持つのは機会と移動性であることから、ヤングアダルトとその親に対しては将来の希望とその見通しを思い出すように求め、以下の一連の質問を行った。「次に何をしようかと決めたときのことを、順を追って説明してみてください。どんな選択肢がありましたか。成績はどうでしたか。SATは受験しましたか。大学に行くつもりでしたか、それとも働くつもりでしたか。親に大学進学について話し始めたのは何歳のときでしたか。大学についてはどんな話になりましたか」。ヤングアダルトとその親にはまた、大学見学や大学進学準備クラス、学外の大学進学指導や作文の個別指導、インターンシップと仕事、そして課外活動についての一連の質問も行った。進学のための貯金や経済的支援、大学進学資金について尋ねた。若者に利用可能であった社会的資源にも注意を払ったが、その中には助言者《メンター》、指導カウンセラー、教師、牧師、その他重要な成人が含まれている。また「意識《フィーリング》」質問もさらに多く行っており、それらは自身の将来に対する信頼や安心、希望や不安について、自身の人生は、想像していたようなものになったかどうか、そしてその途上でどのような種類の支援や障害に遭遇したか、だった。

これらのトピックは全てのインタビューにおいて扱ったが、インタビュー対象者が自分自身の言葉で、インタビュー指針では触れることのなかった重要なトピックを示すことのできる余地も残すようにした。いくつかのケースでは、このインタビュー指針が滑稽なほどに純朴に見えたこともあった。例えばそれはメアリー・スー——労働者階級の若い女性で小さなうちに母親に遺棄され、残されたものはネズミだけだった——に対しピアノのレッスンについて尋ね始めたときのことである。労働者階級の子どもたちが「普通の」幼少期に関するわれわれのイメージからいかにかけ離れているかを、そういった状況によってわれわれはよく理解するようになり、回答者にはそのストーリーを自分自身の言葉で語るようにと促すようにした。

インタビュー対象者が台本から外れていくことを許したことから、成長に関するわれわれの分析ではこれまで欠けていた類いの経験が目立つことが判明した。例えば、家族構造についてのわれわれの量的データは、上層中間階級における新伝統主義的な安定性と、労働者階級における分裂的な流動性を区別していた。しかし、上層中間階級の離婚した母親マーニーは、異なった現象に光を当てた。上層中間階級の親が、ストレスの多い時期に子どもに「エアバッグ」を作動させ（例えば、自分の娘をボーディングスクールに送ったり、課外活動に子どもを車で送迎するためのスタッフを雇用したり、専門のカウンセラーを頼んだりすること）、それによっていかに子どもを、離婚と片親育児という潜在的な負の衝撃から和らげているか、ということである。

われわれのインタビューは一〜三時間続いたが、ジェンはしばしばフォローアップを対面、もしくは電話により行った。回答者はいかなる時点でもインタビューをやめること、またどの質問に対しても回答を拒否することができたが、そうした者はほとんどいなかった。許諾を得て、彼らのストーリーはデジタル録音し書き起こされた。ジェンはそれぞれのケースについて簡潔なまとめを執筆し、研究チームの他メンバーとともにわれわれ両者は詳細な議論を行った。これら共有された評価に基づいて、ボブが起草したストーリーが本書に登場したものである。

労働者階級のヤングアダルトを追跡することは困難だということが判明したのは、彼らの居住状況が急激に変化し、また料金不払いによって電話がしばしば止められてしまうからだった。労働者階級の子どもと連絡を取り続ける最良の方法はフェイスブックということになった。電話番号が頻繁に変更されても、そのアカウントは生き続けていたからである。フェイスブック上での彼らの投稿ややりとりを観察することからも、単独のインタビューが可能とするより深い情報を得ることができ、許諾を得てその更新や投稿を分析に用いた。

それぞれのインタビューは、回答者が選んだ場所において行った。上層中間階級の家族については自宅のことを多くの場合それは意味し、広い裏庭や、安全な街路、野球のユニフォームやダンスのコスチュームを着た子どもの写真が誇らしげに飾られている様子、そして家族での夕食やさりげない会話といった快適な日常のリズムについて、そこでわれわれ自らが観察することができた。労働者階級の自宅を訪問することもあり、それも同様に情報の多いものだった。例えば、サンタアナのローラとソフィアを訪問したときには、この近隣を運転していくと歩道の若い男たちが警戒して注視してくるのを意識しないわけにはいかなかった。他の場合には、インタビューは喫茶店やレストラン、公園で、地元の名物のフライドパーチを食べたり、子どもがわれわれの話すさなかに遊んでいるのをながめながら行われた。

テープが回っていないときに起こったことから最も多くを学んだ場合も多かった。例えばこのプロジェクトのごく初期の段階において、家族構造に関する文献に記されていたことがわれわれにとって厳しい現実となったのは、父親が投獄されている、ドラッグ中毒である、虐待的である、あるいは単に自分の生活から消えているので彼にはインタビューできないと労働者階級の子どもが相次いで告げてきたときだった（結果として、四人組の研究デザインをきれいにこなそうという企てはうまくいかなくなった）。労働者階級の父親の声の欠如は、われわれにとって予期せぬ、また強力なデータの一部となった。同様に、若く、黒人で、労働者階級であるということがどういった感じなのかをわれわれが一瞬で知ることになったのは、ミシェルがジェンとともにクレイトン郡を注意深く運転していたときのことである。彼女は軽微な違反で警察に止められることを恐れ、また荒っぽい近隣地域の危険をジェンに警告してきた。労働者階級の回答者――あてにできる移動手段、ガソリン代、安定した労働時間、そして子どもの保育に事欠いている――とインタビューの予定を組むという単純な行為すらも、常に続く不安定性と不確実性のただ中で将来の計画を立てることがいかに困難なのかをわれわれに示した。

信頼構築は、この種の取り組みにおいて不可欠なものである。回答者を保護するため、研究の目的――今日の若者が成長する際の経験を理解すること――を彼らに説明し、ストーリーを再話するときにはその身元の秘密を守ることを約束した。したがって本書で読者が読まれたストーリーは全ての細部において真実であるが、そこでは偽名が使われており、また学校や職場の名前のような個人特定につながる可能性のある情報を取り除いて「あるアイビーリーグ大学」や「ウォール街の大企業」といったように、読者が文脈を理解するのに十分な表現にした場合がある。全ての引用は、回答者の言葉をそのまま用いたものである[1]。人間を対象とした研究に対する連邦規制を遵守するため、それぞれのインタビューの開始時点では、話してもらう情報をどのように用いるのか説明し、またここまでに示したような形で素材を利用することの許可を与える承諾書に署名を得ている。

ヤングアダルトがそのライフストーリーを語るよう勧誘し、またインタビューを実施するにあたってジェンには非常に豊かな経験があり[2]、また人々に心を許させる希少な才能を彼女は有している。ほとんど全ての情報提供者が進んで彼女を家に招き、彼女に自分の経験を語った。こういった開示性がもたらされた理由の一つはおそらくは、ジェンのような若い白人女性が威嚇的でなくかつ養育的であると認識されるという、われわれの社会における事実からくるものだろう。ジェンはまた回答者と共通の基盤を作る上で、自らの背景にある側面も利用した。ジェン（実際よりも若く見られる）がこれらのインタビューを行ったのはちょうど三〇歳を回った頃で、大学院を修了して研究職の面接を受け、婚約したときだった。ヤングアダルトと話すときには、彼女は成人への移行期に十分近く、職探しや教育上の選択、パートナーを選ぶことに彼らが抱く不安を理解することができた。親と話すときには、彼女はこういった同じトピックについて本心から意見を求めた。

ジェンはまた第一世代の大学卒業生で、消防士や看守、農家といった幼年期の労働者階級の世界と、ウェルズリーとハーバードという上層中間階級の世界に両足をかけて成長していた。このような境界的背景により、上層中間階級と労働者階級の回答者の世界の間を問題なく切り替えることが可能となった。彼女はまた回答者からのフェイスブック上の友達リクエストを受け入れることも選んだので、彼らの生活が彼女に対して開かれていたのと同じように、自分の生活も彼らに開かれることになった。そうしたことで、彼女は客観的姿勢の研究者であるというより普通の人間のように見られることになり、それで信頼と互酬性がさらに生み出された。彼女がフェイスブックの交際ステータスを既婚に変更し、結婚式の写真を投稿したとき、情報提供者の多くが新しいステータスに「いいね」を付けてきたのである。

最終的に、研究地点の五つしかその詳細は本書に現れず、またそれら五地点のそれぞれでも二、三家族しか取り上げることができなかった。われわれのストーリーを五地点に限ることは、回答者のストーリーの歴史的、社会経済的、そして文化的文脈を多く示すことを可能とした。これらの地点を選んだ理由は、アメリカの多様性――北部・南部・東部・中西部・西部、大規模と小規模、発展と衰退――をそれらが全体として代表するからである。これら家族を選んだのは、アメリカの人種的多様性を全体として代表させるということが理由の一つにあったが、それは同時に特定の人種集団・コミュニティの内部における階級差も明らかにした。人種、民族や地域の経済・文化の微妙な差異は、アメリカ社会の複雑性を伝えてくれるものになった一方で、これらのカテゴリーの間の差（例えば、人種や地域）は、それらの内部にある差（すなわち、社会階級）と同じほどには顕著、あるいは影響のあるものではなかったのである。

われわれはまた、系統的な研究によって階級格差が拡大していることが示されている重要な各論点――すなわち家族、育児、学校教育、そしてコミュニティ――を明示できるよう対で比較することを目指した。例えば家族構造に関する章を導入するためには、親の生活と家族構造に関して詳細の豊かな地点から対照的なケースを一組探し、教育に関する章の導入では、近くにある対照的な二つの高校について豊富な情報が含まれる地点からのケースの組が必要となった。

これら全ての制約――地点を限定したこと、人種的、地理的に多様なものとしたこと、階級を組み合わせたこと、現実の豊富な描写――は、数多くの鮮明なライフストーリーを、編集室の床に残してしまったということを意味している。オースティンのニコルのことも読者に語れていたのなら、と思う。彼女は高校時代に妊娠した若い女性で、ピザハットの夜勤で働きながら何とか卒業しようとしていた。あるいはダルースのテイラーは大学教授の父を持ち、コントラバスの演奏をしていて、今では一流のアイビー大学で学んでいる。マサチューセッツ州ウォルサムの労働者階級の少年ディランは、（おそらく適法な正当性なしに）社会福祉局の勧告に基づいて自分の家から追い出され、今ではガソリンスタンドで働きながら世の中全体に根深い不信感を抱いている（ジェンが引き続く著作でこれらの、またその他のケースを提示することだろう）。しかし原資料に対するこのような避けがたい編集を通じてライフストーリーのコレクションに実質的なバイアスが入り込んだということは、われわれが全力を尽くし、また知る範囲においてはなかった。

いずれにせよ、われわれが語りによって提示したのは実例であって、証明ではない。この研究におけるエスノグラフィー部分の目的は、代表性のあるアメリカの構図を提供することではなく（われわれのサンプルの少なさと、便宜的サンプリング法からそれは不可能だった）、また特定の出来事がまさに回答者が述べたとおりに起こったことの検証を提供することでもなく、むしろわれわれの分析カテゴリー――家族構造、育児実践、学校、近隣およびコミュニティ――が、異なる家族や、異なる人種的背景、異なる場所においてどのような形で展開しているかを探索することにあった。本書における一般化のための確証《ハード》データは、社会科学的知見をわれわれで要約したものである。それでも、量的データにおいて明白に見られる傾向を、ライフストーリーは正確に描き出しているとわれわれは信じるものである。

われわれがインタビューにおいて見いだしたのは、上層中間階級の子どもは――人種やジェンダー、地域の差異すらも超えて――国全体にわたり見た目や語りが著しく似ているということである。同じことは労働者階級の子どもにも言える。例えば、黒人労働者階級の男子であるアトランタのイライジャは（親からの遺棄、投獄、貧しい学校教育、その他の）人生経験を、アトランタ郊外に住む黒人の上層中間階級の男子デズモンドより、ポートクリントンの白人労働者階級の男子デヴィッドとの間で多く共有している。これは、子どもの示す結果において人種は重要な意味を持たないということではない。アトランタで見たようにデズモンド（上層中間階級）とイライジャ（労働者階級）は、学校と近隣地域で有害な偏見と差別に直面していた。しかしデズモンドの母による、階級に基づく育児実践――学校機関への介入、早期幼少期から認知的能力や自信を思慮深く培っていること、さらにはデズモンドが外出するときの服装まで目配りをすること――は、イライジャが日常的に経験する過酷な現実の多くから彼を守っていたのだった。

インタビューの過程では、何か欠けていることはないかとわれわれはしばしば考察するようにしていた。早期の段階で、われわれのストーリーから労働者階級の父親の多くが欠けてしまっていると認識したとき、子どもともはや連絡を取り合っていない労働者階級の父親二人に対してジェンは意図的にインタビューを行ったが、それは彼らが育児不能になっていることを悪しざまに描くというより、むしろ理解することが目的だった。研究対象のコミュニティについてより完全な構図を得るために、追加的な情報提供者をわれらの組合わせに加えた。それはコミュニティのリーダー、教育委員会メンバー、NPO役員、さらにはシェルターに暮らすホームレスの子どもに及んだ。こういったインタビューを直接に利用しなかったとしてもその知識と洞察は、われわれの分析結果を形成していった。

われわれのサンプリング法——職場や学校、そして娯楽場からの勧誘——が意味するのは、例外的に成功した少数の労働者階級の子ども——すなわち、あらゆる障害に打ち勝って、一流大学に入った者に出会うことはなかった、ということである。その一方で、これらのコミュニティの中で最も疎外され、切り離された若者たち——働いておらず、学校に行かず、そして共同体の娯楽活動に参加していない者、ホームレスであったり、追われていたり、刑務所にいる者——もまたわれわれの網から逃れてしまっている。実際には、本書に登場した低層階級の子どもの全ては揃って高卒資格（あるいはGED）を取得していたが、全国規模では貧しい出自の子ども全体のうち、およそ四人に一人がその教育上のはしごを登りきることができていない。すなわち、われわれのサンプルからは貧しい子どものうち下位四分の一が除かれてしまっている。アメリカにおける貧しい子どもの苦境を強調するためにえり好みをして人選したどころか、**本書における貧しい子どもの悲痛なまでのストーリーは実際には、われわれの社会の最下部にいる者の悲劇的な人生体験を控えめに表現したものにすぎず**、その彼らこそアメリカの子どものうち最も恵まれない者なのである。

一つの例外を除いて、本書におけるストーリーのいずれについても回答者からのコメントは求めなかった。例外とはボブの同級生のライフストーリーに関するもので、（全ての予防措置によっても）ポートクリントンにいる多くの人に彼らの身元は容易に判明してしまうであろう。その理由から、彼らのストーリーをわれわれが表現したものについて何度か反応を求めたが、実質的に大きな削除や修正を求めてきた者はいなかった。

われわれの量的研究

ポートクリントンの一九五〇年代、一九六〇年代に関してのボブの回想や、その他の口頭による説明が過ぎし年の輝かしい記憶によって歪んでいないか、そしてドンやフランク、リビー、ジェシー、そしてシェリルに対するわれわれの詳細なストーリーが、果たして学年全体を代表するものかどうかを検証するため、二〇一二年にわれわれが実施したのが一九五九年クラス同窓生全体に対する自記式、匿名の調査だった。その時点で、彼らの年齢はおおよそ七一歳になっていた。

もともとの卒業生一五〇人のうち、二〇一二年までに二六人は亡くなっていたことが判明しており、一四人は行方不明だった（その多くはやはり亡くなっていたと思われる）。調査回答を依頼した一一〇名のうち、応じたのは七五名（六八％）であった。回答のなかった者のうち、およそ一五人は健康の衰えにより調査に回答することができなかったと推定され、結果としては、当初の同窓生のうち回答が可能で実際にそうした者は四分の三であった、というのが合理的推定になる。

幸運なことに、一九五九年同窓生のメンバー**全員**について、いくつかの重要な情報を得ることができた。それは性別、人種、学年順位《クラスランク》、そして（卒業記念アルバム《イヤーブック》からの）スポーツや課外活動の参加に関する完全な記録であり、文化系クラブや受賞歴もそこには含まれていた。したがって、われわれの調査サンプルが人口属性や学業その他の点で、卒業生全体と比べたとき歪んでいるかどうかの悉皆《しっかい》的分析を実行することができたのである。短くシンプルな答えでは、調査サンプルはすぐれて代表的であった、というものになる。学業および課外活動の両方で、達成度の高い女性が最終サンプルの中にわずかに多く現れていたが、そのことで基本的な結果に問題が生じるような程度ではなかった。その他あらゆる点で調査サンプルは、死亡や病気、行方不明、あるいは単純な回答拒否によって調査不能だった同級生の集合とほぼ同一だった。

サンプルの代表性についてのもう一つの確認を、どこかの時点で一九五九年クラスの一員だったが、卒業はしなかった二十数人の生徒を追跡することで行った。この集団に対する回収率が低かったのは驚くべきことではないが、そのうちの八人から調査回答が得られ、そのほぼ全員がどこか他所で高校を卒業していた。したがって、ポートクリントン高校に新入生として入学したが卒業できなかったという一九五九年クラスの人間が多少いたことについては判明しているものの、この調査から引き出されるどのような推定に対しても、バイアスを与えるほどにこれら中退者が多数に上るわけではない。

ポートクリントン高校一九五九年クラス調査では、一九五〇年代のポートクリントンについての記憶に関するいくつかの自由回答質問に加えて、回答者の家族の出自、成長中の学校内外での経験、自身の教育的、職業的達成と配偶者および子どものそれについて、詳細な選択式質問を提示した。第一章ではこの調査の結果について、一九五〇年代の社会的、経済的、および家族的状況を描写するために用いた。統計解析における中心的な分析テーマは、社会移動に関わるものである――一九五九年クラスの達成度は家族的背景からどの程度予測可能なものであり、また社会経済的地位の世代間継承を媒介したり、調整したりする要因はどのようなものだろうか。

社会経済的地位についてさまざまな指標を、親子の両方について検討したものの、群を抜いて最も安定的で信頼性の高いパターンが得られたのは教育達成であったので、社会移動についてのわれわれの分析はその指標に大きく依存している。一九五九年クラスのメンバーの最終的な教育達成は、その親の教育によってどの程度予測可能だろうか（われわれの結論は、世代間移動性は比較的高かったというものであるので、教育を指標に用いるというのは方法論的には保守的である。例えば、経済的富裕度を指標に用いたのであれば世代間移動性はさらに高いという結果になっただろう）。

第一章で報告したように、結果は驚くほど明快で単純なものだった。

• 学業成績（学年順位で測定）は、大学進学を適度に予測していた。

• 教育水準の低い親は、子どもに対して大学に進むよう勧める度合いがある程度低く、そして親による勧奨が今度は大学進学の決定要因としてある程度重要だった。親の背景と子どもの最終的な達成との間では、そのパターン（学年順位と大学進学の間にあるリンクと比べてずっと弱い）がほぼ唯一のリンクだった。
• 親の富裕度、家族構造や近隣の社会関係資本（あるいは実際には、他に測定したもの全て）のいずれも——今日の機会格差を生み出す上で非常に重要な要因であると本書で示してきた要因のいずれも——大学進学またその他の教育達成に対して評価できるほどの影響はなかった。

これらの結果を説明する多変量モデル（パス図）は www.robertdputnam.com/ourkids/research で閲覧可能である。
以下のいくつかの注は、簡潔なコメントで必然的に一般的なものとなり、専門的関心の全ては満たさないかもしれないが、統計に強い向きには有益だろう。

• 本書における相関分析全ては、標準的なデモグラフィック統制をふまえて行われている。
• 本書で報告された全ての長期傾向は、全ての人種を含んだ全国の代表サンプルに基づいている。しかしほぼ全てのケースで、白人のみと（サンプルサイズが許す場合には）非白人のみに対して同一の分析を実行している。これらの追加分析から、これらの傾向が単に人種パターンを反映しているのではなく、（少なくとも部分的には）階級に基づいたものであるということが本質的なケースの全てで確認された。
• 本書のはさみ状グラフに現れた機会格差の拡大は、どのケースにおいても統計的に有意である。これらのグラフの大半では傾向線に対してLOESS法による平滑化を行い、毎年の測定にある「ノイズ」がもたらす視覚的インパクトを減らすようにしている。
• ここでのわれわれの中心となる主張は、アメリカ人青年の手にする資源と、彼らの成果に見られる階級差の長期傾向に関するものである。しかし、提示できたものが横断的データで単に特定の一時点——すなわち今日——における階級格差を示すにとどまり、そのような格差が時を経てどのように変化したのかが示せないという場合もあった。このような欠陥の理由は単純である。そのような場合には、以前の時期における比較可能な証拠を見つけることができなかった。例えば、今日の助言に関するわれわれのデータからは助言者へのアクセスに巨大な階級差があることを示しているが、インフォーマルな助言についてはより以前の比較可能なデータが判明しなかったので、この点についての計量的証拠を参照はしたものの、階級差に変化があったのかどうかについての計量的証拠は得られなかった。
最後に、われわれは多岐にわたる公開データセットを用いて本書に登場した分析と図表作成を行ってきた。用いたデータセットについての包括的概要は、http://www.robertdputnam.com/ourkids/research で閲覧できる。

[訳1] ボストンのルート一二八周辺の発展が、シリコンバレーと比べると地域の社会関係資本に基づくものとは言えない、という著者の論考を『孤独なボウリング』第一九章（訳書三九八頁）に見ることができる。

謝辞

多年にわたり創造的で精力的な研究者が学問の諸分野を押し広げてきた、その結果に本書は依拠している。社会階層、社会移動、そして不平等といったテーマの新規参入者として、私は彼らの労作とその深い洞察を大いに使わせていただいた。研究の途上で個人的に助けてくださった方も多いが、その他の方々は出版を通してしか存じ上げていない。機会格差に立ち向かおうとしているわが国において、根本的な国家的財産の一つは社会的、経済的不平等に関わる専門家がこのように数多く、また多様に存在することである。

どのような人名リストも、意図せずして名前を落としてしまうという傷を負うことになるだろうが、名前を全て省くのはそれよりもずっと悪いことだろう。巻末注で著作を引用した全ての方に加え、この専門家名簿に含まれているのはクリス・エイヴリー、ジーン・ブルックス−ガン、ラジ・チェティ、シェルドン・ダンツィガー、グレッグ・ダンカン、スーザン・ダイナスキー、キャシー・エディン、ポーラ・イングランド、ロバート・フランク、フランク・ファーステンバーグ、クローディア・ゴールデン、デヴィッド・グルスキー、ジェニファー・ホックシールド、マイケル・ハウト、クリストファー・ジェンクス、ローレンス・カッツ、レーン・ケンワーシー、グレン・ラウリー、ダグラス・マッシー、サラ・マクラナハン、リチャード・マーネイン、キャサリン・ニューマン、ショーン・リアドン、リチャード・リーヴス、ロバート・サンプソン、イザベル・ソーヒル、パトリック・シャーキー、ジャック・ションコフ、マリオ・スモール、ティモシー・スミーディング、ベッツィ・スティーヴンソン、ジェーン・ウォルドフォーゲル、ブルース・ウェスタン、そしてウィリアム・ジュリウス・ウィルソンである。

多くの友人、同僚が洞察や励ましを与えてくださり、また一連の草稿にコメントをいただくことで本書に貢献している。前の段落にその貢献を記した方々に加えて、このようなグループに入る方々にジョエル・アバーバック、ロバート・アクセルロッド、ジョン・ブリッジランド、ジョン・カー、ジョナサン・コーン、マシュー・デズモンド、ロナルド・ファーガソン、マット・ギルマン、ジョン・ゴンペルツ、デヴィッド・ハルパーン、ロス・ハモンド、ダイアナ・ヘス、ナンネル・コヘイン、ロバート・コヘイン、ゲーリー・キング、メイラ・レヴィンソン、チェヨン・リム、マイケル・マクファーソン、ディック・オーバー、クリスティン・パットナム、ジョナサン・パットナム、ララ・パットナム、ポール・ソルマン、ルーク・テート、エルシー・タヴェラス、デニス・トンプソン、そしてメリー・ウォーターズがいる。これら専門家の見識全てを受けた上で、本書に残っている誤りは私一人に明確な責任がある。

私が最も負うところがあるのは、寛大にも自らの暮らしの詳細について私たちに委ねてくださった、大勢の親と若者たちである。その声は今日の若者が直面する重荷と機会を雄弁に語り、統計的傾向に生気をもたらす助けとなった。残念なことに専門家としての倫理と、匿名性を厳格に守らなければならない立場から、お名前を挙げてこれらの方々に感謝を申し上げることができない。実際には大半のケースで私はその実名を存じ上げず、それにより慎重に彼らの身元を守っている。しかしその声なくしては、私は口つぐむしかなかっただろう。

『われらの子ども』のストーリー」で記したように、ジャスミン・サンデルソンの助けを得て作業を行ったジェン・シルヴァがわれわれのフィールド研究チームのスターであった。それぞれの地点で、その地域の寛大な観察者が持つ知識とコネクションを彼女たちは利用している。以下の各位が、われわれが感謝を捧げるそのような方々である。アラバマのデヴィッド・ジョイナーとスティーブン・ウェルナー、アトランタのローレンス・フィリップス、オースティンのジョセフ・コプザー、ベンドのアビー・ウィリアムソンと故メリッサ・ホックシールド、ダルースのホリー・サンプソン、オレンジ郡のポール・ヴァンデヴェンター、オハイオのジニー・パーク、コニー・セドズ、ゲリー・ジル、ジャック・ニッツ、ジャン・グルース、クリス・ガルヴィン、パット・アドキンス、ゲーリー・ステイヤー、ドン・サウバー、ローリ・クルーン、ダレル・オプファー、ローレンス・ハートローブ、ポール・ベック、ザック・パガニーニ、ナサニエル・ワイデンホフト、ティファニー・パール、モーリーン・ビックリーおよび私の一九五九年クラス同級生、そしてフィラデルフィアのキャシー・エディン、メロディ・ボイド、ジェイソン・マーティンとトレーシー・ブラマー。

この研究プロジェクトは一〇年近く前に、レベッカ・クルックス（現在はレベッカ・クルックス・ホロヴィッツ）が提出した非常に鋭い学部期末レポートから始まった。レベッカの洞察の鍵となる部分は、強度な市民参加がハーバード同級生の特徴であった一方で、それは高校のときの労働者階級の子どもたちの特徴ではなかったということだった。彼女が正しいと私も確信したわけではなかったが、自分のアイディアを何らかの実証データで検証するようにと勧めると、引き続く卒業論文の中で、本人自身が最初に考えていたものより彼女の洞察がずっと広範に成立することが示された。レベッカ自身は違う分野のキャリアに進んだが、彼女自身の賛同も得て、研究チームと私でそのアイディアを追求していった――当初、それは少々散漫なものであったことは告白しなければならないが、アメリカの若者の間で階級格差が拡大しているという彼女の中心仮説を支持するような証拠がますます明らかになっていくにつれ、興味関心が盛り上がっていった。

このプロジェクトは常に、どこまでもチームによる産物になったのだが、それは固く団結した、ひたむきな博士前・博士後研究員のグループによる並々ならぬ知性と献身から多大なものを私が得ていたからだった。このグループのメンバーは莫大な先行研究を相手に、広範にわたる、詳細な検討を行った。関連するデータソースを遠くまた広く検索し、それらのデータを可能な限りの最も洗練されたテクニックを用いて探索した。そして最も重要なこととして、彼らは全ての行の議論と、あいまいな推論の全てを対象として綿密な精査を行った。私は彼らの助言にはほとんど従ったが、しかしそれは常にというわけではなかったので、本書に残っている誤りは全て私に帰するものである。

私はこれ以上鋭く、これ以上誠実な同僚集団とこれまで仕事をしたことがない。このグループに含まれているのが、ジョシュ・ボリアン、ブリーレ・ブライアン、ブリタニー・バトラー、アニー・フェントン、ルーベン・フィニガン、ケイト・グレーズブルック、ホープ・ハーヴィー、エリザベス・ホリー、レイチェル・ホーン、バーバラ・キヴィアット、サイラス・モターニャ、ケイティ・ロバーツ＝ハル、ジャスミン・サンデルソン、ロイス・シェイ、ウルフガング・シルバーマン、エリック・スティーブン、ローラ・タック、ブライアン・トムリンソン、ジェームズ・ウォルシュ、エドウェナ・ウェルナーそしてマット・ライトである。
研究が最高潮にいたった三年間の中では、核となるチームは伝説の五人組《ファビュラス・ファイブ》で構成されていた。エヴリム・アルティンタス、カール・フレデリック、ジェン・シルヴァ、カイサ・スネルマン、そしてクウィーニー・チューである。これら五人の研究者はすでに不平等研究の領域における若きリーダーとして認識されつつあるが、これから数年のうちに、彼らは目の離せない存在になることだろう。キャリアの出発点で彼らから学ぶことができたことを本当にありがたく思う。彼らなしに、本書が執筆されることはなかった。

このような大規模な研究には、大規模な財政支援が必要となる。今回のケースでは、アメリカの未来に関わるこの根本的な問題には広角のレンズ（多様な分野と観点からの洞察が含まれること）と近焦点の顕微鏡（個々の子ども、その家族とコミュニティの人生経験の探求）の両方が求められる、というわれわれの見立てを共有してくださった諸機関の連合体から便益を受けた。この寛大な支援者名簿に含まれるのは、スペンサー財団、ロックフェラー・ブラザーズ基金、W・K・ケロッグ財団、フォード財団、レガタム研究所、マークル財団、ウィリアム・T・グラント財団、アニー・E・ケーシー財団、ビル＆メリンダ・ゲイツ財団、ニューヨーク・カーネギー財団、ナショナル・コミュニティサービス公社、そしてマンチェスター大学である。ハーバードのケネディ行政大学院（とりわけ学長デヴィッド・エルウッドと、執行担当副学長ジョン・ヘイグ）は常に支援的で、船団が沈まずに目的地にたどり着けることを保障するような援助を何度も提供してくれた。

強力な研究チームには、強力なリーダーが必要である。二〇年近くにわたってトム・サンダーは私とともに、連続するプロジェクトでその役割を担ってくれた。本書の中にあるほとんど全ての分析上の一般化は、彼が指導したか、直接に実施した研究に基づいている。周辺への恐るべき目配り（遠く離れた分野での関連する研究の指摘）、強烈な完全主義（まるで駐車場にある全ての車の全タイヤを蹴って、こちらが欠陥車を売らないように確かめるごとくの）、そしてより公正で平和な世界を作ろうとする個人的なこだわりを結合させているのがトムである。このプロジェクトに対する財政支援の獲得に向けたわれわれの活動を入念に監督したのは彼だった。トムはまた、単に問題を指摘するのではなく、解決策を生み出そうというわれわれの取り組みも主導した。

カイリー・ギブソン（そして彼女と等しく素晴らしい前任者で、今もわれわれのチームの上級顧問を務める、ルイーズ・ケネディ・コンヴァース）は完全なる誠実さ、スキルと細やかさをもってわれらの計画の事務面を処理してくれた。さらに、彼女はこのプロジェクトのあらゆる面——立案から編集にいたるまで——に中心的に関わってきた（別の人生では、おそらくプロの編集者か航空管制官になっていただろう）。ルース・レイズ、セボム・スーフー、タラ・ティレルやブレーク・ウォラルといった、われわれのチームにいる他の事務メンバーを指揮したのもまた彼女である。

トビー・レスターは賞賛に値するプロ精神で、本書の全行を編集した。よりよく、流麗で、そして何よりも、簡明なものに仕上がったのは、彼のスキルと努力のおかげである。サイモン&シュスターのボブ・ベンダーと同僚諸氏の助けによって、最終成果物はわれわれ皆が誇りに思うようなものとなった。レイフ・セイガリンは二〇年近くにわたって私の著作権代理人を務めているが、今回もよき友情と賢明なアドバイス、そして彼をこの業界で最も広く尊敬される人間の一人としている所以の専門知識を私に与えてくれた。アン・メラーとピーター・セローニは私の心身の健康を保つ助けとなってくれた一方で、アメリカの貧しい子どもたちの苦境について私がしゃべり続けるのをやめないことにも感じよく耐えてくれていた。

ルー・フェルドスタインは二〇年以上も親愛なる友人にして助言者だが、彼はまたアメリカにおける傑出した市民リーダーの一人でもある（彼は多年にわたってニューハンプシャー慈善財団の長を務めてきた）。ルーはこのプロジェクトに着手するようにと絶え間なく私に迫り、成し遂げられるかどうか私が疑念を抱いていたときにもそれは続いた。プロジェクトに対する財政支援をわれわれが探し求めていた後ろで知恵を絞っていたのは彼で、また市民活動家たちが機会格差を縮小する助けになりそうな実行可能なアイディアを生み出すようにと促してくれたのも彼だった。他の多くの人が言ってきたように、彼こそは真の偉人《メンシュ》である。

私の家族は仕事第一の私を長い間、品よく我慢してくれていたが、このプロジェクトにおいては研究の中身にも大きく関わってくれる存在となった。二人の子ども（ジョナサンとララ）とそのパートナー（クリスティン、ダグ、そしてマリオ）、さらに七人の孫（ミリアム、グレイ、ガブリエル、ノア、アロンソ、ギデオン、そしてエレノア・レン）は、現代アメリカにおいて子どもの成長と育児が抱える課題をめぐっての、活気ある、長々とした議論に加わってくれた。このグループには社会科学者の卵や才能あるライターが何人か含まれていたので、本書の執筆において有益なアドバイスも彼らから多く受けた。そして、本書の執筆期間中に一家のファンタジーフットボールリーグで私のチーム成績が急落したときは、いつもの大声の挑発を控えてくれた（来年まで待ってろよ！）。より真剣な話だが、幸運に恵まれなかった家族についてこのプロジェクトを通じて学んだ中身から、われわれが家族として享受している恩恵と喜びについて全員が気づかされることになった。

ローズマリーは、一家の真のソーシャル・キャピタリストであるが、家の中と、広くコミュニティの中の両方で、子どもを教えはぐくむキャリアを積んできた（台所に貼られたモットーに従って彼女は暮らしている。「今から一〇〇年ののち……銀行口座にどれだけあるかは問題になどならない……でも子どもの人生に大事なことができたなら、世界は少しだけよいものになる」）。このプロジェクトでの彼女の役割は、これまでの書籍における役割をはるかに超えるものになった。われらの街にいる悩みを抱えた若い女性二人に助言したり、近隣の街のホームレスの子どもを個人指導したとき、彼女が家に持ち帰ってくれた洞察がこれらのページに表れている。ここに登場した全てのフィールドインタビュー内の全ての言葉を読み、ジェン・シルヴァと私がこれらの若者の生活を理解する助けとなってくれた。原稿がラフな下書きの段階から校正刷りへと移っていくまで、本書の一字一句を何度も読んでくれたのも彼女である。だが五〇年以上にわたって彼女にさまざまに私が負ってきたものは、言葉で言い表すことがかなわない。

訳者解説

柴内康文

本書は、Robert D. Putnam *Our kids: The American Dream in Crisis.* New York: Simon and Schuster, 2015. の全訳である。原題は「われらの子ども——危機にあるアメリカンドリーム」といった形となる。

著者ロバート・D・パットナムは一九四一年にニューヨーク州ロチェスターに生まれ、本書第一章の舞台であり往時のことも語られる、五大湖の一つエリー湖畔の街、オハイオ州ポートクリントンで成長した。その後はスワースモア大学を一九六三年に卒業し、イェール大学で学位を取得、現在はハーバード大学ケネディ行政大学院でピーター&イザベル・マルキン公共政策講座教授職にある。この間、同大学院の学長や米国政治学会会長、また国家安全保障会議のスタッフメンバーなどを歴任した。

パットナムの数多くの著作のうち、これまでに邦訳された書籍としてはニコラス・ベインとの共著『サミット』（山田進一訳、TBSブリタニカ、一九八六年）、『哲学する民主主義』（河田潤一訳、NTT出版、二〇〇一年）、『孤独なボウリング』（拙訳、柏書房、二〇〇六年）、編著書『流動化する民主主義』（猪口孝訳、ミネルヴァ書房、二〇一三年）がある。彼は一九八〇年代後半に提唱した国際交渉における二レベルゲーム理論などの業績でその名を確立したが、内外の一般読者にも名前を知られるようになったのは、上記『哲学する民主主義』から『孤独なボウリング』へと展開した「社会関係資本《ソーシャル・キャピタル》」理論によるものであることは衆目の一致するところであるだろう。

本書（第五章）における簡潔な説明では、社会関係資本とは「社会的なつながりの程度」を指し示すもので、「個人の、またコミュニティの健康度の強力な予測要因となることがこれまで繰り返し示されてきた」。イタリア各州を比較対象としてそれが各地の制度パフォーマンスに大きな影響を与えていることを示し、特に南北地域間において見られるその差異の起源について論じた『哲学する民主主義』を受けて、アメリカ社会を対象にして圧倒的なまでのデータと広範な視点により社会関係資本の重要性を総合的に論じたのが二〇〇〇年に原著の刊行された『孤独なボウリング』だった。同書は、社会関係資本が社会の発展、健康や安全、また本書に関係するところでは子どもの発達にとってやはり重要な意味を持つことを指摘する一方で、アメリカ社会におけるその蓄積が一九六〇〜七〇年代を境に急落していったこと、その原因として世代交代をはじめとする各種の要因が想定されること、また社会関係資本の回復を目指すために、多様な領域で市民的イノベーションが求められるということを訴え、専門の研究者のみならず、広く社会における実践家また一般読者にも大きな反響と議論を巻き起こした。

パットナムはその後、この社会関係資本概念の線に連なる書籍や論文も引き続いて発表し、また社会に向かっての発言を続ける一方で、アメリカ社会、コミュニティをめぐる考察を他の視点からも展開させていく。そのような論考の一つとしては、伝統的に宗教的と言われてきたアメリカ社会における宗教の役割とその変容の問題を、宗教右派の台頭や保守政治との関係などとも関連づけた議論があり、これをまとめたのがデヴィッド・キャンベルとの二〇一〇年の共著である『アメリカン・グレイス』(アメリカの恩寵)である(Robert D. Putnam and David E. Campbell, *American Grace: How Religion Divides and Unites Us*. New York: Simon and Schuster, 2010.)。同書は米国政治学会で政府、政治および国際問題に関する年間の最優秀図書に贈られるウッドロウ・ウィルソン基金賞を二〇一一年に受賞している(なお、同書に関連したキャンベル・パットナムの論考の邦訳は『フォーリン・アフェアーズ・リポート』二〇一二年四月号に掲載されている)。パットナムのこれらコミュニティをめぐる論考は、国際的な権威ある政治学賞であるスウェーデンのヨハン・スクデ政治学賞(二〇〇六年)、さらには「米国コミュニティへの理解を深化させた」ことを理由とした、オバマ大統領からの二〇一二年度の米国人文科学メダル受賞へとつながったものであるが、そのパットナムの手になる、アメリカ社会論についてのもう一つの新しい展開が子どもたちの機会格差の拡大を取り上げた本書『われらの子ども』となる。

内容について簡単に振り返ると、本書の冒頭第一章では、著者パットナムの故郷の一九五〇年代の同級生たちが登場し、貧富の差、さらにはジェンダーや人種という大きな障壁はあったものの、自らの才能と力で、それぞれがチャンスをつかんでいった様子が描かれる。すなわち、貧富の差（また、ジェンダーや人種による深刻な差別）は確かに存在したものの、それと機会はある程度切り離されたものであって、その意味で「アメリカンドリーム」は当時まだ存在していた、と考えることができる。なお本文の中心の内容とはなっていないが、方法論的補遺『われらの子ども』のストーリー」後半で語られるようにこの同級生全体を対象とした悉皆調査が実施されており、生徒の出身背景と大学進学や最終的な学歴との関連の程度を計量的に検討したパス解析の結果が、著者ウェブサイトに補足資料として掲載されている（http://robertdputnam.com/about-our-kids/research/）。しかし、半世紀以上が経過した現在、同地の恵まれた者と、そうでないものの成長の仕方は、全くかけ離れたものであったことが生々しく描き出される。すなわち、貧富の差と機会の差の連結性が非常に強いものになってしまったのである。以降引き続く内容では、子どもたちの出自における貧富の差が、いかにして機会の格差につながっていくのか、その中間に挟まれるものが順次論じられていく。具体的には、所得の格差（多くの場合、それは同時に親の教育水準の差として表現される）によって現在では、養育の基盤である家族の構造（第二章）、育児実践のあり方（第三章）、学校教育を取り巻く環境（第四章。なお学校教育そのものよりも、学校に通う同級生や親をはじめとした、学校に持ち込まれるものや居住地域の環境における差が特に強調される）、そしてそれぞれの家族や子どもの利用できる社会ネットワーク上の資源や地域コミュニティのありよう（第五章）が全く異なったものになってしまっていて、それが機会の大きな差につながり、また将来にわたって格差が固定化する可能性が示されている。子どもを取り巻く条件の違いとその拡大についてこれら各章に提示される図表は数多いが、例えば第四章の図4・7は文中でも指摘のあるとおりとりわけ目を引くものの一つと言える。恵まれない立場の子どもは好成績の群に属していても、恵まれている子どもで低成績の群に属する子どもよりもわずかではあるが大学卒業率が低い。すなわち、素質がありまた努力していることによっては報われないものが確かに存在するという現実が、この図からは読み取れる。最終の第六章ではこのような機会の格差、ある

表　各章のテーマとインタビューの登場人物

章	テーマ	地域	共通点	登場人物
1	時代変化	オハイオ州 ポートクリントン （中西部、 著者故郷）	1950年代 （著者同級生）	フランク
				ドン、リビー、ジェシー、シェリル
			2010年代	チェルシー（ウェンディ）
				デヴィッド
2	家族構造	オレゴン州 ベンド （北西部）	白人	アンドリュー（アール、パティ）
				ケーラ（ダーリーン、ジョー）
3	育児実践	ジョージア州 アトランタ （南部）	黒人	デズモンド（シモーヌ、カール）
				ローレン＆ミシェル（ステファニー）、イライジャ
4	学校教育	カリフォルニア州 オレンジ郡 （西部）	ヒスパニック	イザベラ（クララ、リカルド）
				ローラ＆ソフィア
5	地域 コミュニティ	ペンシルベニア州 フィラデルフィア （東部）	母子家庭	エレノア＆マデリーン（マーニー）
				リサ＆エイミー（モリー）
6	とりうる対策	—	—	—

※上段は有利な立場の、下段は不利な立場の子ども。かっこ内は発言のある親の名前

いは社会の分断が、アメリカの経済発展、政治の正統性と民主主義の安定性、そして道徳倫理に実質的な悪影響をもたらす恐れが指摘され、さらにこのような子どもの機会格差を縮小するために、見込みのある、現在さまざまに取り組まれているイノベーションの事例が、第二〜五章の各領域に対応する形で提示されている。上掲の表では、本書各章が取り上げているテーマと、事例で扱われた人物名またその対象地と、人々に共通する特性をまとめている。

　本書の最大の特徴は、貧富の格差が多様な側面に波及して子どもたちの機会を大きくかけ離れたものとするということを、各章の前半では、恵まれた子どもとそうでない子ども（および、それらの親）の生活の実際をインタビューによって鮮明に、対比的に描写することで示し、続く各章後半で、この傾向がますます拡大してきたことを多様なデータによって、大きく口を開けたようなはさみ状グラフ《シザーズ・チャート》が幾枚も描けることによって示すという、質的、量的アプローチの両面から訴えかけるよ

うな形式を取っていることにある。そしてこの両面のそれぞれにおいてまた、本書のユニークな特色を見ることができる。

まず質的側面、インタビューのパートであるが、例えばこのような格差の問題を産業の衰退したいわゆるラストベルトのプアホワイト、あるいは人種やジェンダーに固有なそれぞれの問題として捉えることは可能であり、そのような議論も少なくないだろう。しかし前掲の表から明確に読み取れるように、この格差が子どもの成長過程をかけ離れたものにする様子は、アウトドアリゾート地や「セレブ」都市、あるいは伝統的な南部、東部の都市など全米のあらゆる地域に広がっていること、また白人だけでなくマイノリティ、さらにはシングルマザー家庭など、それぞれの内部においても同じように乖離が起こっているということが、インタビューの地点と対象を巧みに選定したことによって表現されている。

次に量的、データ分析の部分についてであるが、社会学や教育学、発達科学などの広範なレビューをふまえ、著者ら自身によるものにとどまらないさまざまなデータの分析結果や、関連研究のデータ提示を繰り返し行うという、いわば『孤独なボウリング』のスタイルを踏襲している部分があることに加え、本書では対比する二階層の切り分け方が強く印象に残るものであると言える。すなわち格差が拡大しており、世の中の人々の中にはかけ離れた世界に暮らすものがいる、とするとき、少数のスーパーリッチとその他の人々、あるいは世の中の大半とそれに取り残されてしまったとりわけ苦しい立場に置かれた人々という対比の仕方や捉え方はありえるだろう。しかし著者らが分析において用いた操作的定義による分割では、両親のどちらかが大卒である（たいていは両方ということになるが）全米の三分の一の家庭の子どもと、どちらも高卒以下で終わっている、やはり三分の一の家庭の子どもの成長過程が、どのように変質しまたかけ離れていったかが繰り返しデータによって示される。このことにより、問題が「あの人々」の話ではなく、読者自身を含む、世の中の大半の人々が当事者として投げ込まれ、カテゴライズされる世界の話なのだ、ということが強調されているような側面がある。しかも本書で実際に直接的に言及もなされ、また著者も自身がそうであることを自省も込めながら認めているように、多くの場合には読者はこの中では恵まれた立場の側にいる可能性が高く、もう一方の側の人々の存在を理解し、自らの問題として意識を向けなければならないことが訴えられているのである。

ここで「社会関係資本」のパットナムがなぜ格差問題に進んでいったのか、また、この格差問題において社会関係資本がどのように関係するのか、ということに関心を持つ本書の読者も少なくないだろう。パットナムとそのチームが、いかにして子どもの機会格差の問題に進んでいったのかのきっかけは「謝辞」でも触れられている部分があるが、社会関係資本に関わる研究と本書の間をつなぐ論文として、「いまだに孤独なボウリングを？」と題されたトーマス・サンダーとの共著の小論を取り上げたい（Thomas H. Sander and Robert D. Putnam "Still bowling alone?: The post-9/11 split", *Journal of Democracy*, Vol.21, No1, 2010, pp.9-16.）。

この論文は、『孤独なボウリング』のタイトル自体の出発点となった、一九九五年の同題論文が掲載された『ジャーナル・オブ・デモクラシー』誌にその一五年後、そして書籍発刊の一〇年後にあたる二〇一〇年に掲載されたものである。この論文では、二〇世紀末に向けて三〇年近く継続していたとする、社会関係資本のアメリカでの低減が現在も引き続いているのか、という問題をめぐる検討が行われている。この点についてはまず大学新入生においては9・11の同時多発テロ以降に政治への関心や議論などの市民性が高まっているというデータが示されており、社会的危機がしばしば市民性を呼び起こす（その結果として、一九六〇～七〇年代以降の戦後世代への交代によって社会関係資本の大きな低減が引き起こされた）という『孤独なボウリング』の議論とも一貫する現象が示唆されるとともに、危機によらない再興の模索を訴えていた同書の立場からいってもとうてい評価しにくいものではあろうが、長期低減に対する逆転の兆しの一つとしてこれが取り上げられている。しかし論文後半では、特に白人の「持てる若者」と「持たざる若者」における市民参加の格差が拡大していることが同時に指摘され、上記の結果も大きくはその一部にすぎないかもしれないこと、そしてアメリカが「二つの国」に分断されることに対する懸念が示されている。また格差拡大という問題は、やはり二〇一〇年に刊行された前出の『アメリカン・グレイス』の中でも、宗教との関わりという観点から紙幅を割いて論じられている。いわば本書は、このような議論の流れに沿って、また時宜を得たテーマに対し正面から向き合った結果の論考と言うことができるだろう。

本書における社会関係資本の扱いは、第五章の後半で示されているとおり、これまでのパットナムの立場と大きく変わるものではないように見受けられる。まず社会関係資本の重要性については確認されているとおりであるとしており、一方でアメリカ社会におけるその衰退という一般的傾向については、二〇〇〇年代以降のマクファーソンらの議論や論争を簡潔に援用しながらその立場を基本的には維持している（第五章原注16）。ただし、社会関係資本上の格差が、階級の線に沿って発生していることが、強い紐帯（図5・1）また弱い紐帯（図5・2）の両方で起こっていることが示され、とりわけ後者のそれが子どもの機会の格差につながりやすいことが指摘されている。社会関係資本が平等性の実現とどのように関係しているかについては、『孤独なボウリング』の第二二章でも、いわゆる「ダークサイド論」という観点から、つながりが格差の強化につながりかねないことが指摘されている。ただし一方でコミュニティ全体での社会関係資本の多さと平等性実現の間に正の関係も存在することもふまえて（『孤独なボウリング』図92、93）、いかにしてこの二者の両立を実現していくかが課題とされていた。社会関係資本と広く「格差」の問題については、近年国内でも成書が登場しており、今後の重要な論点の一つと言うことができるだろう（辻竜平・佐藤嘉倫編『ソーシャル・キャピタルと格差社会——幸福の計量社会学』東京大学出版会、二〇一四年）。なおフランシス・フクヤマは『フィナンシャル・タイムズ』オンライン版に掲載した本書書評（Francis Fukuyama "'Our Kids: the American Dream in Crisis', by Robert Putnam" *Financial Times*, March 7, 2015.）で、基本的に家族外でのネットワーク参加を指すと考えられる社会関係資本について、アメリカにおいては家族が広範な社会参加のインキュベーターとして決定的に重要な意味を持っていたことが本書で示されていると指摘し、それゆえに社会関係資本の欠如を議論する際には家族の崩壊とそれをもたらした産業空洞化などの要因が無視できないとしている。興味深い論点ではあるが、著者も指摘するように本書で取り扱われた多くの諸要因は同時に連動する相関的な側面も有しており、引き続く精緻な実証的検討が求められるところだろう。

本書における役割は小さなものにすぎないが、訳者自身の専門と関係してメディアの問題の本書における位置付けについて簡単に触れておきたい。本書では、主に二箇所にメディアをめぐる議論が現れる。まず第一は、下層階級の育児実践の特徴として、テレビ、また現在ではインターネットも含めた「スクリーン時間」が長い、というものがある（第三章）。『孤独なボウリング』においては、一九六〇〜七〇年代以降の社会関係資本低減の原因の一つとしてテレビの登場が挙げられたことが論点の一つとなっていたことが思い起こされるが、ここでのテレビは、機会格差の因果連鎖における要因としてそれほど中心的に扱われているわけではない。

もう一点は、上層と下層の階級間で社会的ネットワーク、とりわけ弱い紐帯の利用可能性が大きく異なっていることに対して、インターネットがその改善に資するのか、それともそうはならないのか、という問題である（第五章）。インターネットの利用そのものは、広く社会の全体に普及し、アクセス格差としての「デジタルデバイド」問題の重要性は低下していると考えられる。しかし上層と下層の階級間ではインターネットの利用の仕方が異なっていること、またインターネットの利用においてはリアルな人間関係が豊かなものの方がその見返りを得やすい構造がある、という論者の議論を援用して、それはむしろ機会格差の拡大につながる可能性があることが指摘されている。人々の属性と、メディアの利用の仕方が相互作用を起こして帰結を変化させるという視点は、その有効な利活用法を考える上でも重要なものと言えるだろう。なお付言すれば『われらの子ども』のストーリー」で報告されているように、本研究、特に下層階級の子どもたちと継続的な連絡を取り合う上で、番号の安定しない携帯電話でなくむしろアカウントベースで利用されるフェイスブックが積極的に活用されていた。この点はソーシャルメディアの意味を考える上でも興味深い点である。

パットナムの近年の論考の流れを全体として大きく捉えると、それは二〇世紀後半から現在に引き続くアメリカ社会の変容を捉えようとしていると言うことができ、まさに彼のこれまでの半生の中で起こっていたことを問題としてきたのだということは、自身の青春時代とその背景を直接、積極的に取り上げた本書において明確に示されているところである。一方でこれらの著作において彼が共通して課題としているのは、市民社会における人々のつながりとそれを生み出す仕組みの重要性、またそれに対し（アメリカ）社会の統合が危機に瀕し、分断へと向かっているのではないかという強い懸念であり、それは社会関係資本の衰退を問題とした『孤独なボウリング』はもちろん、前出の『アメリカン・グレイス』の副題につけられた「いかに宗教がわれわれを分かち、また結びつけるのか」という言葉、あるいは本書においても第一章内の節題「二つのアメリカへ？」などに表現されている。パットナムのこのような姿勢は、二〇一六年のアメリカ大統領選前に行われた朝日新聞によるインタビュー記事にも明確に現れている（「オピニオン&フォーラム――格差が深める米の分断」朝日新聞二〇一六年九月六日東京本社朝刊）。このインタビューの中で彼は「経済格差の拡大に伴って、米国内の隔離が進んで」いることを指摘するとともに、社会が全体として「私たち」のものから「私」のものへと移行してしまったと論じている。このような私事化傾向は、自由と寛容を生み出すという大きなメリットがあった一方で、こと「子ども」に関しては、深刻な問題を引き起こしてしまったという。このような、「われらの子ども」から「私の子ども」意識への変容が、本書のタイトルに、また本書の導入と結語にも効果的に繰り返される立脚点であって、また同時に彼のよって立つ共同体主義《コミュニタリアニズム》をよく表現しているものと考えることができるのではないだろうか。

　二〇一六年の大統領選前後以降のアメリカ社会を語る上で、分断や亀裂という言葉が使われることが多くなったように感じられる。現在の、またこれからのアメリカ社会のありようは、日本にとって直接的な影響という点でも、またその展開を時間差をもって追っていくとしばしば言われてきたように、日本の現状を観察し将来の向かう先を考える上でも、重要な意味を持ちうるということは多くの人々の同意するところだろう。その点で本書は、国内読者にとっても重要な示唆、手がかりを与えるものになるのではないだろうか。ここで読者にとっての支えとも呼びうるのは、パットナムの論考を貫くもう一つの特徴である、自身の訴える懸念とあわせて同時に示される楽観的な趣さえある変革への強い期待と実践的提案である。このような著者の姿勢については『孤独なボウリング』に対しても国内の評者から「社会政策を行う立場にある人、コミュニティー活動を推進する人に指針と勇気を与える」という言葉で表現されたことがある（山田昌弘『孤独なボウリング』共同通信二〇〇六年六月八日配信書評、共同通信文化部編『書評大全』三省堂、二〇一五年）。本書に関して言えばパットナム自身、学術的な議論として方法論的な制約や限界があることは第一章の末尾や第六章冒頭でも繰り返し認めた上で、いまこの問題の対処を始めなければ手遅れになりかねない、と訴えかけている。しかしやはりその議論の基調となるのは、第六章最終節題にあるように「機会格差を減らすことはできる」という立場であり、深刻な問題を取り上げつつも、各所でユーモアも交えながら議論を進めていく著者の姿勢は基本的に前向きなものである。それもまた一般読者にとっては心強く、参考になる点であろう。

最後に、翻訳においては、頻出する用語については極力同じ言葉を充てている（もちろん、文脈によりふさわしい表現に変えている部分はあり、無理な一貫性を追求したわけではない）。一つ例を挙げれば、本書の第一章の最後にその操作的定義が示されている"upper (lower) class"がある。「階級」という言葉の捉え方には議論があるところではあるが（本書でも使われるが、関連して"strata"「階層」という概念も存在する）、伝統的によく対応づけて使われる「上流（下流）階級」という表現では、比較的少数の特色ある集団を示すものという語感がある一方で、本書においてはそれらが一定のボリュームとして想定されているということ、またその固定性が生じつつあるという含意があることなどもふまえ、一般読者も対象とした書籍として、原則的には「上層（下層）階級」という表現を採用した（"upper middle class"は「上層中間階級」としている）。何が適切かは難しい側面もあるが、必要に応じて、原語で何を指しているかも念頭に読み解いていただければと考えている。
訳出底本には、出版社より提供された電子版最終稿を利用した。これが刊行初版本と同一であることは創元社を通じて確認している。なお、本文内の引用文にはいくつか邦訳の存在する文献があるが、文体の一貫性を保つこともねらい原著英文より全て本訳者が直接翻訳し、邦訳文献は入手可能であったものについて、深刻な誤訳の可能性がないかどうかの最終確認に使わせていただくにとどめた。したがって、これら部分における誤りは、本訳者に責任があることは言うまでもない。

＊＊＊

本訳の成立は、『孤独なボウリング』翻訳出版を柏書房で以前に手がけていただいた、現在は創元社・編集局の山口泰生氏からの久方ぶりのメールで、この書籍の翻訳出版権を同社で取得したこと、ついてはそれに関わってほしいことを唐突に告げられたことから始まる。そのようなことを持ちかけてくださる方がいるのは、そしてそれが山口氏のような編集者であるのはもちろんありがたいことではあるものの、やはり逡巡しなかったと言えば嘘になる。『孤独なボウリング』翻訳の作業そのものは、おそらく人生で最も幸福な経験の一つであり、その後の自分にそれがもたらしてくれたものも決して小さなものではなかったが、その一方でやはり非常に消耗的であり、いわば引き替えにしたものがあったことも間違いなかった。山口氏のメールにも「翻訳はもうやらないと仰っていたように記憶している」とあり、訳者あとがきでも実際自ら「生涯で最初で最後の翻訳」というようなことを記していた。それはやはり実感あってのことで、それに値する著作に取り組んだという思いもあった。しかし、オファーもあり最初の方を読み進めていくと、やはり興味がふくらむのは抑えられなかった。前作でもそうであったが、ときに軽妙、しかしその一方で現実を畳みかけるような緩急がついていて、語り部としての著者の力量が遺憾なく発揮されている。半分は鮮明で対比的なインタビュー、半分は詳細なレビューとデータというスタイルも読ませる工夫であり、なるほど、これはいま考えなければならない問題や手がかりが示されていると実感させられるものだった。折しもトマ・ピケティの『21世紀の資本』（山形浩生・守岡桜・森本正史訳、みすず書房、二〇一四年）も契機として格差論への関心が高まっていた頃でもあり（なおピケティや共同研究者サエズの論考は、第一章原注31で引かれている）、格差が何をもたらすのかを考える手がかりをもう一つ社会に提供するために、わずかでも尽くすことには重要な意義があるように思われた。それに加えて、『孤独なボウリング』原著出版からは一五年、翻訳出版から一〇年近くが経過している。「市民社会の桂冠詩人」（『ニューヨークタイムズ・ブックレビュー』オンライン版より。Jason DeParle "'Our Kids,' by Robert D. Putnam" *New York Times Book Review*, March 4, 2015.）とも評しうるパットナムによる最新のアメリカ社会の見立て、また社会関係資本論に対する現在のスタンスは、同書に触れられた方々にとっては興味のあることだろうし、またその彼が射程に入れる格差論も、議論の土台として耳を傾ける価値のある内容となるとも感じられた。さらには、著者の人物そのものに関心を持つ方にとっても、その生い立ちや率直な考えに触れるような部分は参考になる側面があるだろう。もちろん、自分が機会格差や社会移動について紹介するのに適切な人間ではないという自覚は悩みを強めたが、さまざまなめぐり合わせの結果として自分がそこに立っていたのだから、これはもはや致し方のないことなのだろうと最終的には覚悟を定め、活字にもなってしまった前言を撤回しこの仕事をお引き受けすることにした。原著謝辞で、自分も格差問題に対する新参者だと述べるパットナムの言葉に背中を押された部分もあった。

アメリカの歴史・文化、地域社会問題、政治経済、社会学や発達科学、公共哲学など広範な議論、また知的な「くすぐり」を繰り出してくる、いわば現代の知的巨人と間近で対峙して、その言葉をいかにすれば日本語読者に伝わるものにできるのかを深夜や明け方に一人考え続ける作業そのものはやはり幸福な体験ではあったものの、一方で多少の社会関係資本論と、メディア研究などの道具立てしか持たない自分には、不案内な領域に関して苦労も多かった。また、ナマの声が現れるインタビュー部分は、抽象度を上げた議論やデータ分析が習い性となっていることからするととりわけ理解と再現に困難を覚える部分だった。こういったことは訳出作業のスピードにも表れ、前半のインタビュー部分は時間がかかるが後半になると速度が上がる（あるいは後半には手がつくが前半が進まない——具体的なインタビュー内容が、データを語る部分の前提になるのだが）のはどの章でも例外がなかった。なお、前半部分でも人々の属する世界によって、語られる体験だけではなく語彙や表現そのものに大きな違いがあり、英語のネイティブでなくアメリカ実体験も乏しい自分にも、伝わってくる人物像が大きく異なってくることは強く印象に残った。これらの部分について、巧みに日本語に移せたとはとうてい言えないことを読者に詫びないわけにはいかないが、興味を持たれた方は本訳を不完全な辞書代わりに、原書で体験いただければとも思う。

自分の知識や能力不足に基づく限界や問題点はこのようにさまざまにある一方で、訳者としての私に、「自分がそこに立っていた」ことによる独自の貢献があるとすれば、先行する『孤独なボウリング』の全行をおそらく最も読み込んだ者の一人として、それと一貫した文体で、またつながりを意識しながら本書を紹介することにあると思われた。そのために、訳出作業中に『孤独なボウリング』に登場した事項や用語が言及されたことに気がついたときは、訳注として対応箇所に極力触れるようにした。誤訳やこなれない表現の責めはもちろん訳者として負わなければならないが（今後気がついた、またご指摘をいただく点については、機会を得て修正に努めさせていただきたい）、このささやかな利点についてはご受容いただき、両書の、またそれを通じてのアメリカや現代社会に対する理解を深める手がかりにしていただければと考えている。

本書を訳す機会が与えられたことについて、当時近くにいた何人かの方に内々に話をした際、それは取り組んだ方がよい仕事だという励ましをどなたも与えてくださった。結果はともあれ、最後までたどり着けたのはそのような言葉が後ろで支えてくださったからである。またこの間は、何の作業をしているかについては特段何も語らなかったが、いろいろなことが後回しになるのを何とか許容してくださる同僚に甘えていたことと思う。折に触れ浮かんだ疑問について、周囲の方々に相談させていただいたことも何かとあった。皆さんにお礼とお詫びを申し上げたい。編集においては前述山口氏のほか創元社の小野紗也香氏、また校閲の米田順氏をはじめとする方々に多大なるご尽力をいただき、また個人事情による作業の遅延により甚大なご迷惑をおかけした。文章の可読性が上がり、誤りが減った部分があればそれはこれらの方々のお力あってのことで、それでも残る誤りはやはり訳者の責任である。

「われらの子ども」の未来を考えるための、資料や論点を提供することに本訳がわずかでも貢献できるものになれば、と強く願っている。

索引

イタリックのページは図表を示す。

ア

イ

ウ

エ

オ

カ

ク・ケ

コ

サ

シ

ス

セ

ソ

タ

チ

テ

ト

ナ

ニ

ネ・ノ

ハ

ヒ

フ

ヘ

ホ

マ

ミ

ム・メ・モ

ヤ・ユ・ヨ

ラ

リ

レ・ロ

ワ

原注

アルファベット順記載の完全な文献リストについては、
http://www.robertdputnam.com/ourkids/research を参照のこと。

第一章　アメリカンドリーム――その神話と現実

1．Chrissie Hynde, "My City Was Gone," The Pretenders, *Learning to Crawl*, Sire Records, October 1982. この引用についてハロルド・ポラックに感謝する。
2．Richard Ellmann, *James Joyce* (Oxford : Oxford University Press, 1965)〔宮田恭子訳『ジェイムズ・ジョイス伝 1・2』みすず書房、1996 年〕, 520. この引用についてジェームズ・ウオルシュに感謝する。
3．この情報はウィリアム・ガルストン教授に負う。
4．*Daily News*, Port Clinton, OH, June 2, 1959, 1.
5．本書のライフストーリーでは、回答者のプライバシー侵害を最小とするため名前を変更しているが、話してくださった全ての方から、そのストーリーを再話することについての許諾を得ている。この名前の変更を除き、事実について改変はない。
6．彼女は木曜夜のリーグでボウリングもしていた。
7．本章における一般化と統計は、1959 年クラスの存命者に対する 2012 年実施の調査、またそれと並んでポートクリントン、および周辺のオタワ郡の統計および史料調査に基づくものである。
8．部分的な例外として、私のクラスの女性は（後で論じるように）結婚すると大学を中退することが多かったが、それとは異なってその娘たちの方は、いったん入学したら大学を卒業することが一般的であったということがある。
9．統計学的に言うと、1959 年クラスの教育達成の分散のうち、親の教育水準が関係する部分は 16%にすぎず、またそれは大半が、親による奨励の違いによって完全に説明できるものである。親の奨励を除けば、**経済的、社会的な優越性の指標の中で、教育達成に検出可能な影響を与えたものはなかった**――親の社会経済的地位、親の失業、家族の経済的不安定性、生徒の就労の必要性、自家所有、家族構造、居住地の特性は、どれも影響が見られなかったのである。この基本的パターンを、ウィスコンシン州の 1957 年高校卒業生全員を対象とした「ウィスコンシン縦断研究」によってわれわれは確認した。これは 1950 年代に関して他に発見できた唯一の比較可能なデータセットであり、したがって社会移動性の程度のこのような顕著さがポートクリントンに特有のものであったとは思われない。http://www.ssc.wisc.edu/wlsresearch/ を参照。
10．私の同級生女性の 60%以上が現時点ですら、人生における教育上、また職業上の自分の選択が、ジェンダーによって「全く制約されていなかった」と回答している。
11．Isabel Wilkerson, *The Warmth of Other Suns : The Epic Story of America's Great Migration* (New York : Random House, 2010).
12．人種、ジェンダーおよび階級上の不平等の変化については下記を参照。Douglas S. Massey, *Categorically Unequal : The American Stratification System* (New York : Russell Sage Foundation, 2007).
13．Kendra Bischoff and Sean F. Reardon, "Residential Segregation by Income, 1970–2009," in *Diversity and Disparities : America Enters a New Century*, ed. John Logan (New York : Russell Sage Foundation, 2014), https://www.russellsage.org/publications/diversity-and-disparities および Richard V. Reeves and Isabel V. Sawhill, "Equality of Opportunity : Definitions, Trends, and Interventions," prepared for the Conference on Inequality of Economic Opportunity, Federal Reserve Bank of Boston (Boston, October 2014), http://www.bostonfed.org/inequality2014/agenda/index.htm.
14．市《シティ》と郡《カウンティ》を別にした過去のデータが得られないときには、郡データによっている；市と郡のデータ両方がある時点で見ると、傾向に顕著な差はなく、水準において小さな差があるにすぎなかった。オハイオ州北西部における過去 20 年間の工場閉鎖については、下記の優れた 3 回シリーズがある。Joe Vardon, "Shut Down and Shipped Out," *Toledo Blade*, September 26–28, 2010.
15．下記に報告されたポートクリントン学校における給食費免除または減額措置の該当生徒基準に基づく。Ohio Department of Education, Office for Safety, Health and Nutrition, LUNCH MR 81 Report, ftp://ftp.ode.state.oh.us/MR81/.
16．2013 年に私は「アメリカンドリームの崩壊」と題するポートクリントンについての署名論説《オプエド》を『ニューヨークタ

イムズ』紙に掲載した（“Crumbling American Dreams,” *New York Times*, August 3, 2013）。引き続きポートクリントンで起こった熱心な議論によって、街で拡大している機会格差の反転を開始させようとする初期の取り組みが加速した。2014 年末にポートクリントン学校機構は、低所得の 3 年生のテスト得点を上昇させる取り組みに成功したとしてオハイオ州により取り上げられる一方、クリス・ギャルビンの率いる地域ユナイテッドウェイ〔アメリカの共同募金組織〕は、保育と助言指導のための非常に有望な一連の構想を開始した。これらの取り組みが持続するかどうかはまだ定かではないが、それが明らかにしているのは、大規模なコミュニティにおいてはずっと困難であろう方法であっても、小さな街においては市民的活力と創造性に注力することが可能となるということである。
17. 言い換えると、本書は世代間の移動性に焦点を当てており、それは世代内での移動性ではない。
18. Benjamin I. Page and Lawrence R. Jacobs, *Class War? What Americans Really Think About Economic Inequality*（Chicago : University of Chicago Press, 2009）. アメリカ人が結果の平等に対してどの程度賛成しているかについて研究者は一致しないものの、機会の平等がほぼ広く共有された価値観となっていることについては同意している。以下を参照。Jennifer L. Hochschild, *What's Fair? : American Beliefs About Distributive Justice*（Cambridge : Harvard University Press, 1981）; Larry M. Bartels, *Unequal Democracy : The Political Economy of the New Gilded Age*（Princeton : Princeton University Press, 2008）; Katherine S. Newman and Elisabeth S. Jacobs, *Who Cares? : Public Ambivalence and Government Activism from the New Deal to the Second Golden Age*（Princeton : Princeton University Press, 2010）; および Leslie McCall, *The Undeserving Rich : American Beliefs About Inequality, Opportunity, and Redistribution*（Cambridge : Cambridge University Press, 2013）.「経済的機会についてアメリカ人の核となる価値観と信念、および国の経済的見通しが、おおよそ楽観的であり変化が見られない」ことの証拠としては下記を参照。Andrew Kohut and Michael Dimock, “Resilient American Values : Optimism in an Era of Growing Inequality and Economic Difficulty,” report for the Council on Foreign Relations（May 2013）, http://www.cfr.org/united-states/resilient-american-values/p30203（2014 年 8 月 29 日アクセス）.
19. Page and Jacobs, *Class War?*, 57–58.
20. Kay Lehman Schlozman, Sidney Verba, and Henry E. Brady, *The Unheavenly Chorus : Unequal Political Voice and the Broken Promise of American Democracy*（Princeton : Princeton University Press, 2012）, 55–56.
21. Pew Economic Mobility Project Poll 2011. 実際には、低所得のアメリカ人の方が結果の平等よりも機会の平等に重きを置く傾向がわずかにある。もちろん、多くのアメリカ人が理解しているように現実世界の中でそのような二者選択が厳格に求められることはなく、本書の後段では、ある世代における結果の不平等に取り組むことが次世代での機会の不平等に取り組む上での前提条件になる可能性について検討する。McCall, *The Undeserving Rich* を参照。
22. Ben S. Bernanke, “The Level and Distribution of Economic Well-Being,” remarks before the Greater Omaha Chamber of Commerce, Omaha, NE（February 6, 2007）, http://www.federalreserve.gov/newsevents/speech/bernanke20070206a.htm（2014 年 8 月 29 日アクセス）.
23. Frederick Jackson Turner, *The Frontier in American History*（Tucson : University of Arizona Press, 1986 ; orig. pub., 1920）, 212.
24. David M. Potter, *People of Plenty : Economic Abundance and the American Character*（Chicago : University of Chicago Press, 1969 ; orig. pub., 1954）〔渡辺徳郎訳『アメリカの富と国民性』国際文化研究所、1957 年〕, 91–94.
25. このパターンは、ヨーロッパと比較したときのアメリカの公共支出の特徴的なパターンに対応しており、われわれの方は教育への支出が多く、福祉国家的再分配への支出が少なくなっている。以下を参照。Anthony King, “Ideas, Institutions and the Policies of Governments : A Comparative Analysis : Parts I and II,” *British Journal of Political Science* 3（July 1973）: 291–313 ; および Irwin Garfinkel, Lee Rainwater, and Timothy Smeeding, *Wealth and Welfare States : Is America a Laggard or Leader?*（Oxford : Oxford University Press, 2010）.
26. Richard Weiss, *The American Myth of Success : From Horatio Alger to Norman Vincent Peale*（New York : Basic Books, 1969）, 33.
27. 正確な値は質問文の具体的なワーディングに依存するので、グラフにすると多少の上昇下降はあるが、長期的傾向が明確に見られるという証拠はない。
28. Page and Jacobs, *Class War?* ; McCall, *The Undeserving Rich*. Page and Jacobs（p. 51）では、2007 年の段階でわれわれのうち四分の三が「最初は貧しかったとしても、一生懸命働けば、豊かになることがこの国ではまだ可能である」と信じていることが報告されている。それに対し、Gallup（McCall, p. 182 における引用）の報告では、「懸命に働けばそれだけ出世することができる、というこの国における機会に満足している」と答えたアメリカ人の割合は 2001 年の 76%から 2012 年の 53%に低下した。さらに、2014 年の調査の知見では「アメリカンドリーム——すなわち懸命に働けば、出世できるということ——は今日でも真実である、と述べたアメリカ人はおよそ 10 人中 4 人（42%）にすぎなかった

が、［それに対し］半数近く（48%）のアメリカ人は、以前は真実であったアメリカンドリームはもはやそうではない、と考えていた」、その一方で「過半数のアメリカ人（55%）が、この国の最大の問題の一つは、人生で成功するための平等な機会を全ての者が与えられていないことだと考えていた」。Robert P. Jones, Daniel Cox and Juhem Navarro-Rivera, "Economic Insecurity, Rising Inequality, and Doubts About the Future : Findings from the 2014 American Values Survey," Public Religion Research Institute（PRRI）, Washington, DC, September 23, 2014, at http://publicreligion.org/site/wp-content/uploads/2014/09/AVS-web.pdf.
29. Claudia Goldin and Lawrence F. Katz, "Decreasing（and then Increasing）Inequality in America : A Tale of Two Half-Centuries," in *The Causes and Consequences of Increasing Income Inequality*, ed. Finis Welch（Chicago : University of Chicago Press, 2001）, 37–82.
30. Massey, *Categorically Unequal*, 5.
31. この一般的傾向は、個人所得と世帯所得の両方に、また課税前と課税後の所得の両方にあてはまる。所得不平等の増大は単に、好調の時期が訪れた人もいれば不調の時期の人もあったということではなく、上部には安定した富裕者が、底部には安定した貧困者が現れたということの反映である。資産の不平等は所得の不平等よりも絶対的にはさらに大きいが、しかし1970年代の大反転以降の不平等の増大は、資産よりも所得の方が大きかった。Claudia Goldin and Lawrence F. Katz, "The Future of Inequality : The Other Reason Education Matters So Much," *Milken Institute Review*（July 2009）: 28. 以下も参照のこと。Anthony B. Atkinson, Thomas Piketty, and Emmanuel Saez, "Top Incomes in the Long Run of History," *Journal of Economic Literature* 49（March 2011）: 3–71, http://eml.berkeley.edu/~saez/atkinson-piketty-saezJEL10.pdf ; Emmanuel Saez, "Striking it Richer : The Evolution of Top Incomes in the United States," 2013, http://eml.berkeley.edu/~saez/saez-UStopincomes-2012.pdf（2014年11月12日アクセス）; Emmanuel Saez and Thomas Piketty, "Income Inequality in the United States, 1913–1998," *Quarterly Journal of Economics* 118（2013）: 1–39 ; Massey, *Categorically Unequal*.
32. U.S Census Bureau, "Historical Income Tables : Households," Table H-4, http://www.census.gov/hhes/www/income/data/historical/household/（2014年8月30日アクセス）の以下における引用。Jennifer Hochschild and Vesla Weaver, "Class and Group : Political Implications of the Changing American Racial and Ethnic Order"（paper prepared for Inequality Seminar, Harvard Kennedy School, March 26, 2014）.
33. Testimony of Robert Greenstein, Executive Director, Center on Budget and Policy Priorities, prepared for the Subcommittee on Labor, Health and Human Services, Education, and Related Agencies, House Committee on Appropriations（February 13, 2008）における議会予算局データの引用。
34. David H. Autor, "Skills, Education, and the Rise of Earnings Inequality Among the 'Other 99 Percent,' " *Science* 344, 6186（May 23, 2014）: 843–851.
35. Emmanuel Saez, "Striking It Richer : The Evolution of Top Incomes in the United States（Updated with 2012 preliminary estimates）"（Econometrics Laboratory working paper, September 3, 2013）, http://eml.berkeley.edu/~saez/saez-UStopincomes-2012.pdf（2014年8月30日アクセス）. これは課税前の世帯市場所得で計算しており実現キャピタルゲインが含まれている；所得の実質化には消費者物価指数を用いた。
36. 類似の傾向は他の先進国の多く（全てではないが）で見られる。以下を参照のこと。"An Overview of Growing Income Inequalities in OECD Countries : Main Findings" in *Divided We Stand : Why Inequality Keeps Rising*, OECD, 2011, http://www.oecd.org/els/soc/49499779.pdf. 他の先進国と比較したときの米国における経済的不平等拡大について、その実際と帰結をめぐる有用な概観は以下になる。Lane Kenworthy and Timothy Smeeding, "The United States : High and Rapidly-Rising Inequality," in *Changing Inequalities and Societal Impacts in Rich Countries : Thirty Countries' Experiences,* eds. Brian Nolan et al.,（Oxford : Oxford University Press, 2014）, 695–717.
37. Edward N. Wolff, *Top Heavy : A History of Increasing Inequality of Wealth in America and What Can Be Done About It*（New York : New Press, 2002）; Edward N. Wolff, "Wealth Inequality," in *State of the Union : The Poverty and Inequality Report*（Stanford Center on Poverty and Inequality, January 2014）; Michael Hout, "The Correlation Between Income and Happiness Revisited"（unpublished manuscript, 2013）; Jennifer Karas Montez and Anna Zajacova, "Explaining the Widening Education Gap in Mortality Among U.S. White Women," *Journal of Health and Social Behavior* 54（June 2013）: 166–82.
38. Claude S. Fischer and Greggor Mattson, "Is America Fragmenting?," *Annual Review of Sociology* 35（2009）: 437. 分離拡大の測定には、それぞれのケースで方法論的な複雑さがもたらす悩ましさがあるが、しかし基本的事実は十分に明確である。
39. Bischoff and Reardon, "Residential Segregation by Income, 1970–2009" ; Richard Fry and Paul Taylor,

"The Rise of Residential Segregation by Income," *Pew Social and Demographic Trends* (Pew Research Center, August 1, 2012), http://www.pewsocialtrends.org/2012/08/01/the-rise-of-residential-segregation-by-income/ (2014年8月31日アクセス) ; Paul A. Jargowsky, "Concentration of Poverty in the New Millennium : Changes in Prevalence, Composition, and Location of High Poverty Neighborhoods," report by the Century Foundation and Rutgers Center for Urban Research and Education (2013), http://tcf.org/assets/downloads/Concentration_of_Poverty_in_the_New_Millennium.pdf (2014年8月21日アクセス).
40. Susan E. Mayer, "How Did the Increase in Economic Inequality Between 1970 and 1990 Affect Children's Educational Attainment?," *American Journal of Sociology* 107 (July 2012) : 1–32 ; Michael N. Bastedo and Ozan Jaquette, "Running in Place : Low-Income Students and the Dynamics of Higher Education Stratification," *Educational Evaluation and Policy Analysis* 33 (September 2011) : 318–39 ; Caroline M. Hoxby and Christopher Avery, "The Missing 'One-Offs' : The Hidden Supply of High-Achieving, Low Income Students," NBER Working Paper No. 18586 (Cambridge : National Bureau of Economic Research, December 2012).
41. Robert D. Mare, "Educational Assortative Mating in Two Generations : Trends and Patterns Across Two Gilded Ages" (unpublished manuscript, January 2013). ここでは大ざっぱに世紀の「前後半」と言っているが、実際の転換点は、集団間結婚率についても所得不平等性についても1970年の周辺に訪れている。
42. 選択元に教育水準の高い相手候補の数が急増していることを計算に入れてもこのことは事実である。以下を参照のこと。Christine R. Schwartz and Robert D. Mare, "Trends in Educational Assortative Marriage from 1940 to 2003," *Demography* 42 (November 2005) : 621–46 ; および Feng Hou and John Myles, "The Changing Role of Education in the Marriage Market : Assortative Marriage in Canada and the United States Since the 1970s," *Canadian Journal of Sociology* 33 (2008) : 337–66.
43. 最も親密な友人が教育という点で同質的になっているということの一定の根拠としては以下を参照のこと。Jeffrey A. Smith, Miller McPherson, and Lynn Smith-Lovin, "Social Distance in the United States : Sex, Race, Religion, Age, and Education Homophily Among Confidants, 1985 to 2004," *American Sociological Review* 79 (June 2014) : 432–56. 職場において教育による事実上の分離が増加しているということの根拠については以下を参照のこと。Michael Kremer and Eric Maskin, "Wage Inequality and Segregation by Skill," NBER Working Paper No. 5718 (Cambridge : National Bureau of Economic Research, August 1996). 以下は、もはや市民組織が社会的、経済的背景の異なる人々を以前のようには結びつけていないということを強力に論証している。Theda Skocpol, *Diminished Democracy : From Membership to Management in American Civic Life* (Norman : University of Oklahoma Press, 2003).
44. Jacob A. Riis, *How the Other Half Lives : Studies Among the Tenements of New York* (New York : Charles Scribner's Sons, 1890).
45. Michael Hout, "Economic Change and Social Mobility," in *Inequalities of the World*, ed. Göran Therborn (New York : Verso, 2006) ; Elton F. Jackson and Harry J. Crockett, Jr., "Occupational Mobility in the United States : A Point Estimate and Trend Comparison," *American Sociological Review* 29 (February 1964) : 5–15 ; Peter M. Blau and Otis Dudley Duncan, *The American Occupational Structure* (New York : John Wiley, 1967) ; David L. Featherman and Robert M. Hauser, *Opportunity and Change* (New York : Academic Press, 1978) ; Robert M. Hauser and David L. Featherman, "Trends in the Occupational Mobility of U.S. Men, 1962–1970," *American Sociological Review* 38 (June 1973) : 302–10 ; Massey, *Categorically Unequal*.
46. Stephan Thernstrom, *Poverty and Progress : Social Mobility in a Nineteenth Century City* (Cambridge : Harvard University Press, 1964) ; Stephan Thernstrom, *The Other Bostonians : Poverty and Progress in the American Metropolis, 1880-1970* (Cambridge : Harvard University Press, 1973) ; Avery M. Guest, Nancy S. Landale, and James L. McCann, "Intergenerational Occupational Mobility in the Late 19th Century United States," *Social Forces* 68 (December 1989) : 351–78 ; Joseph P. Ferrie, "The End of American Exceptionalism? Mobility in the United States Since 1850," *Journal of Economic Perspectives* 19 (Summer 2005) : 199–215 ; David B. Grusky, "American Social Mobility in the 19th and 20th Centuries," *CDE Working Paper 86-28* (Madison : Center for Demography and Ecology, University of Wisconsin-Madison, September 1986), http://www.ssc.wisc.edu/cde/cdewp/86-28.pdf (2014年8月31日アクセス).
47. Emily Beller and Michael Hout, "Intergenerational Social Mobility : The United States in Comparative Perspective," *Future of Children* 16 (Fall 2006) : 19–36 ; Michael Hout and Alexander Janus, "Educational Mobility in the United States Since the 1930s," in *Whither Opportunity? Rising Inequality, Schools, and Children's Life Chances*, eds. Greg J. Duncan and Richard J. Murnane (New York : Russell Sage Foundation, 2011).

48. Daniel Aaronson and Bhashkar Mazumder, “Intergenerational Economic Mobility in the United States, 1940 to 2000,” *Journal of Human Resources* 43 (Winter 2008) : 139–72 ; および Bhashkar Mazumder, “Is Intergenerational Economic Mobility Lower Now than in the Past?,” *Chicago Fed Letter 297* (Federal Reserve Bank of Chicago, April 2012). 上記は、1950 年代には相対的移動性が上昇したものの、その後 20 世紀後半に出生したコホートについて加速的な割合で低下していった根拠を見いだしている。それとは対照的に、相対的移動性について近年では変化が事実上全く見られないという知見を下記が示している。Raj Chetty, Nathaniel Hendren, Patrick Kline, Emmanuel Saez, and Nicholas Turner, “Is the United States Still a Land of Opportunity? Recent Trends in Intergenerational Mobility,” NBER Working Paper No. 19844 (Cambridge : National Bureau of Economic Research, January 2014) チェティらの結論は、26 歳という若い時点の年間所得が生涯所得に対する信頼できる指標になるという、一般的ではない方法論的仮定に基づいている。しかし他の研究ではこの仮定に疑問が投げかけられているが、その理由としては上層階級出身者については高等教育を受けたり専門職としてのキャリアが始まるのに 30 代までかかる（それゆえ、生涯所得に比べて比較的低額しか得られない）可能性があり、それに対して低層階級出身の子どもの方では同じ年齢で、将来の人生で見込みのない仕事に行き詰まっている傾向が高いということがある。私の息子は 20 代半ばでは（その時点では法務助手《ロークラーク》だった）所得は私のおよそ五分の一で、チェティの方法では息子は劇的な下方移動の例に数えられていただろう。しかし、40 代半ばになった時点の、マンハッタンで上級弁護士をしていた息子の所得はおよそ私の五倍であり、下方移動の事例では全くありえない。この潜在的な「ライフサイクルバイアス」により、社会的移動性の研究者の大半は分析を 40 歳以上の人間に限定することを推奨しており、これによって本文で記した「バックミラー」問題が引き起こされる。この点については以下を参照。Bhashkar Mazumder, “Fortunate Sons : New Estimates of Intergenerational Mobility in the United States Using Social Security Earnings Data,” *The Review of Economics and Statistics* 87 (May 2005) : 235–55 ; Steven Haider and Gary Solon, “Life-Cycle Variation in the Association Between Current and Lifetime Earnings,” *American Economic Review* 96 (September 2006) : 1308–20 ; および Pablo A. Mitnik, Victoria Bryant, David B. Grusky, and Michael Weber, “New Estimates of Intergenerational Mobility Using Administrative Data,” SOI Working Paper (Washington DC : Statistics of Income Division, Internal Revenue Service, 2015). 後者の専門家の方が正しい場合には、われわれの研究が焦点を当てたような若者の生涯移動性を判断するのは時期尚早ということになる。
49. 今日の若者のさまざまなライフステージにおける階級差を見ることで将来の移動性を予測しようとするわれわれの手法は、以下による先駆的手法を真似たものである。Timothy M. Smeeding, *From Parents to Children : The Intergenerational Transmission of Advantage* (New York : Russell Sage Foundation, 2012) および、ブルッキングス研究所のイザベル・ソーヒル、ロン・ハスキンズとリチャード・リーブズの指揮するソーシャル・ゲノムプロジェクト（http://www.brookings.edu/about/centers/ccf/social-genome-project）.
50. 社会階級に関する文献の綿密な概論としては以下を参照。David B. Grusky with Katherine Weisshaar, eds., *Social Stratification : Class, Race, and Gender in Sociological Perspective* (Boulder : Westview, 2014). David B. Grusky, Timothy M. Smeeding, and C. Matthew Snipp, eds., “Monitoring Social Mobility in the Twenty-First Century,” *ANNALS of the American Academy of Political and Social Science* 657 (January 2015), 特にその所収の以下文献。Richard Reeves, “The Measure of a Nation,” 22–26 ; Michael Hout, “A Summary of What We Know about Social Mobility,” 27–36 ; および Florencia Torchek, “Analyses of Intergenerational Mobility : An Interdisciplinary Review,” 37–62.
51. Massey, *Categorically Unequal*, 252.

第二章　家族

1．ベンドの過去と現在についての以下の説明は、下記の長大な未公刊報告書による。“Social Capital, Diversity, and Inequality : Community Field Studies, Final Report on Bend, Oregon,” by Dr. Abigail Fisher Williamson. 2008 年 6 月に完成したこれは、市民リーダー、市民活動家その他の住民に対する 2002 年と 2006 年の訪問で実施された 50 近いインタビューと、新聞や統計アーカイブの広範囲な探索に基づいている。48–49 頁のベンド住民の発言はこのレポートから引用した。現代のライフストーリーは、ジェニファー・M・シルヴァ博士の実施した 2012 年の長時間インタビューにより収集された。このパラグラフの各点については、『ブレティン』紙（オレゴン州ベンド）を引いたウィリアムソン報告書の 3 頁を参照。
2．立ち寄りの客には、ベンドと（第一章で描いた）ポートクリントンとは全く違って見えるだろう――ベンドは景気

よく、ポートクリントンは落ちぶれている。1970 年代の初頭、オハイオ州オタワ郡とオレゴン州デシューツ郡は人口がほぼ同じ（およそ 39,000 人）だったが、40 年後にはデシューツ郡の人口（およそ 158,000 人）は、オタワ郡（41,000 人）のほぼ 4 倍となった。しかしより深いレベルでは、どちらでも裕福な新参者（退職者や別荘所有者、開発事業者その他の彼らにサービス提供する者たち）と貧しい旧住民（衰退に瀕した製材、製造業で失業した肉体労働者）との間で、地域の所得不平等が進行する傾向を示している。金持ちの子どもと貧しい子どもの相対的境遇が地点をまたいでも類似しているということは、そのような階級間の対比が単一種類の地域経済とは、結局のところ結びつかないということを示唆している。
3．住宅建設ブームのせいで、ベンドは大不況《グレート・リセッション》によるひどい打撃を受けた。National City Corp（現 PNC）および Global Insight（現 IHS Global Insight）の 2007 年の報告書で「アメリカで最も法外な価格の住宅市場」と名指しされたそこは 2009 年中に全国で最大の価格下落を経験した。2006 年から 2011 年の間に住宅価格はおよそ半減（47%）まで落ち込み、デシューツ郡の失業率も 17%に到達したが、2013 年までの回復は軌道に乗っており、とりわけ住宅市場ではそうなっている。データは以下より。Zillow, http://www.zillow.com/（2014 年 2 月 27 日アクセス）；および United States Department of Labor, Bureau of Labor Statistics, *Labor Force Statistics from the Current Population Survey*, http://www.bls.gov/cps/home.htm（2014 年 2 月 27 日アクセス）.
4．2008 年の崩壊直後、若年失業率は急増し 2007 年の 11%から 2012 年のベンドでのインタビューの時点では 19 % に な っ た。"Youth Unemployment Rises While Overall Rates Decline," *Oregon Public Broadcasting*, July 17, 2012, http://www.opb.org/news/article/youth-unemployment-rises-while-overall-rates-decline/（2014 年 2 月 27 日アクセス）.
5．"The Story of a Decade," *The Bulletin*（Bend, Oregon）, May 19, 2002, 114.
6．U.S. Census Bureau, American Community Survey, 2008-2012 を、ハーバード大学図書館からアクセスした Social Explorer で集計した。
7．Jerry Casey, "State Releases High School Graduation Rates," *The Oregonian*, July 2, 2009, http://www.oregonlive.com/ education/index.ssf/2009/06/high_school_dropout_rates.html#school（2014 年 2 月 27 日アクセス）.
8．結婚と家族構造の長期傾向をめぐるわれわれの説明は、過去 10 ～ 20 年を通じて優れた研究者集団により生み出された、歴史学および社会学の統合による類いまれな成果を大いに利用している。以下を参照。Maria J. Carlson and Paula England eds., *Social Class and Changing Families in an Unequal America*（Stanford : Stanford University Press, 2011）; Andrew J. Cherlin, *The Marriage-Go-Round : The State of Marriage and the Family in America Today*（New York : Vintage, 2009）; Frank F. Furstenberg, Jr., "Transitions to Adulthood : What We Can Learn from the West," *ANNALS of the American Academy of Political and Social Science* 646（2013）: 28-41 ; Sara McLanahan, "Diverging Destinies : How Children Are Faring Under the Second Demographic Transition," *Demography* 41（2004）: 607-27 ; および Sara McLanahan and Wade Jacobsen, "Diverging Destinies Revisited," in *Families in an Era of Increasing Inequality : Diverging Destinies*, eds. Paul R. Amato, Alan Booth, Susan M. McHale, and Jennifer Van Hook（New York : Springer, forthcoming 2015）; Frank F. Furstenberg, "Fifty Years of Family Change : From Consensus to Complexity," *ANNALS of the American Academy of Political and Social Science* 654（July 2014）: 12-30 ; Wendy D. Manning, Susan L. Brown, and J. Bart Stykes, "Family Complexity Among Children in the United States," *ANNALS of the American Academy of Political and Social Science* 654（July 2014）: 48-65 ; Karen Benjamin Guzzo, "New Partners, More Kids : Multiple-Partner Fertility in the United States," *ANNALS of the American Academy of Political and Social Science* 654（July 2014）: 66-86. 以下も参照。June Carbone and Naomi Cahn, *Marriage Markets : How Inequality Is Remaking the American Family*（New York : Oxford University Press, 2014）.
9．Andrew J. Cherlin, "Demographic Trends in the United States : A Review of Research in the 2000s," *Journal of Marriage and Family* 72（June 2010）: 406.
10．この伝統的結婚に関する代表的な論者、特にフェミニスト的視点からのものには以下が含まれる。Judith Stacey, *Unhitched : Love, Marriage, and Family Values from West Hollywood to Western China*（New York : New York University Press, 2011）; Stephanie Coontz, *The Way We Never Were : American Families and the Nostalgia Trap*（New York : Basic Books, 2000）; Nancy Chodorow, *The Reproduction of Mothering*（Berkeley : University of California Press, 1978）; Arlie Hochschild, *The Second Shift : Working Parents and the Revolution at Home*（New York : Avon, 1990）〔田中和子訳『セカンド・シフト 第二の勤務――アメリカ 共働き革命のいま』朝日新聞社、1990 年〕および John R. Gillis, *A World of Their Own Making : Myth, Ritual, and the Quest for Family Values*（Cambridge : Harvard University Press, 1996）.
11．1950 年代と 1960 年代には、婚前妊娠の 52 ～ 60%はショットガン婚により解決されてきたが、1990 年代初頭

にはそれは23%に落ち込んだことが以下に示されている。The U.S. Census Bureau, "Trends in Premarital Childbearing, 1930 to 1994," by Amara Bachu, *Current Population Reports* (Washington, DC, 1999), 23-197.（大まかに言って）1940年代から1970年代後半までの婚前妊娠とショットガン婚の比率に関する慎重な分析については以下を参照。Paula England, Emily Shafer, and Lawrence Wu, "Premarital Conceptions, Postconception ("Shotgun") Marriages, and Premarital First Births : Educational Gradients in U.S. Cohorts of White and Black Women Born 1925-1959," *Demographic Research* 27 (2012) : 153-66. おおよそ1950年代後半から1970年代後半まで、教育水準の低い白人女性の婚前妊娠は20%から30%に上昇したが、それに対し白人の大卒者での比率は安定して10%程度にとどまっていた。黒人女性の間では、教育水準の低い女性で同じ変化が約50%から70%で、黒人大卒者については約25%から約35%だった。結婚前に妊娠した女性の間での、この期間のショットガン婚率は白人女性で約65%から約45〜50%に、黒人女性で約30%から5〜10%に低下した。
12. これらの主張に対する統計：
・婚前交渉：婚前交渉を「悪くない」と考えるアメリカ人の割合は、1969年から1973年の4年間に24%から47%へと倍増し、その後1970年代を通じて上昇し、1982年の62%へといたった。Robert D. Putnam and David E. Campbell, *American Grace* (New York : Simon & Schuster, 2010), 92-93.
・ショットガン婚：1960年代には新婦のおおよそ半分（52%）が妊娠していたが、20年後のそれは四分の一（27%）にすぎなかった。Patricia H. Shiono and Linda Sandham Quinn, "Epidemiology of Divorce," *Future of Children : Children and Divorce* 4 (1994) : 17.
・離婚：15歳〜44歳既婚女性の年間離婚率は1965年から1980年の間で倍増以上となった。Shiono and Quinn, "Epidemiology of Divorce," 17.
・片親家族：20世紀の前半では片親家族は、親一人の死によって引き起こされたようなものが大半だったが、しかしその割合は1930年代から1970年代にかけて急落した。孤児を除くと、生みの親二人と住んでいる16歳の割合は、1960年代の85%から1990年代の59%に低下している。David T. Ellwood and Christopher Jencks, "The Spread of Single-Parent Families in the United States Since 1960," in *The Future of the Family,* eds. Daniel Patrick Moynihan, Timothy M. Smeeding, and Lee Rainwater (New York : Russell Sage Foundation, 2004), 25-65.
13. George A. Akerlof, Janet L. Yellen, and Michael L. Katz, "An Analysis of Out-of-Wedlock Births in the United States," *Quarterly Journal of Economics* 11 (1996) : 277-317.
14. Cherlin, *The Marriage-Go-Round* ; David Popenoe, *War over the Family* (New Brunswick, NJ : Transaction, 2005) ; Paul R. Amato, "Institutional, Companionate, and Individualistic Marriages : Change over Time and Implications for Marital Quality," in *Marriage at the Crossroads : Law, Policy, and the Brave New World of Twenty-first-Century Families*, eds. Marsha Garrison and Elizabeth S. Scott (Cambridge : Cambridge University Press, 2012), 107-25 ; Robert N. Bellah, Richard Madsen, William M. Sullivan, Ann Swidler, and Steven M. Tipton, *Habits of the Heart : Individualism and Commitment in American Life* (Berkeley : University of California Press, 1985).
15. U.S. Department of Labor, Office of Policy Planning and Research, *The Negro Family : The Case for National Action,* by Daniel P. Moynihan (Washington, DC, 1965).
16. 以下により研究上認識されるようになった。McLanahan, "Diverging Destinies."
17. Steven P. Martin, "Growing Evidence for a 'Divorce Divide'? Education and Marital Dissolution Rates in the U.S. Since the 1970s," working paper (University of Maryland-College Park, 2005), https://www.russellsage.org/sites/all/files/u4/Martin_Growing%20Evidence%20for%20a%20Divorce%20Divide.pdf（2014年5月12日アクセス）; Steven P. Martin, "Trends in Marital Dissolution by Women's Education in the United States," *Demographic Research* 15 (2006) : 552 ; Frank F. Furstenberg, "Fifty Years of Family Change : From Consensus to Complexity," *ANNALS of the American Academy of Political and Social Science* 654 (July 2014) : 12-30.
18. これらの研究の慎重なまとめについては以下を参照。Sara McLanahan and Christine Percheski, "Family Structure and the Reproduction of Inequalities," *Annual Review of Sociology* 34 (August 2008) : 257-76.
19. *Future of Children* 誌の一号全体が脆弱家族を特集している："Fragile Families," *Future of Children* 20 (Fall 2010) : 3-230. 以下も参照。Sara McLanahan, "Family Instability and Complexity After a Nonmarital Birth : Outcomes for Children in Fragile Families," in *Social Class and Changing Families in an Unequal America*, eds. Carlson and England, 108-33 ; Sara McLanahan and Irwin Garfinkel, "Fragile Families : Debates, Facts, and Solutions," in *Marriage at the Crossroads*, eds., Garrison and Scott, 142-69 ; McLanahan and Percheski, "Family Structure and the Reproduction of Inequalities," 257-76 ; Marcia J. Carlson, Sara S. McLanahan, and Jeanne Brooks-Gunn, "Coparent-

ing and Nonresident Fathers' Involvement with Young Children After a Nonmarital Birth," *Demography* 45 (May 2008) : 461–88 ; および Sara McLanahan, Laura Tach, and Daniel Schneider, "The Causal Effects of Father Absence," *Annual Review of Sociology* 39 (July 2013) : 399–427.
20. Cherlin, *The Marriage-Go-Round.*
21. 図 2.2 と図 2.6 は下記からの引用。McLanahan and Jacobsen, "Diverging Destinies Revisited." 教育水準「高」は、教育分布で上位 4 分の 1 の母親を表している；教育水準「低」のカテゴリーが表すのは下位 4 分の 1 にいる母親である。Greg J. Duncan, Ariel Kalil, and Kathleen M. Ziol-Guest, "Increasing Inequality in Parent Incomes and Children's Schooling" (unpublished manuscript, October 2014) は、初産時の母親年齢における階級（所得）格差よりも、全出生の母親年齢における階級（所得）格差の方が急速に拡大していることを最近示しており、よって図 2.2 は全ての子どもに対する母親年齢の階級格差全体の拡大を過小に表している。さらに彼らの知見では、この出生時の母親年齢の階級格差が機会格差全体に対して寄与する大きさは現在、家族構造における階級格差のそれとおおよそ同程度である。
22. Karen Guzzo and Krista K. Payne, "Intentions and Planning Status of Births : 2000–2010," *National Center for Family & Marriage Research*, FP-12-24 (Bowling Green State University, 2012). 以下も参照。S. Philip Morgan, "Thinking About Demographic Family Difference : Fertility Differentials in an Unequal Society," in *Social Class and Changing Families in an Unequal America*, eds. Carlson and England, 50–67. 最近のデータは、意図せざる受胎において教育と所得による差が大きく、また増大中であることを示している：Heather Boonstra et al., *Abortion in Women's Lives* (New York : Guttmacher Institute, 2006) ; Laurence B. Finer and Stanley K. Henshaw, "Disparities in Rates of Unintended Pregnancy in the United States, 1994 and 2001," *Perspectives on Sexual and Reproductive Health* 38 (2006) : 90–96.
23. Kelly Musick et al., "Education Differences in Intended and Unintended Fertility," *Social Forces* 88 (2009) : 543–72 ; Finer and Henshaw, "Disparities in Rates of Unintended Pregnancy in the United States, 1994 and 2001," 90–96 ; Paula England, Elizabeth Aura McClintock, and Emily Fitzgibbons Shafer, "Birth Control Use and Early, Unintended Births : Evidence for a Class Gradient," in *Social Class and Changing Families in an Unequal America*, eds. Carlson and England, 21–49 ; McLanahan, "Family Instability and Complexity After a Nonmarital Birth," 108–33.
24. Martin, "Growing Evidence for a 'Divorce Divide'?"
25. Zhenchao Qian, "Divergent Paths of American Families," in *Diversity and Disparities : America Enters a New Century*, ed. John Logan (New York : Russell Sage Foundation, 2014).
26. Cherlin, "Demographic Trends in the United States," 408.
27. Wendy D. Manning, "Trends in Cohabitation : Twenty Years of Change, 1972–2008," *National Center for Family & Marriage Research* FP-10-07 (2010), http://www.bgsu.edu/content/dam/BGSU/college-of-arts-and-sciences/NCFMR/documents/FP/FP-10-07.pdf (2014 年 4 月 18 日アクセス).
28. Kathryn Edin and Timothy Nelson, *Doing the Best I Can : Fathering in the Inner City* (Berkeley : University of California Press, 2013), 40.
29. McLanahan, "Family Instability and Complexity After a Nonmarital Birth," 117. 同棲する親の破局率についてわずかに低く推定しているものについては以下も参照。Cherlin, "Demographic Trends in the United States," 408.
30. Furstenberg, "Fifty Years of Family Change," 21.
31. Edin and Nelson, *Doing the Best I Can.*
32. McLanahan, "Family Instability and Complexity After a Nonmarital Birth" ; Edin and Nelson, *Doing the Best I Can* ; Kathryn Edin, Timothy Nelson, and Joanna Reed, "Daddy, Baby ; Momma Maybe : Low-Income Urban Fathers and the 'Package Deal' of Family Life," in *Social Class and Changing Families in an Unequal America*, eds. Carlson and England, 85–107 ; Karen Benjamin Guzzo, "New Partner, More Kids : Multiple-Partner Fertility in the United States," *ANNALS of the American Academy of Political and Social Science* 654 (July 2014) : 66–86.
33. Laura Tach, Kathryn Edin, Hope Harvey, and Brielle Bryan, "The Family-Go-Round : Family Complexity and Father Involvement from a Father's Perspective," *ANNALS of the American Academy of Political and Social Science*, 654 (July 2014) : 169–84.
34. McLanahan and Percheski, "Family Structure and the Reproduction of Inequalities," 258–59.
35. 図 2.5 にはシングルマザーとシングルファーザーの両方が含まれている。約 4%の子ども――低所得出身が大半である――は、主として祖父母により育てられている。家族構造におけるこの側面については第三章で論じる。

36. Finer and Henshaw, “Disparities in Rates of Unintended Pregnancy in the United States, 1994 and 2001”; Federal Interagency Forum on Child and Family Statistics, *America's Children : Key National Indicators of Well-Being, 2013*, “Births to Unmarried Women,” http://www.childstats.gov/americaschildren/famsoc2.asp（2014 年 4 月 23 日アクセス）.
37. “Trends in Teen Pregnancy and Childbearing,” Office of Adolescent Health, U.S. Department of Health and Human Services, November 21, 2014, http://www.hhs.gov/ash/oah/adolescent-health-topics/reproductive-health/teen-pregnancy/trends.html（2014 年 12 月 1 日参照）における下記の引用。B. E. Hamilton, J. A. Martin, M. J. K. Osterman, and S. C. Curtin, *Births : Preliminary Data for 2013*（Hyattsville, MD : National Center for Health Statistics, 2014）, http://www.cdc.gov/nchs/data/nvsr/nvsr63/nvsr63_02.pdf（2014 年 11 月 14 日アクセス）; Pamela J. Smock and Fiona Rose Greenland, “Diversity in Pathways to Parenthood : Patterns, Implications, and Emerging Research Directions,” *Journal of Marriage and Family* 72（June 2010）: 579 ; Furstenberg, “Fifty Years of Family Change.” 10 代の出産はしばしば後の非婚出産の前兆となるので、貧しい子どもの直面する問題に対する主要な寄与要因でなかったとしても 10 代の出産は懸念に値する。Marcia J. Carlson and Paula England, “Social Class and Family Patterns in the United States,” in *Social Class and Changing Families in an Unequal America*, eds. Carlson and England, 4–5.
38. McLanahan, “Diverging Destinies.”
39. Suzanne M. Bianchi, John P. Robinson, and Melissa A. Milkie, *Changing Rhythms of American Family Life*（New York : Russell Sage Foundation, 2007）; John F. Sandberg and Sandra L. Hofferth, “Changes in Children's Time with Parents : A Correction,” *Demography* 42（May 2005）: 391–95.
40. Timothy M. Smeeding, “Public Policy, Economic Inequality, and Poverty : The United States in Comparative Perspective,” *Social Science Quarterly* 86（December 2005）: 955–83 ; Sara McLanahan, “Fragile Families and the Reproduction of Poverty,” *ANNALS of the American Academy of Political and Social Science* 621（January 2009）: 111–31 ; および Furstenberg, “Transitions to Adulthood,” これらは結婚パターンにおける類似した階級分岐が、同じ程度ではないにせよ多くの先進西側諸国でも見られることを示している。「複数パートナー生殖」が米国でずっと多く広まっていることは下記による。Cherlin, *The Marriage-Go-Round* ; および Furstenberg, “Transitions to Adulthood.”
41. Cherlin, “Demographic Trends in the United States,” 411–12.
42. Monitoring the Future データアーカイブのわれわれの分析による。1990 年代までのこれらのデータに対するより早期の、また多少ともより楽観的な分析については下記を参照。Arland Thornton and Linda Young-Demarco, “Four Decades of Trends in Attitudes Toward Family Issues in the United States : The 1960s Through the 1990s,” *Journal of Marriage and Family* 63（November 2001）: 1009–37.
43. Cherlin, “Demographic Trends in the United States,” 404.
44. McLanahan and Percheski, “Family Structure and the Reproduction of Inequalities.”
45. England, McClintock, and Shafer, “Birth Control Use and Early, Unintended Births.”
46. Kathryn Edin and Maria J. Kefalas, *Promises I Can Keep*（Berkeley : University of California Press, 2005）の、下記におけるまとめ。Smock and Greenland, “Diversity in Pathways to Parenthood,” 582–83.
47. Linda M. Burton, “Seeking Romance in the Crosshairs of Multiple-Partner Fertility : Ethnographic Insights on Low-Income Urban and Rural Mothers,” *ANNALS of the American Academy of Political and Social Science* 654（July 2014）: 185–212.
48. Ruth Shonle Cavan and Katherine Howland Ranck, *The Family and the Depression*（Chicago : University of Chicago Press, 1938）.
49. “The Great Depression,” Eyewitness to History, http://www.eyewitnesstohistory.com/snprelief1.htm（2014 年 4 月 23 日アクセス）; “The Human Toll,” Digital History, http://www.digitalhistory.uh.edu/disp_textbook.cfm?smtID=2&psid=3434（2014 年 4 月 23 日アクセス）. Matthew Hill, “Love in the Time of Depression : The Effect of Economic Downturns on the Probability of Marriage”（paper presented at UCLA, All-UC/Caltech Economic History Conference, April 22, 2011）, http://www.ejs.ucdavis.edu/Research/All-UC/conferences/2011-spring/Hill_LoveDepression042011.pdf（2014 年 10 月 21 日アクセス）. 上記は、1930 年代の地域の男性失業が結婚率に強い負の影響を与えていたことを検証し、また研究レビューによってアメリカ史の他期間でも不況期と結婚率の間に似たような負の関係があることを報告している。
50. Glen H. Elder, Jr., *Children of the Great Depression : Social Change in Life Experience*（Boulder : Westview, 1999）〔本田時雄ほか訳『新装版 大恐慌の子どもたち』明石書店、1997 年。ただし原書出典に挙がっているのは 25

周年記念版〕.
51. Phillips Cutright, "Illegitimacy in the United States : 1920–1968," from *Growth and the American Future*, Research Reports, vol. 1, *Demographic and Social Aspects of Population Growth*, eds. Charles F. Westoff and Robert Parke (Washington DC : US Government Printing Office, 1972), 381 ; Amara Bachu, *Trends in Premarital Childbearing : 1930 to 1994*, Current Population Reports (Washington, DC : U.S. Census Bureau, 1999), 23–197, http://www.census.gov/prod/99pubs/p23-197.pdf (2014 年 12 月 1 日アクセス).
52. Carlson and England, "Social Class and Family Patterns in the United States," 7.
53. 性行動の開始や避妊手段の利用、自己効力感および自己制御能力において見られる差異のような、その他の「行動的」説明を強調するものとして下記を参照。England, McClintock, and Shafer, "Birth Control Use and Early, Unintended Births."
54. 1996 年以前の福祉制度が家族崩壊を促進したという主張については以下を参照。Charles Murray, *Losing Ground : American Social Policy, 1950–1980* (New York : Basic Books, 1984) ; National Research Council, Robert A. Moffitt, ed., *Welfare, the Family, and Reproductive Behavior : Research Perspectives* (Washington, DC : National Academies Press, 1998) ; および McLanahan and Percheski, "Family Structure and the Reproduction of Inequalities," 263–64. 同じくこの論争に関係しているのは下記の知見である。Juho Härkönen and Jaap Dronkers, "Stability and Change in the Educational Gradient of Divorce : A Comparison of Seventeen Countries," *European Sociological Review* 22 (December 2006) : 501–17. これは、福祉国家政策の拡大が離婚率低下と関連し、とりわけそれは教育水準の低いカップルにおいて成り立つとしており、福祉国家の寛大性が低所得カップルの負担を減少させることを示唆している。
55. Jennifer Glass and Philip Levchak, "Red States, Blue States, and Divorce : Understanding the Impact of Conservative Protestantism on Regional Variation in Divorce Rates," *American Journal of Sociology* 119 (January 2014) : 1002–46.
56. Nicole Shoenberger, "Young Men's Contact with Criminal Justice System," *National Center for Family & Marriage Research* FP-12-01, http://www.bgsu.edu/content/dam/BGSU/college-of-arts-and-sciences/NCFMR/documents/FP/FP-12-01.pdf (2012 年 4 月 24 日アクセス). 同じく下記も参照。Bryan L. Sykes and Becky Pettit, "Mass Incarceration, Family Complexity, and the Reproduction of Childhood Disadvantage," *ANNALS of the American Academy of Political and Social Science* 654 (July 2014) : 127–49.
57. Becky Pettit and Bruce Western, "Mass Imprisonment and the Life Course : Race and Class Inequality in U.S. Incarceration," *American Sociological Review* 69 (2004) : 151–69 ; Christopher Wildeman, "Parental Imprisonment, the Prison Boom, and the Concentration of Childhood Disadvantage," *Demography* 46 (2009) : 265–80.
58. John Hagan and Holly Foster, "Intergenerational Educational Effects of Mass Imprisonment in America," *Sociology of Education* 85 (2012) : 259–86. 親の刑事収容が子どもの精神的健康に及ぼす影響については以下を参照。Kristin Turney, "Stress Proliferation Across Generations? Examining the Relationship Between Parental Incarceration and Childhood Health," *Journal of Health and Social Behavior* 55 (September 2014) : 302–19 ; および Sykes and Pettit, "Mass Incarceration, Family Complexity, and the Reproduction of Childhood Disadvantage."
59. これらの研究の慎重なまとめとしては下記を参照。McLanahan and Percheski, "Family Structure and the Reproduction of Inequalities."
60. Sara McLanahan and Gary Sandefur, *Growing Up with a Single Parent : What Hurts, What Helps* (Cambridge : Harvard University Press, 1994) ; Wendy Sigle-Rushton and Sara McLanahan, "Father Absence and Child Wellbeing : A Critical Review," in *The Future of the Family*, eds. Moynihan, Smeeding, and Rainwater ; Paul R. Amato, "The Impact of Family Formation Change on the Cognitive, Social, and Emotional Well-Being of the Next Generation," *The Future of Children* 15 (Fall 2005) : 75–96.
61. Sigle-Rushton and McLanahan, "Father Absence and Child Wellbeing."
62. Bruce J. Ellis et al., "Does Father Absence Place Daughters at Special Risk for Early Sexual Activity and Teenage Pregnancy?," *Child Development* 74 (May 2003) : 801–21 ; Kathleen E. Kiernan and John Hobcraft, "Parental Divorce During Childhood : Age at First Intercourse, Partnership and Parenthood," *Population Studies* 51 (March 1997) : 41–55 ; Susan Newcomer and J. Richard Udry, "Parental Marital Status Effects on Adolescent Sexual Behavior," *Journal of Marriage and Family* 49 (May 1987) : 235–40 ; Sara McLanahan, "Father Absence and the Welfare of Children," in *Coping with Divorce, Single Parenting, and Remarriage : A Risk and Resiliency Perspective*, ed. E. Mavis Hetherington (Mahwah, NJ : Lawrence Erlbaum, 1999), 117–45 ; Arline T. Geronimus and Sanders Korenman, "The Socioeconomic Consequences of Teen Childbearing Reconsidered," *Quarterly Journal of Economics*

107 (November 1992) : 1187-1214.
63. Furstenberg, "Fifty Years of Family Change" ; Laura Tach, "Family Complexity, Childbearing, and Parenting Stress : A Comparison of Mothers' and Fathers' Experiences," *National Center for Family and Marriage Research* WP-12-09 (Bowling Green State University, 2012) ; McLanahan and Garfinkel, "Fragile Families," 142-69 ; Furstenberg, "Transitions to Adulthood" ; McLanahan, "Family Instability and Complexity After a Nonmarital Birth," 108-33 ; Edin and Nelson, *Doing the Best I Can ;* Carlson and England, "Social Class and Family Patterns in the United States," 6.
64. Sara McLanahan and Christopher Jencks, "Was Moynihan Right? : What Happens to the Children of Unmarried Mothers," *Education Next* 15 (Spring 2015) : 16-22 ; McLanahan, Tach, and Schneider, "The Causal Effects of Father Absence," 399-427. 対照的に大学教育や高い成人所得を得るという点においては、片親家族の子どもの方が成果が低いという一貫した根拠はいまだほとんどない。
65. Isabel V. Sawhill, *Generation Unbound : Drifting into Sex and Parenthood Without Marriage* (Washington, DC : Brookings Institution Press, 2014), 6.
66. Raj Chetty, Nathaniel Hendren, Patrick Kline, and Emmanuel Saez, "Where Is the Land of Opportunity? The Geography of Intergenerational Mobility in the United States," NBER Working Paper No. 19843 (Cambridge : National Bureau of Economic Research, January 2014).

第三章　育児

1. Frederick Allen, *Atlanta Rising : The Invention of an International City, 1946–1996* (Marietta, GA : Longstreet, 1996).
2. Alan Berube, "All Cities Are Not Created Unequal," *Metropolitan Opportunity Series*, Brookings Institution, February 20, 2014, http://www.brookings.edu/research/papers/2014/02/cities-unequal-berube (2014年5月7日アクセス).
3. Robert D. Bullard, Glenn S. Johnson, and Angel O. Torres, "The State of Black Atlanta : Exploding the Myth of Black Mecca," *Environmental Justice Resource Center at Clark Atlanta University* (February 25, 2010), http://www.ejrc.cau.edu/State_of_Black_Atlanta_Exploding_the_Myth_of_Black_Mecca.pdf (2014年5月7日アクセス).
4. アトランタは2000年以降、アジア系アメリカ人やラティーノの多数もやはり引きつけているが、これらのグループはアトランタではまだ黒人と白人の数に圧倒されている。このパラグラフのデータについては下記を参照。"State of Metropolitan America : On the Front Lines of Demographic Transformation," Metropolitan Policy Program (Washington, DC : Brookings Institution, 2010), http://www.brookings.edu/~/media/research/files/reports/2010/5/09%20metro%20america/metro_america_report.pdf (2014年9月19日アクセス).
5. 1970～1990年のデータは下記より。David L. Sjoquist, ed., *The Atlanta Paradox* (New York : Russell Sage Foundation, 2000), 26, Table 2.5 ; 2000～2010年のデータは下記より。The Atlanta Regional Commission, "Census 2010," http://www.atlantaregional.com/File%20Library/About%20Us/the%20region/county_census2010.xls (2014年9月19日アクセス).
6. 米国国勢調査局データ。2010年にアトランタ市の世帯所得中央値は白人で76,106ドルと、黒人での値23,692ドルの3倍以上であった。これは10大都市圏の中央都市の中では群を抜いて最大の人種格差であり、さらにその他のアメリカ主要都市の大半よりも大きい。
7. 1970年から2010年にかけ、アトランタの黒人家族のうち25,000ドル（2010年インフレ調整ドル）未満で生活する割合はほとんど変化がなく31%から30%に下落しただけだったが、所得10万ドル以上の黒人家族の割合は倍増以上となり、6%から13%に上昇した。著者による下記データの分析より。Steven Ruggles, J. Trent Alexander, Katie Genadek, Ronald Goeken, Matthew B. Schroeder, and Matthew Sobek, "*Integrated Public Use Microdata Series : Version 5.0* [Machine-readable database]," (Minneapolis : University of Minnesota, 2010).
8. Raj Chetty, Nathaniel Hendren, Patrick Kline, and Emmanuel Saez, "Where Is the Land of Opportunity? The Geography of Intergenerational Mobility in the United States," NBER Working Paper No. 19843 (Cambridge : National Bureau of Economic Research, January 2014).
9. この家族の国勢調査区はおよそ25%が黒人で、子どもの貧困率は7%である。富裕地であるが、それはバッ

クヘッド地区ではない。
10. ミシェルの居住地の移り変わりは、アトランタがいかに変化したかと、その発展の中での彼女の居場所について明らかにするストーリーを語っている。
・未就学児のとき彼女が住んでいたのはアトランタ市のちょうど南だった。当時その地区は黒人が50%で子どもの貧困率は29%だった。現在そこは黒人が63%で、子どもの貧困率は53%である。
・小学校のとき、彼女はさらに15マイル〔約24キロ〕南に転居した。2000年時点で彼女の国勢調査区は黒人が40%、子どもの貧困率は18%だった。現在では黒人が82%で子どもの貧困率は25%になっている。彼女がそこに暮らしていたのは、そのような変化の最中だった。
・高校に入学したとき、一家はもう22マイル〔約35キロ〕南に転居した。2000年にはそこは未開発の田舎で、黒人が10%、子どもの貧困率は4%だった。現在そこは黒人31%、子どもの貧困率21%である。
このように彼女の一家はアトランタ都市圏の南部を、黒人化、貧困化が進行していく地域の中へと移動していったのだが、彼女らが脱出したもとの地域は現在ではさらに黒人化と貧困化が進行しているのである。
11. イライジャのこれまでの人生の軌跡は非常に込み入ったものであったことと、その暮らしの中にあった大人の誰にもインタビューすることができなかったので、彼の居住地域を正確に再構成することはできなかった。しかしそれらは例外なく黒人が多く、貧しい場所だった。
12. シモーヌはのちに子どもの学校教育に深く関わったことから、学校関係者がその才能に気づくようになり、ジョージア州のある小学校長が彼女を臨時の特殊教育教員として採用した。彼女はその後修士号を取り、最近では地域の「今年度の教師」に選ばれた。
13. 15年の時が隔たり、文化的境界も越えているところにあるので、5歳のミシェルの苦悩の背後に何があったのかを確証することは不可能だが、当時周辺で起こっていた出来事として、両親ともそれぞれが再婚に踏み出しつつあったことがあり、そのことをミシェルとローレンは、人生の中で最もストレスの高い経験と表現している。さらに、ステファニーは夫と同様に仕事の方も変えつつあり、家族内でのストレスは著しく高かったであろうと思われる。ミシェルはあとになってさまざまな学習障害と診断されることになるが、早期のエピソードにはこれが何らかの役割を果たしていたかもしれない。
14. 「計画的育成《コンサーテッド・カルチベーション》」という用語は社会学者アネット・ラルーに由来するもので、本章の後段で議論する。
15. これは誤植ではない。10秒のうちに、ジェームズに引き金を引いてほしかったということと、引いてほしくなかったということの両方をイライジャは述べた。
16. 殺人にまつわるこの幼少期の年代記は、信じがたいものに聞こえるかもしれない。しかし1994年（イライジャが3歳になった年）には、ニューオリンズでは421件、すなわち1日1件以上の殺人があり、それらの大半はイライジャの祖父が住んでいた地域に集中していた——これは最近数十年間のアメリカのどの主要都市よりも高い年間殺人率である。
17. イライジャが短期的に働いた企業はとある直販会社で、教育水準の低い若年労働者を詐欺的運営で搾取していると指摘されたことがある。
18. Institute of Medicine, *From Neurons to Neighborhoods : The Science of Early Child Development*, eds. Jack P. Shonkoff and Deborah A. Phillips (Washington, DC : National Academies Press, 2000). 本節はハーバード大学子ども発達センター（http://developingchild.harvard.edu/）の編集による、すぐれたワーキングペーパーおよび解説に多くを依拠している。センターを創設した所長で医師のジャック・P・ションコフ教授に、指導と励ましをいただいたことを感謝する。しかし本分野についてのここでのまとめは、私一人のみが責任を負うものである。その他主要な引用文献には以下がある。Paul Tough, *How Children Succeed : Grit, Curiosity, and the Hidden Power of Character* (New York : Houghton Mifflin Harcourt, 2012)〔高山真由美訳『成功する子 失敗する子——何が「その後の人生」を決めるのか』英知出版、2013年〕; Gary W. Evans and Michelle A. Schamberg, "Childhood Poverty, Chronic Stress, and Adult Working Memory," *The Proceedings of the National Academy of Sciences* 106 (April 21, 2009) : 6545–49 ; James J. Heckman, "Skill Formation and the Economics of Investing in Disadvantaged Children," *Science* 312 (June 2006) : 1900–1902 ; James J. Heckman, "An Effective Strategy for Promoting Social Mobility," *Boston Review* (September/October 2012) ; Eric I. Knudsen, James J. Heckman, Judy L. Cameron, and Jack P. Shonkoff, "Economic, Neurobiological, and Behavioral Perspectives on Building America's Future Workforce," *The Proceedings of the National Academy of Sciences* 103 (July 5, 2006) : 10155–62 ; および Jack P. Shonkoff, Andrew S. Garner, The Committee on Psychosocial Aspects of Child and Family Health, Committee on Early Childhood, Adoption, and Dependent Care, and Section on Developmental and Behavioral Pediatrics, "The Lifelong Effects of Early Childhood Adversity and Toxic Stress," *Pediatrics* 129 (January 1, 2012) : e232–46.
19. National Scientific Council on the Developing Child, "Young Children Develop in an Environment of Rela-

tionships," Center on the Developing Child Working Paper No. 1 (2004).
20. Marilyn Jager Adams, *Beginning to Read : Thinking and Learning About Print* (Cambridge : MIT Press, 1990) ; Kaisa Aunola, Esko Leskinen, Marja-Kristiina Lerkkanen, and Jari-Erik Nurmi, "Developmental Dynamics of Math Performance from Preschool to Grade 2," *Journal of Educational Psychology* 96 (December 2004) : 699–713 ; Arthur J. Baroody, "The Development of Adaptive Expertise and Flexibility : The Integration of Conceptual and Procedural Knowledge," in *The Development of Arithmetic Concepts and Skills : Constructing Adaptive Expertise Studies*, ed. Arthur J. Baroody and Ann Dowker (Mahwah, NJ : Lawrence Erlbaum, 2003), 1–34 ; Herbert P. Ginsburg, Alice Klein, and Prentice Starkey, "The Development of Children's Mathematical Thinking : Connecting Research with Practice," in *Handbook of Child Psychology : Child Psychology and Practice*, 5th ed, Vol. 4, eds. Irving E. Sigel and Anne Renninger (New York : John Wiley and Sons, 1998), 401–76 ; Elizabeth P. Pungello, Janis B. Kupersmidt, Margaret R. Burchinal, and Charlotte J. Patterson, "Environmental Risk Factors and Children's Achievement from Middle Childhood to Early Adolescence," *Developmental Psychology* 32 (July 1996) : 755–67 ; Hollis S. Scarborough, "Connecting Early Language and Literacy to Later Reading (Dis) Abilities : Evidence, Theory, and Practice," in *Handbook of Early Literacy Research*, eds. Susan B. Neuman and David K. Dickinson (New York : Guilford, 2001), 97–110 ; Stacy A. Storch and Grover J. Whitehurst, "Oral Language and Code-Related Precursors to Reading : Evidence from a Longitudinal Structural Model," *Developmental Psychology* 38 (November 2002) : 934–47 ; Harold W. Stevenson and Richard S. Newman, "Long-term Prediction of Achievement and Attitudes in Mathematics and Reading," *Child Development* 57 (June 1986) : 646–59 ; Grover J. Whitehurst and Christopher J. Lonigan, "Child Development and Emergent Literacy," *Child Development* 69 (June 1998) : 848–72.
21. Tough, *How Children Succeed ;* Walter Mischel, Yuichi Shoda, and Monica Larrea Rodriguez, "Delay of Gratification in Children," *Science* 244 (May 26, 1989) : 933–38 ; Angela L. Duckworth and Martin E. P. Seligman, "Self-Discipline Outdoes IQ in Predicting Academic Performance of Adolescents," *Psychological Science* 16 (December 2005) : 939–44 ; James J. Heckman, Jora Stixrud, and Sergio Urzua, "The Effects of Cognitive and Noncognitive Abilities on Labor Market Outcomes and Social Behavior," *Journal of Labor Economics* 24 (July 2006) : 411–82 ; Flavio Cunha and James Heckman, "The Technology of Skill Formation," *American Economic Review* 97 (May 2007) : 31–47.
22. Center on the Developing Child, "Science of Neglect," InBrief Series, Harvard University, 1, http://developingchild.harvard.edu/index.php/download_file/-/view/1340/ (2014 年 5 月 7 日アクセス).
23. Charles A. Nelson, Nathan A. Fox, and Charles H. Zeanah, *Romania's Abandoned Children : Deprivation, Brain Development, and the Struggle for Recovery* (Cambridge : Harvard University Press, 2014).
24. American Academy of Pediatrics, Early Brain and Childhood Development Task Force, "A Public Health Approach to Toxic Stress" (2011), http://www.aap.org/en-us/advocacy-and-policy/aap-health-initiatives/EBCD/Pages/Public-Health-Approach.aspx (2014 年 5 月 7 日アクセス).
25. Vincent J. Felitti et al., "Relationship of Childhood Abuse and Household Dysfunction to Many of the Leading Causes of Death in Adults : The Adverse Childhood Experiences (ACE) Study," *American Journal of Preventive Medicine* 14 (May 1998) : 245–58 ; Vincent J. Felitti and Robert F. Anda, "The Relationship of Adverse Childhood Experiences to Adult Medical Disease, Psychiatric Disorders and Sexual Behavior : Implications for Healthcare," in *The Impact of Early Life Trauma on Health and Disease : The Hidden Epidemic*, eds. Vincent J. Felitti and Robert F. Anda (Cambridge : Cambridge University Press, 2010), 77–87.
26. Heckman, "An Effective Strategy for Promoting Social Mobility."
27. Gene H. Brody et al., "Is Resilience Only Skin Deep? Rural African Americans' Socioeconomic Status-Related Risk and Competence in Preadolescence and Psychological Adjustment and Allostatic Load at Age 19," *Psychological Science* 24 (July 2013) : 1285–93.
28. "John Henry," http://www.springsteenlyrics.com/lyrics/j/johnhenry.php (2014 年 5 月 8 日アクセス).
29. 貧しい子ども（連邦政府貧困線 200%未満）：親の死 4%；親の収監 11%；親からの身体的虐待を経験 10%；近隣地域の暴力を経験 12%；精神疾患を抱える家族メンバーがいる 10%；アルコール／ドラッグ問題を抱える家族メンバーがいる 13%。非貧困の子ども（連邦政府貧困線 400%超）：2%；2%；3%；4%；6%；6%。下記のデータより。"National Survey of Children's Health," Data Resource Center for Child and Adolescent Health, Child and Adolescent Health Measurement Initiative (2011/12).
30. Kirby Deater-Deckard, *Parenting Stress* (New Haven : Yale University Press, 2004) ; Keith Crnic and

Christine Low, “Everyday Stresses and Parenting,” in *Handbook of Parenting*, 2nd ed. : Vol. 5 : *Practical Issues in Parenting*, ed. Marc H. Bornstein (Mahwah, NJ : Lawrence Erlbaum, 2002), 243–68, 特に 250 頁。
31. Jeewook Choi, Bumseok Jeong, Michael L. Rohan, Ann M. Polcari, and Martin H. Teicher, “Preliminary Evidence for White Matter Tract Abnormalities in Young Adults Exposed to Parental Verbal Abuse,” *Biological Psychiatry* 65 (February 2009) : 227–34.
32. National Scientific Council on the Developing Child, *Excessive Stress Disrupts the Architecture of the Developing Brain : Working Paper* 3 (2005/2014) : 4, 6 ; Center on the Developing Child, “The Impact of Early Adversity on Children's Development,” InBrief Series, Harvard University, http://developingchild.harvard.edu/index.php/resources/briefs/inbrief_series/inbrief_the_impact_of_early_adversity/ (2014 年 6 月 6 日アクセス).
33. Ian C. G. Weaver, Nadia Cervoni, Frances A. Champagne, Ana C. D'Alessio, Shakti Sharma, Jonathan R. Seckl, Sergiy Dymov, Moshe Szyf, and Michael J. Meaney, “Epigenetic Programming by Maternal Behavior,” *Nature Neuroscience* 7 (August 2004) : 847–54. 実のところミーニーの研究は、「生まれか育ちか」の間の古めかしい区別に疑問を投げかける一助となっている。ある世代がなめたり毛づくろいすることは、次世代に遺伝的に伝達されるように思われるからである。しかしこの研究のエピジェネティックな側面については、ここでのわれわれの関心に対する直接的な関連は低い。
34. Philip A. Fisher, Megan R. Gunnar, Mary Dozier, Jacqueline Bruce, and Katherine C. Pears, “Effects of Therapeutic Interventions for Foster Children on Behavioral Problems, Caregiver Attachment, and Stress Regulatory Neural Systems,” *Annals of the New York Academy of Sciences* 1094 (December 2006) : 215–25.
35. Byron Egeland, “Taking Stock : Childhood Emotional Maltreatment and Developmental Psychopathology,” *Child Abuse & Neglect* 33 (January 2009) : 22–26. エグランドの議論は下記の愛着理論の古典に基いている。Mary Ainsworth, “Attachment as Related to Mother-Infant Interaction,” in *Advances in the Study of Behavior* (New York : Academic Press, 1979), 1–51.
36. Yann Algan, Elizabeth Beasley, Frank Vitaro, and Richard E. Tremblay, “The Long-Term Impact of Social Skills Training at School Entry : A Randomized Controlled Trial” (Paris : Centre National de la Recherche Scientifique, November 28, 2013). https://www.gate.cnrs.fr/IMG/pdf/MLES_14_nov_2013-1.pdf.
37. Gary W. Evans, “The Environment of Childhood Poverty,” *American Psychologist* 59 (February/March 2004) : 77–92 およびそこに引用された論文 ; Jamie L. Hanson, Nicole Hair, Dinggang G. Shen, Feng Shi, John H. Gilmore, Barbara L. Wolfe, and Seth D. Pollack, “Family Poverty Affects the Rate of Human Infant Brain Growth,” *PLOS ONE* 8 (December 2013) 上記は貧しい親の所得を直接増加させることが、子どもの認知的パフォーマンスと社会行動に対して測定可能なプラスの影響を持つことを報告しており、社会階級と児童発達の間のリンクが因果関係であって、疑似的なものでないということを強く示唆している。
38. S. J. Lupien, S. King, M. J. Meaney, and B. S. McEwen, “Can Poverty Get Under Your Skin? Basal Cortisol Levels and Cognitive Function in Children from Low and High Socioeconomic Status,” *Development and Psychopathology* (2001) : 653–76 ; G. W. Evans, C. Gonnella, L. A. Marcynyszyn, L. Gentile, and N. Salpekar, “The Role of Chaos in Poverty and Children's Socioemotional Adjustment,” *Psychological Science* 16 (2005) : 560–65.
39. Pilyoung Kim, Gary W. Evans, Michael Angstadt, S. Shaun Ho, Chandra S. Sripada, James E. Swain, Israel Liberzon, and K. Luan Phan, “Effects of Childhood Poverty and Chronic Stress on Emotion Regulatory Brain Function in Adulthood,” *The Proceedings of the National Academy of Sciences* 110 (November 12, 2013) : 18442–47.
40. Amedeo D'Angiulli, Anthony Herdman, David Stapells, and Clyde Hertzman, “Children's Event-Related Potentials of Auditory Selective Attention Vary with Their Socioeconomic Status,” *Neuropsychology* 22 (May 2008) : 293–300.
41. Hanson et al., “Family Poverty Affects the Rate of Human Infant Brain Growth.”
42. 母親による子どもとの言語的相互作用が、母親の教育水準と強く相関しているという多数の根拠の文献リストについては下記を参照。Erika Hoff, Brett Laursen, and Twila Tardif, “Socioeconomic Status and Parenting,” in *Handbook of Parenting*, 2nd ed. : Vol. 2 : *Biology and Ecology of Parenting*, ed. Marc H. Bornstein (Mahwah, NJ : Lawrence Erlbaum, 2002), 238–39.
43. Betty Hart and Todd R. Risley, *Meaningful Differences in the Everyday Experience of Young American Children* (Baltimore : Paul H. Brookes, 1995) ; Anne Fernald, Virginia A. Marchman, and Adriana Weisleder, “SES Differences in Language Processing Skill and Vocabulary Are Evident at 18 Months,” *Developmental Science* 16 (March 2013) : 234–48.

44. Greg J. Duncan and Richard J. Murnane, *Restoring Opportunity : The Crisis of Inequality and the Challenge for American Education* (New York : Russell Sage Foundation, 2014), 32.
45. Jeanne Brooks-Gunn, Flavio Cunha, Greg J. Duncan, James J. Heckman, and Aaron J. Sojourner, "A Reanalysis of the IHDP Program" (unpublished manuscript, Infant Health and Development Program, Northwestern University, 2006) ; Pedro Carneiro and James J. Heckman, "Human Capital Policy" in *Inequality in America : What Role for Human Capital Policies?*, eds. James J. Heckman, Alan B. Kruger, and Benjamin M. Friedman (Cambridge : MIT Press, 2003), 77–239.
46. Meredith L. Rowe, "Child-Directed Speech : Relation to Socioeconomic Status, Knowledge of Child Development and Child Vocabulary Skill," *Journal of Child Language* 35 (February 2008) : 185–205.
47. Urie Bronfenbrenner, "Ecological Systems Theory," in *Annals of Child Development*, Vol. 6, ed. Ross Vasta (Greenwich, CT : JAI Press, 1989), 187–249 ; Sharon Hays, *The Cultural Contradictions of Motherhood* (New Haven : Yale University Press, 1996) ; Julia Wrigley, "Do Young Children Need Intellectual Stimulation? Experts' Advice to Parents, 1900–1985," *History of Education Quarterly* 29 (Spring 1989) : 41–75 ; Maryellen Schaub, "Parenting for Cognitive Development from 1950 to 2000 : The Institutionalization of Mass Education and the Social Construction of Parenting in the United States," *Sociology of Education* 83 (January 2010) : 46–66.
48. Scott Coltrane, *Family Man : Fatherhood, Housework, and Gender Equity* (Oxford : Oxford University Press, 1996).
49. さまざまな研究で異なる社会経済的地位（socioeconomic status, SES）の指標が用いられており、その中には職業上の地位や所得が含まれるが、学歴（特に母親の学歴）は、育児における差異をとりわけ最も強く予測するSES 要因である。
50. Annette Lareau, *Unequal Childhoods : Class, Race, and Family Life ; Second Edition, With an Update a Decade Later* (Berkeley : University of California Press, 2011). 下記も参照。Jessica McCrory Calarco, "Coached for the Classroom : Parents' Cultural Transmission and Children's Reproduction of Educational Inequalities," *American Sociological Review* 79 (September 2009) : 1015–37.
51. Hoff, Laursen, and Tardif, "Socioeconomic Status and Parenting," 231–52.
52. Hart and Risley, *Meaningful Differences in the Everyday Experience of Young American Children*. 親の社会経済的地位における図 3.2 の 3 つのカテゴリは、Hart and Risley から直接来たものである。
53. Kirby Deater-Deckard, *Parenting Stress* (New Haven : Yale University Press, 2004) ; Hoff, Laursen, and Tardif, "Socioeconomic Status and Parenting," 239 ; Ronald L. Simons, Les B. Whitbeck, Janet N. Melby, and Chyi-In Wu, "Economic Pressure and Harsh Parenting," in *Families in Troubled Times : Adapting to Change in Rural America*, eds. Rand D. Conger and Glen H. Elder, Jr. (New York : Aldine De Gruyter, 1994), 207–22 ; Rand D. Conger and M. Brent Donnellan, "An Interactionist Perspective on the Socioeconomic Context of Human Development," *Annual Review of Psychology* 58 (2007) : 175–99.
54. Frank F. Furstenberg, Thomas D. Cook, Jacquelynne Eccles, Glen H. Elder, Jr., and Arnold Sameroff, *Managing to Make It : Urban Families and Adolescent Success* (Chicago : University of Chicago Press, 1999). ステファニーは育児スタイルを人種に帰するものとしていたが、より重要なのは実際には階級である。
55. Jane Waldfogel and Elizabeth Washbrook, "Income-Related Gaps in School Readiness in the United States and the United Kingdom," in *Persistence, Privilege, and Parenting : The Comparative Study of Intergenerational Mobility*, eds. Timothy M. Smeeding, Robert Erikson, and Markus Jantti (New York : Russell Sage Foundation, 2011). 課外活動への参加は第四章で論じられる。
56. Betty Hart and Todd R. Risley, "The Early Catastrophe : The 30 Million Word Gap by Age 3," *American Educator* 27 (Spring 2003) : 4–9 ; Helen Raikes et al., "Mother-Child Bookreading in Low-Income Families : Correlates and Outcomes During the First Three Years of Life," *Development* 77 (July 2006) : 924–53 ; Robert H. Bradley, Robert F. Corwyn, Harriette Pipes McAdoo, and Cynthia Garcia Coll, "The Home Environments of Children in the United States, Part II : Relations with Behavioral Development Through Age Thirteen," *Child Development* 72 (November 2001) : 1868–86.
57. Jane Waldfogel and Elizabeth Washbrook, "Early Years Policy," *Child Development Research* 2011 (2011) : 特に 5 頁。そこに引用された他の文献レビューも参照。
58. Jane Waldfogel, *What Children Need* (Cambridge : Harvard University Press, 2006), 161. さらなる検証については下記を参照。Kelly Musick and Ann Meier, "Assessing Causality and Persistence in Associations Between

Family Dinners and Adolescent Well-Being," *Journal of Marriage and Family* 74 (June 2012) : 476-93.
59. この図は年次の DDB Needham Life Style Surveys に基づくもので、下記にその説明がある。Robert D. Putnam, *Bowling Alone : The Collapse and Revival of American Community* (New York : Simon & Schuster, 2000)〔柴内康文訳『孤独なボウリング――米国コミュニティの崩壊と再生』柏書房、2006 年〕, 420-24. 質問は単純に以下の賛否を聞くものである：「家族みなでいつも夕食を一緒にするようにしている」。家族の夕食に関する質問は他調査でも尋ねられることがあり、例えば 2003 年と 2007 年実施の National Surveys of Children's Health があるが、数年に、また 2000 年以降に限られたものなので、長期的傾向を検知する上での有用さに欠ける。図 3.3 は家に 18 歳以下の子どものいる親に限定されていて、片親／双親家族の差を考慮するようにウェイト付けされている。
60. Sabino Kornrich and Frank Furstenberg, "Investing in Children : Changes in Parental Spending on Children, 1972-2007," *Demography* 50 (February 2013) : 1-23 ; Neeraj Kaushal, Katherine Magnuson, and Jane Waldfogel, "How Is Family Income Related to Investments in Children's Learning?," in *Whither Opportunity? Rising Inequality, Schools and Children's Life Chances*, eds. Greg J. Duncan and Richard J. Murnane (New York : Russell Sage Foundation, 2011), 187-206.
61. Rand D. Conger, Katherine J. Conger, and Monica J. Martin, "Socioeconomic Status, Family Processes, and Individual Development," *Journal of Marriage and Family* 72 (June 2010) : 685-704, 特に 695 頁。
62. Evrim Altintas, "Widening Education-Gap in Developmental Childcare Activities in the U.S.," *Journal of Marriage and Family* (forthcoming 2015) が図 3.5 の出典である。このトピックについての以前の研究と異なって、図 3.5 に示されたデータでは非同居の父親が育児で行った、非常に短時間の投資を考慮に入れる調整が行われている；低教育水準世帯の子どもではシングルマザーによる子育てが行われている割合が大きく、また増加中であるので、階級格差の規模と成長に対しこの調整は実質的影響を与えている。このトピックに関する以前の成果としては以下を参照。Garey Ramey and Valerie A. Ramey, "The Rug Rat Race," Brookings Papers on Economic Activity (Economic Studies Program, Brookings Institution, Spring 2010), 129-99 ; Meredith Phillips, "Parenting, Time Use, and Disparities in Academic Outcomes," in *Whither Opportunity? Rising Inequality, Schools and Children's Life Chances*, eds. Duncan and Murnane, 207-28 ; および Ariel Kalil, Rebecca Ryan, and Michael Corey, "Diverging Destinies : Maternal Education and the Developmental Gradient in Time with Children," *Demography* 49 (November 2012) : 1361-83. 後者では、特定の年齢において子どもの発達に特に重要な育児活動（0 ～ 2 歳における遊びと基本的ケア、3 ～ 5 歳における教え／話しかけ／読み聞かせ、6 ～ 13 歳における管理／組織活動）で教育格差が最も大きいことが示されている。
63. 「教育水準の高い親の子どもは、低教育水準の親の子どもと比べて有意にテレビ視聴時間が短く、学習、読書時間が長い」Sandra L. Hofferth and John F. Sandberg, "How American Children Spend Their Time," *Journal of Marriage and Family* 63 (May 2001) : 295-308 ; John F. Sandberg and Sandra L. Hofferth, "Changes in Children's Time with Parents : A Correction," *Demography* 42 (2005) : 391-95 ; Suzanne M. Bianchi and John Robinson, "What Did You Do Today? Children's Use of Time, Family Composition, and the Acquisition of Social Capital," *Journal of Marriage and Family* 59 (May 1997) : 332-44.
64. Jay Belsky et al., "Are There Long Term Effects of Early Child Care?," *Child Development* 78 (March 2007) : 681-701 ; Peg Burchinal et al., "Early Care and Education Quality and Child Outcomes," Office of Planning, Research and Evaluation, U.S. Department of Health and Human Services (Washington, DC : OPRE Research to Policy Brief, 2009) ; Eric Dearing, Kathleen McCartney, and Beck A. Taylor, "Does Higher Quality Early Child Care Promote Low-Income Children's Math and Reading Achievement in Middle Childhood?," *Child Development* 80 (September 2009) : 1329-49 ; Erik Ruzek, Margaret Burchinal, George Farkas, and Greg J. Duncan, "The Quality of Toddler Child Care and Cognitive Skills at 24 Months : Propensity Score Analysis Results from the ECLS-B," *Early Childhood Research Quarterly* 29 (January 2014) : 12-21 ; Julia Torquati, Helen Raikes, Catherine Huddleston-Casas, James A. Bovaird, and Beatrice A. Harris, "Family Income, Parent Education, and Perceived Constraints as Predictors of Observed Program Quality and Parent Rated Program Quality," Nebraska Center for Research on Children, Youth, Families and Schools (Lincoln, NE : CYFS, 2011). 日中保育の質の測定法と、選択バイアス（質の高い日中保育を選ぶ母親は、同時に他の面でもすぐれた母親である可能性があるので、日中保育が意味を持つのかはっきりとしなくなる）に対処する手法を、方法論上の専門家が着実に改善しつつある。文中で示したまとめは、今日得られる根拠全てに基づいて下したわれわれの最良の判断である。
65. Lisa Gennetian, Danielle Crosby, Chantelle Dowsett, and Aletha Huston, "Maternal Employment, Early Care Settings and the Achievement of Low-Income Children," Next Generation Working Paper No. 30 (New York : MDRC, 2007).

66. "The State of Pre-School 2011 : State Preschool Yearbook," National Institute for Early Education Research (Rutgers Graduate School of Education, 2011) : 9, http://nieer.org/sites/nieer/files/2011yearbook.pdf (2014 年 5 月 13 日アクセス) 下記も参照。Marcia K. Meyers, Dan Rosenbaum, Christopher Ruhm, and Jane Waldfogel, "Inequality in Early Childhood Education and Care : What Do We Know?," in *Social Inequality*, ed. Kathryn M. Neckerman (New York : Russell Sage Foundation, 2004).
67. Keith Crnic and Christine Low, "Everyday Stresses and Parenting," in *Handbook of Parenting*, 2nd ed. : Vol. 5 : *Practical Issues in Parenting*, ed. Bornstein, 243-68 ; Deater-Deckard, *Parenting Stress* およびそこに引かれた出典。
68. 図 3.6 は DDB Needham Life Style Surveys データに基づく。経済不安は 4 つの賛成―反対質問によって測定されている：「収入がどんなに早く増えても、やっていけるとは決して思えない」（賛成）；「私の家族は負債が現在あまりに大きい」（賛成）；「近所の人の大半と比べ、余分に費やせるものが多い」（反対）；「家族の収入は、私たちの大事な望みをほぼ全て満たすのに十分なくらい高い」（反対）。全年度、全回答者を通じてこの合成指数で上位四分の一に位置した者が、図 3.6 で「高」と示されている。
69. 著者とブッシュ大統領夫妻、および大統領上級顧問による 2007 年 3 月の非公式会合の中でこの見解が示された。
70. Sendhil Mullainathan and Eldar Shafir, *Scarcity : Why Having Too Little Means So Much* (New York : Times Books, 2013)〔大田直子訳『いつも「時間がない」あなたに――欠乏の行動経済学』早川書房、2015 年〕, 156.
71. Rand D. Conger and Glen H. Elder, "Families in Troubled Times : The Iowa Youth and Families Project," in *Families in Troubled Times*, eds. Conger and Elder, 3-21 ; Miriam R. Linver, Jeanne Brooks-Gunn, and Dafina E. Kohen, "Family Processes as Pathways from Income to Young Children's Development," *Developmental Psychology* 38 (September 2002) : 719-34 ; Elizabeth T. Gershoff et al., "Income Is Not Enough : Incorporating Material Hardship into Models of Income Associations with Parenting and Child Development," *Child Development* 78 (January 2007) : 70-95 ; Rand D. Conger and Brent M. Donnellan, "An Interactionist Perspective on the Socioeconomic Context of Human Development," *Annual Review of Psychology* 58 (2007) : 175-99 ; Rand D. Conger, Katherine J. Conger, and Monica J. Martin, "Socioeconomic Status, Family Processes, and Individual Development," *Journal of Marriage and Family* 72 (June 2010) : 685-704, 特に 693 頁。
72. Marsha Weinraub, Danielle L. Horvath, and Marcy B. Gringlas, "Single Parenthood," in *Handbook of Parenting*, 2nd ed. : Vol. 3 : *Being and Becoming a Parent*, ed. Marc H. Bornstein (Mahwah, NJ : Lawrence Erlbaum, 2002), 109-40 ; E. Mavis Hetherington and Margaret Stanley-Hagan, "Parenting in Divorced and Remarried Families," in *Handbook of Parenting*, 2nd ed. : Vol. 3 : *Being and Becoming a Parent*, ed. Bornstein, 287-315 ; Sarah McLanahan and Christine Percheski, "Family Structure and the Reproduction of Inequalities," *Annual Review of Sociology* 34 (2008) : 268. 下記中の引用文献も参照のこと。Greg J. Duncan, Kjetil Telle, Kathleen M. Ziol-Guest, and Ariel Kalil, "Economic Deprivation in Early Childhood and Adult Attainment : Comparative Evidence from Norwegian Registry Data and the U.S. Panel Study of Income Dynamics," in *Persistence, Privilege, and Parenting : The Comparative Study of Intergenerational Mobility*, eds. Timothy M. Smeeding, Robert Erikson, and Markus Jantti (New York : Russell Sage Foundation, 2011), 212 ; Ariel Kalil, Rebecca Ryan, and Elise Chor, "Time Investments in Children Across Family Structures," *ANNALS of the American Academy of Political and Social Science* 654 (July 2014) : 150-68.
73. Teresa Toguchi Swartz, "Intergenerational Family Relations in Adulthood : Patterns, Variations, and Implications in the Contemporary United States," *Annual Review of Sociology* 35 (2009) : 191-212. 祖父母による孫の養育の動向については以下を参照。Gretchen Livingston and Kim Parker, "Since the Start of the Great Recession, More Children Raised by Grandparents," Pew Research Social and Demographic Trends (September 9, 2010), http://www.pewsocialtrends.org/2010/09/09/since-the-start-of-the-great-recession-more-children-raised-by-grandparents/ (2014 年 5 月 13 日アクセス) ; Gretchen Livingston, "At Grandmother's House We Stay," Pew Research Social and Demographic Trends (September 4, 2013), http://www.pewsocialtrends.org/2013/09/04/at-grandmothers-house-we-stay/ (2014 年 5 月 13 日アクセス) ; Ye Luo, Tracey A. LaPierre, Mary Elizabeth Hughes, and Linda J. Waite, "Grandparents Providing Care to Grandchildren : A Population-Based Study of Continuity and Change," *Journal of Family Issues* 33 (September 2012) : 1143 ; および Rachel E. Dunifon, Kathleen M. Ziol-Guest, and Kimberly Kopko, "Grandparent Coresidence and Family Well-Being : Implications for Research and Policy," *ANNALS of the American Academy of Political and Social Science* 654 (July 2014) : 110-26.
74. David Elkind, *The Hurried Child : Growing Up Too Fast Too Soon* (Cambridge, MA : Perseus, 2001) ; Paul

Tough, *How Children Succeed.*
75. Gary Evans, "The Environment of Childhood Poverty," *American Psychologist* 59 (2004) : 77–92.
76. Hanson et al., "Family Poverty Affects the Rate of Human Infant Brain Growth" ; Greg J. Duncan and Richard J. Murnane, *Restoring Opportunity : The Crisis of Inequality and the Challenge for American Education* (New York : Russell Sage Foundation, 2014), 30 およびそこに引用された出典より。

第四章　学校教育

1. 米国国勢調査局の人口統計データをハーバード大学図書館よりアクセスした Social Explorer で集計した ; Gustavo Arellano, *Orange County : A Personal History* (New York : Simon & Schuster, 2008), 13.
2. Orange County Community Indicators Project, *Orange County Community Indicators 2013* (Irvine, CA : 2013), www.ocgov.com /about/infooc/facts/indicators (2014 年 6 月 16 日アクセス).
3. Adam Nagourney, "Orange County Is No Longer Nixon Country," *New York Times*, August 29, 2010, http://www.nytimes.com/2010/08/30/us/politics/30orange.html (2014 年 6 月 16 日アクセス).
4. "Street Gangs in Santa Ana, CA," Streetgangs.com, http://www.streetgangs.com/cities/santaana#sthash.rnESeLn4.dpbs (2014 年 6 月 16 日アクセス).
5. U.S. Census Bureau, from Steven Ruggles, J. Trent Alexander, Katie Genadek, Ronald Goeken, Matthew B. Schroeder, and Matthew Sobek. Integrated Public Use Microdata Series : Version 5.0 [Machine-readable database] (Minneapolis : University of Minnesota, 2010).
6. Fermin Leal and Scott Martindale, "OC's Best Public High Schools, 2012," *Orange County Register*, May 25, 2014, http://www.ocregister.com/articles/high-331705-college-schools.html?data=1&appSession=530132967931354 (2014 年 2 月 24 日にデータベースアクセス). 順位はカリフォルニア州教育省からのデータで生成されている。算出は『レジスター』紙による。学校順位の 50%は学業面が表し、大学・職業課程が 25%、環境が 25%である。
7. これら二家族のメンバーは全てアメリカ市民であり、子どもは全員アメリカ生まれである。不法移民とその子どもは明らかに、さらなる困難に直面する。
8. この地域のヒスパニックの世帯所得中央値は 115,000 ドル近くで、対する非ヒスパニック住民のそれは 105,000 ドルとなっている。この国勢調査区で貧困線を下回る子どもは 5%未満である。全てのデータは米国国勢調査局のもので、ハーバード大学図書館よりアクセスした Social Explorer で集計した。
9. クララはスター運動選手でもあったので、彼女の大学教育は一部が奨学金支援、それと並んでコーチや審判としてのパート報酬による支えで可能となった。
10. Uniform Crime Reporting Statistics, http://www.ucrdatatool.gov/Search/Crime/Local/RunCrimeTrendsInOneVarLarge.cfm (2014 年 11 月 18 日アクセス).
11. 近くの高校出身の別の女性が、教室内のドラッグと暴力や、ぼろぼろの教科書から文章を書き写させることを授業の中身としている教師、という、これらの叙述と同じことを述べていた。
12. これらの二校は絶対的に両極にあるわけではない。カリフォルニア州学業成績指数で測ると、トロイは 90 パーセンタイル、サンタアナは 20 パーセンタイルに位置する。
13. Horace Mann, *Twelfth Annual Report of Horace Mann as Secretary of Massachusetts State Board of Education* (Boston : Dutton & Wentworth, 1848).「コモンスクール運動」については以下を参照。David Tyack, "The Common School and American Society : A Reappraisal," *History of Education Quarterly* 26 (Summer 1986) : 301–6 ; Joel Spring, *The American School, 1642–2004*, 6th ed. (New York : McGraw Hill, 2005) ; Sarah Mondale and Sarah B. Patton, eds., *School : The Story of American Public Education* (Boston : Beacon, 2002) ; および Michael B. Katz, *The Irony of Early School Reform : Educational Innovation in Mid- Nineteenth Century Massachusetts* (Cambridge : Harvard University Press, 1968).
14. Claudia Goldin, "America's Graduation from High School : The Evolution and Spread of Secondary Schooling in the Twentieth Century," *Journal of Economic History* 58 (June 1998) : 345–74 ; Claudia Goldin and Lawrence F. Katz, *The Race Between Education and Technology* (Cambridge : Harvard University Press, 2008).
15. これら改革の目標と帰結の両方について、研究者により詳細な論争が行われている。主導的な議論には以下がある。Edward Danforth Eddy, *Colleges for Our Land and Time : The Land-Grant Idea in American Education* (New

York : Harper, 1957) ; Mary Jean Bowman, "The Land-Grant Colleges and Universities in Human-Resource Development," *Journal of Economic History* (December 1962) : 523–46 ; Colin Burke, *American Collegiate Populations : A Test of the Traditional View* (New York : New York University Press, 1982) ; Harold M. Hyman, *American Singularity : The 1787 Northwest Ordinance, the 1862 Homestead and Morrill Acts, and the 1944 GI Bill* (Athens : University of Georgia Press, 2008) ; Suzanne Mettler, *Soldiers to Citizens : The G.I. Bill and the Making of the Greatest Generation* (Oxford : Oxford University Press, 2005) ; Glenn C. Altschuler and Stuart M. Blumin, *The GI Bill : A New Deal for Veterans* (Oxford : Oxford University Press, 2009) ; および John R. Thelin, *A History of American Higher Education* (Baltimore : Johns Hopkins University Press, 2011).
16. David F. Labaree, "Public Goods, Private Goods : The American Struggle over Educational Goals," *American Educational Research Journal* 34 (Spring 1997) : 39–81.
17. Sean F. Reardon, "The Widening Academic Achievement Gap Between the Rich and the Poor : New Evidence and Possible Explanations," in *Whither Opportunity? Rising Inequality, Schools, and Children's Life Chances*, eds. Greg J. Duncan and Richard M. Murnane (New York : Russell Sage Foundation, 2011). 本書で報告した児童発達についての他の多くの測定とは対照的にリアドンの知見では、階級格差の拡大は階級を親の教育ではなく、親の所得で定義したときに最も顕著である。親の教育による格差の方が、親の所得による格差よりも依然として大きくはあったが。ここでまとめられた証拠は、世帯所得で 90 パーセンタイルと 10 パーセンタイルの子ども間の差について述べている。
18. 成人時の結果を予測する上での認知的能力（達成テスト得点で測定）と非認知的能力の役割に関する広範な議論としては下記を参照。James J. Heckman, "Schools, Skills, and Synapses," *Economic Inquiry* 46 (July 2008) : 289–324 およびそこに引用された出典。
19. James J. Heckman, "Promoting Social Mobility," *Boston Review*, September 1, 2012, http://www.bostonreview.net/forum/promoting-social-mobility-james-heckman（2014 年 6 月 16 日アクセス）. ヘックマンはさらにこう述べる。「類似のパターンは社会情緒的能力においても見られる。こういった能力発達の測定の一つに「反社会性スコア」がある――問題行動の測定の一つである。ここでもまた、格差は早期に広がり長く続く。やはり、学校の不平等性によってこのパターンの多くが説明されることはない」。Greg J. Duncan and Katherine Magnuson, "The Nature and Impact of Early Achievement Skills, Attention Skills, and Behavior Problems," in *Whither Opportunity? Rising Inequality, Schools, and Children's Life Chances*, eds. Duncan and Murnane, 57. 上記はしかし、注意・行動上の問題の階級格差は小学校期に拡大することを示唆している。
20. 夏期における拡大は階級格差に関して見られるが、人種格差についてはそうではない。David T. Burkam, Douglas D. Ready, Valerie E. Lee, and Laura F. LoGerfo, "Social-Class Differences in Summer Learning Between Kindergarten and First Grade : Model Specification and Estimation," *Sociology of Education* 77 (January 2004) : 1–31 ; Douglas B. Downey, Paul T. von Hippel, and Beckett A. Broh, "Are Schools the Great Equalizer? Cognitive Inequality During the Summer Months and the School Year," *American Sociological Review* 69 (October 2004) : 613–35 ; Dennis J. Condron, "Social Class, School and Non-School Environments, and Black/White Inequalities in Children's Learning," *American Sociological Review* 74 (October 2009) : 683–708 ; David T. Burkam, "Educational Inequality and Children : The Preschool and Early School Years," in *The Economics of Inequality, Poverty, and Discrimination in the 21st Century*, ed. Robert S. Rycroft (Santa Barbara : Praeger, 2013), 381–97 ; Seth Gershenson, "Do Summer Time-Use Gaps Vary by Socioeconomic Status?," *American Educational Research Journal* 50 (December 2013) : 1219–48 ; Flavio Cunha and James Heckman, "The Technology of Skill Formation," *American Economic Review* 97 (May 2007) : 31–47 ; Heckman, "Promoting Social Mobility."
21. Kendra Bischoff and Sean F. Reardon, "Residential Segregation by Income, 1970–2009," in *Diversity and Disparities : America Enters a New Century*, ed. John Logan (New York : Russell Sage Foundation, 2014), https://www.russellsage.org/publications/diversity-and-disparities.
22. Joseph G. Altonji and Richard K. Mansfield, "The Role of Family, School, and Community Characteristics in Inequality in Education and Labor-Market Outcomes," in *Whither Opportunity? Rising Inequality, Schools, and Children's Life Chances*, eds. Duncan and Murnane, 339–58. James E. Ryan, *Five Miles Away, a World Apart : One City, Two Schools, and the Story of Educational Opportunity in Modern America* (New York : Oxford University Press, 2010) 上記の報告では、大半の子どもが近隣の学校に通っており、学校選択《スクール・チョイス》プログラムの参加者も通常は近くの学校に通っている。
23. Annette Lareau and Kimberly Goyette, eds., *Choosing Homes, Choosing Schools : Residential Segregation and the Search for a Good School* (New York : Russell Sage Foundation, 2014).

24. Jonathan Rothwell, "Housing Costs, Zoning, and Access to High-Scoring Schools," Brookings Institution (April 2012). 住宅価格に対してよい学校のもたらす割増は、他の推定においても大きい。下記を参照。Sandra E. Black and Stephen Machin, "Housing Valuations of School Performance," in *Handbook of the Economics of Education*, vol. 3, eds. Eric Hanushek, Stephen Machin, and Ludger Woessmann (Amsterdam : Elsevier, 2011), 485–519, http://EconPapers.repec.org/RePEc:eee:educhp:3-10 (2014年6月16日アクセス).
25. David M. Brasington and Donald R. Haurin, "Parents, Peers, or School Inputs : Which Components of School Outcomes Are Capitalized into House Value?," *Regional Science and Urban Economics* 39 (September 2009) : 523–29.
26. Lareau and Goyette, eds., *Choosing Homes, Choosing Schools.* 学校選択が階級と人種の格差を縮小するのかについての対立する視点は以下を参照。Mark Schneider, Paul Teske, and Melissa Marschall, *Choosing Schools : Consumer Choice and the Quality of American Schools* (Princeton : Princeton University Press, 2000) ; Tomeka M. Davis, "School Choice and Segregation : 'Tracking' Racial Equity in Magnet Schools," *Education and Urban Society* 46 (June 2014) : 399–433.
27. Jaap Dronkers and Rolf van der Velden, "Positive but Also Negative Effects of Ethnic Diversity in Schools on Educational Performance? An Empirical Test Using PISA Data," in *Integration and Inequality in Educational Institutions*, Michael Windzio, ed. (Dordrecht : Springer, 2013), 71–98 およびそこに引用された研究。
28. このトピックの膨大な文献への有用な入り口には以下が含まれる。James S. Coleman et al., *Equality of Educational Opportunity* (Washington, DC : U.S. Department of Health, Education & Welfare, Office of Education, OE-38001, and supplement, 1966), 325 ; Gary Orfield and Susan E. Eaton, *Dismantling Desegregation* (New York : New Press, 1996) ; Claude S. Fischer et al., *Inequality by Design : Cracking the Bell Curve Myth* (Princeton : Princeton University Press, 1996) ; Richard D. Kahlenberg, "Economic School Integration," in *The End of Desegregation*, eds. Stephen J. Caldas and Carl L. Bankston III (Hauppauge, NY : Nova Science, 2003), 特に153–55頁 ; Russell W. Rumberger and Gregory J. Palardy, "Does Segregation Still Matter? The Impact of Student Composition on Academic Achievement in High School," *The Teachers College Record* 107 (September 2005) : 1999–2045 ; John R. Logan, Elisabeta Minca, and Sinem Adar, "The Geography of Inequality : Why Separate Means Unequal in American Public Schools," *Sociology of Education* 85 (July 2012) : 287–301 ; および近年の包括的な概観としては以下がある。Gregory J. Palardy, "High School Socioeconomic Segregation and Student Attainment," *American Educational Research Journal* 50 (August 2013) : 714–54. Reyn van Ewijk and Peter Sleegers, "The Effect of Peer Socioeconomic Status on Student Achievement : A Meta-Analysis," *Educational Research Review* 5 (June 2010) : 134–50. 上記は、子どもの教室における社会経済的構成が彼／彼女の成績に与える影響は、その学校の社会経済的構成が与える影響の二倍になることを報告している。この流れの研究全体は、1960年代における人種分離の影響についての懸念に刺激されており、またその時代には階級分離は人種分離と大きく重なるものだった。しかし、過去半世紀を通じて階級分離が成長した一方で人種分離は減少してきており、今では人種と階級分離がもたらす負の影響を比較することができる。人種分離は大きな全国的問題であり続けているが、関連研究のほぼ全てが、階級分離が生徒の達成に与える影響は少なくとも同程度に有害であると結論づけている。下記を参照。Richard D. Kahlenberg, "Socioeconomic School Integration," *North Carolina Law Review* 85 (June 2007) : 1545–94.
29. 文脈効果をめぐるあらゆる議論と同様に、この領域も方法論的課題をはらんでいて、とりわけそれは選択バイアスである。例えば、貧しい子どもはランダムに学校に割り付けられていないので、最終的に高所得校に行った者にまつわる何かが、学校や同級生がもたらすものとは別にして高い達成度をもたらす素因となっていたかもしれない。Douglas Lee Lauen and S. Michael Gaddis, "Exposure to Classroom Poverty and Test Score Achievement : Contextual Effects or Selection?," *American Journal of Sociology* 118 (January 2013) : 943–79. そういう懸念を扱った最近のある研究では、それでも依然として学校の社会経済的構成がもたらす有意な効果を見いだしている : Victor Lavy, Olmo Silma, and Felix Weinhardt, "The Good, the Bad, and the Average : Evidence on the Scale and Nature of Ability Peer Effects in Schools," NBER Working Paper No. 15600 (Cambridge : National Bureau of Economic Research, 2009).
30. 学校財政に関する文献は膨大で、多くの論争をはらんでいる。以下を比較すること。Eric A. Hanushek and Alfred A. Lindseth, *Schoolhouses, Courthouses, and Statehouses : Solving the Funding-Achievement Puzzle in America's Public Schools* (Princeton : Princeton University Press, 2009) ; および Rob Greenwald, Larry V. Hedges, and Richard D. Laine, "The Effect of School Resources on Student Achievement," *Review of Educational Research* 66 (Autumn 1996) : 361–96.
31. Eric A. Hanushek, John F. Kain, and Steven G. Rivkin, "Why Public Schools Lose Teachers," *Journal of*

Human Resources 39 (Spring 2004) : 326–54.
32. 米国教育省公民権局が 2014 年にまとめ公刊した、国内の全公立 K-8 および高校の 85%を対象とした学校の質指標の 2011 ～ 2012 年データ（http://ocrdata.ed.gov/ で入手可能）の、カール・フレデリックによる未公刊分析に基づく。高校の人種構成を含む、交絡している可能性のある変数を統制したところ、給食費無料・減額措置を受けられる生徒比率という、広く使われる生徒貧困の代理変数は、生徒に対するカウンセラー比率とは相関がなく、100 人あたりの教員数とは正に相関していた。このパターンは高校と K-8 学校の両方で成り立っていた。
33. Palardy, "High School Socioeconomic Segregation and Student Attainment," 上記は学校の勉学環境と同級生による影響が、社会経済的分離と生徒の達成度の間をつないでいる二つの主要な媒介要因であると強調しており、またこの広範な研究分野に関する有用な最近の概観を提供している。
34. Anne T. Henderson and Nancy Berla, *A New Generation of Evidence : The Family Is Critical to Student Achievement* (Washington, DC : National Committee for Citizens in Education, 1994), 1. 親の関与の効果をめぐる膨大な研究について、その他近年の概観としては以下が含まれる。William H. Jeynes, "The Relationship Between Parental Involvement and Urban Secondary School Student Academic Achievement : A Meta-Analysis," *Urban Education* 42 (January 2007) : 82–110 ; Nancy E. Hill and Diana F. Tyson, "Parental Involvement in Middle School : A Meta-Analytic Assessment of the Strategies That Promote Achievement," *Developmental Psychology* 45 (May 2009) : 740–63 ; William Jeynes, "A Meta-Analysis of the Efficacy of Different Types of Parental Involvement Programs for Urban Students," *Urban Education* 47 (July 2004) : 706–42 ; Frances L. Van Voorhis, Michelle F. Maier, Joyce L. Epstein, and Chrishana M. Lloyd with Therese Leung, *The Impact of Family Involvement on the Education of Children Ages 3 to 8 : A Focus on Literacy and Math Achievement Outcomes and Socio-Emotional Skills* (New York : MDRC, 2013), http://www.mdrc.org/sites/default/files/The_Impact_of_Family_Involvement_FR.pdf (2014 年 6 月 16 日アクセス) ; および Mikaela J. Dufur, Toby L. Parcel, and Benjamin A. McKune, "Does Capital at Home Matter More than Capital at School? The Case of Adolescent Alcohol and Marijuana Use," *Journal of Drug Issues* 43 (January 2013) : 85–102. 親の関与が過大評価されているのかについての最近の論争については以下を参照。Keith Robinson and Angel L. Harris, *The Broken Compass : Parental Involvement with Children's Education* (Cambridge : Harvard University Press, 2014) ; および Mai Miksic, "Is Parent Involvement Really a Waste of Time? Recent Polemic Versus the Research Record," CUNY Institute for Education Policy (Policy Briefing, April 23, 2014), http://ciep.hunter.cuny.edu/is-parent-involvement-really-a-waste-of-time-recent-polemic-versus-the-research-record/ (2014 年 6 月 16 日アクセス).
35. Kyle Spencer, "Way Beyond Bake Sales : The $1 million PTA," *New York Times*, June 3, 2012, MB1 ; Rob Reich, "Not Very Giving," *New York Times*, September 5, 2013, A25.「公立の私学」に対する親の寄付についての長期傾向データは見つけられなかったが、全国独立学校《インディペンデントスクール》協会によれば、私立学校一校あたりの親の寄付の中央値は過去 10 年間に 548,561 ドルから 895,614 ドルへ 63%上昇した。Jenny Anderson, "Private Schools Mine Parents' Data, and Wallets," *New York Times*, March 26, 2012.
36. Russell W. Rumberger and Gregory J. Palardy, "Test Scores, Dropout Rates, and Transfer Rates as Alternative Indicators of High School Performance," *American Educational Research Journal* 42 (Spring 2005) : 3–42 ; Palardy, "High School Socioeconomic Segregation and Student Attainment." おそらく、高所得校は低所得校に比べて補習教育や規律面に対して支出する必要が少なく、学業面で厳しいコースに多く投資することが可能になっているが、この問題についての根拠は見つけられなかった。
37. 本章の原注 32 を参照。図 4.1、4.2 および 4.4 における学校貧困の 4 段階分割は、学校分布の四分の一ずつにおおよそ対応している。より詳細な分析が示唆するのは、AP 提供の重要な決定要因は親の所得であって、人種ではないことである ; 貧困度、都市性、学校規模、その他の要因を統制すると、マイノリティ度の高い学校の方が実際には、大半が白人の学校よりも多くの AP コースを提供していた。裕福な家出身の子どもは、裕福でない家出身の子どもよりも AP 試験を受ける可能性がずっと高いが、その階級格差は過去 10 年で縮小してきている。College Board, "10th Annual AP Report to the Nation," February 11, 2014, 6. その一方で、英才《ギフテッド・アンド・タレンテッド》プログラムの設置は K-8 学校では学校貧困と完全に相関がなく、また高貧困校でわずかに多かった。
38. Palardy, "High School Socioecomic Segregation," 741–42, とそこに引用された文献を参照。および Robert Crosnoe, *Fitting In, Standing Out : Navigating the Social Challenges of High School to Get an Education* (New York : Cambridge University Press, 2011).
39. Palardy, "High School Socioeconomic Segregation," 特に 735 頁。
40. Greg J. Duncan and Richard J. Murnane, *Restoring Opportunity : The Crisis of Inequality and the Challenge*

for American Education (New York : Russell Sage Foundation, 2014), 特に 47–49 頁 ; Toby L. Parcel and Joshua A. Hendrix, "Family Transmission of Social and Cultural Capital," in *The Wiley Blackwell Companion to the Sociology of Families*, eds. Judith Treas, Jacqueline Scott, and Martin Richards (London : John Wiley and Sons, 2014), 374.
41. Scott E. Carrell and Mark L. Hoekstra, "Externalities in the Classroom : How Children Exposed to Domestic Violence Affect Everyone's Kids," *American Economic Journal : Applied Economics* 2 (January 2010) : 211–28.
42. David S. Kirk and Robert J. Sampson, "Crime and the Production of Safe Schools," in *Whither Opportunity? Rising Inequality, Schools, and Children's Life Chances*, eds. Duncan and Murnane.
43. Simone Roberts, Jana Kemp, Jennifer Truman, and Thomas D. Snyder, *Indicators of School Crime and Safety : 2012* (Washington, DC : National Center for Education Statistics, 2013), http://nces.ed.gov/pubs2013/2013036.pdf (2014 年 6 月 16 日アクセス). ギャングの存在もしくは校内暴力と学校貧困率の関係についての統計的分析は見つけることができなかった。
44. 本章の原注 32 を参照。多変量解析によると、停学率は学校貧困率、黒人在籍数、都市状況、そして大規模性によって予測されていた。懲戒に関するどのような測定もそうだが、停学データのみからは、それが根底にある不品行にどの程度よるものなのか、あるいは懲戒基準にどの程度よるものなのかを説明することはできない。しかし生徒自身についての調査、それに並んでローラやソフィアの報告からすると、図 4.2 に現れたパターンが完全に懲戒上の差別によるということはありそうにない。
45. Greg J. Duncan and Katherine Magnuson, "The Nature and Impact of Early Achievement Skills, Attention Skills, and Behavior Problems," in *Whither Opportunity? Rising Inequality, Schools, and Children's Life Chances*, eds. Duncan and Murnane, 65.
46. John Rogers and Nicole Mirra, *It's About Time : Learning Time and Educational Opportunity in California High Schools* (Los Angeles : Institute for Democracy, Education, and Access, University of California, Los Angeles, 2014).
47. Raj Chetty, John N. Friedman, and Jonah E. Rockoff, "The Long-Term Impacts of Teachers : Teacher Value-Added and Student Outcomes in Adulthood," NBER Working Paper No. 17699 (Cambridge : National Bureau of Economic Research, 2011), http://www.nber.org/papers/w17699 (2014 年 6 月 16 日アクセス) ; Martin Haberman and William H. Rickards, "Urban Teachers Who Quit : Why They Leave and What They Do," *Urban Education* 25 (October 1990) : 297–303 ; Hanushek, Kain, and Rivkin, "Why Public Schools Lose Teachers," 326–54 ; Donald Boyd, Hamilton Lankford, Susanna Loeb, and James Wyckoff, "Explaining the Short Careers of High-Achieving Teachers in Schools with Low-Performing Students," *American Economic Review* 95 (May 2005) : 166–71 ; Palardy, "High School Socioeconomic Segregation and Student Attainment" ; Duncan and Murnane, *Restoring Opportunity*, 49–50 ; Eric A. Houck, "Intradistrict Resource Allocation : Key Findings and Policy Implications," *Education and Urban Society* 43 (May 2011) : 271–95.
48. George Farkas, "Middle and High School Skills, Behaviors, Attitudes, and Curriculum Enrollment, and Their Consequences," in *Whither Opportunity? Rising Inequality, Schools, and Children's Life Chances*, eds. Duncan and Murnane (2011), 84–85. 高校最上級生を対象とした毎年の全国 Monitoring the Future 調査のデータをわれわれが分析したところ、大学教育を受けた家庭出身の生徒で大学準備課程にいる割合は、1976 年から 2012 年まで一定して約 60%のままだったが、高卒家庭出身の生徒で大学準備課程にいる割合は 30%から 40%超へと着実に増加した。要するに、クラス編成《トラッキング》の格差は存在するが、機会と達成の格差が他の指標で急激に拡大した同時期を通じて、それは約三分の一縮小したのである。小学校における能力別グループ編成は過去 10 年前後で増加したように見えるものの、このようなグループ編成が貧しい出身の子どもを不利な立場に置いたという証拠は見つけられなかった。Tom Loveless, "The Resurgence of Ability Grouping and Persistence of Tracking : Part II of the 2013 Brown Center Report on American Education," Brookings Institution Report, Brown Center on Education Policy, 2013, http://www.brookings.edu/research/reports/2013/03/18-tracking-ability-grouping-loveless (2014 年 10 月 3 日アクセス) ; Courtney A. Collins and Li Ga, "Does Sorting Students Improve Scores? An Analysis of Class Composition," NBER Working Paper No. 18848 (Cambridge : National Bureau of Economic Research, 2013).
49. National Center for Education Statistics, "Advance Release of Selected 2013 Digest Tables, Table 201.20 : Enrollment in Grades 9 through 12 in Public and Private Schools Compared with Population 14 to 17 Years of Age : Selected Years, 1889–90 through Fall 2013," Institute of Education Sciences, U.S. Department of Education, Washington, DC, http://nces.ed.gov/programs/digest/d13/tables/dt13_201.20.asp (2014 年 10 月 3 日アクセス) ; Thomas D. Snyder and Sally A. Dillow, "Digest of Education Statistics 2012," Table 41 (NCES 2014–015), National Center

for Education Statistics, Institute of Education Sciences, U.S. Department of Education, Washington, DC, December 2013.
50. この膨大な研究分野の試食メニューとして、特定の課外活動と相関するものについての詳細な知見を含む以下を参照。Jacquelynne S. Eccles, Bonnie L. Barber, Margaret Stone, and James Hunt, "Extracurricular Activities and Adolescent Development," *Journal of Social Issues* 59 (December 2003) : 865-89 ; Jennifer A. Fredericks and Jacquelynne S. Eccles, "Is Extracurricular Participation Associated with Beneficial Outcomes? Concurrent and Longitudinal Relations," *Developmental Psychology* 42 (July 2006) : 698-713 ; Amy Feldman Farb and Jennifer L. Matjasko, "Recent Advances in Research on School-Based Extracurricular Activities and Adolescent Development," *Developmental Review* 32 (March 2012) : 1-48 ; Nancy Darling, "Participation in Extracurricular Activities and Adolescent Adjustment : Crosssectional and Longitudinal Findings," *Journal of Youth and Adolescence* 34 (October 2005) : 493-505 ; Susan A. Dumais, "Cohort and Gender Differences in Extracurricular Participation : The Relationship Between Activities, Math Achievement, and College Expectations," *Sociological Spectrum* 29 (December 2008) : 72-100 ; Stephen Lipscomb, "Secondary School Extracurricular Involvement and Academic Achievement : A Fixed Effects Approach," *Economics of Education Review* 26 (August 2007) : 463-72 ; Kelly P. Troutman and Mikaela J. Dufur, "From High School Jocks to College Grads : Assessing the Long-Term Effects of High School Sport Participation on Females' Educational Attainment," *Youth & Society* 38 (June 2007) : 443-62 ; Beckett A. Broh, "Linking Extracurricular Programming to Academic Achievement : Who Benefits and Why?," *Sociology of Education* 75 (January 2002) : 69-95 ; Daniel Hart, Thomas M. Donnelly, James Youniss, and Robert Atkins, "High School Community Service as a Predictor of Adult Voting and Volunteering," *American Educational Research Journal* 44 (March 2007) : 197-219 およびその中に引用された研究。
51. Jonathan F. Zaff, Kristin A. Moore, Angela Romano Pappillo, and Stephanie Williams, "Implications of Extracurricular Activity Participation During Adolescence on Positive Outcomes," *Journal of Adolescent Research* 18 (November 2003) : 599-630. この研究は学業能力、校内問題、家族構造、育児、家族の社会経済的地位、人種、および同級生からの影響を統制している。
52. Robert K. Ream and Russell W. Rumberger, "Student Engagement, Peer Social Capital, and School Dropout Among Mexican American and Non-Latino White Students," *Sociology of Education* 81 (April 2008) : 109-39.
53. Peter Kuhn and Catherine Weinberger, "Leadership Skills and Wages," *Journal of Labor Economics* 23 (July 2005) : 395-436.
54. Thomas Fritsch et al., "Associations Between Dementia/Mild Cognitive Impairment and Cognitive Performance and Activity Levels in Youth," *Journal of the American Geriatrics Society* 53 (July 2005) : 1191-96. 二つ以上の活動参加者における認知症リスクは、二つ未満の参加者の約三分の一だった。
55. Zaff, Moore, Pappillo, and Williams, "Implications of Extracurricular Activity Participation During Adolescence on Positive Outcomes" ; Betsey Stevenson, "Beyond the Classroom : Using Title IX to Measure the Return to High School Sports," *Review of Economics and Statistics* 92 (May 2010) : 284-301 ; Vasilios D. Kosteas, "High School Clubs Participation and Earnings" (unpublished manuscript, March 22, 2010), http://ssrn.com/abstract=1542360 (2014 年 12 月 15 日アクセス). 以下も参照。 J. M. Barron, B. T. Ewing, and G. R. Waddell, "The Effects of High School Athletic Participation on Education and Labor Market Outcomes," *Review of Economics and Statistics* 82 (2000) : 409-21, および E. R. Eide, and N. Ronan, "Is Participation in High School Athletics an Investment or a Consumption Good? : Evidence from High School and Beyond," *Economics of Education Review* 20 (2001) : 431-42.
56. Eccles, Barber, Stone, and Hunt, "Extracurricular Activities and Adolescent Development," 865-89.
57. Christy Lleras, "Do Skills and Behaviors in High School Matter? The Contribution of Noncognitive Factors in Explaining Differences in Educational Attainment and Earnings," *Social Science Research* 37 (September 2008) : 888-902 ; Flavio Cunha, James J. Heckman, and Susanne M. Schennach, "Estimating the Technology of Cognitive and Noncognitive Skill Formation," *Econometrica* 78 (May 2010) : 883-931 ; Elizabeth Covay and William Carbonaro, "After the Bell : Participation in Extracurricular Activities, Classroom Behavior, and Academic Achievement," *Sociology of Education* 83 (January 2010) : 20-45.
58. Christina Theokas and Margot Bloch, "Out-of-School Time Is Critical for Children : Who Participates in Programs?," Research-to-Results Fact Sheet No. 2006-20 (Washington, DC : Child Trends, 2006).
59. Kristin Anderson Moore, David Murphey, Tawana Bandy, and P. Mae Cooper, "Participation in Out-of-

School Time Activities and Programs," Child Trends Research Brief No. 2014-13 (Washington, DC : Child Trends, 2014). これらの数値には学校関連と、コミュニティ基盤の活動の両方が含まれている。
60. Kaisa Snellman, Jennifer M. Silva, Carl B. Frederick, and Robert D. Putnam, "The Engagement Gap : Social Mobility and Extracurricular Participation Among American Youth," *ANNALS of the American Academy of Political and Social Science* (forthcoming, 2015) ; Kaisa Snellman, Jennifer M. Silva, and Robert D. Putnam, "Inequity Outside the Classroom : Growing Class Differences in Participation in Extracurricular Activities," *Voices in Urban Education* 40 (forthcoming, 2015).
61. Ralph B. McNeal, Jr., "High School Extracurricular Activities : Closed Structures and Stratifying Patterns of Participation," *Journal of Educational Research* 91 (January/February 1998) : 183-91.
62. 本章の原注 32 を参照。多変量解析によれば、スポーツチームの数は学校貧困率、マイノリティの在学数、および立地の都市性により減少する。言い換えると、団体スポーツは裕福で、白人の多い、郊外や地方の学校でより多い。学校規模による違いはなかった。
63. Pamela R. Bennett, Amy C. Lutz, and Lakshmi Jayaram, "Beyond the Schoolyard : The Role of Parenting Logics, Financial Resources, and Social Institutions in the Social Class Gap in Structured Activity Participation," *Sociology of Education* 85 (April 2012) : 131-57 ; Elizabeth Stearns and Elizabeth J. Glennie, "Opportunities to Participate : Extracurricular Activities' Distribution Across and Academic Correlates in High Schools," *Social Science Research* 39 (March 2010) : 296-309 ; Palardy, "High School Socioeconomic Segregation and Student Attainment," 737.
64. Kate I. Rausch, "Pay-to-Play : A Risky and Largely Unregulated Solution to Save High School Athletic Programs from Elimination," *Suffolk University Law Review* 39 (2005-2006) : 583-611.
65. Bob Cook, "Will 'Pay to Play' Become a Permanent Part of School Sports?," *Forbes*, August 22, 2012, http://www.forbes.com/sites/bobcook/2012/08/22/will-pay-to-play-become-a-permanent-part-of-school-sports/ (2014 年 6 月 17 日アクセス).
66. "Pay-to-Play Sports Keeping Lower-Income Kids out of the Game," C. S. Mott Children's Hospital National Poll on Children's Health, Vol. 15, no. 3 (Ann Arbor : University of Michigan, May 14, 2012) ; "Huntington Bank Annual Backpack Index 2007-2013,", http://mms.businesswire.com/media/20130723005089/en/376266/1/2013HuntingtonBackpackIndexSupplyList.pdf?download=1 (2014 年 5 月 11 日アクセス).
67. Eric Dearing et al., "Do Neighborhood and Home Contexts Help Explain Why Low-Income Children Miss Opportunities to Participate in Activities Outside of School?," *Developmental Psychology* 45 (November 2009) : 1545-62 ; Bennett, Lutz, and Jayaram, "Beyond the Schoolyard : The Role of Parenting Logics, Financial Resources, and Social Institutions in the Social Class Gap in Structured Activity Participation," 131-57.
68. Jeremy Staff and Jeylan T. Mortimer, "Social Class Background and the School-to-Work Transition," *New Directions for Child and Adolescent Development* 119 (Spring 2008) : 55-69 ; Jeylan T. Mortimer, "The Benefits and Risks of Adolescent Employment," *Prevention Researcher* 17 (April 2010) : 8-11 ; Kelly M. Purtell and Vonnie C. McLoyd, "A Longitudinal Investigation of Employment Among Low-Income Youth : Patterns, Predictors, and Correlates," *Youth & Society* 45 (June 2013) : 243-64.
69. Altonji and Mansfield, "The Role of Family, School, and Community Characteristics in Inequality in Education and Labor-Market Outcomes," 339-58, 上記の知見では、家族要因が近隣および学校要因よりもずっと重要だが、その両者では後者の方が重要である。しかし、(クラス規模や教師の経験のような) 学校要因の統制のもとで、同級生の影響や学業的雰囲気、その他と比較してどの要因が重要であるかを決める試みを彼らはしていない。Palardy, "High School Socioeconomic Segregation and Student Attainment," 740, 上記の知見では「家族および学業的背景と、学校のインプットを統制したとき、高 SEC (社会経済的構成) 校に通っている生徒は、低 SEC 校に通う生徒よりも 4 年制大学に入学する確率が 68%高い」。すなわち低所得校と高所得校の違いが、生徒の個人的背景や学校が利用可能である資源とは全く独立して、大きな差違をもたらしている。このパターンを説明する要因は、教師の意欲に並んで、同級生の影響や学校による進学準備の強調がある。
70. 強く求められるこの種の考え方の重要な一例として、下記がある。Duncan and Murnane, *Restoring Opportunity*.
71. Richard J. Murnane, "U.S. High School Graduation Rates : Patterns and Explanations," *Journal of Economic Literature* 51 (June 2013) : 370-422. 下記も参照。Russell Rumberger and Sun Ah Lim, "Why Students Drop Out of Schools : A Review of 25 Years of Research," Policy Brief 15 (University of California, Santa Barbara : California

Dropout Research Project, October 2008). マーネインが詳しく説明しているように、高校中退数や修了率を測定するのは技術的に厄介であるため、この節における詳細な数値は割り引いて考える必要があるが、しかし基本的な構図はまずまず正確なものと思われる。
72. Murnane, "U.S. High School Graduation Rates," 370–422 ; James J. Heckman, John Eric Humphries, and Nicholas S. Mader, "The GED," NBER Working Paper No. 16064 (Cambridge : National Bureau of Economic Research, June 2010). マーネインが示したのは、20 世紀後半の GED ブームを割り引いたとき高校中退率は 1970 年から 2000 年にいたるまで動きがなかったということだが、21 世紀の初頭には中退率は低下を始め、通常の高校卒業率は 1970 年以前の成長を回復した。2000 年以降のこの改善の理由は、それがどの程度階級格差を縮小させた、あるいはさせなかったのかと同様に不明なままである。
73. David Autor, *The Polarization of Job Opportunities in the U.S. Labor Market : Implications for Employment and Earnings*, The Center for American Progress and the Hamilton Project, http://economics.mit.edu/files/5554 (2014 年 5 月 13 日アクセス).
74. Martha J. Bailey and Susan M. Dynarski, "Gains and Gaps : Changing Inequality in U.S. College Entry and Completion," NBER Working Paper No. 17633 (Cambridge : National Bureau of Economic Research, December 2011) ; Mark E. Engberg and Daniel J. Allen, "Uncontrolled Destinies : Improving Opportunity for Low-Income Students in American Higher Education," *Research in Higher Education* 52 (December 2011) : 786–807.
75. Robert Bozick and Erich Lauff, *Education Longitudinal Study of 2002* (ELS : 2002) : *A First Look at the Initial Postsecondary Experiences of the High School Sophomore Class of 2002* (NCES 2008–308), U.S. Department of Education (Washington, DC : National Center for Education Statistics, October 2007), 上記はより新しいデータとわずかに違う指標を用いて、2006 年には低所得生徒の 40%が高校卒業後すぐに中等後教育機関に入学したが、対して家族所得 10 万ドル以上の生徒は 84%だったことを報告している。
76. "Bridging the Higher Education Divide : Strengthening Community Colleges and Restoring the American Dream," The Century Foundation Task Force on Preventing Community Colleges from Becoming Separate and Unequal (New York : The Century Foundation Press, 2013), 3–4.
77. Michael N. Bastedo and Ozan Jaquette, "Running in Place : Low-Income Students and the Dynamics of Higher Education Stratification," *Educational Evaluation and Policy Analysis* 33 (September 2011) : 318–39 ; Susan Dynarski, "Rising Inequality in Postsecondary Education," *Brookings Social Mobility Memo* (February 13, 2014), http://www.brookings.edu/blogs/social-mobility-memos/posts/2014/02/13-inequality-in-postsecondary-education (2014 年 6 月 17 日アクセス) ; Sean Reardon, "Education," in State of the Union : The Poverty and Inequality Report, 2014, Stanford Center on Poverty and Inequality, Stanford University, 2014, 53–59, http://web.stanford.edu/group/scspi/sotu/SOTU_2014_CPI.pdf (2014 年 10 月 3 日アクセス).
78. Sandy Baum and Kathleen Payea, "Trends in For-Profit Postsecondary Education : Enrollment, Prices, Student Aid and Outcomes," College Board, Trends in Higher Education Series, 2011, 上記によれば、営利系学校のフルタイム学士課程学生の 22%が 6 年以内に卒業しているが、対して公立大学では 55%、非営利学校では 65%である。David J. Deming, Claudia Goldin, and Lawrence F. Katz, "The For-Profit Postsecondary School Sector : Nimble Critters or Agile Predators?," *Journal of Economic Perspectives* 26 (Winter 2012) : 139–64, 上記は、学生の背景的特徴を一定に保ったときでさえ、営利系学校を卒業したことの結果は悪いものであることを示している。下記も参照のこと。Suzanne Mettler, *Degrees of Inequality : How the Politics of Higher Education Sabotaged the American Dream* (New York : Basic Books, 2014).
79. 本図の推定は下記より。"Family Income and Unequal Educational Opportunity, 1970 to 2011," *Postsecondary Education Opportunity* 245 (November 2012). 図 4.5 に示された基本的傾向は大まかには Bailey and Dynarski, "Gains and Gaps" の結果と一貫している。これは方法論的には信頼性が高いが、2 時点（およそ 1982 年と 2003 年）に限られた結果である。図 4.5 の推定はおそらく、もっとも裕福な四分位の子どもたちの大学卒業レベルを約 10 ポイント程度過大に見積もっているが、それでもこのグラフを用いた理由は長期間にわたる傾向をより連続的に捉えた図を与えてくれるからである（このグラフには相当する Bailey-Dynarski のデータ点を「白抜き」で示した）。下記も参照。Patrick Wightman and Sheldon Danziger, "Poverty, Intergenerational Mobility, and Young Adult Educational Attainment," in *Investing in Children : Work, Education, and Social Policy in Two Rich Countries*, eds. Ariel Kalil, Ron Haskins, and Jenny Chesters (Washington, DC : Brookings Institution Press, 2012), 208–36.
80. 図 4.6 は 2002 ～ 2012 年の Educational Longitudinal Study からで、2002 年度高 2 生の全国代表性サンプルを 10 年間追跡したものである : http://nces.ed.gov/surveys/els2002/ および Erich Lauff and Steven J. Ingels, *Educa-*

tion Longitudinal Study of 2002（*ELS：2002*）*：A First Look at 2002 High School Sophomores 10 Years Later*（NCES 2014-363），U.S. Department of Education（Washington, DC：National Center for Education Statistics, 2013），http://nces.ed.gov/pubs2014/2014363.pdf（2014 年 6 月 17 日アクセス）．ここでの社会経済的地位（SES）は、親の所得、親の教育、および親の職業的地位の組み合わせにより測定されている。ELS2002 のローデータは、その出生コホート内の低 SES の子どもの相当の数が、10 年生に到達するまでに学校を中退しているという事実を考慮する調整を行っている。1988 年の 8 年生クラス（2002 年度高 2 生の 12 年前に学校制度を通過している）についての分析からは、SES 最上位の生徒は 8 年生から 10 年生の間に 3%が中退していたが、SES 最下位でそうしたのは 14%だったことが示唆されている。下記を参照。Steven J. Ingels et al., *Coming of Age in the 1990s：The Eighth-Grade Class of 1988 12 Years Later*（NCES 2002-321），U.S. Department of Education（Washington, DC：National Center for Education Statistics, 2002），http://nces.ed.gov/pubs2002/2002321.pdf（2014 年 6 月 17 日アクセス）．
81．ELS2002 のローデータからは、2002 年度高 2 生では最下位四分の一の中退率が 7%であったことが示されているが、しかしその数値が実際の中退率を過小に表現しているのは、8 年生時点の同級生で高校を卒業できなかったものの大半は、高 2 生での面接調査に先立って既に中退していたからである。
82．大学の学資は独立したトピックで、ここは急速に拡大するその論争を検討する場所ではない；第五章の実際知の議論を参照のこと。下記を参照。Michael Hout, "Social and Economic Returns to College Education in the United States," *Annual Review of Sociology* 38（August 2012）：379-400. Duncan and Murnane, *Restoring Opportunity*, 16-17. の引用する下記では、「わが国において裕福な子どもと低所得の子どもの間で大学卒業率の隔たりが拡大していることの説明として、大学学費と学業面での準備のどちらが相対的に重要かの評価に関し分析者は意見を異にしている」としている。James J. Heckman and Alan B. Krueger, *Inequality in America：What Role for Human Capital Policies?*（Cambridge：MIT Press, 2005），
83．テスト得点とは 8 年生の数学達成得点を指す。家族の社会経済的地位（SES）は親の教育、職業および世帯所得の合成得点である。テスト得点と SES の「高」は四分位最上位を指し、テスト得点と SES の「低」は四分位最下位を、「中」は四分位の中間の二つを指す。大学卒業とは、2 年次の修了後 12 年以内に学士号を得たことを意味する。出典：MaryAnn Fox, Brooke A. Connolly, and Thomas D. Snyder, "Youth Indicators 2005：Trends in the Well-Being of American Youth," U.S. Department of Education, National Center for Education Statistics, 2005, p. 50. 上記は 1988 年の National Education Longitudinal Study データ（NELS:88/2000）の第 4 次追跡に基づく。
84．Philippe Belley and Lance Lochner, "The Changing Role of Family Income and Ability in Determining Educational Achievement," *Journal of Human Capital* 1（Winter 2007）：37-89.

第五章　コミュニティ

1．H. G. Bissingher, "Main Line Madcap," *Vanity Fair*, October 1995, 158-60, 165-82.
2．米国国勢調査局による。ハーバード大学図書館からアクセスした Social Explorer で集計した。
3．Kristen Lewis and Sarah Burd-Sharps, "Halve the Gap by 2030：Youth Disconnection in America's Cities," Social Science Research Council, Measure of America project, 2013, http://ssrc-static.s3.amazonaws.com/moa/MOA-Halve-the-Gap-ALL-10.25.13.pdf（2014 年 10 月 3 日アクセス）．
4．この文脈において「エアバッグ」という言葉を作り出したのは私かもしれないが、この現象に最初に気づいた最初の人間というわけではない。文化人類学者のシェリー・オルトナーはこう報告している。「私が［上層中間階級の］親と成長した子どもから等しく耳にしたのは、問題を抱えたであろう子どもたちのため、私が『救援メカニズム』と考えるようになったものが驚くほど多数存在することだった：カウンセリング、治療、リハビリプログラム、個人指導、支援コース、妊娠した娘のための中絶、そして法を犯した息子たちのための高価な司法サービスがそれである」。Sherry B. Ortner, *Anthropology and Social Theory：Culture, Power, and the Acting Subject*（Durham：Duke University Press, 2006），99.
5．共同研究者のキャサリン・エディンが、フィラデルフィアのインナーシティについてのわれわれの研究で重要な役割を果たしてくれた。われわれの理解と作業を導びき、この地域に関する深い知識とともに、いくつかの未公刊著作を気前よく共有してくれたのである。
6．Melody L. Boyd, Jason Martin, and Kathryn Edin, "Pathways to Participation：Youth Civic Engagement in Philadelphia," unpublished manuscript（Harvard Kennedy School, 2012）．下記も参照。Kathryn Edin and Maria J. Kefalas, *Promises I Can Keep：Why Poor Women Put Motherhood Before Marriage*（Berkeley：University of California

Press, 2005).
7. このような振り子の振動についての最近の説明として、実証面では下記を参照。Robert D. Putnam, *Bowling Alone : The Collapse and Revival of American Community* (New York : Simon & Schuster, 2000) ; そして思想面では下記を参照。E. J. Dionne, Jr., *Our Divided Political Heart : The Battle for the American Idea in an Age of Discontent* (New York : Bloomsbury USA, 2012).
8. この膨大な文献についての入門的概観としては下記を参照。Putnam, *Bowling Alone*, 287-363.
9. Peter V. Marsden, "Core Discussion Networks of Americans," *American Sociological Review* 52 (February 1987) : 122-31 ; Claude S. Fischer, *To Dwell Among Friends : Personal Networks in Town and City* (Chicago : University of Chicago Press, 1982)〔松本 康、前田尚子訳『友人のあいだで暮らす――北カリフォルニアのパーソナル・ネットワーク』未来社、2003 年〕; Karen E. Campbell, Peter V. Marsden, and Jeanne S. Hurlbert, "Social Resources and Socioeconomic Status," *Social Networks* 8 (March 1986) : 97-117 ; Marjolein I. Broese Van Groenou and Theo Van Tilburg, "Network Size and Support in Old Age : Differentials by Socio-Economic Status in Childhood and Adulthood," *Ageing and Society* 23 (September 2003) : 625-45 ; Ivaylo D. Petev, "The Association of Social Class and Lifestyles : Persistence in American Sociability, 1974 to 2010," *American Sociological Review* 78 (August 2013) : 633, 651.
10. Benchmark 調査における具体的な質問は「最近では、どのくらいの数の親密な友人がいますか。それは、一緒だと安心したり、プライベートなことを話すことができたり、助けに呼ぶことができるような人です」というものだった。この全国調査には 2000 年に 30,000 人の回答者が含まれていた ; 詳細とローデータへのアクセスについては以下を参照。http://www.hks.harvard.edu/saguaro/communitysurvey/ および http://www.ropercenter.uconn.edu/data_access/data/datasets/social_capital_community_survey.html.下記も参照。Campbell, Marsden, and Hurlbert, "Social Resources and Socioeconomic Status," 97-117.
11. 以下を参照。Mark S. Granovetter, "The Strength of Weak Ties," *American Journal of Sociology* 78 (May 1973) : 1360-80.〔大岡栄美訳「弱い紐帯の強さ」野沢慎司編・監訳『リーディングスネットワーク論』勁草書房、2006年、pp. 123-154.〕; Mark Granovetter, *Getting a Job : A Study of Contacts and Careers* (Cambridge : Harvard University Press, 1974)〔渡辺深訳『転職――ネットワークとキャリアの研究』ミネルヴァ書房、1998 年〕; Nan Lin, Walter M. Ensel, and John C. Vaughn, "Social Resources and the Strength of Ties : Structural Factors in Occupational Status Attainment," *American Sociological Review* 46 (August 1981) : 393-405 ; Joel M. Podolny and James N. Baron, "Resources and Relationships : Social Networks and Mobility in the Workplace," *American Sociological Review* 62 (October 1997) : 673-93.
12. これらのデータへのアクセスを提供してくれた、ピューリサーチセンターのリー・レイニーとキース・ハンプトンに感謝する。研究者たちの尋ねた 22 の多様な職業の完全リストに対して、ネットワークの広さは学歴によって最もよく予測され、年齢（壮年期で最大）と居住地規模小がそれに続いた。人種とジェンダーには予測力がなかった。
13. Annette Lareau, "Invisible Inequality : Social Class and Childrearing in Black Families and White Families," *American Sociological Review* 67 (October 2002) : 747-76.
14. Ann L. Mullen, *Degrees of Inequality : Culture, Class, and Gender in American Higher Education* (Baltimore : Johns Hopkins University Press, 2010) ; Jenny M. Stuber, *Inside the College Gates : How Class and Culture Matter in Higher Education* (Lanham, MD : Lexington, 2011) ; Elizabeth A. Armstrong and Laura T. Hamilton, *Paying for the Party : How College Maintains Inequality* (Cambridge : Harvard University Press, 2013) ; Anthony Abraham Jack, "Culture Shock Revisited : The Social and Cultural Contingencies to Class Marginality," *Sociological Forum* 29 (June 2014) : 453-75.
15. DEA《麻薬取締局》のアメリカ人 10 代のドラッグ利用に関する年次全国調査である、Monitoring the Future 調査の 1976 ～ 2012 年の分析。以下も参照。Jennifer L. Humensky, "Are Adolescents with High Socioeconomic Status More Likely to Engage in Alcohol and Illicit Drug Use in Early Adulthood?," *Substance Abuse Treatment, Prevention, and Policy* 5 (August 2010) : 19 ; および Megan E. Patrick, Patrick Wightman, Robert F. Schoeni, and John E. Schulenberg, "Socioeconomic Status and Substance Use Among Young Adults : A Comparison Across Constructs and Drugs," *Journal of Studies on Alcohol and Drugs* 73 (September 2012) : 772-82.
16. Putnam, *Bowling Alone* ; Miller McPherson, Lynn Smith-Lovin, and Matthew E. Brashears, "Social Isolation in America : Changes in Core Discussion Networks Over Two Decades," *American Sociological Review* 71 (June 2006) : 353-75. McPherson et al. の知見の方法論的批判としては、以下を参照。Claude S. Fischer, "The 2004 GSS Finding of Shrunken Social Networks : An Artifact?," *American Sociological Review* 74 (August 2009) : 657-69 ; およ

び Claude S. Fischer, *Still Connected : Family and Friends in America Since 1970* (New York : Russell Sage Foundation, 2011). この縮小仮説（関連した、完全な社会的孤立が増加しているという主張では必ずしもない）を支持する傾向の根拠としては、以下を参照。Miller McPherson, Lynn Smith-Lovin, and Matthew E. Brashears, “Models and Marginals : Using Survey Evidence to Study Social Networks,” *American Sociological Review* 74 (August 2009) : 670–81 ; および Anthony Paik and Kenneth Sanchagrin, “Social Isolation in America : An Artifact,” *American Sociological Review* 78 (June 2013) : 339–60.
17. Petev, “The Association of Social Class and Lifestyles,” 633, 651.
18. Jeffrey Boase and Barry Wellman, “Personal Relationships : On and Off the Internet,” in *The Cambridge Handbook of Personal Relationships*, eds. Anita L. Vangelisti and Daniel Perlman (Cambridge : Cambridge University Press, 2006), 709–23 ; Lee Rainie and Barry Wellman, *Networked : The New Social Operating System* (Cambridge : MIT Press, 2012).
19. Kathryn Zichuhr and Aaron Smith, ‘‘Digital Differences,” Pew Internet and American Life Project (April 13, 2012), http://pewinternet.org/~/media//Files/Reports/2012/PIP_Digital_differences_041312.pdf (2014 年 8 月 21 日アクセス).
20. Eszter Hargittai and Amanda Hinnant, “Digital Inequality : Differences in Young Adults’ Use of the Internet,” *Communication Research* 35 (October 2008) : 602–21 ; Fred Rothbaum, Nancy Martland, Joanne Beswick Jannsen, ‘‘Parents’ Reliance on the Web to Find Information About Children and Families : Socio-Economic Differences in Use, Skills and Satisfaction,” *Journal of Applied Developmental Psychology* 29 (March/ April 2008) : 118–28 ; Eszter Hargittai and Yuli Patrick Hsieh, “Digital Inequality,” in *The Oxford Handbook of Internet Studies*, ed. William H. Dutton (Oxford : Oxford University Press, 2013), 129–50.
21. Danah Boyd, *It’s Complicated : The Social Lives of Networked Teens* (New Haven : Yale University Press, 2014)〔野中モモ訳『つながりっぱなしの日常を生きる：ソーシャルメディアが若者にもたらしたもの』草思社、2014 年〕, 172–73.
22. Eszter Hargittai, “The Digital Reproduction of Inequality,” in *Social Stratification*, ed. David Grusky (Boulder : Westview, forthcoming), 936–44.
23. 助言《メンタリング》の効果についての根拠は以下に見いだせる。Jean Baldwin Grossman and Joseph P. Tierney, “Does Mentoring Work? : An Impact Study of the Big Brothers Big Sisters Program,” *Evaluation Review* 22 (June 1998) : 403–26 ; David L. DuBois, Bruce E. Holloway, Jeffrey C. Valentine, and Harris Cooper, “Effectiveness of Mentoring Programs for Youth : A Meta-Analytic Review,” *American Journal of Community Psychology* 30 (April 2002) : 157–97 ; David L. DuBois et al., “How Effective Are Mentoring Programs for Youth? A Systematic Assessment of the Evidence,” *Psychological Science in the Public Interest* 12 (August 2011) : 57–91 ; Lance D. Erickson, Steve McDonald, and Glen H. Elder, Jr., “Informal Mentors and Education : Complementary or Compensatory Resources?,” *Sociology of Education* 82 (October 2009) : 344–67. David L. DuBois and Naida Silverthorn, “Characteristics of Natural Mentoring Relationships and Adolescent Adjustment : Evidence from a National Study,” *Journal of Primary Prevention* 26 (2005) : 69–92. 上記はインフォーマルな助言が、青年期の広範なポジティブ、ネガティブな行動に改善をもたらすことが報告されている：それは高校卒業、大学入学、週 10 時間以上の労働、過度の飲酒、ドラッグ使用、喫煙、ギャング参加、喧嘩、危険行動、自尊心、生活満足、抑うつ、自殺念慮、健康全般、身体活動全般、性感染症罹患、避妊利用およびコンドーム使用に及ぶ。
24. Civic Enterprises in association with Hart Research Associates, “The Mentoring Effect : Young People’s Perspectives on the Outcomes and Availability of Mentoring,” report for MENTOR : The National Mentoring Partnership (January 2014), http://www.mentoring.org/images/uploads/Report_TheMentoringEffect.pdf (2014 年 8 月 21 日アクセス). この報告は危険な状態にある子どもにとってフォーマル、インフォーマル双方の助言がもつ価値についての広範囲な証拠を提供している。Civic Enterprises のジョン・ブリッジランドと Hart Research Associates に対し、この調査データ（18 ～ 21 歳の青年の全国代表サンプル 1,109 人）をわれわれの二次分析のため利用可能としてくれたことを感謝する。分析についてはわれわれのみに責任があるものである。回答者は以下のように告げられた。「若者が助言を受ける一つの方法は、組織化されたプログラムを通じてです……組織化された助言プログラムの例としては、ビッグブラザーズ・ビッグシスターズがあります。助言の第二のタイプは、大人が若者の生活の中にやってきて、自然とインフォーマルな助言関係が発達していくときに起こります。この大人は家族の友人のこともあれば、教室の外で若者との関係を維持している教師のこともあります（あなたの親や、誰か育ててくれた人を除きます）。組織化された、あるいはインフォーマルな助言関係のどちらにおいても、その成人は支援的で、指導やサポート、励ましを与えその若者のポジティブで健全

な発達を一定期間にわたって助けることにより若者との関係を共に築いていこうとします」。回答者はどちらかの種類の助言者がこれまでいたことがあるかを尋ねられ、もしそうである場合は、それぞれの助言関係の詳細を尋ねられた。
25. Erickson, McDonald, and Elder, "Informal Mentors and Education : Complementary or Compensatory Resources?," 344-67. この研究はこれまでのところ最も統計的に洗練されたもので、インフォーマルな助言は、もしそれが起こった場合には恵まれない子どもへの効果がずっと大きいことを見いだしているが、しかしその事実は、インフォーマルな助言の頻度は恵まれた子どもたちの生活の中で多いということによって相殺分を上回られてしまう。
26. 調査で報告されたフォーマルな助言の大半は学校関連のものだった。教会を通じたフォーマルな助言はよりまれであり、（われわれの目的からして重要なこととして）社会経済的地位で上層の子どもに集中していて、下層の子どもにおいてではなかった。
27. 助言に関するわれわれの議論の中では、「裕福な」と「貧しい」は社会経済的地位の合成指標における四分位の最上位と最下位を指している。
28. Robert J. Sampson, *Great American City : Chicago and the Enduring Neighborhood Effect* (Chicago : University of Chicago Press, 2012), 356, 強調は原文による。近隣効果の研究は、込み入った方法論的問題、とりわけ「選択バイアス」と呼ばれるものに悩まされてきた。人々はどこに住むかを一般に選ぶので、特定の地域にいる人が固有の特徴を持っていた場合、近隣地域の文脈によってそのような特性が「引き起こされた」というよりむしろ、彼らがそのような特性を地域に持ち込んだということがありえる。しかし、現時点で最良の研究はそのリスクに対応してきており、ここでの議論はそのような方法論的問題を前にしても安定的に見える知見に基づいている。それどころか、横断的研究は長期的影響を無視することにより、真の近隣効果を実際には過小推定している可能性がある。このような方法論的問題については、以下を参照。Sampson, *Great American City*, 特に第 12 章と第 15 章 ; Robert J. Sampson and Patrick Sharkey, "Neighborhood Selection and the Social Reproduction of Concentrated Racial Inequality," *Demography* 45 (February 2008) : 1-29 ; および Tama Leventhal, Véronique Dupéré, and Elizabeth Shuey, "Children in Neighborhoods," in *Handbook of Child Psychology and Developmental Science*, 7th ed., Vol. 4, eds. Richard M. Lerner, Marc H. Bornstein, and Tama Leventhal (Hoboken, NJ : Wiley, forthcoming 2015). これら論争の中心にあるのは 1990 年代の「機会への転居《ムーヴィング・トゥ・オポチュニティ》」実験であり、無作為に選択した貧しい家族の一群に低貧困地域への転居を可能とした上で、そのような転居をしなかった類似の家族による統制群と慎重な比較をしたものである。複雑で入り交じった結果の概観としては、以下を参照。Jens Ludwig, et al., "Neighborhood Effects on the Long-Term Well-Being of Low-Income Adults," *Science* 337 (2012) : 1505-10 ; および Lisa Sanbonmatsu et al., "Moving to Opportunity for Fair Housing Demonstration Program—Final Impacts Evaluation" (Washington, DC : U.S. Department of Housing and Urban Development, 2011).
29. Velma McBride Murry et al., "Neighborhood Poverty and Adolescent Development," *Journal of Research on Adolescence* 21 (March 2011) :114-28. ラジ・チェティとナサニエル・ヘンドレンらの未公刊研究は、前注で論じた「機会への転居」研究からの根拠を用いて、近隣効果は年少の子どもで最大になることを確認している。
30. Patrick Sharkey and Felix Elwert, "The Legacy of Disadvantage : Multigenerational Neighborhood Effects on Cognitive Ability," *American Journal of Sociology* 116 (May 2011) : 1934-81.
31. メリーランドでのあるランダム化統制実験では、子どもの成果に対する地域貧困の影響のおそらく三分の二は、貧弱な学校に帰属されると推定している。Heather Schwartz, *Housing Policy Is School Policy : Economically Integrative Housing Promotes Academic Success in Montgomery County, MD* (New York : Century Foundation, 2010). 別の慎重な統制研究では、高貧困地域で成長することが高校中退の可能性を高めることを見いだしている : David J. Harding, "Counterfactual Models of Neighborhood Effects : The Effect of Neighborhood Poverty on High School Dropout and Teenage Pregnancy," *American Journal of Sociology* 109 (2003) : 676-719. 学校とコミュニティ間のネットワークについては以下を参照。Anthony S. Bryk, Penny Bender Sebring, Elaine Allensworth, Stuart Luppescu, and John Q. Easton, *Organizing Schools for Improvement : Lessons from Chicago* (Chicago : University of Chicago Press, 2010) ; および Mark R. Warren, "Communities and Schools : A New View of Urban Education Reform," *Harvard Educational Review* 75 (2005) : 133-73.
32. 子どもへの近隣効果についての最近の包括的概観としては下記がある。Leventhal, Dupéré, and Shuey, "Children in Neighborhoods."
33. Cynthia M. Duncan, *Worlds Apart : Poverty and Politics in Rural America*, 2nd ed. (New Haven : Yale University Press, 2014).
34. 集合的効力感については、Sampson, *Great American City*, 第 7 章を参照、引用は 370 頁より。
35. 図 5.4 が描いているのは信頼と貧困の間の単純な相関だが、個人の経済状態、教育水準、市民性、エスニシ

ティ、犯罪率、所得不平等性、人種多様性、言語、通勤時間、居住流動性、自家所有、ジェンダー、地域、年齢を統制してもこの相関は依然として安定して大きい。下記を参照。Robert D. Putnam, "*E Pluribus Unum* : Diversity and Community in the 21st Century : The 2006 Johan Skytte Prize Lecture," *Scandinavian Political Studies* 30 (June 2007) : 137-74, 特に表 3。同じパターンは近所とどれくらい話をするかについても同じようにあてはまる。
36. 以下を参照。Putnam, *Bowling Alone*, 138 ; および Orlando Patterson, "Liberty Against the Democratic State : On the Historical and Contemporary Sources of American Distrust," in *Democracy and Trust*, ed. Mark E. Warren (Cambridge : Cambridge University Press, 1999), 187-91.
37. Putnam, *Bowling Alone* ; Wendy M. Rahn and John E. Transue, "Social Trust and Value Change : The Decline of Social Capital in American Youth, 1976-1995," *Political Psychology* 19 (September 1998) : 545-65 ; April K. Clark, Michael Clark, and Daniel Monzin, "Explaining Changing Trust Trends in America," *International Research Journal of Social Sciences* 2 (January 2013) : 7-13 ; Jean M. Twenge, W. Keith Campbell, and Nathan T. Carter, "Declines in Trust in Others and Confidence in Institutions Among American Adults and Late Adolescents, 1972-2012," *Psychological Science* 25 (October 2014) : 1914-23.
38. Sampson, *Great American City* ; Leventhal, Dupéré, and Shuey, "Children in Neighborhoods" ; Dafna E. Kohen, V. Susan Dahinten, Tama Leventhal, and Cameron N. McIntosh, "Neighborhood Disadvantage : Pathways of Effects for Young Children," *Child Development* 79 (January 2008) : 156-69 ; Gopal K. Singh and Reem M. Ghandour, "Impact of Neighborhood Social Conditions and Household Socioeconomic Status on Behavioral Problems Among U.S. Children," *Maternal and Child Health Journal* 16 (April 2012) : 158-69 ; Véronique Dupéré, Tama Leventhal, and Frank Vitaro, "Neighborhood Processes, Self-efficacy, and Adolescent Mental Health," *Journal of Health and Social Behavior* 53 (June 2012) : 183-98 ; Elizabeth T. Gershoff and Aprile D. Benner, "Neighborhood and School Contexts in the Lives of Children," in *Societal Contexts of Child Development : Pathways of Influence and Implications for Practice and Policy*, eds. Elizabeth T. Gershoff, Rashmita S. Mistry, and Danielle A. Crosby (Oxford : Oxford University Press, 2014), 141-55.
39. Leventhal, Dupéré, and Shuey, "Children in Neighborhoods" ; Rand D. Conger and M. Brent Donnellan, "An Interactionist Perspective on Socioeconomic Context of Human Development," *Annual Review of Psychology* 58 (2007) : 175-99 ; Glen H. Elder, Jr., Jacquelynne S. Eccles, Monika Ardelt, and Sarah Lord, "Inner-City Parents Under Economic Pressure : Perspectives on the Strategies of Parenting," *Journal of Marriage and Family* 57 (August 1995) : 771-84 ; Véronique Dupéré, Tama Leventhal, Robert Crosnoe, and Eric Dion, "Understanding the Positive Role of Neighborhood Socioeconomic Advantage in Achievement : The Contribution of the Home, Child Care, and School Environments," *Developmental Psychology* 46 (September 2010) : 1227-44 ; Candice L. Odgers et al., "Supportive Parenting Mediates Neighborhood Socioeconomic Disparities in Children's Antisocial Behavior from Ages 5 to 12," *Development and Psychopathology* 24 (August 2012) : 705-21.
40. Frank F. Furstenberg et al., *Managing to Make It : Urban Families and Adolescent Success* (Chicago : University of Chicago Press, 1999).
41. Gershoff and Benner, "Neighborhood and School Contexts in the Lives of Children," 143 ; Jason M. Bacha et al., "Maternal Perception of Neighborhood Safety as a Predictor of Child Weight Status : The Moderating Effect of Gender and Assessment of Potential Mediators," *International Journal of Pediatric Obesity* 5 (January 2010) : 72-79 ; Beth E. Molnar, Steven L. Gortmaker, Fiona C. Bull, and Stephen L. Buka, "Unsafe to Play? Neighborhood Disorder and Lack of Safety Predict Reduced Physical Activity Among Urban Children and Adolescents," *American Journal of Health Promotion* 18 (May 2004) : 378-86 ; Deborah A. Cohen, Brian K. Finch, Aimee Bower, and Narayan Sastry "Collective Efficacy and Obesity : The Potential Influence of Social Factors on Health," *Social Science & Medicine* 62 (2006) : 769-78 ; H. Mollie Greves Grow, Andrea J. Cook, David E. Arterburn, Brian E. Saelens, Adam Drewnowski, and Paula Lozano, "Child Obesity Associated with Social Disadvantage of Children's Neighborhoods," *Social Science & Medicine* 71 (2010) : 584-91.
42. Centers for Disease Control and Prevention (CDC), "Physical Activity Levels Among Children Aged 9-13 Years—United States, 2002," *Morbidity and Mortality Weekly Report* 52 (August 22, 2003) : 785-88 ; Penny Gordon-Larsen, Melissa C. Nelson, Phil Page, and Barry M. Popkin, "Inequality in the Built Environment Underlies Key Health Disparities in Physical Activity and Obesity," *Pediatrics* 117 (February 2006) : 417-24 ; Billie Giles-Corti and Robert J. Donovan, "Relative Influences of Individual, Social Environmental, and Physical Environmental Correlates of Walking," *American Journal of Public Health* 93 (September 2003) : 1583-89 ; Jens Ludwig et al., "Neigh-

borhoods, Obesity, and Diabetes—A Randomized Social Experiment," *New England Journal of Medicine* 365 (2011) : 1509-19.
43. Paul A. Jargowsky, "Concentration of Poverty in the New Millennium : Changes in Prevalence, Composition, and Location of High Poverty Neighborhoods," report by the Century Foundation and Rutgers Center for Urban Research and Education (2013), http://tcf.org/assets/downloads/Concentration_of_Poverty_in_the_New_Millennium.pdf (2014 年 8 月 21 日アクセス) ; Ann Owens and Robert J. Sampson, "Community Well-Being and the Great Recession," *Pathways Magazine* (The Stanford Center on Poverty and Inequality, Spring 2013) : 3-7 ; Patrick Sharkey and Bryan Graham, "Mobility and the Metropolis : How Communities Factor into Economic Mobility," Pew Charitable Trust report (December 2013), http://www.pewtrusts.org/~/media/legacy/uploadedfiles/pcs_assets/2013/MobilityandtheMetropolispdf.pdf (2014年 8月 21日アクセス) ; Jonathan T. Rothwell and Douglas S. Massey, "Geographic Effects on Intergenerational Income Mobility," *Economic Geography* 90 (January 2015) : 1-23.
44. Robert D. Putnam and David E. Campbell, *American Grace : How Religion Divides and Unites Us* (New York : Simon & Schuster, 2010), 特に第 13 章。このパラグラフの統計は、同書で説明されている 2006 年の Faith Matters 全国調査から来ている。
45. John M. Wallace and Tyrone A. Forman, "Religion's Role in Promoting Health and Reducing Risk Among American Youth," *Health Education and Behavior* 25 (December 1998) : 721-41 ; Mark D. Regnerus and Glen H. Elder, Jr., "Staying on Track in School : Religious Influences in High- and Low-Risk Settings" (paper presented at the annual meeting of the American Sociological Association, Anaheim, CA, August 2001) ; Chandra Muller and Christopher G. Ellison, "Religious Involvement, Social Capital, and Adolescents' Academic Progress : Evidence from the National Education Longitudinal Study of 1988," *Sociological Focus* 34 (May 2001) : 155-83 ; Christian Smith and Robert Faris, "Religion and American Adolescent Delinquency, Risk Behaviors, and Constructive Social Activities," a research report of the National Study of Youth and Religion (Chapel Hill, NC, 2002), http://eric.ed.gov/?id=ED473128 (2014 年 8 月 21 日アクセス) ; Jonathan K. Zaff, Kristin A. Moore, Angela Romano Pappillo, and Stephanie Williams, "Implications of Extracurricular Activity Participation During Adolescence on Positive Outcomes," *Journal of Adolescent Research* 18 (November 2003) : 614 ; Jennifer L. Glanville, David Sikkink, and Edwin I. Hernandez, "Religious Involvement and Educational Outcomes : The Role of Social Capital and Extracurricular Participation," *Sociological Quarterly* 49 (Winter 2008) : 105-37. これらの研究では、相関を擬似的なものにする可能性がある他の多くの要因を統制している。宗教参加のケースにおける選択バイアスについての最良の研究では、このバイアスはあったとしても宗教の影響をあいまいとするもので、強調するものではないと結論づけている : Mark D. Regnerus and Christian Smith, "Selection Effects in Studies of Religious Influence," *Review of Religious Research* 47 (September 2005) : 23-50 ; Jonathan H. Gruber, "Religious Market Structure, Religious Participation, and Outcomes : Is Religion Good for You?," *Advances in Economic Analysis & Policy* 5 (December 2005).
46. Eric Dearing et al., "Do Neighborhood and Home Contexts Help Explain Why Low-Income Children Miss Opportunities to Participate in Activities Outside of School?," *Developmental Psychology* 45 (November 2009) : 1545-62. Social Capital Community Benchmark Survey (2000) の筆者による分析 ; 17 種類の組織の中では、自助、退役軍人、老人グループで、宗教グループよりも参加における階級上の偏りが少なかった。
47. Putnam and Campbell, *American Grace*, 252-53. 教会出席における階級格差の増大という同様の世代傾向は、General Social Survey、National Educational Studies、Roper Political and Social Trend アーカイブにおいて、社会経済的地位の測定を教育水準（相対的なものと絶対的なもの）にしたときにも所得にしたときにも現れているが、教育水準の場合の方がより明確である。出席の測定はアーカイブごとに異なっているが、教育水準別の傾向は類似している。階級格差の成長は男性の方が女性よりも明確で、またどちらかといえば黒人の方が白人よりも、福音派プロテスタントの方が他宗派よりも明確である。全ての人種を一緒に分析するとこの傾向は覆い隠されてしまうが、それは非白人の方が貧しく、教育水準が低く、宗教的な傾向があるからで、別々に検討したときにはそれぞれの人種内で階級格差の拡大が現れる。
48. 以下を参照。Barrie Thorne, "The Crisis of Care," in *Work-Family Challenges for Low-Income Parents and Their Children*, eds. Ann C. Crouter and Alan Booth (Mahwah, NJ : Lawrence Erlbaum, 2004) : 165-78 ; および Markella B. Rutherford, *Adult Supervision Required : Private Freedom and Public Constraints for Parents and Children* (New Brunswick, NJ : Rutgers University Press, 2011).

第六章　何をすべきか?

1．Raj Chetty, Nathaniel Hendren, Patrick Kline, and Emmanuel Saez, "Where Is the Land of Opportunity? The Geography of Intergenerational Mobility in the United States," *Quarterly Journal of Economics* 129 (November 2014)；Raj Chetty, Nathaniel Hendren, Patrick Kline, Emmanuel Saez, and Nicholas Turner, "Is the United States Still a Land of Opportunity? Recent Trends in Intergenerational Mobility," *American Economic Review Papers & Proceedings* 104 (May 2014)：141-47. 第 1 章の原注 48 も参照。
2．Isabel V. Sawhill, "Trends in Intergenerational Mobility," in *Getting Ahead or Losing Ground：Economic Mobility in America*, eds. Ron Haskins, Julia B. Isaacs, and Isabel V. Sawhill (Washington, DC：Brookings Institution, 2008).
3．ポートクリントンのウェンディは、自身が裕福な出身の唯一の親である。シモーヌの父はニューヨーク大に通った。アールの父は建設業界に入る前にカレッジに 1 年だけ通ったが、アール自身が大学に入ろうとする頃にその事業が破綻し、アールは自力で何とかしなければならなかった。
4．Arthur M. Okun, *Equality and Efficiency：The Big Tradeoff* (Washington, DC：Brookings Institution Press, 1975).
5．Claudia Goldin and Lawrence F. Katz, "The Legacy of U.S. Educational Leadership：Notes on Distribution and Economic Growth in the 20th Century," *American Economic Review* 91 (May 2001)：18-23；Eric A. Hanushek and Ludger Woessmann, "The Role of Cognitive Skills in Economic Development," *Journal of Economic Literature* 46 (September 2008)：607-68；Elhanan Helpman, *The Mystery of Economic Growth* (Cambridge：Harvard University Press, 2010)；Martin West, "Education and Global Competitiveness：Lessons for the United States from International Evidence," in *Rethinking Competitiveness*, ed. Kevin A. Hassett (Washington, DC：AEI Press, 2012).
6．Claudia Goldin and Lawrence F. Katz, *The Race Between Education and Technology* (Cambridge：Harvard University Press, 2008), 98；Michael Handel, "Skills Mismatch in the Labor Market," *Annual Review of Sociology* 29 (2003)：135-65；James J. Heckman et al., "The Rate of Return to the HighScope Perry Preschool Program," *Journal of Public Economics* 94 (February 2010)：114-28；Pedro Carneiro and James J. Heckman, "Human Capital Policy," in *Inequality in America：What Role for Human Capital Policies?*, eds. James J. Heckman, Alan B. Krueger, and Benjamin M. Friedman (Cambridge：MIT Press, 2003).
7．Daron Acemoglu and David Autor, "What Does Human Capital Do? A Review of Goldin and Katz's *The Race Between Education and Technology*," *Journal of Economic Literature* 50 (June 2012)：426-63.
8．Harry J. Holzer, Diane Whitmore Schanzenbach, Greg J. Duncan, and Jens Ludwig, "The Economic Costs of Childhood Poverty in the United States," *Journal of Children and Poverty* 14 (March 2008)：41-61.
9．Clive R. Belfield, Henry M. Levin, and Rachel Rosen, *The Economic Value of Opportunity Youth* (Washington, DC：Corporation for National and Community Service, 2012), http://www.dol.gov/summerjobs/pdf/EconomicValue.pdf (2014 年 10 月 6 日アクセス). 機会青少年は、仕事と人生への準備という観点から見たとき、下位の 17%の若者で構成されている。
10．Katharine Bradbury and Robert K. Triest, "Inequality of Opportunity and Aggregate Economic Performance," (paper prepared for the conference on Inequality of Economic Opportunity, Federal Reserve Bank, Boston, October 2014).「大都市圏」とは中心都市周辺の「通勤圏」として操作的に定義されている。その広範な計量的知見が持つ意味を表現したこれらの各推定値を計算してくれたことに関して、ブラッドベリーとトリーストに感謝する。近年の関連する研究としては以下がある。Chang-Tai Hsieh, Eric Hurst, Charles I. Jones, and Peter J. Klenow, "The Allocation of Talent and U.S. Economic Growth." Working Paper 18693 (Cambridge：National Bureau of Economic Research, 2013)；および Gustavo A. Marrero and Juan G. Rodriguez, "Inequality of opportunity and growth," *Journal of Development Economics* 104 (2013)：107-22.
11．James J. Heckman, "An Effective Strategy for Promoting Social Mobility," *Boston Review* (September/October 2012)；James J. Heckman, Seong Hyeok Moon, Rodrigo Pinto, Peter A. Savelyev, and Adam Yavitz, "The Rate of Return to the High/Scope Perry Preschool Program," Forschungsinstitut zur Zukunft der Arbeit/Institute for the Study of Labor Discussion Paper No. 4533 (Bonn, Germany：IZA, October 2009), http://ftp.iza.org/dp4533.pdf (2014 年 9 月 26 日アクセス). 他の研究者の中には、早期幼児教育の利益率は有利なものとなることに同意する一方で、ヘックマンの推定はおそらく高すぎるものであると見るものもいる。それがミシガン州イプシランティのペリー

幼稚園《プレスクール》で1960年代に始まった唯一の画期的研究に基づくものだからである。
12. 所得不平等（機会不平等ではなく）の経済的効果という関連する問題について、教科書的な理論は以前では、不平等は努力へのインセンティブと、成長を後押しする投資貯蓄を提供することにより経済成長に貢献するといった具合だった。より最近の証拠で強く示唆されているのは逆である――高水準の不平等は、持続的成長を妨げる。（他にも多くある文献のうち）以下を参照。Alberto Alesina and Dani Rodrik, “Distributive Politics and Economic Growth,” *Quarterly Journal of Economics* 109（May 1994）: 465-90 ; Andrew G. Berg and Jonathan D. Ostry, “Inequality and Unsustainable Growth : Two Sides of the Same Coin?,” IMF Staff Discussion Note 11/08（Washington, DC : International Monetary Fund, April 8, 2011）; Joseph E. Stiglitz, *The Price of Inequality : How Today's Divided Society Endangers Our Future*（New York : W. W. Norton, 2012）〔楡井浩一、峯村利哉訳『世界の99%を貧困にする経済』徳間書店、2012年〕; および Jonathan D. Ostry, Andrew Berg, and Charalambos G. Tsangarides, “Redistribution, Inequality, and Growth,” IMF Staff Discussion Note 14/02（Washington, DC : International Monetary Fund, February 2014）. 2014年中盤にスタンダード&プアーズは米国経済成長の予測を0.3%引き下げたが、それは米国の富裕者と貧困者の間の大きな格差によるもので、不平等による経済的動揺期が到来すると予測した。Peter Schroeder, “S&P : Income Inequality Slowing Economy,” *The Hill*, August 5, 2014, http://thehill.com/policy/finance/214316-sp-income-inequality-slowing-economy（2014年10月6日アクセス）. 経済学者は、なぜ極端な不平等が成長を下げる可能性があるのかの理由について合意を見ていない――それは富裕者の高貯蓄率によって、総需要に限界がもたらされるからかもしれないし、適切な熟練労働者について供給面の制約が起こるからかもしれないし、高不平等が金融不安の引き金を引くからかもしれないし、政治的歪みと人々の不安が経済成長を妨げるからかもしれない。
13. Robert A. Dahl, *On Democracy*（New Haven : Yale University Press, 1998）〔中村孝文訳『デモクラシーとは何か』岩波書店、2001年〕.
14. Meira Levinson, *No Citizen Left Behind*（Cambridge : Harvard University Press, 2012）; Sidney Verba, Kay Lehman Schlozman, and Henry E. Brady, *Voice and Equality : Civic Voluntarism in American Politics*（Cambridge : Harvard University Press, 1995）; Kay Lehman Schlozman, Sidney Verba, and Henry E. Brady, *The Unheavenly Chorus : Unequal Political Voice and the Broken Promise of American Democracy*（Princeton : Princeton University Press, 2012）; Andrea K. Finlay, Constance Flanagan, and Laura Wray-Lake, “Civic Engagement Patterns and Transitions over 8 Years : The AmeriCorps National Study,” *Developmental Psychology* 47（November 2011）: 1728-43 ; Jonathan F. Zaff, James Youniss, and Cynthia M. Gibson, “An Inequitable Invitation to Citizenship : Non-College-Bound Youth and Civic Engagement,” Report prepared for PACE（Washington, DC : Philanthropy for Active Civic Engagement, October 2009）.
15. 2008年と2010年の市民参加についてのデータは、国勢調査局のCurrent Population Surveyより；ここで、「大学教育」とは、20～25歳の若者で中等後教育に現在在学中か、中等後教育学位を修了したもの全てを指す。6つのリストの中から若者が回答した活動の種類数を単純に数えた。下記も参照。“Understanding a Diverse Generation : Youth Civic Engagement in the United States,” CIRCLE Research Report（Tufts University, November 2011）, http://www.civicyouth.org/wp-content/uploads/2011/11/CIRCLE_cluster_report2010.pdf（2014年10月6日アクセス）.
16. Laura Wray-Lake and Daniel Hart, “Growing Social Inequalities in Youth Civic Engagement? Evidence from the National Election Study,” *PS : Political Science and Politics* 45（July 2012）: 456-61 ; Amy K. Syvertsen, Laura Wray-Lake, Constance A. Flanagan, D. Wayne Osgood, and Laine Briddell, “Thirty-Year Trends in U.S. Adolescents' Civic Engagement : A Story of Changing Participation and Educational Differences,” *Journal of Research on Adolescence* 21（September 2011）: 586-94. 2008年と2010年の投票参加データは、国勢調査局のCurrent Population Surveyより。
17. Wray-Lake and Hart, “Growing Social Inequalities in Youth Civic Engagement? Evidence from the National Election Study,” 上記は選挙運動参加の指標が「下降方向」で格差縮小するという、これと同じパターンを示している。
18. 高校最上級生に対するMonitoring the Future調査データ（2005～2012年）のカール・フレデリックの分析。
19. Kay Lehman Schlozman, Sidney Verba, and Henry E. Brady, “Weapon of the Strong? Participatory Inequality and the Internet,” *Perspectives on Politics* 8（June 2010）: 487-509.
20. Schlozman, Verba, and Brady, *The Unheavenly Chorus*, 83頁の引用。
21. Larry M. Bartels, *Unequal Democracy : The Political Economy of the New Gilded Age*（Princeton : Princeton University Press, 2008）; Martin Gilens, *Affluence and Influence : Economic Inequality and Political Power in America*（Princeton : Princeton University Press, 2012）; Jan E. Leighley and Jonathan Nagler, *Who Votes Now? Demo-*

graphics, Issues, Inequality, and Turnout in the United States (Princeton : Princeton University Press, 2013).
22. Dahl, *On Democracy*, 76.
23. American Political Science Association Task Force on Inequality and American Democracy, "American Democracy in an Age of Rising Inequality," *Perspectives on Politics* 2 (December 2004) : 651.
24. William Kornhauser, *The Politics of Mass Society* (Glencoe, IL : Free Press, 1959) 〔辻村明訳『大衆社会の政治』東京創元社、1961 年〕, 212. 大衆社会理論家の包括的な概観としては、下記を参照。Christian Borch, *The Politics of Crowds : An Alternative History of Sociology* (New York : Cambridge University Press, 2012).
25. Hannah Arendt, *The Origins of Totalitarianism* (New York : Harcourt, Brace, 1951) 〔大久保和郎、大島通義、大島かおり訳『全体主義の起原 1 、2、3』みすず書房、1972-74 年〕, 310, の下記における引用。Borch, *The Politics of Crowds*, 181.
26. Pope Francis, in "Apostolic Exhortation *Evangelii Gaudium* [The Joy of the Gospel], to the Bishops, Clergy, Consecrated Persons and the Lay Faithful on the Proclamation of the Gospel in Today's World," Vatican Press, 2013, http://w2.vatican.va/content/dam/francesco/pdf/apost_exhortations/documents/papa-francesco_esortazione-ap_20131124_evangelii-gaudium_en.pdf (2014 年 10 月 6 日アクセス) 〔日本カトリック新福音化委員会訳『使徒的勧告 福音の喜び』カトリック中央協議会、2014 年〕; ローマ法王フランシスコのブラジル・リオデジャネイロへの空路途上インタビュー : John L. Allen, "Pope on Plane : No to a 'Throw-Away' Culture," *National Catholic Reporter*, July 22, 2013 http://ncronline.org/blogs/ncr-today/pope-plane-no-throw-away-culture (2014 年 10 月 6 日アクセス).
27. 機会平等の道徳哲学については、以下が必読書に含まれる。Lawrence A. Blum, "Opportunity and Equality of Opportunity," *Public Affairs Quarterly* 2 (October 1988) : 1-18 ; John H. Schaar, "Equality of Opportunity, and Beyond," in *Equality : Selected Readings*, eds. Louis P. Pojman and Robert Westmoreland (New York : Oxford University Press, 1997), 137-47 ; William Galston, "A Liberal Defense of Equality of Opportunity," in *Equality*, eds. Pojman and Westmoreland, 170-81 ; Bernard A. O. Williams, "The Idea of Equality," in Equality, eds. Pojman and Westmoreland, 91-101 ; John Rawls, *A Theory of Justice*, rev. ed. (Cambridge : Belknap Press of Harvard University Press, 1999) 〔川本隆史、福間聡、神島裕子訳『正義論』改訂版、紀伊國屋書店、2010 年〕; John E. Roemer, *Equality of Opportunity* (Cambridge : Harvard University Press, 2000) ; Will Kymlicka, *Contemporary Political Philosophy : An Introduction*, 2nd ed. (New York : Oxford University Press, 2002) 〔千葉眞、岡崎晴輝訳『新版 現代政治理論』日本経済評論社、2005年〕, 53-101 ; T. M. Scanlon, "When Does Equality Matter?" (paper presented at a conference on equality at the John F. Kennedy School of Government, Cambridge, MA, April 2004), http://www.law.yale.edu/documents/pdf/Intellectual_Life/ltw-Scanlon.pdf (2014 年 10 月 6 日アクセス) ; および Richard Arneson, "Equality of Opportunity," *The Stanford Encyclopedia of Philosophy*, October 8, 2002, http://plato.stanford.edu/entries/equal-opportunity/ (2014 年 10 月 6 日アクセス).
28. Serena Olsaretti, "Children as Public Goods?," *Philosophy and Public Affairs* 41 (Summer 2013) : 226-58, この興味深い評論で彼女が主張しているのは、われわれが親に対してその子どもを育てる手助けをすべき義務を負っているということで、その理由はそのような子どもがわれわれの将来の幸福に貢献するからであるという。私の主張はむしろ、われわれの道徳的義務は**親**に対してではなく、**子ども**自身に負うものであるという点に基づいている。
29. 機会格差問題へのアプローチの有益な統合については下記を参照。Lane Kenworthy, "It's Hard to Make It in America : How the United States Stopped Being the Land of Opportunity," *Foreign Affairs* 91 (November 2012) : 103-9. 機会格差に取り組むための政策オプションの綿密なレビューについては、特にトム・サンダーに負うものである。
30. 階級格差の拡大の取り扱いについて、私の説明と記述上はしばしば一致しているが、全く異なる判断を提供しているものとしては下記を参照。Charles Murray, *Coming Apart : The State of White America, 1960–2010* (New York : Crown Forum, 2012) 〔橘明美訳『階級「断絶」社会アメリカ : 新上流と新下流の出現』草思社、2013 年〕.
31. 宗教コミュニティがその成員の態度と行動に与える強力な影響の証拠については下記を参照。Robert D. Putnam and David E. Campbell, *American Grace : How Religion Divides and Unites Us* (New York : Simon & Schuster, 2010), 特に第 13 章。
32. Isabel V. Sawhill, *Generation Unbound : Drifting into Sex and Parenthood Without Marriage* (Washington, DC : Brookings Institution Press, 2014), 91-93, における下記の引用。Robert G. Wood, Sheena McConnell, Quinn Moore, Andrew Clarkwest, and JoAnn Hsueh, "The Effects of Building Strong Families : A Healthy Marriage and Relationship Skills Education Program for Unmarried Parents," *Journal of Policy Analysis and Management* 31 (Spring 2012) : 228-52 ; JoAnn Hsueh, Desiree Principe Alderson, Erika Lundquist, Charles Michalopoulos, Daniel

Gubits, David Fein, and Virginia Knox, "The Supporting Healthy Marriage Evaluation : Early Impacts on Low-Income Families," *SSRN Electronic Journal* (2012), www.ssrn.com/abstract=2030319 (2014 年 10 月 11 日アクセス) ; Adam Carasso and C. Eugene Steuerle, "The Hefty Penalty on Marriage Facing Many Households with Children," *The Future of Children* 15 (Fall 2005) : 161 ; Ron Haskins, "Marriage, Parenthood, and Public Policy," *National Affairs* (Spring 2014) : 65-66 ; Maria Cancian and Ron Haskins, "Changes in Family Composition : Implications for Income, Poverty, and Public Policy," *ANNALS of the American Academy of Political and Social Science* 654 (July 2014) : 42-43.
33. Sawhill, *Generation Unbound*, 3.
34. 続く 2 パラグラフの証拠は下記より。Sawhill, *Generation Unbound* 9, 105-44. この問題のいくらか異なる見方については、下記を参照。Andrew J. Cherlin, *Labor's Love Lost : The Rise and Fall of the Working Class Family in America* (New York : Russell Sage Foundation, 2014), Chapter 7.
35. Elizabeth O. Ananat, Anna Gassman-Pines, and Christina M. Gibson-Davis, "The Effects of Local Employment Losses on Children's Educational Achievement," in *Whither Opportunity? Rising Inequality, Schools, and Children's Life Chances*, eds. G. Duncan and R. Murnane (New York : Russell Sage, 2011), 299-315.
36. Kenworthy, "It's Hard to Make It in America," 97-109 ; Greg Duncan, Pamela Morris, and Chris Rodrigues, "Does Money Matter? Estimating Impacts of Family Income on Young Children's Achievement with Data from Random-Assignment Experiments," *Developmental Psychology* 47 (September 2012) : 1263-79. 以下も参照。Rebecca A. Maynard and Richard J. Murnane, "The Effects of a Negative Income Tax on School Performance : Results of an Experiment," *Journal of Human Resources* 14 (Autumn 1979) : 463-76 ; Neil J. Salkind and Ron Haskins, "Negative Income Tax : The Impact on Children from Low-Income Families," *Journal of Family Issues* 3 (June 1982) : 165-80 ; Pamela Morris et al., *How Welfare and Work Policies Affect Children : A Synthesis of Research* (New York : MDRC, 2001) ; Gordon B. Dahl and Lance Lochner, "The Impact of Family Income on Child Achievement," *American Economic Review* 102 (August 2005) : 1927-56 ; および Greg J. Duncan, Ariel Kalil, and Kathleen M. Ziol-Guest, "Early Childhood Poverty and Adult Achievement, Employment and Health," *Family Matters* (Australia Institute of Family Studies) 93 (2013) : 26-35, http://www.aifs.gov.au/institute/pubs/fm2013/fm93/fm93c.pdf (2014 年 10 月 11 日アクセス).
37. EITC と児童税額控除、および可能性ある改革についての有用な概観として下記を参照。Thomas L. Hungerford and Rebecca Thiess, "The Earned Income Tax Credit and the Child Tax Credit : History, Purpose, Goals, and Effectiveness" (report, Economic Policy Institute, September 25, 2013), http://www.epi.org/publication/ib370-earned-income-tax-credit-and-the-child-tax-credit-history-purpose-goals-and-effectiveness/ (2014 年 10 月 10 日アクセス).
38. Jeremy Travis, Bruce Western, and Steve Redburn, eds., *The Growth of Incarceration in the United States : Exploring Causes and Consequences* (Washington, DC : National Academies Press, 2014).
39. Jane Waldfogel, *What Children Need* (Cambridge : Harvard University Press, 2006), 45-62, 45 頁の引用。彼女は強調しているが、好ましくないと示されているのは子どもの出生**一年目**の間の**フルタイム**労働であって、その後においての労働や、最初の一年目におけるパートタイム労働ではない。
40. 2008 年のある報告書では、米国は有給の育児休暇政策において調査対象の高所得国 21 ヶ国中もっとも寛大ではなく、また親に認められた休暇期間という点では最下位二番目であったことが判明している。下記を参照。Rebecca Ray, Janet C. Gornick, and John Schmitt, "Parental Leave Policies in 21 Countries : Assessing Generosity and Gender Equality" (Washington, DC : Center for Economic and Policy Research, 2008). より最近の証拠でも、この低順位が確認されている : OECD Family Database, PF2.1 Key characteristics of parental leave systems, October 14, 2014, http://www.oecd.org/els/soc/PF2_1_Parental_leave_systems_1May2014.pdf.
41. 日中保育の質に関する証拠のレビューとしては以下を参照。Waldfogel, *What Children Need*, 72-81, および Lisa Gennetian, Danielle Crosby, Chantelle Dowsett, and Aletha Huston, "Maternal Employment, Early Care Settings and the Achievement of Low-Income Children," Next Generation Working Paper No. 30 (New York : MDRC, 2007).
42. Educare Learning Network, "A National Research Agenda for Early Education," April 2014, http://www.educareschools.org/results/pdfs/National_Research_Agenda_for_Early_Education.pdf (2014 年 10 月 10 日アクセス). エデュケアの評価についての速報は有望なものである ; 以下を参照。 N. Yazejian and D. M. Bryant, "Promising Early Returns : Educare Implementation Study Data, March 2009" (Chapel Hill : FPG Child Development Institute,

UNC, 2009) および "Educare Implementation Study Findings—August 2012," http://eln.fpg.unc.edu/sites/eln.fpg.unc.edu/files/FPG-Demonstrating-Results-August-2012-Final.pdf (2014 年 12 月 16 日アクセス).
43. Jane Waldfogel and Elizabeth Washbrook, "Early Years Policy," *Child Development Research* 2011 (2011) : 1–12 ; Amy J. L. Baker, Chaya S. Piotrkowski, and Jeanne Brooks-Gunn, "The Home Instruction Program for Preschool Youngsters (HIPPY)," *The Future of Children* 9 (Spring/Summer 1999) : 116–33 ; Darcy I. Lowell, Alice S. Carter, Leandra Godoy, Belinda Paulicin, and Margaret J. Briggs-Gowan, "A Randomized Controlled Trial of Child FIRST : A Comprehensive Home-Based Intervention Translating Research into Early Childhood Practice," *Child Development* 82 (January 2011) : 193–208 ; "Policy : Helping Troubled Families Turn Their Lives Around," Department for Communities and Local Government, https://www.gov.uk/government/policies/helping-troubled-families-turn-their-lives-around/activity (2014 年 10 月 10 日アクセス). 下記も参照。Tondi M. Harrison, "Family Centered Pediatric Nursing Care : State of the Science," *Journal of Pediatric Nursing* 25 (October 2010) : 335–43.
44. OECD, *Education at a Glance : OECD Indicators 2014* (OECD Publishing, 2014), chart C.21, p. 320.
45. James J. Heckman, "Skill Formation and the Economics of Investing in Disadvantaged Children," *Science* 312 (June 2006) : 1900–1902 ; Arthur J. Reynolds, Judy A. Temple, Dylan L. Robertson, and Emily A. Mann, "Age 21 Cost-Benefit Analysis of the Title I Chicago Child-Parent Center Program," Executive Summary (National Institute for Early Childhood Education Research, June 2001).
46. 早期幼児教育の評価に関する膨大な文献に最近加わったものには以下がある。David Deming, "Early Childhood Intervention and Life-Cycle Skill Development : Evidence from Head Start," *American Economic Journal* 1 (July 2009) : 111–34 ; Jens Ludwig and Douglas L. Miller, "Does Head Start Improve Children's Life Chances? Evidence from a Regression-Discontinuity Design," *Quarterly Journal of Economics* 122 (2007) : 159–208 ; および Alexander Gelber, "Children's Schooling and Parents' Behavior : Evidence from the Head Start Impact Study," *Journal of Public Economics* 101 (2013) : 25-38. 期待の持てる結果は「幼児健康増進プログラム」にも見られている。以下を参照。Greg J. Duncan, Jeanne Brooks-Gunn, and Pamela K. Klebanov, "Economic Deprivation and Early-Childhood Development," *Child Development* 65 (April 1994) : 296–318 ; John M. Love and Jeanne Brooks-Gunn, "Getting the Most Out of Early Head Start : What Has Been Accomplished and What Needs To Be Done," in *Investing in Young Children : New Directions in Federal Preschool and Early Childhood Policy*, eds. W. Steven Barnett and Ron Haskins (Washington, DC : Brooking Institution, 2010), 29–37.
47. Greg J. Duncan and Richard J. Murnane, *Restoring Opportunity : The Crisis of Inequality and the Challenge for American Education* (New York : Russell Sage Foundation, 2014), 53–69.
48. William T. Gormley, Deborah Phillips, and Ted Gayer, "Preschool Programs Can Boost School Readiness," *Science* 320 (June 27, 2008) : 1723–24 ; William T. Gormley, Jr., Ted Gayer, Deborah Phillips, and Brittany Dawson, "The Effects of Universal Pre-K on Cognitive Development," *Developmental Psychology* 41 (November 2005) : 872–84 ; William Gormley, Jr., Ted Gayer, Deborah Phillips, and Brittany Dawson, "The Effects of Oklahoma's Universal Pre-K Program on School Readiness : An Executive Summary" (Georgetown University : Center for Research on Children in the U.S., November 2004).
49. Douglas S. Massey, Len Albright, Rebecca Casciano, Elizabeth Derickson, and David N. Kinsey, *Climbing Mount Laurel : The Struggle for Affordable Housing and Social Mobility in an American Suburb* (Princeton : Princeton University Press, 2013), 195.
50. Bruce D. Baker, David G. Sciarra, and Danielle Farrie, "Is School Funding Fair? A National Report Card" (The Education Law Center and Rutgers Graduate School of Education, 2012).
51. U.S. Department of Education, "For Each and Every Child—A Strategy for Education Equity and Excellence," a report to the Secretary (Washington, DC : The Equity and Excellence Commission, 2013), http://www2.ed.gov/about/bdscomm/list/eec/equity-excellence-commission-report.pdf (2014 年 10 月 11 日アクセス).
52. Steven Glazerman, Ali Protik, Bing-ru Teh, Julie Bruch, and Jeffrey Max, "Transfer Incentives for High-Performing Teachers : Final Results from a Multisite Experiment (NCEE 2014-4003)" (Washington, DC : National Center for Education Evaluation and Regional Assistance, Institute of Education Sciences, U.S. Department of Education, November 2013), http://ies.ed.gov/ncee/pubs/20144003/pdf/20144003.pdf (2014 年 10 月 11 日アクセス).
53. Duncan and Murnane, *Restoring Opportunity*.
54. Erika A. Patall, Harris Cooper, and Ashley Batts Allen, "Extending the School Day or School Year : A Sys-

tematic Review of Research (1985–2009)," *Review of Educational Research* 80 (September 2010) : 401–36.
55. チャータースクールの有効性に関する重要な研究として以下が含まれる。Caroline M. Hoxby and Sonali Muraka, "Charter Schools in New York City : Who Enrolls and How They Affect Their Students' Achievement," NBER Working Paper No. 14852 (Cambridge : National Bureau of Economic Research, April 2009) ; Atila Abdulkadiroglu, Joshua Angrist, Susan Dynarski, Thomas J. Kane, and Parag Pathak, "Accountability and Flexibility in Public Schools : Evidence from Boston's Charters and Pilots," NBER Working Paper No. 15549 (Cambridge : National Bureau of Economic Research, November 2009) ; Philip Gleason, Melissa Clark, Christina Clark Tuttle, and Emily Dwoyer, "The Evaluation of Charter School Impacts : Final Report (NCEE 2010–4029), National Center for Education Evaluation and Regional Assistance, http://ies.ed.gov/ncee/pubs/20104029/ (2014年10月11日アクセス) ; Ron Zimmer et al., "Charter Schools : Do They Cream Skim, Increasing Student Segregation?," in *School Choice and School Improvement*, eds. Mark Berends, Marisa Cannata, and Ellen B. Goldring (Cambridge : Harvard Education Press, 2011) ; および Joshua D. Angrist, Susan M. Dynarski, Thomas J. Kane, Parag A. Pathak, and Christopher R. Walters, "Who Benefits from KIPP?," *Journal of Policy Analysis and Management* 31 (Fall 2012) : 837–60.
56. Mark R. Warren, "Communities and Schools : A New View of Urban Education Reform," *Harvard Educational Review* 75 (Summer 2005), http://www.presidentsleadershipclass.org/images/uploads/ca_files/Communities_and_Schools.pdf (2014年10月12日アクセス). 効果的な学校改革におけるコミュニティ社会関係資本の重要性については下記を参照。Anthony S. Bryk, Penny Bender Sebring, Elaine Allensworth, Stuart Luppescu, and John Q. Easton, *Organizing Schools for Improvement : Lessons from Chicago* (Chicago : University of Chicago Press, 2010).
57. "What is a Community School?," Coalition for Community Schools, http://www.communityschools.org/aboutschools/what_is_a_community_school.aspx (2014年10月12日アクセス).
58. Colleen Cummings, Alan Dyson, and Liz Todd, *Beyond the School Gates : Can Full Service and Extended Schools Overcome Disadvantage?* (London : Routledge, 2011) ; Colleen Cummings et al., "Evaluation of the Full Service Extended Schools Initiative : Final Report," Research Brief No. RB852 (Department for Education and Skills, June 2007), http://webarchive.nationalarchives.gov.uk/20130401151715/http://www.education.gov.uk/publications/eOrderingDownload/RB852.pdf (2014年10月12日アクセス) ; Joy G. Dryfoos, "Evaluation of Community Schools : Findings to Date" (report, 2000), http://www.communityschools.org/assets/1/assetmanager/evaluation% 20of% 20community% 20schools_joy_dryfoos.pdf (2014年10月12日アクセス) ; Martin J. Blank, Atelia Melaville, and Bela P. Shah, "Making the Difference : Research and Practice in Community Schools" (report of the Coalition for Community Schools, May 2003), http://www.communityschools.org/assets/1/page/ccsfullreport.pdf (2014年10月12日アクセス) ; Child Trends, "Making the Grade : Assessing the Evidence for Integrated Student Supports" (report, February 2014), http://www.childtrends.org/wp-content/uploads/2014/02/2014-07ISSPaper2.pdf (2014年10月12日アクセス).
59. Will Dobbie and Roland G. Fryer, Jr., "Are High Quality Schools Enough to Close the Achievement Gap? Evidence from a Social Experiment in Harlem," NBER Working Paper No. 15473 (Cambridge : National Bureau of Economic Research, November 2009).
60. James S. Coleman and Thomas Hoffer, *Public and Private High Schools : The Impact of Communities* (New York : Basic Books, 1987) ; Anthony S. Bryk, Peter B. Holland, and Valerie E. Lee, *Catholic Schools and the Common Good* (Cambridge : Harvard University Press, 1993) ; G. R. Kearney, *More Than a Dream : The Cristo Rey Story : How One School's Vision Is Changing the World* (Chicago : Loyola Press, 2008). 以下も参照。Derek Neal, "The Effects of Catholic Secondary Schooling on Educational Achievement," *Journal of Labor Economics* 15 (January 1997) : 98–123, および William H. Jeynes, "Religion, Intact Families, and the Achievement Gap," *Interdisciplinary Journal of Research on Religion* 3 (2007) : 1–24.
61. Don Peck, "Can the Middle Class Be Saved?," *Atlantic*, September 2011, http://www.theatlantic.com/magazine/archive/2011/09/can-the-middle-class-be-saved/308600/ (2014年10月11日アクセス) ; Ron Haskins and Isabel Sawhill, *Creating an Opportunity Society* (Washington, DC : Brookings Institution Press, 2009).
62. James J. Kemple, "Career Academies : Long-Term Impacts on Work, Education, and Transitions to Adulthood," MDRC Report (June 2008), http://www.mdrc.org/publication/career-academies-long-term-impacts-work-education-and-transitions-adulthood (2014年10月12日アクセス).
63. Harry J. Holzer, "Workforce Development as an Antipoverty Strategy : What Do We Know? What Should

We Do?," *Focus* 26 (Fall 2009), http://www.irp.wisc.edu/publications/focus/pdfs/foc262k.pdf (2014 年 10 月 11 日アクセス); William C. Symonds, Robert Schwartz, and Ronald F. Ferguson, "Pathways to Prosperity : Meeting the Challenge of Preparing Young Americans for the 21st Century" (report for the Pathways to Prosperity project, Harvard School of Graduate Education, 2011) ; Ben Olinsky and Sarah Ayres, "Training for Success : A Policy to Expand Apprenticeships in the United States" (report for the Center for American Progress, December 2013), http://cdn.americanprogress.org/wp-content/uploads/2013/11/apprenticeship_report.pdf (2014 年 10 月 12 日アクセス) ; Robert I. Lerman, "Expanding Apprenticeship Opportunities in the United States" (report for the Hamilton Project, Brookings Institution, 2014) ; David Card, Jochen Kluve and Andrea Weber, "Active Labour Market Policy Evaluations : A Meta-Analysis," *Economic Journal* 120 (November 2010) : F452-F477 ; Katherine S. Newman and Hella Winston, *Learning to Labor in the 21st Century : Building the Next Generation of Skilled Workers* (New York : Metropolitan, forthcoming 2015). ユースビルドは、非実験的研究では肯定的な結果を示している。例えば下記を参照。Wally Abrazaldo et al., "Evaluation of the YouthBuild Youth Offender Grants : Final Report," Social Policy Research Associates (May 2009). 米国労働省は MDRC に委託して、83 地点でのユースビルドのランダム化比較試験 (RCT) を実施した。統制実験研究では、ジョブコープやサーヴィス&コンサヴェーションコープ、ナショナルガード・ユースチャレンジのようなプログラムにおける有望な結果を見いだしている ; MDRC, "Building Better Programs for Disconnected Youth," February 2013, http://www.mdrc.org/sites/default/files/Youth_020113.pdf (2014 年 11 月 24 日アクセス).
64. Arthur M. Cohen and Florence B. Brawer, *The American Community College*, 5th ed. (San Francisco : Jossey-Bass, 2008), 444. 以下も参照。Sandy Baum, Jennifer Ma, and Kathleen Payea, "Trends in Public Higher Education : Enrollment, Prices, Student Aid, Revenues, and Expenditures," Trends in Higher Education Series, College Board Advocacy & Policy Center (May 2012) : 3-31 ; Clive R. Belfield and Thomas Bailey, "The Benefits of Attending Community College : A Review of the Evidence," *Community College Review* 39 (January 2011) : 46-68 ; および Christopher M. Mullin and Kent Phillippe, "Community College Contributions," Policy Brief 2013-01PB (Washington, DC : American Association of Community Colleges, January 2013). コミュニティカレッジについての最近の第一級の全国レポートには以下が含まれる。American Association of Community Colleges, "Reclaiming the American Dream : Community Colleges and the Nation's Future," report from the 21st Century Commission on the Future of Community Colleges (April 2012), http://www.insidehighered.com/sites/default/server_files/files/21stCentReport.pdf (2014 年 10 月 12 日アクセス) ; および Century Foundation Task Force on Preventing Community Colleges from Becoming Separate and Unequal, "Bridging the Higher Education Divide : Strengthening Community Colleges and Restoring the American Dream" (New York : Century Foundation Press, May 2013), http://tcf.org/assets/downloads/20130523-Bridging_the_Higher_Education_Divide-REPORT-ONLY.pdf (2014 年 10 月 12 日アクセス). コミュニティカレッジに関する大規模な背景調査について、エドウェナ・ロッサー・ウェルナーに特に感謝する。
65. 助言活動《メンタリング》の最良の実践に関するガイドラインとしては下記を参照。MENTOR, "Elements of Effective Practice for Mentoring," 3rd ed., report of the National Mentoring Partnership, http://www.mentoring.org/downloads/mentoring_1222.pdf (2014 年 10 月 12 日アクセス).
66. ここで言及しているのは、ボストンの非常に効果的な学校基盤の助言プログラムの「テナシティ」で、テニスが名刺代わりに使われている ;「スケートデュケート」は、スケートボードによるデンマークの助言プログラムである ; そして「クエスト」は、ニューイングランドで地域のロータリークラブによって運営されているサマースクール兼助言プログラムで、成人と恵まれない子どもたちをフィッシングのようなアウトドア活動で引き合わせている。
67. Nancy Andrews and David Erikson, eds., "Investing in What Works for America's Communities : Essays on People, Place and Purpose," report by the Federal Reserve Bank of San Francisco and Low Income Investment Fund, 2012, http://www.frbsf.org/community-development/files/investing-in-what-works.pdf (2014 年 10 月 12 日アクセス) ; Tracey Ross and Erik Stedman, "A Renewed Promise : How Promise Zones Can Help Reshape the Federal Place-Based Agenda," report of the Center for American Progress, May 2014, http://www.americanprogress.org/issues/poverty/report/2014/05/20/90026/a-renewed-promise/ (2014 年 10 月 12 日アクセス).
68. Patrick Sharkey, "Neighborhoods, Cities, and Economic Mobility" (paper prepared for the Boston Federal Reserve conference on Inequality of Economic Opportunity, Boston, October 17-18, 2014), およびそこに引用された出典。Greg J. Duncan, Aletha C. Huston, and Thomas S. Weisner, *Higher Ground : New Hope for the Working Poor and Their Children* (New York : Russell Sage, 2009) ; Johannes Bos et al., "New Hope for People with Low Incomes : Two-Year Results of a Program to Reduce Poverty and Reform Welfare" (New York : MDRC, 1999) ; Aletha

C. Huston et al., "New Hope for Families and Children : Five-Year Results of a Program to Reduce Poverty and Reform Welfare," Manpower Demonstration Research Corporation, 2003 ; Aletha C. Huston et al., "Work-Based Antipoverty Programs for Parents Can Enhance the School Performance and Social Behavior of Children," *Child Development* 72 (2001) : 318–36 ; Howard S. Bloom, James A. Riccio, Nandita Verma, and Johanna Walter, "Promoting Work in Public Housing. The Effectiveness of Jobs-Plus. Final Report." Manpower Demonstration Research Corporation, New York : 2005.
69. Patrick Sharkey, "Neighborhoods, Cities, and Economic Mobility" ; Xavier de Souza Briggs, Susan J. Popkin, and John Goering, *Moving to Opportunity : The Story of an American Experiment to Fight Ghetto Poverty* (New York : Oxford University Press, 2010) ; Leonard S. Rubinowitz and James E. Rosenbaum, *Crossing the Class and Color Lines : From Public Housing to White Suburbia* (Chicago : University of Chicago Press, 2000) ; Micere Keels, Greg J. Duncan, Stefanie Deluca, Ruby Mendenhall, and James Rosenbaum, "Fifteen Years Later : Can Residential Mobility Programs Provide a Long-Term Escape from Neighborhood Segregation, Crime, and Poverty?" *Demography* 42 (February 2005) : 51–73 ; Jens Ludwig, Brian Jacob, Greg Duncan, James Rosenbaum, and Michael Johnson, "Neighborhood Effects on Low-Income Families : Evidence from a Housing-Voucher Lottery in Chicago" (working paper, University of Chicago, 2010) ; Jennifer Darrah and Stefanie DeLuca, " 'Living Here Has Changed My Whole Perspective' : How Escaping Inner-City Poverty Shapes Neighborhood and Housing Choice," *Journal of Policy Analysis and Management* 33 (Spring 2014) : 350–84.
70. Ralph Waldo Emerson, "Self-Reliance," in *Essays : First Series* (1841) 〔酒本雅之訳「自己信頼」『エマソン論文集（上）』岩波書店、1972 年〕. この一節について注意を喚起してくれたトーマス・スプラーゲンスに感謝する。
71. Yvonne Abraham, "Doing Right by the Children in Chelsea," *Boston Globe*, August 31, 2014.

『われらの子ども』のストーリー

1．差しはさみや言い間違い、繰り返しを取り除くため、発言には軽い編集を施したものがある。一貫性のため、同じテーマについてインタビューの異なる部分で出てきたコメントは時に単一の発言として一箇所にまとめた。これらの編集によって発言の意味やトーンが改変されたようなケースはない。
2．Jennifer M. Silva, *Coming Up Short : Working-Class Adulthood in an Age of Uncertainty* (New York : Oxford University Press, 2013).

〈著者略歴〉
ロバート・D・パットナム（Robert D. Putnam）
1941年米国ニューヨーク州ロチェスター生まれ。1970年にイェール大学で学位取得。ミシガン大学を経て、現在ハーバード大学教授。この間ハーバード大学ケネディ行政大学院学長、米国政治学会会長等を歴任、またヨハン・スクデ政治学賞や米国人文科学メダルを受賞した。既刊の邦訳書として『哲学する民主主義』（NTT出版、2001年）、『孤独なボウリング――米国コミュニティの崩壊と再生』（柏書房、2006年）、『流動化する民主主義』（ミネルヴァ書房、2013年、編著）などがある。

〈訳者略歴〉
柴内康文（しばない・やすふみ）
1970年千葉市生まれ。1994年東京大学文学部卒、1999年東京大学大学院人文社会系研究科博士課程単位取得。同志社大学社会学部准教授を経て、現在東京経済大学教授。専門はメディア論、コミュニケーション論。著書に『デジタル情報社会の未来（岩波講座現代第9巻）』（岩波書店、2016年、共著）、『ソフト・パワーのメディア文化政策』（新曜社、2012年、共編著）、翻訳書に『孤独なボウリング――米国コミュニティの崩壊と再生』（柏書房、2006年）などがある。

われらの子《こ》ども――米国《べいこく》における機会格差《きかいかくさ》の拡大《かくだい》
2017年3月20日　第1版第1刷　発行
2021年12月10日　第1版第5刷　発行

著　者　ロバート・D・パットナム
訳　者　**柴内康文**
発行者　矢部敬一
発行所　**株式会社 創元社**
https://www.sogensha.co.jp/
本　　社　〒541-0047 大阪市中央区淡路町4-3-6
Tel.06-6231-9010 Fax.06-6233-3111
東京支店　〒101-0051 東京都千代田区神田神保町1-2 田辺ビル
Tel.03-6811-0662

装　丁　森 裕昌
印刷所　株式会社太洋社

ISBN978-4-422-36001-0 C1036